Redaktion:
Volker Kluge, Sydney, (Leitung);
Brigitte Zimmermann
Gabriele Kluge
Wolfgang Richter
Raymund Stolze
Fotos:
Bongarts Sportfotografie
Erscheinungstermin:
6. Oktober 2000

Das Neue Berlin

Kristin Otto

Heinz Florian Oertel

SYDNEY 2000

Unser Olympiabuch

Inhaltsverzeichnis:

Geleitwort des Präsidenten
des Internationalen
Olympischen Komitees
Juan Antonio Samaranch
Marqués de Samaranch

Aus Anlaß der Spiele der XXVII. Olympiade, den ersten Spielen des neuen Millenniums, die vom 15. September bis 1. Oktober 2000 in Sydney, Australien, stattfanden, hat der Verlag »Das Neue Berlin« dieses Buch über den Olympismus veröffentlicht.

Die Herausgeber sind die sechsfache Olympiasiegerin im Schwimmen, Kristin Otto, und Heinz Florian Oertel, der insgesamt von 17 Olympischen Spielen berichtet hat; die Autoren sind renommierte Journalisten. Das Buch enthält 260 Farbfotos und behandelt alle Sportarten und Sportstätten.

Es sind solche Gemeinschaftswerke wie dieses, die das historische Erbe der Olympischen Bewegung, die ja vorrangig eine pädagogische Bewegung ist, bewahren. Deshalb ist es für mich eine großer Freude, dem Verlag »Das Neue Berlin« und den Autoren für ihren Beitrag zur Förderung des Olympismus letztmals in meiner Funktion als IOC-Präsident zu gratulieren. Es gibt keine Zweifel, daß die Leser die Eindrücke und Erinnerungen, die sie von diesen Spielen haben, in diesem Buch wiederfinden werden.

Ich wünsche dem Verlag »Das Neue Berlin« viel Erfolg bei seinen weiteren Vorhaben.

OLYMPISCHE AUGENBLICKE

Der große Moment: Cathy Freeman, Aborigine, entzündet die olympische Flamme und erreicht Millionen Herzen.

OLYMPISCHE AUGENBLICKE

Dynamik macht den Reiz des Fechtens aus, wie die Attacke von Wiradech Kothny (rechts) mit dem Säbel zeigt.

OLYMPISCHE AUGENBLICKE
Der Radvierer mit Robert Bartko, Jens Lehmann, Guido Fulst und Daniel Becke durchbricht die Schallmauer von 60 km/h.

GER

OLYMPISCHE AUGENBLICKE

Kunstturnen in Perfektion – hier mit wirbelndem Flickflack – riß die 13 000 Fans im SuperDome zu Beifallsstürmen hin.

Sydney 2000

OLYMPISCHE AUGENBLICKE
Was für eine Kulisse für Pferd und Reiter bei der Geländeprüfung in der Military, die in Australien sehr beliebt ist.

3357
USA

OLYMPISCHE AUGENBLICKE
Marion Jones verzaubert nach ihrem 100-m-Triumph in 10,75 s – die viertschnellste jemals gelaufene Zeit – nicht nur die Fotografen.

Kristin Otto
Heinz Florian Oertel

Das war Sydney

Dieses Land, diese Stadt, diese Olympischen Spiele verblüfften! Zum Staunen gesellt sich Hochachtung, große Hochachtung. Um das zu verdeutlichen, soll olympische Antike helfen. Da trafen sich vor rund 2500 Jahren nicht nur Olympiastarter, sondern auch Künstler, Wissenschaftler, Politiker und die damals mit gefeierten Rhetoren. Zu den Bejubelten zählte Pythagoras, dessen Dreieck-Formel noch heute in Milliarden Schüler-Köpfen wirkt. Was, über Pythagoras und dessen mathematische Regeln und ethische Anschauungen hinaus, später zur Zahlensymbolik verkam, bringt uns nämlich aktuellen Nutzen ... Der kleinste Erdteil mit seinem riesengroßen Land Australien schenkte anno 2000 Spiele, die unvergeßlich bleiben, und die, hoffentlich, neue, optimistische Impulse geben. Bitte, – man sehe diese Zahlen: Australien registriert offiziell etwas mehr als 18 Millionen Einwohner. Etwa soviel wie das Bundesland Nordrhein-Westfalen. Dabei ist Australien 227mal so groß. Im Olympialand kommen auf einen Quadratkilometer zwei Menschen, in Nordrhein-Westfalen sind es 514. Rund 10 000 Athleten aus 200 Ländern der Welt gaben sich das Sydney-Stelldichein bei den 27. Sommerspielen seit Athen 1896. Alle Wettkämpfe in 28 Grundsportarten lockten mit außergewöhnlich magnetischer Kraft über sechs Millionen Zuschauer an! Doch dieses Publikum nur nach Zahlen zu bemessen, wäre simpel und träfe nur halb den Kern.

WIE diese gewaltige Gastgeberfamilie gemeinsam mit der starken Besucherschar, die sich zum »anderen Ende der Welt« aufmachte, das Fest feierte, ist der eigentlich bemerkenswerte Gold-Erfolg! Nichts gegen Gastgeber und Zuschauer anderswo. Aber mit welchem noch ursprünglichen Enthusiasmus und mit welcher positiven Anteilnahme eigene und alle anderen Sportler, Sieger und Besiegte, verehrt, gefeiert und umarmt wurden, verheißt Zuversicht für wieder wachsende Toleranz, Fairneß und Friedlichkeit. Überall fanden sich sofort Helfer. Ein Ratschlag? Jederzeit. Stets mit einem Lächeln und einem glaubhaft netten »How are you?« und einem herzlichen »Good Day«. So wurden sogar die lästigen Leibesvisitationen an jedem Eingang erträglich. Immer war spürbar, daß die Australier stolz darauf gewesen sind, mit Sydney die Olympiastadt 2000 zu präsentieren.

Olympia schlitterte ausgangs des 20. Jahrhunderts in eine böse Identitätskrise. Zu kraß, zu olympiabeschädigend und menschenbeleidigend drängten Kommerz, Kumpaneien und Kungeleien die gute Idee an den Abgrund. Längst weit weg von Koroibus- und Pythagoraszeiten, egoistisch aggressiv. Über alle Nurmi-, Zatopek- und Cierpinski-Jahrzehnte hinweg wucherte auch Anti-Olympisches.

So setzten Idealisten, Optimisten, kritische Realisten auf Sydney und seine Spiele, trotz alledem mit Sehnsucht nach einem Zurück zum epikureischen »Weniger ist mehr«. Das könnte glücken! Jedenfalls zeichnen die 2000er Spiele diesen Zukunftsschimmer. Athen, zum Jahrhundertjubiläum 1996 von Mammonriesen schnöde ausgetrickst, kann 2004 mit Sydney-Rückenwind neue Segel setzen. Natürlich war die Euphorie bei Siegen einheimischer Athleten grenzenlos, auch überschwenglich, beispielsweise beim Beach-Volleyball und beim Schwimmen, aber das ist normal. Zur herzlichen Haltung bei eigenen Gewinnern reihte sich, wie schon benannt, die gleichfalls herzliche für jeden Gast. Die Kirche blieb im Dorfe. Alle Stadien, meist architektonische Meisterwerke, blieben normale Treffpunkte des Sports. Für jeweils über 100 000 im Hauptstadion, für immerhin 17 000 in der Schwimmarena, die einer Kathedrale gleicht. Überall keine bloßen Wettkämpfe, sondern Fest- und Freundestunden. Die Stadt lebte diese Olympischen Spiele, sie zelebrierte sie. Vielen Dank!

Drohend dunkle Wolken stammen nicht aus Sydney. Sie sind schon lange unterwegs. Doping belastet die Welt des Sports. Dieses Unheil scheint nicht abbremsbar. Dauerverdacht, im Grunde jetzt gegen fast jeden, ist von verätzender Wirkung.

Von anderem Übel, wenn auch anderen Formats, ist das aufgeblähte Gesamtprogramm. Von 8 Sportarten in Athen 1896 über 18 in Melbourne 1956 ließ sich das

IOC bis Sydney 2000 nun schon 28 aufdrängen. Olympias Idee zieht aus solcher Quantität keinen Nutzen. Vollständigkeit, was Mitwirkung von über 40 Sportarten bedeutete, ist ohnehin nicht realisierbar. So bringt Überladung Überlastung und folgend Überdruß, weil Überblicke verloren gehen. Dem deutschen Elitesport sollten beim Sydney-Bilanzieren endgültig Lichter aufgehen. Im Stil alten Hüh und Hots sind keine größeren Blumentöpfe zu gewinnen. Mut zu Neuem, Besseren muß her, oder die Talfahrt nimmt an Geschwindigkeit noch zu.

Post festum, alles in allem, bleibt Sydney ein Meisterstück. Pindar, auch Gast bei antiken Spielen, schrieb vor 2500 Jahren Preis- und Siegeslieder. Schade, daß neben manchem heutzutage auch Pindars fehlen. Sydneys Könner hätten seine Verse verdient.

Nie gab es bei Olympischen Spielen so viele Zuschauer wie in Sydney, die Tag für Tag mit einer kaum zu überbietenden Begeisterung die rund 10 000 Athleten immer wieder zu sportlichen Höchstleistungen motivierten.

Volker Kluge

Leistung,
wenig Rekorde

Nach Athen 1896 waren die Olympischen Spiele von Sydney 2000 die ersten, die im Frühling stattfanden, der in Australien vom August bis November dauert. Er verläuft zwar wärmer als in Mitteleuropa, die Wetterkapriolen, die vom Dauerregen über stürmischen Wind bis zu drückender Hitze reichten, erinnerten aber durchaus an den launigen April in unseren Breitengraden, und erst gegen Ende der Spiele zogen die Temperaturen an der australischen Ostküste deutlich an. Das zur Erklärung, warum eine ganze Reihe Siegerleistungen unter denen früherer Olympischer Spiele lagen und teilweise bei den Plazierten sogar ein erstaunlich schwaches Niveau festzustellen war.

Doch auch die in jüngster Zeit konsequentere Antidoping-Politik des Welt-Leichtathletikverbandes (IAAF) dürfte einige Athleten davon abgehalten haben, »künstlich« nachzuhelfen. Das bekam auch der 5000-m-Olympiasieger von 1992, Dieter Baumann, zu spüren, dem seine Anschlagstory anders als zu Hause einfach nicht geglaubt wurde. Selbst DLV-Präsident Helmut Digel mußte einsehen, daß deutsches Recht nicht über internationalem Recht steht. Da ist auch der Hinweis wenig hilfreich, daß die IAAF bei den Dopingfällen der jamaikanischen Sprinterin Merlene Ottey und des kubanischen Hochspringers Javier Sotomayor offenbar andere Maßstäbe anwendete. Der Schatten, der auf ihre Medaillengewinne fiel, bleibt – auch über Sydney hinaus.

Man kann auch die prominenten Dopingfälle der rumänischen Hammerwurf-Weltrekordlerin Mihaela Melinte und des viermal »positiven« US-Kugelstoß-Weltmeisters C.J. Hunter beklagen, doch besser wäre es, sich darüber zu freuen, daß sie gehindert wurden, überhaupt erst um Olympiamedaillen zu kämpfen.

Rekorde gelten zwar als Salz in der Suppe, doch man kann diese ja auch versalzen. Manchmal ist weniger mehr. Es gab keine Weltrekorde wie im Schwimmen, wo sie reihenweise purzelten, doch die gab es auch 1956 in Melbourne, als die Spiele erstmals jenseits des Wendekreises des Steinbocks stattfanden, nur bei den Frauen sowie im Speerwerfen und über 4x100 m der Männer. Niemand stört sich heute daran, daß damals der Amerikaner Bobby Morrow auf einer weichen Aschenbahn und bei 5-m/s-Gegenwind die 100 m in 10,5 s gewann; für die Nachwelt bleibt er der dreifache Olympiasieger.

Es ist aber auch nicht so, daß es keine Rekorde gegeben hätte. Man sah Olympische Rekorde wie durch den 21jährigen Kenianer Noah Ngeny. Der Junioren-Weltmeister von 1997 trat in die Fußstapfen seiner Landsleute Kipchoge Keino (1968) und Peter Rono (1988) und gewann Gold über 1500 m. Mit 3:32,07 min blieb er um fast eine halbe Sekunde unter der olympischen Bestmarke von Sebastian Coe, die der Brite 1984 in Los Angeles mit 3:32,53 min aufgestellt hatte. Sehr zum Nachteil von Weltrekordler Hicham El Guerrouj, der Ngeny 1999 bei den WM in Sevilla noch auf Platz zwei verwiesen hatte und der nun im

Volker Kluge

Jahrgang 1944, Diplomjournalist, 13 Jahre Sportchef der DDR-Tageszeitung „Junge Welt". Buchautor. Pressechef des NOK der DDR 1982-1990. Persönliches Mitglied des NOK für Deutschland 1990-1993. Zehn Olympische Spiele.

Faszination der Leichtathletik: Start zum olympischen 100-m-Finale, auf Bahn 5 der spätere Sieger Maurice Greene (USA).

Stadium Australia bitterlich seine Niederlage beweinte, und mit ihm ein Dutzend marokkanischer Journalisten und Betreuer. Wer konnte da nicht mitfühlen? Vor vier Jahren war El Guerrouj im Olympiafinale von Atlanta durch einen Sturz um seine Chance gekommen, und seitdem ist er von Sieg zu Sieg geeilt. Und nun das.

Es wurden Kontinentalrekorde geboten wie von dem Australier Jai Taurima. Der 28jährige Student des Australian Institute of Sport in Canberra tauchte vor Sydney nicht unter den besten 20 der Jahresweltbestenliste auf, im entscheidenden Moment aber lieferte er Kubas zweifachen Weltmeister Ivan Pedroso ein Duell, das die 110 000 von den Sitzen riß. Mit 8,49 m, die Australien- und Ozeanienrekord darstellten, hatte Taurima im fünften Durchgang die Hand nach der Goldmedaille bereits ausgestreckt, als Pedroso ihn mit dem letzten

Ein Sensationsergebnis von Sydney: Der Grieche Konstantinos Keteris besiegt über 200 m die Weltelite.
Arsi Harju aus Finnland gewann mit 21,29 m nicht ganz unerwartet das Kugelstoßen vor drei Männern aus den USA.
In seinem unnachahmlichen Laufstil: Michael Johnson, der »König der Stadionrunde« (gegenüberliegende Seite).

Sprung noch um sechs Zentimeter überbot. Der Held war trotzdem Taurima, der eher an einen Typ von einer Dauerparty erinnert als an einen Hochleistungssportler, was er unumwunden zugibt.
In einem »Sunday Telegraph«-Interview nannte »Jumping Jai« sich einen »stereotypical knockabout Aussie«, was man als typischen australischen Rumtreiber übersetzen könnte. »Nenn' mich einen Eliteathleten, wenn du willst, aber ich bin nicht sicher, ob ich diese Anforderungen erfülle. Ich esse zweimal in der Woche Pizza, und wenn mir danach ist, gehe ich noch runter zu McDonalds. Ich verschlinge Schokolade und rote Zuckerostereier, und ich gehe niemals vor Mitternacht ins Bett. Ich verbringe Stunde um Stunde mit meinem Computerspiel. Ich rauche und bringe es auf eine Packung pro Tag. Das Rauchen hilft mir im Sport. Ich halte damit mein Gewicht niedrig. Wenn ich nicht rauche, werde ich zu dick. Wenn mein Trainer sagt, fange um 9.30 Uhr mit dem Training an, versuche ich mein Bestes, es bis Zehn zu schaffen.«
So sind sie, die »knockabout Aussies«.
Es wurden Landesrekorde registriert, die so gut waren, daß mit ihnen Denkmäler stürzten. Wer wußte vor Sydney etwas über den 27jährigen Athener Sportlehrer Konstantinos Kenteris? Seine Biografie wies bisher als seinen größten Erfolg einen siebten Platz mit der 4x100-m-Staffel bei den Weltmeisterschaften von 1999 aus und nannte Bestzeiten von 10,16 über 100 m und 20,25 m über 200 m. Das war alles, was der Grieche, von dem es heißt, er habe sich zusammen mit der Olympia-Zweiten im 100-m-Lauf, Ekatarini Thanou, in den USA auf die Spiele vorbereitet, bis dahin geleistet hatte.
Seit dem 28. September ist er aber auch Olympiasieger im 200-m-Lauf, einer Strecke, die die US-Sprinter für sich gepachtet zu haben glaubten. In 100 olympischen Jahren hatten sie nur fünfmal keine Goldmedaille gewonnen: Dreimal waren Kanadier schneller, zweimal gewannen Italiener - 1960 in Rom Livio Berruti, 1980 Pietro Mennea, allerdings in Abwesenheit der US-Amerikaner. Doch sie alle waren vorher schon Weltklasseläufer und keine Unbekannten wie Kenteris, dessen Landesrekord nun bei 20,09 s steht und der einen Vorgeschmack auf 2004 gab, wenn die Spiele in Athen stattfinden werden. Am Rande erklärte Griechenlands Sportminister George Floridis, seine Landsleute werden »alles« tun, um in vier Jahren erfolgreich zu sein. Aber Worte soll man bekanntlich nicht auf die Goldwaage legen, auch nicht das Wörtchen »alles«. Doch Sieger haben es immer schwer. Den Wattenscheider Marc Blume, der im 100-m-Vorlauf in 10,42 s ausschied, verdächtigte bestimmt keiner, mit unlauteren Mitteln gearbeitet zu haben.
Davon wird mit Sicherheit auch der US-Amerikaner John Capel Jr. freigesprochen, denn Müdigkeit ist nicht strafbar. Dabei war er bei den Trials am 23. Juli noch ganz munter, als er die 200 m in 19,85 s gewann. Der Football-Spieler aus Florida, der im April eine Auszeit nahm, um sich für die Olympischen Spiele zu qualifi-

Weltrekord in Erschöpfung

Sie nennen ihn »König der Stadionrunde«. Und niemand widerspricht. Am wenigsten die Konkurrenz, die auch in Sydney keine Chance hatte gegen dieses Phänomen Michael Johnson.

Das ist nun schon seit neun Jahren so, seit seinem ersten Sieg bei einer Weltmeisterschaft, 1991 in Tokio. Noch beeindruckender ist wohl, daß der Texaner aus Dallas im direkten Vergleich über die 400 m schon seit 1988 kein Rennen mehr verloren hat. Und schließlich gehörten Johnson vor dem Startschuß an diesem wolkenverhangenen Abend des 27. September neun der zehn besten Zeiten, die je über die Viertelmeile erzielt wurden; dem durch ihn als Weltrekordler entthronten Butch Reynolds die einzige andere. Man benötigte also eine Menge Phantasie, um sich vorzustellen, daß der am 13. September in Sydney 33 Jahre alt gewordene Läufer nicht erneut das Gold gewinnen würde. Über eine Distanz, von der die Leichtathleten sagen, sie sei die schwerste. Denn da ist zwischen Start und Ziel kein einziger Zentimeter Freiraum für einen anderen Gedanken als den kategorischen Imperativ – renne, so schnell du kannst!

Da gibt es keine Taktik, kein Aufteilen oder Einteilen, du rennst nur geradeaus bis zum Geht-nicht-mehr. Akkordarbeit von Anfang bis zum Ende. Professor Wilfried Kindermann, in Sydney Chefarzt der deutschen Olympiamannschaft, sagt: »Auf der 400-m-Strecke gibt es die höchste Übersäuerung.« Kindermann weiß, wovon er spricht, er war 1962 Europameister mit der 4x400-m-Staffel.

Und er ist Internist, der mit einer Arbeit über dieses Fachgebiet, die Laktatazidose, habilitierte. Bei einem Läufer der Generation von heute stellte Kindermann den Ph-Wert 6,79 fest. Das ist sozusagen ein Weltrekord in Erschöpfung. So etwas komme sonst nur bei todkranken Menschen vor, woraus Kindermann folgert: »Der 400-m-Lauf ist die übelste Belastung, die man jemandem im Sport zumuten kann«.

So starben denn auch der Amerikaner Alvin Harrison nach 44,40 s als Zweiter und Gregory Haughton aus Jamaika nach 44,70 s als Dritter in Sydney wieder den symbolischen Heldentod mit ihren Zusammenbrüchen am Ziel, »wo sich der Magen auswringt«. So sieht es der deutsche Mannschaftssprecher Norbert Dobeleit, 1990 über diese Strecke Hallen-Europameister.

Die Leiden des Läufers – für Michael Johnson allerdings scheint dieses Gesetz der Serie außer Kraft gesetzt. Locker und leicht holte er sich das Gold in 43,84 s ab. Danach vermittelte der Mann aus Dallas den Eindruck, als käme er aus einem Ozonwald und nicht aus einem Rennen, das den Sauerstoff frißt, bis nichts mehr da ist. Nach einem Rennen wurde einmal sein Puls gemessen – 177 Schläge. Es gibt Menschen, die kommen schon beim Steigen über zehn Stufen einer Treppe auf diesen Wert.

Johnson hält mit 43,18 s seit dem 26. August 1999 den Weltrekord. Damals lief er nach einer Analyse des US-Fachblattes »Track and Field« die ersten 100 m in 10,9 s, beschleunigte auf der Gegengeraden mit 10,1, setzte 10,3 s drauf und ließ im vierten und letzten 100-m-Stück 11,88 s folgen. Auch in Sydney hielt er sich an die Regel, einen scharfen Antritt hinzulegen – der Rest läuft sich dann eher leicht.

In seinem unnachahmlichen Laufstil, der in kein ästhetisches Bewegungsmuster paßt, mit steifem Hohlkreuz und einem aufrechten Oberkörper, so als habe er einen Besenstil verschluckt, trommelte Johnson mit seinen recht kurzen Beinen im Stakkato und fast ohne Kniehub über die Bahn. Im Nähmaschinenschritt vermag er, wie von einem Nachbrenner angetrieben, zu beschleunigen.

»The Sydney Morning Herald« hat nachgezählt und festgestellt, daß er bis zu seinem Olympiasieg 186 Schritte machen mußte, 2,15 m sei die Frequenz gewesen. Und zum Vergleich wurde die Spannweite von 2,33 m einer Cathy Freeman genannt, die 20 Minuten vor Johnson an diesem Abend für Australien das orkanartig bejubelte Gold der Frauen auf dieser Strecke gewann. Auch sie eine »Königin der Stadionrunde« – das aber steht in einem ganz anderen Kapitel.

Wolfgang Uhrig

Wolfgang Uhrig

Jahrgang 1940. Sportjournalistisch tätig seit 1959, bis 1976 beim Sport-Informations-Dienst (sid), dann für die Illustrierten »Bunte« und »Quick«. Seit 1988 für »kicker«, dessen Chefredakteur er ist. In Sydney zum 14. Mal bei Olympischen Spielen dabei.

Trauriger Abgang eines großen Athleten: Sergej Bubka (Ukraine) schaffte auch in Sydney seine Einstiegshöhe von 5,70 m nicht und scheiterte in der Qualifikation.

zieren, brauchte aus unerfindlichen Gründen 0,348 s, bis er auf den Startschuß reagierte. Damit verlor er schon einmal 0,185 s auf Kenteris, der als erster von den Blöcken kam. Noch schwerer aufzuwecken ist nur noch der Saudi Hadi Souan Somayli, dessen Reaktionszeit mit 0,437 s angegeben wurde. Da hat er sich hoffentlich hinterher sehr geärgert, denn die 0,258 s Differenz fehlten ihm bei der Schlußabrechnung über 400 m Hürden. Somayli lag im Ziel nur drei hundertstel Sekunden hinter dem US-Amerikaner Angelo Taylor, der sich in 47,50 s die Goldmedaille holte.

So eine ureigene Disziplin wie der 200-m-Lauf sind auch die 110 m Hürden. Bis Sydney kamen von 24 Olympiasiegern auf dieser Strecke 19 aus den USA, in die auch 50 von 71 vergebenen Medaillen gingen. Um jene Nicht-US-Athleten aufzuzählen, die hier als Spiel(e)verderber auftraten, reicht eine Hand. Es waren die Kanadier Earl Thomson (1920) und Mark McCoy (1992), der Südafrikaner Sydney Atkinson (1928), Frankreichs Guy Drut (1976) sowie Thomas Munkelt (1980), wobei die Feststellung, daß die USA damals die Spiele in Moskau boykottierten, die Leistung des Leipzigers kaum schmälert.

Seit Sydney muß nun auch die zweite Hand zur Hilfe genommen werden. Anier García heißt der Sechste, und anders als Kenteris hatte der 24-jährige Kubaner seine Qualitäten schon lange vorher nachgewiesen. Bedeutete der Zwischenlauf 1996 in Atlanta noch Endstation, so wurde er 1997 Hallen-Weltmeister über 60 m Hürden. Bei der Freiluft-WM fehlte er wegen Verletzung. 1999 siegte er bei den Panamerikanischen Spielen und wurde Vizeweltmeister in Sevilla, wobei er mit 13,07 s kubanischen Rekord lief. Diese Bestmarke drückte García im olympischen Finale um sieben hundertstel Sekunden, und ihm gelang das, woran ein anderer Kubaner, Alejandro Casanas, zweimal knapp gescheitert war: 1976 verpaßte dieser um drei hundertstel Sekunden die Goldmedaille, 1980 um eine. Zu Mitläufern wurden degradiert: als Vierter der Weltmeister von 1995 und 1997 und Olympiasieger von 1996 Allen Johnson, zuletzt immerhin Sieger bei den US Trials in 12,97 s, als Fünfter der Weltrekordler Colin Jackson (GBR) sowie als Sechster Florian Schwarthoff aus Ludwigshafen, seines Zeichens Olympiadritter von Atlanta. »Bad boy« Frank Balzer scheiterte im Semifinale und schimpfte auf das Trainingslager an der Goldküste, weil er sich dort das Köpfchen der Unterarmspeiche beschädigt hatte.

Man verachte auch persönliche Bestleistungen nicht, vor allem nicht, wenn man damit Olympiasieger werden kann. Nick Hysong - ein Name, bei dem man vorsichtshalber nachschaut, wie er sich schreibt - genügte diese völlig, um in die Ewigkeit einzugehen. Olympiasieger im Stabhochsprung - wer ist mehr? 76 Jahre haben die US-Amerikaner diese Disziplin beherrscht, bis Wolfgang Nordwig aus Jena ihren Dünkel brach und den »Krieg der Stäbe« 1972 in München gewann, worauf die US-Boys, die jahrelang den Materialvorteil für sich beanspruchten, unter Schmährufen die Arena

Löwe und Gazelle

Stadium Australia. 20.21 Uhr. Maurice Greene springt aus den Startblökken, hinein in das Blitzlichtgewitter des Olympia-Stadiums ...
Als die Hobbyfotografen unter den 110 000 Zuschauern in der restlos ausverkauften Homebush-Arena kurz darauf ihre Apparate sinken lassen, ist Greene bereits kurz vor der Ziellinie: Bei 9,88 s bleiben die Uhren schließlich stehen. Der schnellste Mann der Welt kommt aus den USA!
Mit Blick auf die Statistiken hatte dieses Ergebnis am zweiten Tag der Leichtathletikwettbewerbe wenig Spektakuläres. Greene ist Weltmeister und Weltrekordler, er war der überragende Sprinter des Jahres 2000. Und ist es auch schon der 15. Finallauf gewesen von insgesamt 24 der Neuzeit, der zugunsten eines US-Amerikaners ausging. Bewegender ist die Tatsache, daß der aus Kansas City stammende Sprinter Greene 1996 bei den Spielen in Atlanta mit Tränen in den Augen den damaligen 100-m-Sieg des Kanadiers Donovan Bailey verfolgte, der diesmal wegen einer Verletzung früh ausschied. 1996 war Greene nach Los Angeles gegangen, um bei John Smith, dem Startrainer, endlich schneller zu werden. Doch es folgte fast ein Jahr der Stagnation. Der Sieger von Sydney war auf dem Absprung, er verkaufte Hamburger, belud Lastwagen, kümmerte sich um Greyhound-Hunde. Der Traum vom Gold schien fast ausgeträumt.
Als »The Cansas-Canonball«, wie Greene mit Bezug auf seine Geburtsstadt genannt wird, vier Jahre später in der Olympiastadt Sydney eintrifft, ist er längst ein Weltstar. Zusammen mit seinen Trainingspartnern Jon Drummond und Ato Boldon wohnt er außerhalb des olympischen Dorfes am Coogee Beach und unternimmt Spritzfahrten mit einem kanariengelben Ferrari. Die Elitetruppe um John Smith, die unter dem Kürzel »HSI« (Handling Speed Intelligently) firmiert, hatte einen Niemand in einen Millionär verwandelt.
Außer den statistischen Werten seines Laufvermögens, die sogar eine baldige Verbesserung des Weltrekords möglich erscheinen lassen, kann ansonsten wenig über den 26-Jährigen berichtet werden. Seine beiden Hobbys, die Zucht von Rottweilern und das Anschauen von Wrestling-Shows, geben nicht allzu viel her. Da ist der Spruch, den Greene in seinem Büro an der Wand angebracht hat, fast Poesie: »Jeden Morgen wacht in Afrika eine Gazelle auf. Sie weiß, daß sie schneller rennen muß, als der schnellste Löwe. Sonst wird sie getötet. Jeden Morgen wacht ein Löwe auf und weiß, daß er schneller rennen muß, als die langsamste Gazelle. Sonst verhungert er. Es ist egal, ob du Gazelle oder Löwe bist. Wenn die Sonne aufgeht, dann geh los.«
Stadium Australia. 21.19 Uhr. Maurice Greene kämpft bei der Siegerehrung mit den Tränen. Ein amerikanischer Traum ist in Erfüllung gegangen, weil Greene vor allem eins tat: Er hat an sich geglaubt.

Jens Jörg Rieck

Jens Jörg Rieck
Jahrgang 1963, seit 1988 Sportreporter und Redakteur. Seit 1991 beim Südwestfunk/Südwestdeutscher Rundfunk (SWF/SWR) Baden-Baden. Bisher zweimal bei Olympischen Spielen eingesetzt.

USA

verlassen hatten. Jetzt kamen sie zurück und holten sich still und bescheiden Gold und Silber mit Höhen von 5,90 m, die auch der unauffällige Leverkusener Michael Stolle überquerte. Doch da er schon bei seiner Anfangshöhe von 5,50 m drei Versuche brauchte, mußte er am Ende mit der »Blechmedaille« vorlieb nehmen, womit ihn Welten trennten von seinem Kölner Kollegen Tim Lobinger, der dreimal die Latte bei 5,70 m riß und Letzter im Finale wurde. Outfit ist eben nicht alles. Der Vollständigkeit wegen sei auch noch das springende IOC-Mitglied Sergej Bubka erwähnt. Bei dem Weltrekordler ist es inzwischen vollkommen egal, welche Anfangshöhe er sich in der Qualifikation auflegen läßt. Er schafft sie sowieso nicht. Diesmal waren es 5,70 m - und es endete wie vor acht Jahren in Barcelona. Kein Fehlversuch war hingegen seine Kandidatur für einen Platz in der IOC-Exekutive als Athletenvertreter, den er bis 2008 innehat. Einen Tag vor Ende der Spiele, als die 111. IOC-Session fortgesetzt wurde, setzte sich der 35jährige mit 45 Stimmen gegen die ehemalige kanadische Sprinterin Charmaine Crooks (35) und Norwegens Eisschnellauf-Olympioniken Johan Olav Koss durch, der überraschenderweise - trotz seines Engagement für das Hilfswerk Olympic Aid - nur neun Stimmen auf sich vereinigen konnte.
Leichtathletik ist eine exakte Sportart. Alles wird registriert, analysiert und archiviert. Seit Sydney 2000 mehr als je zuvor. Erstmals wurde das Computersystem ORIS, das sich das IOC mehrere Millionen Dollar kosten ließ, wirksam, und es gab - anders als für Atlanta 1996, wo das eine der größten Schwächen darstellte - nur Lob. Die Anerkennung wird noch größer werden, denn erstmals in der olympischen Geschichte bleiben die Millionen von Daten erhalten, darunter die Biografien von über 10 000 Athleten. Sie sollen den Grundstock für eine Weltdatenbank darstellen mit dem Ziel, daß irgendwann auch der einzelne zu Hause von seinem PC Informationen abrufen kann. Wenn das so weit ist, wird man auf das Kürzel SB stoßen, mit dem trotz Regen, Wind und drückender Hitze viele Leistungen versehen wurden. Eine »Season Best« - eine Saisonbestleistung - stellte auch Haile Gebreselassi über 10 000 m mit 27:18,20 min auf, womit er seinen Olympischen Rekord von 1996 um rund elf Sekunden verpaßte. Wie vor vier Jahren wurde dem äthiopischen »Leichtfuß« jedoch das Siegen durch den Kenianer Paul Tergat schwer gemacht. Diese beiden blieben am Ende übrig im äthiopisch-kenianischen »Länderkampf«, um den Strauß auszufechten. 120 Meter vorm Ziel ging es erst richtig los, und wieder zog Tergat den Kürzeren. In ihrem Schlepptau weitere elf Läufer, die unter 28 Minuten blieben; je viermal wurde ein »SB« und ein »PB« (Persönliche Bestleistung) verteilt.
Mit Sydney hat sich Haile, der 1993 das letzte Mal bei den Afrika-Meisterschaften über 10 000 m geschlagen wurde, von der Bahn verabschiedet. Zweimal wurde er Olympiasieger, siebenmal Weltmeister, 15mal lief er Weltrekord. Ein Ehrenplatz in der Sportgeschichte ist ihm sicher. Aber er kann sich auch noch verbessern. Künftig will er sich den Straßenrennen zuwenden, denn schon immer sei es sein Ziel gewesen, die Goldmedaille im Marathonlauf zu gewinnen wie sein großes Vorbild, der Barfußläufer Abebe Bikila 1960 und 1964 (in Schuhen). Gibt es dazu eine bessere Gelegenheit als 2004 auf jener Distanz, auf der alles - so die Legende - erst angefangen hat: von Marathon nach Athen? Aber vorsichtig! Paul Tergat, der fünffache Cross-Weltmeister, kommt mit. Und uns Zuschauern bleiben die spannenden Duelle.

Die entscheidende Phase im 10 000 m-Lauf der Männer: Olympiasieger Haile Gebreselassi (Äthiopien) sorgt für eine Tempoverschärfung und hat sich bereits an Position zwei gesetzt.

Vorkampf mit Backgammon

Jenen denkwürdigen Abend im Olympic Stadium von Sydney wird Lars Riedel wohl nie vergessen. Obwohl sich der Ausnahmekönner im Diskusring nicht ganz seine Wünsche erfüllen konnte, geriet der deutsche Recke ins Schwärmen: »Diese wahnsinnige Atmosphäre ging tief unter die Haut. Meine Knochen vibrierten richtig. Ich habe versucht, auch für mich daraus neue Kraft zu schöpfen.« Denn als Cathy Freeman von 110 000 Zuschauern nach ihrem Sieg und der folgenden Ehrenrunde frenetisch gefeiert wurde und wenig später auch noch Michael Johnson zu seinem fünften Olympiagold stürmte, mußten sich die Diskuswerfer auf ihre entscheidenden Versuche konzentrieren. »Ich habe das trotz allem sehr gut hingekriegt«, freute sich der 33-Jährige über seine Silbermedaille, die er mit 68,50 m hinter dem klaren Favoriten Virgilius Alekna (69,30) gewann.

Der Litauer hatte schon über die gesamte Saison mit Superweiten das Geschehen beherrscht. Nach einem etwas mißglückten Auftakt stellte er mit dem dritten Versuch die Signale klar auf Erfolg. Lars Riedel, der mit der Empfehlung eines Sieges beim ISTAF in Berlin unmittelbar vor Sydney nach Australien gereist war, sah seine einzige Chance in einem überragenden ersten Wurf. Doch dieser »Schock« für seine Kontrahenten gelang ihm nicht ganz. Später wurden infolge einer Erkältung, die er sich während des Vorbereitungscamps an der windigen Ostküste zugezogen hatte, die Beine immer schwerer. So blieb sein Bestwert aus Durchgang drei stehen, in dem auch Frantz Kruger aus Südafrika mit 68,19 m sein bronzener Wurf gelang.

Seine dritten Olympischen Spiele hatte der Modellathlet in einer neuen Rolle in Angriff genommen. Im Gegensatz zu Atlanta 1996, als ihn die Favoritenlast fast zu erdrücken schien und er erst mit dem fünften Wurf die goldene Spur fand, fühlte er sich dieses Mal als Jäger unbelasteter. Verletzungen und Krankheiten hatten ihn in den vergangenen Jahren mehrfach aus dem Konzept gebracht, auch wenn es ihm dann trotzdem gelang, bei den internationalen Titelkämpfen einen Podestplatz zu erkämpfen. Der langfristige Aufbau für Sydney lief zwar etwas besser, optimal jedoch gleichfalls nicht.

Zuversicht gaben vor allem in den letzten Tagen Trainingswerte wie bislang noch nie. »Lars beherrscht es mit all seinen Erfahrungen, sich auf den Punkt genau vorzubereiten«, nennt Trainer Karlheinz Steinmetz eine entscheidende Grundlage für die außergewöhnliche Erfolgsserie, die mit vier Weltmeistertiteln in Folge (1991, 1993, 1995, 1997) Einmaligkeit besitzt. Auch in den Stunden vor dem Start legen beide besonderen Wert auf gewohnte Abläufe. Viel Ausruhen, Schlagdame spielen, eine gemütliche Unterhaltung bei Kaffee und Kuchen. Daß es in Sydney diesbezüglich kleine Abweichungen gab – beide »duellierten« sich zusätzlich bei Backgammon, und das Heißgetränk nahm Lars allein und erst im Stadion zu sich –, bezeichnete der Coach nur im Scherz als Fehler. »Sein größter Gegner war die Erkältung, er hat aber das Beste daraus gemacht«, freute sich Steinmetz, der nun als Trainer auf eine komplette olympische Medaillensammlung verweisen kann - neben Riedel 1996 holte sein einstiger Schützling Rolf Danneberg 1984 und 1988 Bronze. Davon träumt auch der starke Sachse, der mit Ehefrau Kerstin und Sohn Robert in Chemnitz zu Hause ist. »Es wäre doch genial, wenn ich grade in Athen 2004 noch einmal Bronze gewinnen könnte.«

In Sydney nahm indes ein Athlet Abschied von der internationalen Wettkampfbühne, der die Disziplin bereits seit Mitte der 80er Jahre entscheidend prägte und mit 74,08 m noch immer im Besitz des Weltrekordes ist. Als 40-Jähriger sagte der Schweriner Welt- und Europameister Jürgen Schult nach einem achten Rang ade. Nach genau 26 Jahren und 24 Tagen.

Martina Martin

Martina Martin

Jahrgang 1957, sportjournalistisch seit 1983 tätig bei der Tageszeitung »Freie Presse« in Chemnitz. Nach Barcelona 1992 berichtete sie aus Sydney das zweite Mal von Olympischen Spielen.

»Schumi, der Millimeterläufer«

Volker Kluge

Es gibt Athleten, die weder einen Rekord noch eine Bestleistung aufstellen, nicht einmal eine Thüringer. Für Nils Schumann zählte eine andere Kategorie, und die hieß Sieg; notfalls auch mit rausgesteckten Ellenbogen, wie er das erstmals bei den Europameisterschaften von 1998 zeigte, als er Dänemarks farbigen Weltrekordler Wilson Kipketer auf den letzten 120 m regelrecht niederfightete und trotzdem das Regelwerk auf seiner Seite hatte. Dieser Kämpfertyp ist er von Kindheit an gewesen. Wenn er einen Fußball erblickte, ging es gleich zur Sache.

Als Nils Schumann das Stadion zum 800-m-Finale betrat, sah er gerade noch rechtzeitig auf der riesigen Videotafel, wie Sebastian Coe 1984 Olympiasieger wurde. Dazu übten die über 100 000 »Aussies« und Gäste die »La-Ola«-Welle, so daß der 22-jährige in die richtige Stimmung kam. Geradezu »geil« sei er in dem Moment aufs Laufen gewesen, bekannte er später. Auf der Tribüne drückte ihm inzwischen seine Freundin, die farbige Darmstädter Hochspringerin Amewu Mensah - gebürtige Ghanaerin - die Daumen. Die beiden waren sich erst in der Olympiavorbereitung näher gekommen.

Das Rennen begann, als wüßte die Konkurrenz nicht, daß Nils Schumann dabei ist, oder aber sie unterschätzte ihn, weil er sich in dieser Saison bisher nur mit wenigen und dazu mäßigen Leistungen vorgestellt hatte. Wie auch immer: Angeführt vom Jahresschnellsten, dem Schweizer André Bucher, und dem spurtstarken Russen Juri Borsakowski verbummelte das Achterfeld die erste Runde, die sie schließlich in 53,43 s passierte. Der 22-jährige Thüringer hielt sich sich an dritter oder vierter Position auf und behauptete die Innenbahn, doch als nach 600 m das Tempo schärfer wurde, drohte kurzzeitig die Gefahr, daß er eingeschnürt werden könnte. Aber in der letzten Kurve tat der Italiener Andrea Longo Schumann den Gefallen und schubste Bucher auf den Rasen, was ihm später die Disqualifikation einbrachte. Dem Schweizer gelang es zwar, sofort auf die Bahn zurückzukehren, doch sein Laufrhythmus war erst einmal gestört.

Das war wie ein Signal für Nils Schumann, der in diesem Moment auf der zweiten Bahn losspurtete, als wäre er von der Leine gelassen. Wie oft er das geübt hat, ist schwer zu sagen. Aber wer einen Sparringspartner wie »Willi« hat, beherrscht so etwas. Ein Stratford-Terrier, der Schumanns treuer Begleiter in allen Lebenslagen ist, hat nun einmal ein großes Beschleunigungsvermögen.

Vielleicht sollte sich Wilson Kipketer einen Hund zulegen, dann käme er besser von 80 auf hundert. Allerdings hatte es der dreifache Weltmeister und fünffache Weltrekordler auch nicht einfach. Keiner läuft gern auf

Eine große Überraschung der Olympischen Spiele ist perfekt: Nils Schumann gewinnt am 27. September den 800-m-Lauf.

Nils Schumann nach dem Zieleinlauf, der sein Leben verändern wird.

Mit drei Goldmedaillen, darunter zwei in Sydney, ist der Pole Robert Korzeniowski (links) der erfolgreichste Geher bei Olympischen Spielen (nebenstehende Seite).

Bahn vier oder fünf, doch dem gebürtigen Kenianer, dem 1996 von seinem Geburtsland der Olympiastart für seine neue Heimat verweigert wurde, blieb gar nichts anders übrig, als ganz weit auszuholen. Und da hatte er eben gegen einen Schumann schlechte Karten, der Richtung Ziel sprintete, was die Lungen hergaben. Sein Vorsprung wurde kleiner und kleiner, doch er genügte. Im Ziel betrug er noch sechs hundertstel Sekunden.
Über die 1:45,08 min, die er für die 800 m benötigte, wird in Zukunft kein Mensch mehr reden, aber über seinen Olympiasieg. »Schumi, der Millimeterläufer«. »Matu« hat einen Nachfolger gefunden, wenn auch mit anderen Vorzeichen. Sein Thüringer Landsmann - Manfred Matuschewski wurde 1962 und 1966 Europameister - entschied seine Rennen immer im Spurt und mit hauchdünnen Vorsprüngen.
Aus Erfurt, wo Schumann die Kinder- und Jugendsportschule besuchte und wo er heute noch lebt, kam nicht nur ein Matuschewski, sondern kamen auch die Weltrekordläufer Siegfried Herrmann und Jürgen May, der Europameister Dieter Fromm und der WM-Dritte Hauke Fühlbrügge. Olympiasieger auf einer Mittelstrecke ist keiner von ihnen ge-

Rot für Kampfrichter

Ich gebe zu, daß ich parteiisch bin. Und daß ich auch ausrasten kann, wenn einer Athletin wie Jane Saville, die ich trainiere, Unrecht geschieht. Was im Gehen in Sydney passiert ist, halte ich für eine große Ungerechtigkeit gegenüber Athleten. Zuerst ließ man den Mexikaner Bernardo Segura im 20-km-Wettbewerb als Ersten ins Ziel gehen, um ihn danach rückwirkend zu disqualifizieren, und dann zeigt man meiner Athletin 120 m vor dem Stadion die dritte Rote Karte und brachte sie so um den Lohn ihrer und auch meiner Arbeit.

Da sitzen knapp 100 000 Menschen im Stadion, die mit der Sportlerin aus

ihrer Stadt auf dem Weg zum Olympiasieg fiebern und dann miterleben müssen, wie sie kurz vor ihrem Triumph aus dem Rennen genommen wird. Die Entscheidung ist auch deshalb vollkommen unlogisch, weil Jane Saville so klar führte, daß sie es gar nicht nötig hatte, zu betrügen. Sie ist locker gegangen und war nur noch auf Sicherheit bedacht.

Das Gehen unterscheidet sich vom Laufen durch zwei Kriterien: erstens den ständigen Bodenkontakt, den der Geher haben muß, zweitens durch das gestreckte Knie. Wer diese Regel verletzt, wird zweimal verwarnt und beim dritten Mal aus dem Wettkampf ausgeschlossen. Das Problem ist, daß es für die Öffentlichkeit nicht nachvollziehbar ist, was die acht Kampfrichter aushecken. Wenn sich nur drei von ihnen einig sind, sieht der Sportler die Rote Karte, korrekt gesagt, die rote Kelle.

Aus meiner eigenen Praxis als Geher weiß ich, wie subjektiv diese Bewertungen sind. Die Kampfrichter sind niemandem rechenschaftspflichtig, und oft – wie im Falle von Jane Saville – erfährt man nicht einmal, wer für die Disqualifikation verantwortlich war. Diese fehlende Transparenz schadet unserem Sport, um dessen Zukunft es ohnehin nicht gut aussieht. So jedenfalls wird er vollends kaputt gemacht. Ändern kann sich das nur, wenn neutrale Kampfrichter eingesetzt werden, die nicht im Verdacht stehen, eigene Interessen zu verfolgen. Zum anderen muß die Rote Karte sofort gezeigt werden und nicht erst rückwirkend, was freilich auch von den Sportlern verlangt, solche harten Entscheidungen zu akzeptieren. Daß das nicht immer geschieht, zeigte das Beispiel der Italienerin Elisabetta Perrone, die sich weigerte, den Kurs zu verlassen. Außerdem halte ich es für erforderlich, daß der Hauptkampfrichter, der als einziger berechtigt ist, eine Disqualifikation zu verkünden, auf dem letzten Kilometer unmittelbar neben dem führenden Geher fährt, um sich selbst ein Bild zu machen.

In Sydney wurde der Pole Robert Korzeniowski zu Recht als einer der großen Sieger der Leichtathletik gefeiert. Einen Doppelsieg über 20 und 50 km hat es in der olympischen Geschichte noch nicht gegeben. Robert Korzeniowski kenne ich noch als Junior. Wir haben oft gemeinsam in Bulgarien trainiert. Seitdem sind wir wie »Lolek« und »Bolek«, die beiden Unzertrennlichen aus der polnischen Zeichentrickserie. 1992 nahm ich Bolek noch im Olympiastadion von Barcelona über 50 km die Bronzemedaille weg, als er, vor mir gehend, disqualifiziert wurde. Drei Jahre lang hatten ihn die Kampfrichter auf dem Kieker, und von ihm selbst weiß ich, daß er deswegen schon die Flinte ins Korn werfen wollte. Zum Glück aber hat er nicht aufgegeben, vielmehr arbeitete er an seiner Technik, bis er sich auch den Respekt der Kampfrichter verdient hatte. 1996 war er dann in Atlanta das erste Mal Olympiasieger und ein Jahr später Weltmeister. Natürlich hoffe ich, daß sich meine Athleten an ihm ein Beispiel nehmen.

Roland Weigel

Ronald Weigel

Jahrgang 1959. Nahm dreimal an Olympischen Spielen teil, gewann zweimal Silber und einmal Bronze. Seit drei Jahren arbeitet er als Nationaltrainer in Australien, lebt in Canberra und hat einen Vertrag bis 2004.

worden. Am nächsten dran waren die »silbernen« 1500-m-Läufer Klaus Richzenhain (Melbourne 1956), der 1960 nach Erfurt ging, und Jürgen Straub (Moskau 1980), ebenfalls ein gebürtiger Thüringer. Ebenso wenig schaffte das irgendein anderer deutscher Mittelstreckenläufer, nicht einmal der legendäre Rudolf Harbig, der mit seinem 800-m-Weltrekord von 1939 (1:46,6min) Maßstäbe für Jahrzehnte setzte. Schumann ist an ihnen allen vorbei gelaufen. Daß es kein geschenkter Sieg war, zeigt bereits ein Blick auf seine Läuferbiographie, die - so jung, wie er ist - doch schon einiges aufzuweisen hat: 1997 Junioren-Europameister, 1998 Europameister in der Halle und im Freien, 1999 Deutscher Meister, 2000 Olympiasieger - also Champion in allen Klassen. Dabei sah es im vorigen Jahr kurze Zeit so aus, als hätte er sein Pulver bereits verschossen. Im WM-Finale von Sevilla lief Schumann chancenlos hinterher und wurde abgeschlagen Achter.

Im Jahre 2000 schien sich das fortzusetzen. Schumann hatte überhaupt nur ein gutes Rennen: Bei der »Golden League« in Rom am 30. Juni wurde er über 800 m in 1:45,75 min Fünfter. Er sagte alle weiteren Rennen ab, und während andere nach St. Moritz zum Höhentraining gingen, zog er sich mit seinem Trainer Dieter Hermann und »Willi« nach Oberhof zurück. Dieses Dreiergespann trabte durch den Thüringer Wald. Wenn scharfe Läufe angesagt waren, fuhren sie hinunter nach Arnstadt, wo auf der guten alten Aschenbahn trainiert wurde. Auf eine 1:43,5 min war Nils Schumann vorbereitet. Doch die befürchteten 48,5 s für die erste Runde traten in Sydney nicht ein. In diesem Falle hätte er wohl passen müssen. Vor und nach dem Wettkampf verspürte Nils Schumann eine merkwürdige Leere in sich. Beim Start hatte er sich eingeredet, daß es nur ein einziger Lauf sei, und daß die Jungs, die da gegen ihn laufen, auch nur Menschen sind. Hinterher war er relativ emotions-

Abera Gezahgne gewann nach Bikila Abebe (1960, 1964) und Mamo Wolde (1968) als dritter Äthiopier den olympischen Marathonlauf.

los. »Ich ziehe das jetzt: Pressekonferenz, Dopingkontrolle ...« meinte er, und dann fiel ihm ein, daß er seit drei Monaten kein Bier mehr getrunken hätte, und das als leidenschaftlicher Biertrinker. Eine Brauerei als Sponsor, das wär' was ...

Tatsächlich aber läuft er unter der Flagge von Creaton Großengottern, einem Thüringer Betrieb, der mit den gleichen Schwierigkeiten wie die meisten ostdeutschen Firmen zu kämpfen hat. Daß dieser seinen Etat, aus dem das Laufteam von Dieter Hermann bezahlt wird, nicht aufstocken kann, haben die Inhaber bereits vor Sydney signalisiert. Man darf also gespannt sein, was die Zukunft auch auf diesem Gebiet bringt, und man muß kein großer Prophet sein, um vorherzusagen, daß sich viele, wenn die Arbeit erst einmal getan ist, gern mit einem fertigen Athleten, und dann noch mit einem auf der attraktiven 800-m-Strecke, schmücken wollen.

Doch dann sind da auch noch die Thüringer Berge und Trainer Dieter Hermann, ein ruhiger und besonnener Mann, der in den 60er Jahren zu den besten Hindernisläufern der DDR zählte, dem große Siege aber nicht vergönnt waren. Ihm hat Schumann seine Medaille gewidmet, auch weil er ihn - wenn nötig - mal in den A... getreten hat, wie sein Schützling erzählte.

Man kann sich dieses ungleiche Paar lebhaft vorstellen: Dieser Hippie-Typ mit seinen getönten Haaren und dem Tattoo auf dem Oberarm und dieser introvertierte Trainer. Dazwischen »Willi«. Nicht zu vergessen Peter Schumann, der Vater des Olympiasiegers. Der Absolvent der Leipziger DHfK und selbst mit einer 800-m-Bestzeit von 2:08 min ausgerüstet, hat bei seinem Sohn den Spaß am Sport geweckt, und ansonsten sei der »so'n richtiger Ost-Sportlehrer«, was man sich auch darunter vorzustellen hat. Vermutlich einer, für den Sport noch Sport ist und nicht nur Fun und Wellness.

Der Olympiasieg wird das Leben von Nils Schumann verändern, da ist er sich sicher. Er selbst schätzt seinen Marktwert ab sofort auf eine Million Mark. Auch wenn die Million vorerst nicht kommt, hofft er, daß er als »Profisportler«, wie er sich in der NOK-Broschüre nennt, sein Leben für die nächsten fünf, sechs Jahre abgesichert hat. »Sonst müßte ich irgendein Studium beginnen oder eine Lehre ...« So sind sie, unsere »Profisportler« von heute.

Ein Kopfproblem

Die Marathonstrecke von Sydney, ich bin sie vor fünf Jahren selbst gelaufen, hielt für die Läuferinnen und Läufer spezifische Herausforderungen bereit. Es ist eine Strecke mit insgesamt sehr welligem Profil. Die besondere Schwierigkeit besteht darin, daß es in der ersten Hälfte teilweise beachtlich bergab geht und zudem in diesem Abschnitt fast immer Rükkenwind herrscht.

Das erfordert eine ganz besondere geistige Vorbereitung. Denn es wird unter diesen Bedingungen zunächst sehr schnell gelaufen, es bleibt lange eine größere Gruppe zusammen, wie in Sydney bis zum Kilometer 25 geschehen. Denn es fühlen sich viele zunächst sehr gut, sie können das hohe Tempo mitgehen.

Dieses Laufen in der Gruppe, wenn man sich nicht vorher genau darauf eingestellt hat, kann eine besondere Nervenbelastung sein. Denn man hofft ja normal immer darauf, Konkurrenten abfallen zu sehen und so eine Bestätigung für das eigene gute Befinden zu erhalten. Wenn dann, wie in

Sydney, noch das begeisterte Publikum dazu kommt, wird bei vielen Sportlern zuviel Adrenalin ausgeschüttet, was sich dann im weiteren Verlauf negativ auf die Leistung auswirkt, weil die Nerven zu früh strapaziert werden.

Auf den Medaillenplätzen kamen schließlich mit den beiden Äthiopiern Abera Gezaghne und Tola Tesfaye sowie mit dem Kenianer Eric Wainaina Vertreter aus Ländern ein, die wohl zur Zeit die lauftalentiertesten Athleten besitzen. Gedanklich erwiesen sich die Äthiopier als sehr gut vorbereitet im Sinne des oben Gesagten. Gezaghne lief lange im Windschatten von Tesfaye unauffällig mit, und die beiden verzichteten lange darauf, selbst Druck zu machen. Den übte dann Wainaina aus, und man kann sagen, daß er mit seinen Tempoverschärfungen den Sieg des Äthiopiers vorbereiten half, indem er ungeduldig das Feld sprengte. Die Analyse zeigt, daß der Sieger sehr gleichmäßig lief: die erste Hälfte in 65 Minuten bei einer Endzeit von 2:10:11 Stunden.

Die ersten europäischen Läufer belegten mit den Plätzen vier und fünf sehr achtbare Ränge, wobei die deutschen Starter, obwohl sie das sportliche Vermögen dazu meiner Meinung nach haben, besonders Carsten Eich, die erhoffte Überraschung nicht schafften.

Abschließend eine kleine Nebenbemerkung. Daß die ZDF-Reporter beinahe alle ehemaligen Olympiasieger erwähnten nur mich nicht, war unfreundlich. Aber ein Freund aus Australien, der mich nach dem Lauf anrief, sagte mir, ich sei im dortigen Fernsehen in aller Munde gewesen.

Waldemar Cierpinski

Waldemar Cierpinski

Jahrgang 1950. Olympiasieger 1976 und 1980 im Marathonlauf. Der Diplomsportlehrer arbeitete zunächst als Trainer und eröffnete nach 1990 ein Sportartikelgeschäft in Halle mit mehreren Filialen.

Volker Kluge

»No Shame« – ich habe gewonnen!

Feierliche Musik kündigte im Stadium Australia das 400-m-Finale der Frauen an. Es war Montag, der 25. September 2000, um 20.10 Uhr, als eine ganze Nation den Atem anhielt. Cathy Freeman, der Liebling der Nation, startete auf Bahn sechs. Ihr Körper steckte in einem Kapuzenanzug, der in Silber, Grün und Gelb gehalten war. So kannte man sie seit Wochen. In jeder Fußgängerzone, an jeder Busstation lief einem ihr Konterfei so entgegen. Halb Mensch, halb Lurch.

Die Ansage des Stadionsprechers wurde vom Geschrei der 112 524 Zuschauer übertönt. So viele waren noch nie in einem Olympiastadion. Vielleicht lag es an dem Lärm, daß Cathy Freemans Reaktion nach dem Startschuß nicht die beste war. Sie kam nur als Viertschnellste von den Blöcken, doch sie lief die ersten 60 m kraftvoll. Ihre inoffizielle 100-m-Zwischenzeit (12,30 s) wies sie als Zweite hinter der Jamaikanerin Lorraine Graham aus, und auch auf den zweiten 100 Metern befolgte sie den Rat ihres Trainers, sich zurückzuhalten. Graham lag noch immer vor ihr.

Die Entscheidung fiel in der zweiten Kurve. Freeman drückte nun aufs Tempo und lief diese dritten 100 Meter in 12,06 s. Die Massen begannen rhythmisch zu klatschen, von ihrem Gebrüll wurde die zierliche junge Frau vorwärts geschoben wie auf einer Woge. Als ob die Trommelfelle nicht schon zur Genüge schmerzten, die Ekstase ließ sich noch steigern. Im Moment, als Cathy Freeman das Ziel passierte, schrie ein ganzer Kontinent auf: »She did it.«

In der Tat, Cathy Freeman hat es geschafft. Sie ist nicht zusammengebrochen unter der Last des Rucksacks, den die Favoriten immer zu tragen haben. Und als ob der nicht schon schwer genug gewesen wäre, hatten ihre Landsleute ihr auch noch die Aufgabe aufgebürdet, zehn Tage vor diesem 400-m-Finale das Olympische Feuer zu entzünden, was vor allem den Streß bedeutete, in den Mittelpunkt gerückt zu werden. Doch nicht sie war am Ende dem Druck erlegen, sondern ihre große Rivalin Marie-José Pérec, die noch vor Beginn der Wettkämpfe aus Sydney flüchtete, weil sie sich bedroht fühlte. Und anders als die australischen Zeitungen sprach Cathy Freeman über die Abwesende voller Achtung: »Ich kenne sie gut genug, um zu wissen, daß sie eine sehr anständige Athletin ist, die unseren ganzen Respekt verdient.« Vor allem aber hoffte sie, daß Pérec trotzdem gesund und glücklich ist, denn »Sport ist nicht alles«.

Das Porträt der Siegerin. Cathy Freeman hat den Lauf über eine Stadionrunde gewonnen und die 100. olympische Goldmedaille für Australien errungen (gegenüberliegende Seite).

Der Druck auf die Favoritin ist gewaltig, und so konzentriert sie sich vor dem Start ungemein lange. Eine Stimme in meinem Kopf hat mir gesagt: »Tu, was Du kannst. Ich habe nur auf diese Stimme gehört.«

So ist Cathy Freeman. Als sie nach dem Rennen vollkommen erschöpft auf dem Boden kauerte, zur Anzeigetafel schaute und minutenlang die Hand vor den Mund hielt, erinnerte sie sich wohl auch an ihre Mutter Cecilia, der man auf der Katholischen Schule als erstes den Begriff »Oh, Shame!« eingebleut hatte. Für einen Aboriginal, wie in Australien die Nachkommen der Ureinwohner genannt wurden, galt es jahrzehntelang nicht nur als Schande, getadelt zu werden, sondern auch, eine Sache besonders gut zu machen. Etwas zu wissen – »Oh, Shame«; besser zu sein als andere – »Oh, Shame!« Jedes Überschreiten der Grenze, vor allem aber das Eindringen in die weiße Welt, hatte der Aborigine als Schande zu verstehen. Mutter Cecilia war ein braves Kind, das diese Spielregeln akzeptiert hatte. Nicht so ihre Tochter, deren genetisches Geschenk, schnell laufen zu können, sie frei gemacht hat. Dennoch muß an diesem Abend in Cathy Freeman etwas von diesem »Oh, Shame!«-Gefühl zurückgekehrt sein. Unmittelbar nach dem Rennen zog sie sich die Kapuze über das Gesicht, und wie ein Häuflein Unglück sah sie danach aus, als sie im Schneidersitz auf der Kunststoffbahn saß, während um sie herum die Hölle los war. Ihre Betroffenheit wich erst, als sie von ihrem »Team« zur Ehrenrunde aufgefordert wurde. Irgendwer drückte ihr die zusammengeknoteten Fahnen Australiens und der Aboriginals in die Hand, die seit 1994 ihr Markenzeichen darstellen. Doch anders als bei früheren Gelegenheiten entfaltete sie die beiden Flaggen nicht ein einziges Mal, sondern hielt sie meist zusammengeknüllt in der rechten Hand, schwenkte sie nur einmal zögerlich; vielleicht um in ihrer schönsten Stunde die Australier nicht schon wieder mit diesem Thema zu spalten. Und dennoch: Jeder im Stadion wußte, daß es hier nicht nur um den 400-m-Lauf ging.

Cathy Freeman ist das personifizierte schlechte Gewissen Australiens. Auch auf der Tribüne saß es in Gestalt von Cecilia Barber, Cathys Mutter, eskortiert von etwa 50 Mitgliedern der Aborigine-Community, darunter ihre Brüder und der Tennisstar Evonne Goolagong-Cawley. Nach der Siegerehrung lief Cathy zuerst zu ihnen und überreichte ihrer Mutter, einer dicken Frau mit großer Brille, in blaugelbem Anorak und Jeans, den Blumenstrauß, den sie gerade erhalten hatte. Den Abend feierte sie nur mit ihrem Stamm, in den längst auch zwei Weiße, ihr Stiefvater Bruce Barber und ihr Ehemann, Nike-Geschäftsführer Alexander Bodecker, aufgenommen wurden.

Cecilia Barber wurde 1939 auf Palm Islands geboren, einer Insel 65 km nördlich von Townsville, wo die Regierung von Queensland 1918 eine Verwahranstalt eingerichtet hatte, in die in den folgenden 20 Jahren 1630 junge Aboriginals zwangsweise separiert wurden. Sie standen unter der strengen Aufsicht von Nonnen, und selbst als die Zöglinge erwachsen waren und geheiratet hatten, wurden sie noch unter Kontrolle gehalten.

Hintergrund dieses düsteren Kapitels australischer Geschichte war die Angst, daß die Abkömmlinge der Ureinwohner eine politische und biologische Gefahr darstellen. Um dem entgegenzuwirken, entwickelten vor dem 1. Weltkrieg die Eugeniker, unter denen – vor allem auch in Deutschland – einflußreiche sozialdemokratische Vordenker waren, ein Konzept zur Lösung der sozialen Frage. Neben durchaus vernünftigen Maßnahmen wie Geburtskontrolle, Mutterschutz, Zurückdrängen von Krankheiten und von Alkoholismus zählte dazu aber auch die Vorstellung, das »Minderwertige« durch eine »Verbesserung des Blutes« zu bekämpfen, wozu die weiblichen Aboriginals gezwungen wurden, Nicht-Aboriginals zu heirateten.

So bekam Cathy Freemans Urgroßmutter Dora Brook, die dem Kuku-Yalanji-Stamm angehörte, einen syrischen Einwanderer namens Willie Assad als Mann. Doch als Dora dann eine Tochter zur Welt brachte, die den Namen Alice Mero erhielt, wurde sie ihr weggenommen, als sie acht Jahre war. Zusammen mit anderen Aboriginal-Kindern kam sie nach Palm Islands, wo sie ihre Sprache vergessen mußte, nichts über die Kultur und Geschichte ihres Volkes erfuhr. Sie und die anderen wuchsen auf ohne Liebe, ohne Bücher und Zeitungen. Es gab kein Telefon, nicht einmal Elektrizität; die Geschlechter waren streng getrennt. Und trotz all der »Fürsorge« der amerikanischen Nonnen, die die Katholische Schule führten, litten die Kinder an Unterernährung und Krankheiten.

Ziel dieser Aktion, die direkt die Regierung von Queensland zu verantworten hatte, war es, die Beziehung der Kinder zu ihren Eltern zu unterbrechen. Besuche waren verboten; wer Fragen stellte, wurde von den Behörden bedroht. Schätzungen besagen, daß allein in der Zeit von 1930 bis 1960 den Müttern etwa 100 000 Kinder geraubt wurden, die man heute als die »stolen generation« bezeichnet. Obwohl nach Bekanntwerden der deutschen Verbrechen nach dem Ende des 2. Weltkriegs die Eugenik vollkommen diskreditiert war, wurden in Queensland die Deportationen noch bis 1969 fortgesetzt.

Alice heiratete den Aborigine George Sibley, der ein guter Boxer war. Beide zeugten eine Tochter namens Cecilia, die sich wiederum in Norman Freeman aus Mackay verliebte. Der kräftige junge Mann war ein begabter Rugbyspieler wie schon sein Vater, Frank Fisher, von dem man sich erzählt, er sei ein Kerl wie ein Baum gewesen. »Big Shot«, wie man ihn nannte, konnte die 100 Yards in 10,0 s laufen, und als er starb, schrieb eine Lokalzeitung über ihn »King Fisher Is Gone«. Das war Cathys Großvater väterlicherseits.

Catherine Astrid Salome Freeman wurde 1973 in Mackay geboren. Sie war das dritte Kind der Familie; sechs Jahre jünger als ihre Schwester Anne-Maria, die – wie viele Aboriginals – an Cerebral palsy erkrankt war. Während Anna-Maria sich nur an Krücken bewegen konnte und von Schüttelkrämpfen geplagt wurde, war Cathy ein zwar zierliches, aber gesundes und aufgewecktes Kind. Abgesehen von der Statur kam sie offenbar nach dem Großvater »King« Frank Fisher, der auch Profisprinter gewesen war; charakterlich – da war sich die Familie sicher – aber nach Alice, die von ihrer Enkelin liebevoll »Nanna« genannt wurde.

In der zweiten Kurve, auf den dritten 100 Metern, legte Cathy Freeman den Grundstein für ihren Sieg (nebenstehende Seite).
Die goldene Mission ist erfolgreich beendet, doch Cathy Freeman scheint fassungslos.

Das Schicksal der Schwester vor Augen, die als 17jährige ihrem Leiden erlag, hielt sich Cathy an den Rat, den sie von ihrer Mutter bekommen hatte: »Du hast zwei gesunde Arme und zwei gesunde Beine, also benutze sie.« Doch dazu mußte sie gar nicht aufgefordert werden. Sie war von Natur flink und geschickt, und auf der St. Joseph's Primary School in Mackay lief sie die 80 m sogar schneller als die Jungen. Doch als sie am Finale der Schulwettkämpfe in Brisbane teilnehmen sollte, hatte die Familie nicht Geld, ihr das korrekte T-Shirt zu kaufen, weshalb die Schule einspringen mußte. Zu Hause ging damals alles drunter und drüber, bis Norman Freeman, dessen Welt der Fußball und der Alkohol waren, endlich 1978 auszog. Die großen Stunden seiner Tochter hat er nicht mehr miterlebt. Er starb mit 53 Jahren an Diabetis, was Cathy irgendwie sogar ein Trost war: Nein, er war nicht am Alkohol umgekommen.
An seine Stelle trat Bruce Barber, ein weißer Eisenbahner aus Brisbane, den Cecilie 1982 heiratete und mit dem die Familie nach Hughenden zog. Cathys Stiefvater wurde ihr größter Promoter. Er zeigte ihr, wie man das Geschenk der Natur – die Fähigkeit schnell zu laufen – weiterentwickeln konnte. 1984, als Cathy dreimal bei den Pacific School Games in Melbourne gewann, schrieb eine Queensländer Zeitung erstmals vom »wonder girl«. Die Elfjährige wurde Siegerin über 100 m in 13,51 s, über 200 m in 26,72 s und im Hochsprung mit 1,45 m. Mit diesen Leistungen hatte sie die Grenze durchbrochen, und sie empfand kein bißchen »Oh, Shame« dabei.
Ende 1987 wurden Cathys Eltern in ihre Schule in Mackey vorgeladen und dort mit den Anworten der Tochter konfrontiert, die diese am Vortag in einem Gespräch mit einem Schulbeamten auf die Frage nach ihrer Zukunft gegeben hatte. »Ich möchte eine Goldmedaille bei den Olympischen Spielen gewinnen« hatte sie gesagt. Was sie sonst noch nach der Schule anstellen wollte, darüber konnte sie keine Auskunft geben. Der Beamte war Cathy durchaus zugetan, doch er fand, daß es für eine zukünftige Olympia-Medaillengewinnerin in Nord-Queensland wenig Möglichkeiten gäbe. Er hatte gehört, daß Glynnis Nunn, die Olympiasiegerin von 1984 im Fünfkampf, am Fairholme College in Toowoomba ausgebildet und für ihre sportlichen Leistungen mit einem Stipendium ausgezeichnet worden war. Der Beamte bot sich an, für Cathy die Dinge in die Wege zu leiten, was auf Begeisterung stieß, denn Glynnis Nunn war gerade ihr Idol.
Cathy Freeman war 14 Jahre alt, als sie aus dem Haus ging. Sie ist dorthin nie zurückgekehrt. Während die meisten Kinder der Aboriginals niemals eine Chance haben, eine auch nur annähernd qualifizierte Ausbildung zu erhalten, bekam sie ein Stipendium, womit sie eine von drei schwarzen Schülern an einer Schule mit 600 Studenten war. Fairholme wurde für Cathy zum Sprungbrett in die australische »middle-class« und nachdem sie ihren Kulturschock überwunden hatte, paßte sie sich schnell den neuen Lebensbedingungen an. Wenn auch andere Mädchen und Jungen von ihren Eltern im Jaguar oder Mercedes abgeholt wurden, sie war durch ihr außergewöhnliches sportliches Talent etwas Besonderes. Sie revanchierte sich mit ihrem ersten Staatsrekords in der Altersklasse bis 16 Jahre: Im Hochsprung erreichte sie 1,72 m. Das war während der Zeit der Olympischen Spiele in Seoul und der Weltrekorde von Florence Griffith-Joyner. Die Schule glaubte fest daran, mit Cathy eine neue »FloJo« in ihren Reihen zu haben.
Mit alledem war die Familie freilich materiell überfordert, was sich spätestens herausstellte, als die Schulzeit 1989 zu Ende ging und eine dreijährige Ausbildung an der 130 km von Brisbane entfernten Kooralbyn International School in der Nähe der Goldküste ins Auge gefaßt wurde. Doch Bruce Barber schaffte es irgendwie, die 24 000 Dollar Schulgeld aufzubringen.
In Kooralbyn arbeitete der ehemalige rumänische 400- und 800-m-Läufer Mike Danila, der aus seinem Land geflohen war, als Trainer. Er erkannte das Potential von Cathy Freeman als Erster. Er brachte sie 1990 zu den Commonwealth-Spielen nach Auckland, wo sie mit der australischen 4x100-m-Staffel eine Goldmedaille gewann; anschließend startete sie auch bei den Junioren-Weltmeisterschaften in Plowdiw. Für ihre Leistungen wurde Cathy Freeman 1991 zum »Young Australian of the Year« gewählt und von Premierminister Bob Hawke empfangen, der sich in der Nähe der jungen Aborigine sichtlich sonnte. Australien hat kein Nationalitätenproblem, wollte er wohl sagen.
Damals, nach den Commonwealth-Spielen, wurde sie von einem jungen Melbourner Journalisten interviewt, der sich auch privat für sie interessierte. 1991 wurde Nick Brideau ihr Manager und Partner. Er engagierte Raelene Boyle, die Olympia-Zweite von 1972 hinter Renate Stecher. Bei ihr trainierte Cathy Freeman in Richmond, Melbourne kurze Zeit; heute sind sie

keine Freundinnen mehr. Doch Nick Brideau, der dynamische Aufsteiger, fand schnell Ersatz. Er verpflichtete Peter Fortune als Trainer und Peter Jess als Finanzberater; Maurice Plant als Agent vervollständigte das »Team Freeman«. Ihr 19jähriger Schützling schaffte die Qualifikation zu den Olympischen Spielen in Barcelona, wo sie im Zwischenlauf ausschied.
Das Jahr 1994 brachte für Cathy Freeman den Durchbruch. Erstmals arbeitete sie mit Gewichten, was sich mit Siegen über 200 und 400 m bei den Commonwealth-Spielen im kanadischen Victoria auszahlte. Es wurde aber auch das Jahr der ersten Konfrontation mit der Politik. Vorausgegangen war ein Gespräch von Cathy mit Peter Jess, dem sie ihren Traum erzählt hatte, bei den Commonwealth-Spielen eine Goldmedaille zu gewinnen und mit der Aborigine-Fahne eine Ehrenrunde zu laufen. Jess erzählte das Nick Brideau, der die Sache gut fand. »Damit kommt sie auf die Titelseiten«, meinte er, sah aber auch das Problem einer politischen Stellungnahme auf sie zukommen.
Bei der Ankunft in Victoria hatte Cathy Freeman also die Aborigine-Fahne im Gepäck, die sie so liebt. Das Banner besteht aus zwei Streifen, von denen der obere schwarz und der untere rot ist. Harold Thomas, ein Aboriginal, wollte mit Schwarz sein Volk symbolisieren und mit Rot dessen spirituelle Beziehung. In die Mitte hatte er einen großen gelben Fleck plaziert - die Sonne als Quelle des Lebens. Erstmals wehte die Fahne 1971 in Adelaide. Obwohl sie keinen offiziellen Status hat, gilt sie seitdem als Identifikationszeichen mit den Aboriginals, was aber von manchen weißen Australiern, für die die Abkömmlinge der Ureinwohner nichts anderes als Faulenzer und Trunkenbolde sind, als Provokation empfunden wird. Sie meinen, die Flagge spalte Australien.
Doch gerade das lag nicht in der Absicht von Cathy Freeman. Es waren keine hochfliegenden Gedanken, die sie bewegten, als sie sich nach dem 400-m-Lauf, den sie in 50,38 s gewonnen hatte, von Peter Jess die Flagge aus ihrer Tasche reichen ließ, mit der sie ihrem Volk ein Signal geben wollte: "Da bin ich, eure Schwester." So hatte sie es auch zu Hause angekündigt, doch niemand wollte ihr das glauben. Und Mutter Cecilia traute vor dem Fernseher ihren Augen nicht. Sie konnte nur noch aufstöhnen: »And she did it.«
Die australischen Konservativen waren empört. Ein Kolumnist schrieb, Freeman könne nicht zwei Herren dienen: »Du darfst nicht glauben, daß du unter zwei Flaggen laufen kannst.« Arthur Tunstall, der Chef de Mission der australischen Mannschaft und langjährige Box-Funktionär, bestellte die Managerin des Leichtathletik-Teams, Margaret Mahony, zu sich und teilte ihr mit, daß er keine andere Flagge zu sehen wünsche als die australische, worauf ihn Schwimm-Olympiasiegerin Dawn Fraser, die man dazu interviewt hatte, als Spaßmacher bezeichnete. Ein Abgeordneter der Labor Party nannte Tunstall gar einen »bloody old fogey«, was nicht gerade fein war, aber die Unterstützung der meisten Australier fand, die zu 73 Prozent die Aktion von Cathy Freeman unterstützten. Die Stadtregierungen von Brisbane und Ipswich ließen gar die Aborigine-Flagge vor dem Rathaus hissen als Zeichen der Solidarität. Premierminister Keating wählte die Flucht nach vorn und schickte einen Glückwunsch.
Obwohl der sonst so liebenswürdige Arthur Tunstall angeschlagen war, erneuerte er seine Warnung vor dem 200-m-Finale und wies Margaret Mahony an, zu verhindern, daß Cathy wieder die Flagge zeigt. Mahony sah sich dazu aber nicht imstande. Sie vertraute sich Geoff Rowe an, dem Businessmanager des Leichtathletik-Verbandes, der vorschlug, einfach die Aborigine- und die australische Flagge zusammenzuknoten, damit niemand mehr von Spaltung reden könne. So geschah es. Nach ihrem 200-m-Sieg drehte Cathy wieder eine Ehrenrunde, diesmal mit beiden Fahnen. Anschließend gab sie Nick Brideau einen langen Kuß. Das war der Höhepunkt ihrer Beziehung.
Nach Hause zurückgekehrt, erhielt Cathy Freeman unzählige Briefe, darunter solche von Angehörigen der »stolen generation«, die ihr ihre Erlebnisse schilderten. Sie selbst plädierte für eine neue australische Nationalflagge, denn die bisherige zeigt die Symbole der britischen Unterdrücker. Ein Fan war so begeistert, daß er ihr die Aborigine-Fahne für 10 000 Dollar abkaufen wollte, was Cathy ausschlug. Vielmehr schenkte sie diese der Gallery of Sports.
Es spricht für das Gespür des amerikanischen Sportartikelriesen Nike, daß er sich frühzeitig für Cathy Freeman interessierte und sie schon 1993 unter Vertrag nahm. Nach den Commonwealth-Spielen in Victoria lud man sie ins Headquarter nach Eugene, Oregon

Um 21 Uhr, 17 Minuten und 53 Sekunden hat sie endlich das kleine Stückchen Gold um den Hals hängen. Das ist der Moment, in dem Cathy Freeman das erste Mal lächelt (gegenüberliegende Seite).

Nach der Pflicht die Kür: Lächeln und Winken.

ein und teilte ihr mit, daß man den Einfall mit der Aborigene-Fahne großartig gefunden hatte, weil das viele Schlagzeilen produziert habe und sie als »Nike girl« bekannt geworden war. Mit der geballten Wirtschaftskraft setzten die Amerikaner nun auf sie, und sie wurden nicht enttäuscht.
Bei den »Jahrhundertspielen« 1996 in Atlanta wurde sie Zweite hinter Marie-José Pérec, doch schon danach, beim Grand Prix in Brüssel, stürzte sie das Denkmal vom Sockel. Bis zu der unerklärlichen Abreise der schwarzen Französin aus Sydney hatten beide neun 400-m-Läufe gegeneinander bestritten, von denen Pérec sieben gewann. Doch bei den zwei wichtigsten Rennen seit Atlanta war sie nicht dabei, so daß Cathy Freeman 1997 und 1999 ohne ihre Konkurrenz Weltmeisterin wurde.
Nick Brideau war absolut sauer, als er 1997 in Athen erfuhr, daß Cathy mit dem Nike-Geschäftsführer Alexander Bodecker, der 400-m-Weltrekordler Michael Johnson und den Fußballer Ronaldo vermarktet hatte, allein auf dessen Zimmer ein Gespräch geführt habe. Doch er fühlte auch, daß seine Zeit als Berater und Partner zu Ende ging. Trotzdem war Cathy, die längst mit Bodecker eine Beziehung hatte, enttäuscht von ihm, als sie von seiner Verbindung mit der irischen Langstrecklerin Sonia O'Sullivan erfuhr. Die Sache war ausgestanden, als Sonia 1999 ein Baby bekam. Denn Cathy mag Kinder.
Die Zeiten ändern sich. In der Schule hatte Cathy alles gelernt über Captain James Cook, aber sie wußte so gut wie nichts über die Aborigine-Stämme, ihre Jagdgründe, ihre Kultur und Helden. Und sie, die Schwarze, war auf einmal eine Großverdienerin. Doch das Geld machte auch vieles kaputt und ließ Freundschaften scheitern. Nick Brideau und Peter Jess verlangten ihren Anteil von 3,41 Millionen Dollar, die Cathy Freeman zwischen 1997 und 2000 verdient hatte, und auch Trainer Peter Fortune, der sie immer nur als Amateur trainiert hatte, sah nicht mehr länger ein, weshalb nur andere verdienen sollten. Das »Team Freeman« zerbrach.
Als mit dem Näherkommen der Olympischen Spiele auch noch die australischen Medien gieriger wurden, floh Cathy Freeman nach London. Bodecker wußte, was er ihr schuldig war. Ein neuer Manager wurde verpflichtet. Nike organisierte Trainingsaufenthalte in den USA, wo sie sich mit Michael Johnson vorbereitete. Sie schloß sich eine Zeitlang der Gruppe von Trainer Willie Smith in Los Angeles an, zu der auch 100-m-Weltrekordler Maurice Greene gehört. Pikanterweise war Pérec vorher abgereist und zu Trainer Wolfgang Meier nach Rostock übergelaufen, weil sie sich von Smith nicht genug beachtet fühlte.
Von London aus kritisierte Cathy Freeman die australische Regierung, da die sich noch immer nicht für das Unrecht entschuldigt hatte, das der »stolen generation« angetan wurde. Wenn sie in Australien weilte, reiste sie in die Siedlungsgebiete der Aborigines und besuchte Redfern, den »vergessenen« Stadtteil Sydneys, wo viele Angehörige ihres Volkes leben.
Atlanta hatte Cathy Freeman die Sicherheit gegeben, Olympiasiegerin werden zu können. Doch sie wollte auch keine Experimente eingehen. Ende Februar 1999 rief sie deshalb Nick Brideau an und gestand ihm, daß sie sich ihr altes »Team« zurück wünschte. Brideau beriet sich mit Peter Fortune, der nicht noch einmal von vorn anfangen wollte und andere Pläne hatte. Schließlich bezirzte ihn Cathy, es noch einmal mit ihr zu versuchen. Das »Team« wurde ergänzt durch Bodecker; nur die Geschäfte lagen in neuen Händen. In Sevilla arbeitete ihre Mannschaft erstmals wieder erfolgreich. Nach dem Gewinn des zweiten WM-Titels, im September, heiratete sie Alexander Bodecker.
Nach vorsichtigen Schätzungen ist der Liebling der Nation am 25. September 2000 um etwa eine Millionen australische Dollar reicher geworden. Nach Ansicht von Martin Jolly, Managing Direktor von IMG Australia, dem Ableger von Mark McCormicks Vermarktungsgesellschaft, gehört Cathy Freeman zu jenen australischen Sportlern, die sich am besten verkaufen lassen. Doch es gibt Athleten, die stärker gefragt sind als sie. So wird das Werbepaket, das man um den Schwimmer Ian Thorpe geschnürt hat, für die nächsten drei Jahre auf zehn Millionen Dollar geschätzt. Nach Ansicht der Marketing-Strategen wirkt der »Goldfisch« entspannter.
Es war am 13. Tag, als Australien mit Cathy Freeman die Olympischen Spiele gewann. Die 27-jährige Berufsläuferin bestimmte vorher die Schlagzeilen und erst recht hinterher. Sie ist nun der »Stolz Australiens«, »Catharina die Große« oder einfach nur »Unsere Cathy«. Sie wagte einen Spagat zwischen ihrer Aboriginalty und der Loyalität gegenüber ihrer Nation. Es gab keine brennenden Autos und keine Demonstrationen, wie sie radikale Aboriginal-Vertreter wie Charles Perkins angekündigt hatten, aber auf der anderen Seite gab es viel ehrlichen Beifall und Respekt für ein Volk, das weltweit bisher nur wenig bekannt war und wenn, dann meist als »Wilde«. Cathy Freeman hat es mit Charme und Bescheidenheit auf den Globus zurückgeholt.

Volker Kluge

Heike Drechsler als Bannerträgerin

Cathy Freeman hat die Herzen der »Aussies« erwärmt, aus deutscher Sicht übernahm Heike Drechsler diese Rolle. Sie gewann den Weitsprung mit 6,99 m und zerstörte den Traum von Marion Jones, als fünffache Olympiasiegerin in die Geschichte einzugehen. Bei gleicher Weite - 6,92 m - wie die farbige Italienerin Fiona May nur Dritte, tröstete sich die Afroamerikanerin jedoch damit, später einmal ihren Kindern und Enkeln erzählen zu können, daß sie in Sydney der »größten Weitspringerin aller Zeiten« unterlegen war: Heike Drechsler. In der Tat, das ist sie. Seit 20 Jahren zählt sie zur Leichtathletik-Elite, und sie hat in dieser Zeit alles gewonnen, was frau gewinnen konnte: Einst wegen ihrer langen Beine in Gera entdeckt, wurde sie 1979 Spartakiadesiegerin im Weitsprung, Hochsprung und Fünfkampf. 1981- damals unter ihrem Mädchennamen Daute - war sie erstmals DDR-Meisterin im Weitsprung (6,91 m) und siegte bei den Junioren-EM. 17-jährig wurde sie bei den Europameisterschaften 1982 Vierte. Anschließend brachte sie das Kunststück fertig, viermal hintereinander - von 1986 bis 1998 - Europameisterin in dieser Disziplin zu werden. 1983 wurde sie erstmals Weltmeisterin, zehn Jahre später in Stuttgart das zweite Mal.

Der dritte Versuch von Heike Drechsler war der entscheidende: 6,99 m, die keine der Konkurrentinnen mehr erreichte.

Als Weltrekordlerin war sie 1984 heißeste Anwärterin auf den Olympiasieg, doch sie kam wegen des Boykotts gar nicht erst nach Los Angeles. Vier Jahre später in Seoul wollte sie das doppelt und dreifach wettmachen, doch dabei hatte sie sich übernommen und mußte zudem noch mit dem Neid der sprintenden Konkurrenz leben, die meinte, daß sie ihr etwas wegnehmen würde. Im Weitsprung holte Heike Drechsler in Seoul Silber, über 100 und 200 m Bronzemedaillen.

Dann endlich, nachdem Sohn Tony zur Welt gekommen war, sah sie sich 1992 am Ziel: Olympia-Gold im Weitsprung mit 7,14 m. Die unangenehme Begleiterscheinung war anschließend der »Lügen«-Prozeß, den die selbsternannte Dopingjägerin Brigitte Berendonk gegen sie führte und den Heike Drechsler verlor.

Es ist viel passiert seit ihren Spartakiadetagen. Heike Drechsler wurde gefeiert, und sie saß als Abgeordnete in einem eingefrorenen Parlament, genannt Volkskammer. Sie wurde nach der »Wende« geschmäht und auch wieder gefeiert, diesmal als gesamtdeutscher Star. Dann sah es so aus, als ob ihre Karriere zu Ende war. Der Siebenkampf-Versuch mißglückte. 1996 wurde sie zwar für die Olympiamannschaft nominiert, sie fehlte aber in Atlanta wegen einer Verletzung. 1997 wiederholte sich das Dilemma ebenso wie 1999. Damals war sie so schwer enttäuscht, daß sie am liebsten die Spikes an den Nagel gehängt hätte.

Doch damit nicht genug. Ihre Ehe ging in die Brüche; was folgte, waren die unangenehmen Begleiterscheinungen: Streit ums Haus und ums Geld. Und dazwischen (Ex-)Schwiegervater Erich Drechsler, der Heike unverdrossen weitertrainierte. Neu in ihr Leben traten der Franzose Alain Blondel, der Zehnkampf-Europameister von 1994, mit dem sie in Karlsruhe zusammenlebt, und Walter Spix, ein kinderloser Aachener Unternehmer und ihr langjähriger Fan, der sie 1999 adoptierte. Wenn er

Zwei Athletinnen, die schon lange zur Spitzenklasse zählen: Irina Priwalowa (Rußland), frühere Sprinterin, gewann in Sydney über 400 m Hürden. Maria Mutola (Mocambique) siegte über 800 m vor Stephanie Graf (Österreich), die nicht Steffi gerufen werden will.

mal nicht mehr ist, wird Heike Drechsler, deren Vater tödlich verunglückte, als sie zwei Jahre alt war, reich sein.
Es ist viel passiert. Aus Heike Drechsler ist eine gestandene Frau geworden. Sie ist charmant und spricht inzwischen fließend englisch. In eine solche Falle wie 1992 in Barcelona, als sie Brigitte Berendonk so nebenbei als »Lügnerin« betitelte, würde sie heute nicht mehr laufen; die journalistischen Kopfjäger kommen bei ihr nicht mehr auf ihre Kosten, wozu auch das Selbstbewußtsein gehört, einer unangenehmen Fragestellerin das Wort abzuschneiden, weil diese es mitten in der Euphorie nun endlich einmal genau will, wie Heikes »Stasi connection« aussah. Nein, heute abend bitte nicht, heute will sie sich nur freuen.
Als Kind hat Heike Drechsler Bilder gemalt, die sie ganz oben auf dem Siegerpodest mit einer Goldmedaille um den Hals zeigten. Der Kindertraum ist Wirklichkeit geworden. Jetzt sind es die Träume von Tony, der elf Jahre alt ist und der in Karlsruhe die Europaschule besucht. »Weitsprung ist für ihn kein großer Wettkampf«, verrät seine Mutter. Er liebt starke Männer wie die Zehnkämpfer, und er ist selbstverliebt wie alle Fußballer, zu denen er sich zählt.
Heike Drechsler ist sich sicher, daß sie ihre letzten Olympischen Spiele erlebt hat, zumindest als Aktive. Sie hat sie beendet als Fahnenträgerin - Birgit Fischer zum Anfang, sie zum Schluß. Diese Spiele wurden zu ihren schönsten, meinte sie. Alles war gut. Das Stadion wunderschön, die Atmoshäre traumhaft, die Menschen nett, den Wind hat sie nicht bemerkt (»Das Wetter war doch so einigermaßen ...«), unzuverlässigen Busfahrern ist sie nicht begegnet, das Bett im Olympischen Dorf war gut. Alles war gut, denn zu Ende ist ihr Anerkennungskampf, der ihr noch 1992 in Barcelona zu schaffen machte; verstummt sind die Kritiker. Heike Drechsler war oben, sie ist oben, und sie bleibt oben - wenigstens bis 2001, vielleicht bis 2002. Wir werden (sie) sehen ...
Wer kann angesichts einer solchen Karriere wie der von Heike Drechsler noch mithalten? Gail Devers hatte die Absicht, und sie lag gut im Plan, als sie bei den US-Trials in Sacramento mit 12,33 s Jahresweltbestzeit lief, die sie zur klaren Favoritin stempelte. Nach zweimal Gold über 100 m von 1992 und 1996 wollte sie in Sydney nun die 100 m Hürden gewinnen, woran sie sowohl in Barcelona als auch in Atlanta als Fünfte bzw. Vierte gescheitert war.
Aber wieder gab es Hindernisse. Auf halbem Wege blieb sie im Semifinale einfach stehen und schaute ungläubig auf ihren Oberschenkel. Dann humpelte sie beinahe unbemerkt aus der Arena.

Geplatzt in der Grube

Marion Jones ist selbstbewußt. Kann sie auch. Das Wunderkind hätte 1992 fast den Sprung in die Olympia-Staffel der USA geschafft. Doch Ersatzfrau war der 16jährigen zu wenig. Dafür warf das Multi-Talent lieber in Basketballkörbe. In drei Jahren verbuchte das Uni-Team von Nord Carolina 1716 Jones-Punkte. Eine Fußverletzung stoppte die Karriere. Atlanta und Partner D.J. Hunter überzeugten die 1,75 Meter große Schöne wieder von der Leichtathletik. Seriensiege folgten. Wer immer nur einsam an der Spitze rennt, der sucht neue Ziele. Vor zwei Jahren dachte die schnelle Frau beim Weltcup in Johannesburg laut darüber nach: fünf Olympiasiege in Sydney. Das schaffte noch keine Frau vor ihr. Der große Carl Lewis hielt die Ankündigung für nicht geschickt: »Sollte sie drei- oder viermal Gold gewinnen, könnte sie der Star der Spiele sein. Aber nach der Ankündigung würde dies einer Niederlage gleichkommen, weil sie ihr Ziel verfehlt hätte.«

Marion Jones »Operation Gold« begann nach Plan. Nie zuvor hatte eine 100-Meter-Siegerin so einen Vorsprung: 37 Hundertstel. Alles schien wie am Schnürchen zu laufen. Doch zwischen den Auftritten über 100 m und 200 m veränderte eine Doping-Nachricht die Welt der Marion Jones: Ehemann D.J. Hunter, der massige Kugelstoß-Weltmeister, soll für vier positive Proben gesorgt haben. Sofort wucherten Spekulationen. Was weiß die Ehefrau über Manipulationen? Pressekonferenzen, Tränen, Erklärungsversuche. Die Medienwelt stand Kopf. »Ich kann mir keinen Fehltritt leisten«, war sich Marion Jones auf ihrem erhofften Weg zum Medaillen-Rekord sicher. Und nun geriet alles aus den Fugen. »Es ist nicht leicht, alles geheim zu halten«, ließ sich Marion Jones entlocken. Die Leichtigkeit mit dem 100-m-Gold in der Tasche war wie weggeblasen. Im offenen Gesicht verschwand das Strahlen. Erst nach dem 200-m-Finale kehrte es mit dem zweiten Gold zurück, zögernd. Erneut war das Feld deklassiert – 43 Hundertstel Vorsprung.

Im zehnten Sydney-Auftritt endete trotzdem der goldene Maximal-Traum. Heike Drechsler sorgte dafür, die beim Weltcup in Johannesburg 1998 der Amerikanerin die einzige Saison-Niederlage im Weitsprung zugefügt hatte. Die gebürtige Geraerin war 1988 mit ehrgeizigen Zielen bei vier Olympia-Auftritten angetreten. Eine silberne, zwei bronzene Plaketten sprangen in Seoul heraus. »Das Problem sind die vielen Vorkämpfe und Qualifikationsrunden«, weiß die 35jährige. Dazu kann Marion Jones im Weitsprung ihre enorme Schnelligkeit nicht in Weite ummünzen. »Nicht jede gute Sprinterin muß automatisch weit springen«, sagte Heike Drechsler. »Wenn Marion an ihrem Anlauf und der Technik arbeitet, dann kann sie große Weiten schaffen.« Respektvoll schaute Marion Jones, die Silber an die Italienerin Fiona May abgeben musste, auf die beiden Sprung-Spezialistinnen: »Meinen Enkeln werde ich einmal erzählen, mit welchen Weltklasse-Springerinnen ich in einem Wettbewerb war.«

Marion Jones durfte sich nach dem Triumph über 4x400 m und Rang drei in der 4x100-m-Staffel in Sydney über insgesamt drei Gold- und zwei Bronze-Medaillen freuen. Doch Carl Lewis hatte Recht: Das monatelange Reden über fünf Olympiasiege läßt eine grandiose Bilanz schrumpfen. *Jochen Mayer*

Jochen Mayer

Jahrgang 1953, Diplomjournalist, einst Leistungssportler (400 m Hürden), Europacupsieger mit der DDR 1975. Seit 1982 Redakteur, seit 1990 Sportchef bei der „Sächsischen Zeitung» Dresden. Er berichtete von fünf Olympischen Spielen.

Neue Disziplinen

Überaus schwer taten sich die konservativen Herren des IOC, als sie 1928 in Amsterdam den Frauen gestatteten, auch in der Leichtathletik auf der olympischen Bühne aufzutreten. Denn die meisten hatten noch Wertvorstellungen des 19. Jahrhunderts, dachten im Sinne von Coubertin. Der hatte 1912 auf einer IOC-Tagung in Stockholm ohne Widerspruch verkünden dürfen: »Olympische Spiele mit Frauen sind unpraktisch, uninteressant, unästhetisch.« Wer wolle »schon Frauenwettkämpfe sehen«.
Das Publikum wollte sie sehen. Doch es war ein weiter Weg, ehe die Frauen Gleichberechtigung erlangten, und ganz am Ziel sind sie immer noch nicht. Der Hindernislauf fehlt im Programm, die Aufstockung des Siebenkampfes auf einen Zehnkampf steht aber bevor. In Sydney feierten erst einmal die Stabhochspringerinnen und die Hammerwerferinnen olympische Premiere, die glanzvoll verlief.
In gerade mal zwölf Jahren hat der Frauen-Stabhochsprung eine rasante Entwicklung genommen und gehört heute zu den leichtathletischen Attraktionen. 3,70 m sprang am 22. März 1988 bei einem offiziell ausgeschriebenen Wettbewerb die 17-jährige Chinesin Shao Jingwen. Drei Jahre später reagierte der DLV, indem er Jugendmeisterschaften ausschrieb. Die erste Titelträgerin hieß Nicole Rieger. In Sydney wollte sie ihre glanzvolle Karriere mit einer Medaille krönen. Doch am Ende blieben nur Wut, Tränen und Enttäuschung. Ausgerechnet an diesem 25. September fühlte sie sich miserabel, litt an einer Magenverstimmung. Sie meisterte die 4,15, 4,25 , 4,35 und 4,45 m im jeweils dritten Versuch. Dann ließ sie die 4,50 m aus, um dann aber bei 4,55 m endgültig zu scheitern.
Die Medaillen gingen an die ehemalige Rodeo-Reiterin Stacy Dragila, an die jetzt für Australien springende gebürtige Russin Tatjana Grigorieva und an die vor Freude kaum zu bremsende Isländerin Vala Flossadotir. Nicole Rieger-Humbert wurde Fünfte, was sicher gut ist, aber für sie nicht gut genug.
Explosiv verlief auch die Entwicklung im Hammerwerfen. Der inzwischen verstorbene Heinz Culemann von der LG Porta Westfalica erkannte in Deutschland rechtzeitig die Zeichen der Zeit, als er jüngere Sportlerinnen, vor allem Mehrkämpferinnen, für diese Disziplin begeisterte. So auch Kirsten Münchow, die vom Rasenkraftsport kam und mit Schnelligkeit imponierte.
1993 bestritten die Hammerwerferinnen ihren ersten Wettkampf, aber die Herren der Schöpfung schauten mit Argusaugen auf die jungen Damen ob der Anmaßung, in eine ausgesprochene Männerdomäne eindringen zu wollen. Das Kopfschütteln wird ihnen spätestens nach dem Wettkampf in Sydney vergangen sein. 110 000 Zuschauer bejubelten außer der Siegerin Kamila Skolimowska (Polen) auch Kirsten Münchow, die deutschen Rekord warf und bei 1,65 m Größe und mit 75 kg Gewicht Werbung für diese junge Disziplin betrieb.

Thomas Schwarz

Thomas Schwarz

Jahrgang 1945, Germanistikstudium in Greifswald. Sportjournalistisch tätig seit 1973. Reporter beim Berliner Rundfunk. Heute beim Hörfunk in der Sportabteilung des Senders Freies Berlin (SFB). Berichte von mehreren Olympischen Spielen.

»Ihre« Goldmedaille holte sich indessen die Kasachin Olga Schischigina, die 1995 Vizeweltmeisterin war und die 1999 den Hallen-WM-Titel gewann. Die Pause hatte Gründe: Von 1996 bis 1998 war sie wegen Dopings gesperrt.
Die Zahl derjenigen, die solche beschmutzten Karrieren haben, vergrößert sich: Larissa Peleschenko, die vor Astrid Kumbernuss die Silbermedaille im Kugelstoßen gewann, gehört ebenso dazu wie die Weißrussin Jellina Zwerewa, die im Diskuswerfen siegte und mit fast 40 Jahren die älteste Leichtathletik-Olympiasiegerin wurde. Und auch die Laufbahn von Trine Hattestad ist nicht unbefleckt. Sie traf 1989 der Bann, doch seitdem ist die norwegische Speerwerferin unbescholten, und sie sieht sich dafür belohnt: Sie ist Weltmeisterin (1993 und 1997), Europameisterin (1994) und nun - nach Bronze von 1996 - auch Olympiasiegerin.
Statt einer Medaille bekam dagegen die Berlinerin Tanja Damaske das Heimflug-Ticket. Mit dem

Stabhochspringen und Hammerwerfen für Frauen bereichern das olympische Programm.
Stacy Dragila (USA) gewann die Goldmedaille, Kirsten Münchow Bronze.

zweiten Achillessehnenriß in 13 Monaten vergrößerte sie das deutsche Krankenhaus. Auch Franka Dietzsch muß sich dazu rechnen lassen. Die Neubrandenburger Diskuswerferin leidet an einem Meniskusanriß, der operiert werden muß. In der Qualifikation schlitterte sie um einen Zentimeter am Debakel vorbei, doch dann kam sie als Zwölfte doch noch ins Finale, wo sie auf Platz sechs landete. Vor ihr waren mit Hammerwerfer Karsten Kobs (in der Qualifikation ausgeschieden) und Dreispringer Charles Friedek (drei Fehlversuche) schon zwei Weltmeister von Sevilla im deutschen Team gescheitert.

Da gab es fast niemand, der das kompensieren konnte. Kirsten Münchow aus Porta Westfalica gewann eine nicht erwartete Bronzemedaille im Hammerwerfen und widmete diese ihrem Trainer Heinz Culemann, der vor vier Jahren gestorben war. Ihr Wettkampf begann mit der Verhaftung der rumänischen Weltrekordlerin Mihaela Melinte aus dem Stadion heraus, weil sie sich unerlaubt daran beteiligen wollte. Die Goldmedaille ging an die Polin Kamila Skolimowska, während ihr Kollege Szymon Ziolkowski bei den Männern gewann. Mit vier Olympiasiegen kehrte Polen in den Kreis der großen Leichtathletik-Nationen zurück.

Die Russin Irina Priwalowa, die man bisher nur als Olympiamedaillengewinnerin im Sprint kannte, feierte nach einer langen Verletzungspause ein Comeback, allerdings als Olympiasiegerin über 400 m Hürden - und was für eine: Mit 53,02 s kam sie dem Olympischen Rekord von Dionne Hemmings bis auf zwei Zehntel nahe. Dagegen muß man sich an den Namen von Nouria Merah-Benida aus Algerien noch gewöhnen. Ihre Biographie bestand bisher aus drei nichtssagenden Zeilen. Sie darf jetzt um eine vierte, vielsagende ergänzt werden: Olympiasiegerin im 1500-m-Lauf.

Die langen Strecken sind fest in äthiopischer Hand, außer wenn es über 5000 m geht und die Rumänin Gabriela Szabo dabei ist. Tulu Derartu ist über 10 000 m das weibliche Pendant zu Haile Gebreselassie. Sie wiederholte ihren Olympiasieg von Barcelona. Ebenfalls eine alte Bekannte ist Maria Mutola aus Mocambique, die aber seit Jahren im amerikanischen Eugene lebt. Sie stand über 800 m erstmals bei den Weltmeisterschaften von 1993 wieder auf dem obersten Siegerpodest. An ihrer Seite Stephanie Graf aus Österreich, die sich absichtlich niemals »Steffi« nennen läßt, »weil sie nicht verarscht werden will«.

Die Olympia-Zweite - letztmals hatte es in der Alpen-Republik 1968 eine Silbermedaille durch die Fünfkämpferin Liesel Prokop gegeben - setzte ihre erfolgreiche Zusammenarbeit mit dem ehemaligen Leipziger Mittelstreckler Dr. Helmut Stechemesser fort. Stechemesser, der in Oberösterreich als Internist arbeitet, schreibt die Pläne, Stephanie Graf, die in Kärnten lebt, führt sie aus. Nur manchmal schüttelt sie den Kopf, wenn sie ein neues Blatt aus dem Faxgerät entnimmt: »Da hat der Helmut aber wieder einmal übertrieben ...« Und sie versucht, alles noch viel besser zu machen, als er es wollte. Ja, es gibt immer noch Weltklasseläuferinnen deutscher Zunge, allerdings in Rotweißrot gewandet.

Klaus-Jürgen Alde

Flossengröße 51

Schwimmen ist für die Australier so etwas wie Judo für die Japaner oder Eisschnellaufen für die Niederländer. Mit dieser Sportart identifiziert sich fast jeder der 17 Millionen Einwohner. Die Schwimmhelden werden förmlich vergöttert. Beispielsweise Andrew »Boy« Charlton. Die Schwimm-Ikone wurde 1924 in Paris Olympiasieger über 400 und 1500 m Freistil. Nach seinem Tod 1975 erhielt das Sydney Domain Bath nahe der weltberühmten Oper den Namen des dreifachen Olympiasiegers. Oder Murray Rose. Er ist der einzige australische Schwimmer, der 1956 und 1960 vier Goldmedaillen gewann. Allen voran aber steht eine Frau – Dawn Fraser, die als erste Schwimmerin über 100 m Freistil unter einer Minute blieb und in ihrer Laufbahn 39 Weltrekorde aufstellte. Die fünffache olympische Goldmedaillengewinnerin ist so etwas wie die »Mutter der Nation« geworden. Das Schwimmbad im Elkington Park von Sydney trägt ebenso ihren Namen wie eine Straße im Olympiapark. Die inzwischen grauhaarige, rüstige 63-Jährige verfolgte aufmerksam alle Wettbewerbe im Aquatic Centre von Sydney, das zu den modernsten der Welt zählt. Die 1994 mit einem Spaßbad-Komplex eröffnete Wettkampfarena wurde schon im Vorfeld der Spiele von Millionen Badegästen besucht, die damit frühzeitig für eine Refinanzierung der Baukosten sorgten. Für die olympischen Schwimmwettbewerbe wurde die Zuschauerkapazität von 6000 auf 17 500 Plätze erweitert. Eine riesige 150 Meter lange Tribüne wurde wie eine Schublade an der einen Hallenseite »herausgezogen«. Da die Dachkonstruktion nicht verändert werden durfte, hatten die Zuschauer auf der 50. Reihe Probleme, die Bahn 8 zu erkennen. Doch dies tat der Stimmung keinen Abbruch. Die vierfache Kartenmenge hätten die

Klaus-Jürgen Alde

Jahrgang 1949, Diplomjournalist, sportjournalistisch tätig seit 1978, zunächst bei Radio DDR, seit 1992 beim Nachrichtenradio MDR info. Berichterstatter von bisher acht Olympischen Spielen.

Innerhalb von einer Stunde schlug Australiens Schwimmwunderkind Ian Thorpe zweimal zu. Zunächst pflügte er über 400 m Freistil durchs Wasser – Weltrekord. Danach gab es für ihn als Schlußschwimmer in der 4 x 100-m-Freistil-Staffel das zweite Gold – natürlich wieder mit Weltrekord.

Olympiaorganisatoren für die achttägigen Schwimmwettbewerbe absetzen können. Selbst die Vorläufe waren restlos ausverkauft. Die glücklichen Besitzer einer Eintrittskarte erlebten die besten Olympischen Schwimmwettbewerbe, die es je gegeben hat. 14 neue Weltrekorde wurden aufgestellt, einer egalisiert. Als »Turbo« wirkte zweifelsohne das Schwimmbecken im International Aquatic Centre, derzeit das schnellste der Welt. Stark geneigte Blöcke mit Antirutschbelag ermöglichten beim Start einen stärkeren Katapulteffekt. Die besonders dicken Plastikleinen der Bahnabtrennungen verringerten den störenden seitlichen Wellengang. Außerdem verursachten die Beckentiefe von zwei bis drei Metern sowie Ausformungen der Beckenwände am Kopfende der Bahnen eine leichte Strömung in Schwimmrichtung. Auch die Wasserqualität war optimal, weil doppelt gefiltert und mit Ozon angereichert. Es wurden zwei Drittel weniger Chlorgas verwendet als sonst. Mit 27 Grad war das Wasser ein Grad wärmer als üblich.

In Rekordlaune wurden viele der 983 teilnehmenden Schwimmerinnen und Schwimmer aus 150 Nationen von dem fairen Publikum versetzt, das vor allem bei den 18 Medaillen (5/9/4) seiner Landsleute förmlich aus dem Häuschen geriet. Erfolgreichste Nation waren aber die USA mit 14 Gold-, 8 Silber- und 11 Bronzemedaillen vor Australien und den Niederlanden (5/1/2). Deutschland rutschte mit nur drei Bronzemedaillen auf Rang 14 der Nationenwertung und damit in die schwimmsportliche Bedeutungslosigkeit. Am erfolgreichsten waren die Niederländerin Inge de Bruijn und der Australier Ian Thorpe.

Die Thorpomanie

»Bringt der König die Nation zum Ausflippen?« Nicht nur der »Sydney Morning Herald« stellte sich diese Frage. Mit dem 17-jährigen Ian Thorpe besitzt Australien einen neuen Wunderknaben, der schon jetzt seinen Platz in der Ahnengalerie neben den Fraser, Charlton und Co. hat. Mit dreimal Gold und einmal Silber versetzte der 1,95 m große und 92 kg schwere »Superfisch« mit »Flossengröße 51« das ganze Land in einen wahren Begeisterungsrausch. Der »Flossenfüßler« mit den extrem ruhigen Armzügen wurde seinem Spitznamen »Torpedo« vollauf gerecht. »Es gibt keine Barriere, keine Zeit, kein Hindernis, das er nicht überwinden kann«, attestierte ihm sein Trainer Doug Frost. Die olympischen Wettbewerbe bestätigten diese Worte, auch wenn Ian Thorpe über 200 m Freistil eine Niederlage einstecken mußte. Zuvor jedoch dominierte der jüngste Schwimmweltmeister aller Zeiten am ersten Finaltag auf seiner Lieblingsstrecke, den 400 m Freistil. In neuer Weltrekordzeit von 3:40,59 min zeigte er der Konkurrenz deutlich die Hacken. Der »Thorpe-Day« endete, wie er begonnen hatte: mit Gold und Weltrekord für Australien in der 4x100-m-Freistilstaffel. Auf den letzten zehn Metern übersprintete Thorpe den in Führung liegenden Schlußschwimmer der USA-Staffel, Gary Hall jr. Blitzlichtgewitter und stehender Applaus der 17 500 Zuschauer. Seine dritte Goldmedaille holte Ian Thorpe mit der 4x200-m-Freistilstaffel, erneut in Weltrekordzeit und deutlich vor den Erzrivalen, den US-Boys, die vor den Spielen noch großmäulig getönt hatten, »die Aussis wie Gitarren zu zerschmettern«.

Nicht nur die Australier feierten enthusiastisch ihre Schwimmstars. Auch die Niederländer waren förmlich entzückt von Inge de Bruijn und Pieter van den Hoogenband, die im Zweierpack fünfmal Gold, je einmal Silber und Bronze sowie fünf neue Weltrekorde aus dem Aquatic Centre »fischten«. In ganz Holland waren während der Olympischen Schwimmwettbewerbe zwischen 10 und 11 Uhr die Schulen geschlossen, damit sich die Kinder die Finals ansehen konnten. »So eine Stimmung hat es bei uns bisher nur im Fußball gegeben«, staunte Inge de Bruijn. Und Pieter van den Hoogenband, eingefleischter PSV-Eindhoven-Fan, ergänzte, daß erstmals auf den vorderen Seiten der Zeitungen über Schwimmen berichtet wurde und nicht über Fußball. Der 22-jährige Medizinstudent aus Geldrop bei Eindhoven kratzte ordentlich am Image von Superstar Ian Thorpe. Schon im Halbfinale verbesserte er den Weltrekord des Australiers über 200 m Freistil um 16 hundertstel Sekunden auf 1:45,35 min. Im Finale dann ein spannender Zweikampf. Bei 150 Metern beide zeitgleich. Beim Anschlag triumphierte Pieter van den Hoogenband mit der Einstellung seines eigenen Weltrekordes. Thorpe zeigte sich als fairer Verlierer und gratulierte noch im Wasser. Nach diesem Erfolg war van den Hoogenband, dessen Vater in Sydney die Wasserballer als Mannschaftsarzt betreute, auch über 100 m Freistil nicht zu bremsen. In 48,30 min verwies er Schwimmzar Alexander Popow und »Großmaul« Gary Hall jr., dessen Vater bei drei Olympischen Spielen zwischen 1968 und 1976 in drei verschiedenen Disziplinen Einzelmedaillen errang, auf die Plätze. Die 27-jährige Inge de Bruijn war die erfolgreichste Schwimmerin von Sydney mit drei Einzelsiegen über 50 m und 100 m Freistil so-

Badehose ist out

Die Puristen des Sports gaben sich empört. Dawn Fraser wollte nackt schwimmen. Welch ein Skandal! Dabei stand ein Aspekt hinter diesem Wunsch, der nur eine einzige Lust signalisierte: Die Lust, es den Männern zu zeigen. Ihnen zu beweisen, daß sie nur deshalb vier Sekunden schneller als die Frauen über 100 m Freistil seien, weil sie keine so blöden Schwimmanzüge tragen müßten, sondern quasi wie nackt ihre Bahnen zögen. »Wenn man uns ohne schwimmen ließe«, so die australische Schwimmqueen, »dann wären wir vermutlich nur zwei Sekunden langsamer!«
Das war vor 40 Jahren. Heutzutage stellt niemand mehr die Forderung nach dem Nacktversuch - im Gegeneteil: Nackt ist absolut out. Doch nicht etwa aus moralischen Gründen, sondern weil man mit Schwimmanzug schneller ist. Und gleich so viel schneller, daß seit Beginn dieses Jahrtausends auch die Männer wieder Bodys tragen (letztmals übrigens 1936 in Berlin). Der Grund: Das neue Material – bei den ersten Herstellern mit Teflon beschichtet, beim anderen der Haut des Haifisches nachempfunden – sorgt dafür, daß weniger »Turbulenzen« am Körper entstehen, der Mensch also ungebremster durch die Fluten gleiten kann. Keine einzige Goldmedaille in Sydney wurde noch mit »normaler« Badehose errungen.
Aber wer weiß, vielleicht wären die Besten auch ohne die »Wundertextilien« namens »Powerskin« oder »Fastskin« ganz vorn gewesen. Denn wie

Jupp Suttner
Jahrgang 1948. Freier Journalist, hauptsächlich für »kicker«. Nahm seit 1972 mit Ausnahme von Moskau 1980 an allen Olympischen Spielen teil. Wurde ausgezeichnet mit dem Fairplay-Preis des deutschen Sportjournalismus.

Die zweite Haut am Körper machte die Schwimmer im Olympiabecken noch schneller. Der Grund: Der Hightech-Anzug – die Oberfläche ist ähnlich der eines Hais – erhöht die Gleitfähigkeit im Wasser um rund 7,5 Prozent (nebenstehende Seite).

Pieter van den Hoogenband und Inge de Brujin aus den Niederlanden sorgten im Aquatic Centre, das an allen acht Wettkampftagen ausverkauft war, für Schlagzeilen. Die »Schwimmkönigin von Sydney« hatte für ihre Erfolgserie eine einfache Erklärung: »Ich habe Talent, aber ich habe es früher nicht genutzt. Meine Zeit ist eben jetzt gekommen.«

stark die Wirkung des Ganzkörperanzugs wirklich ist – wer weiß das schon. Nur Laborfüchse können die marketing-schreierisch verbreiteten Behauptungen der involvierten Konkurrenzfirmen adidas, Arena und Speedo tatsächlich überprüfen. Doch die Athleten haben keine Wahl. Denn wenn denn nun doch was dran ist? Und die Medaille nur deshalb flöten geht, weil der Konkurrent diesen Swim-Suit trägt, man selbst jedoch nicht? Wenn es tatsächlich stimmt, daß der menschliche Körper unvollkommen und die Haut in puncto Wassergleitfähigkeit nicht das Nonplusultra ist? Bei Neptun!, dann schlüpft er eben hinein in die zweite Haut, ungeachtet aller Verhöhnungen, die sich über ihn ergießen. Es läßt sich leichter spotten über die psychologische Hörigkeit eines Athleten – wenn man keiner ist.

Lediglich rund 125 Gramm pro Quadratmeter wiegt das Material der neuen Anzüge noch und zeigt sich zudem extrem wasserabweisend, nimmt nur etwa 14 Prozent an Gewicht zu, so es sich »vollsaugt« – wenn dieses Wort überhaupt noch angewendet werden darf. Nachteil: Der Benutzer kann nicht einfach hineinschlüpfen, sondern benötigt einen Helfer, der den Reißverschluß schließt. Auch müssen eventuelle Falten glatt gestrichen werden. Vorteil dafür, laut Christian Tröger, dem deutschen Meister im Kraulsprint: »Es steht mehr Fläche für Werbung zur Verfügung ...«

Im Vorfeld der Sydney-Spiele herrschte auch große Verunsicherung darüber, welches Modell man verwenden sollte - denn es existieren verschiedene Varianten (auch preislich – von 500 bis 1500 Mark). Als Tendenz war im Aquatic Center dann festzustellen: Im Freistilbereich kam der Ganzkörperanzug mit langen Ärmeln noch am meisten zum Einsatz (jedoch auch nicht so häufig), im Brustschwimmbereich hingegen überhaupt nicht. Auch die Rücken- und Schmetterlingscracks wünschen sich Oberkörper-Bewegungsfreiheit und trugen zwar Anzüge, aber nur mit kurzen Ärmeln. Die meisten Rückenschwimmer starteten in »Radlerhosen«. Im einzelnen gab es folgende Varianten zu bewundern:

Erstens: Ganzkörperanzug – wie Ian Thorpe ihn trug. Zweitens: Ganzkörperanzug – aber ohne Ärmel (Tom Malchow, Sieger über 200 m Schmetterling). Drittens: Anzug ohne Ärmel und ohne Beinkleid an den Unterschenkeln (wie ein Radleranzug). Dieses Kostüm trug 200-m-Brust-Sieger Domenico Fioravanti. Viertens: Nur eine lange Hose bis zu den Knöcheln, ansonsten »oben ohne«. So gewann Pieter van den Hoogenband die 100 m Freistil. Fünftens: Nur eine »Radlerhose« bis oberhalb der Knie und »oben ohne«. Damit siegte Lenny Krayzelburg im Rückenschwimmen. Sechstens: Nur eine Badehose im üblichen Schnitt, aber aus dem neuen Material. Van den Hoogenband entschied damit die 200 m Freistil für sich.

Bei den Frauen wurden in Sydney die gleichen Modelle offeriert – mit Ausnahme natürlich der »oben ohne«-Varianten. Inge de Bruijn startete meist mit ärmellosem Anzug mit langen Beinen, Susie O´Neill im Schmetterlingsstil ärmellos mit langer Hose, im Kraulstil ärmellos mit Radlerhose. Die Entwicklung der ersten Anzüge mit dem neuen Material begann 1995 und ist noch längst nicht zu Ende. Vielleicht sollte eine der drei Firmen mal Dawn Fraser ein Exemplar schenken.

Jupp Suttner

wie 100 m Schmetterling und einmal Silber mit der 4x100-m-Freistilstaffel. Vor zwei Jahren hätte sie nach der erfolglosen Weltmeisterschaft in Perth fast mit dem aktiven Sport aufgehört. Vor Olympia ging es dann aber wieder aufwärts. Die freundliche Profischwimmerin, die wie van den Hoogenband in Eindhoven trainiert, verbesserte schon im Vorfeld von Sydney acht Weltrekorde, was zu mancher Dopingdiskussion der Konkurrenz hinter vorgehaltener Hand führte. »Es ist traurig, daß man mir Doping vorwirft, aber bei meinen Zeiten muß ich damit leben«, stellte Inge de Bruijn fest. Über 100 m Freistil unterbot sie in Sydney im Halbfinale ihren eigenen Fabelweltrekord um weitere drei hundertstel Sekunden auf 53,77 s. Über 100 m Schmetterling schwamm Madame Butterfly in 56,61 s einen weiteren Weltrekord. Und da bekannt-

Nicht einmal die größten Pessimisten hätten vorausgesagt, daß den deutschen Schwimmerinnen am Ende nur ein Bronze-Trostpreis in der 4 x 200-m-Freistilstaffel bleiben würde. Vor allem die Berlinerin Kerstin Kielgaß rettete die Medaille.

lich aller guten Dinge drei sind, setzte die Holländerin, die das Leben außerhalb des Schwimmbeckens gern in großen Zügen genießt, zum Abschluß über 50 m Freistil noch einen drauf. Nach Weltrekord in 24,13 s im Halbfinale gewann sie das Finale gegen die Schwedin Therese Alshammar und Dara Torres aus den USA.

Das Duell

Kein Rennen genießt im Schwimmland Australien solch eine Anziehungskraft wie die 1500 m Freistil. Die Erfolgskette reicht von Charlton, der 1924 gewann, über Rose, den Sieger von Melbourne 1956, und Konrads, den Goldjungen von Rom 1960, bis hin zu Perkins, der sich in den 90ern zweimal hintereinander in die Siegerlisten eintragen konnte. Eigentlich wollte sich Weltrekordhalter Kieren Perkins nach seinem Sieg 1996 in Atlanta vom Schwimmen zurückziehen, entschied sich aber dann doch zum Weitermachen. Nach eher schwachen Jahren packte den inzwischen 27-Jährigen angesichts der Olympischen Heimspiele noch einmal der Ehrgeiz, und er intensivierte das Training. Bei den Trials, den Olympiaausscheidungen im Mai, schaffte er tatsächlich als Zweiter hinter Weltmeister Grant Hackett die Qualifikation für Sydney und damit eine gute Ausgangsposition für das dritte Gold in Folge. In Australien genießt der Vater zweier Kinder, der trotz seiner Erfolge natürlich und locker geblieben ist, eine riesengroße Popularität. Bei der Vorstellung zum Finale bekam er den längsten Applaus. Dann hielt eine ganze Nation den Atem an. Das Aquatic Centre bebte. Die 17 500 kreischten, als der sieben Jahre jüngere Grant Hackett mit einem Start-Ziel-Sieg den »König Perkins« vom Olympiathron stürzte. In 14:48,33 min hatte Hackett am Ende gut drei Längen Vorsprung. Die Australier feierten beide Schwimmer minutenlang. Für Kieren Perkins war es das letzte Rennen seiner grandiosen Laufbahn. Mit einer Verbeugung verabschiedete er sich von den Fans und damit aus der Schwimmszene. Die »Aussis« werden ihn nie vergessen! Mehr als 6,1 Millionen Menschen sahen das 1500-m-Freistil-Duell im Fernsehen. Auch ein neuer Rekord!

Totes Rennen

Zum ersten Mal in der Olympischen Schwimmgeschichte wurden in Sydney in einem Rennen zwei Goldmedaillen vergeben. Im Finale über 50 m Freistil schlugen die beiden US-Amerikaner Anthony Ervin und Gary Hall jr. zeitgleich in 21,98 s an. Bronze ging an Pieter van den Hoogenband (Niederlande). Alexander Popow aus Rußland verpaßte als Sechster wie schon über 100 m Freistil die Chance, zum dritten Mal hintereinander Olympiasieger zu werden. 1972 bei den Olympischen Spielen in München entschieden noch zwei tausendstel Sekunden über den Sieg. Der Schwede Gunnar Larson, in Sydney Radioreporter-Kollege, erhielt über 400 m Lagen Gold vor dem zeitgleichen US-Amerikaner Mc-Kee, der sich mit Silber begnügen mußte. Danach schaffte der Weltschwimmverband FINA diese ungerechte Regel ab und beschloß, bei Zeitgleichheit künftig allen die gleiche Medaille zu übergeben. Davon profitierten in Sydney Hall jr. und Ervin, der als erster afro-amerikanischer Olympiasieger im USA-Schwimmteam in die Geschichte eingehen wird. Zeitgleich in 54,43 s waren auch Dara Torres und Jenny Thompson über 100 m Freistil. Beide US-Schwimmerinnen erhielten Bronze.

Überraschungen

Neben Inge de Bruijn und Pieter van den Hoogenband aus den Niederlanden trumpften in Sydney

Grund zum Feiern hatten andere Nationen. So die Italiener mit ihrem Brust-Doppel-Sieger Domenico Fioravanti und die Rumänen mit ihrer zweifachen Rückensiegerin Diana Mocanu.

noch sechs andere europäische Schwimmerinnen und Schwimmer großartig auf. Jana Kloshkowa aus der Ukraine dominierte auf beiden Lagenstrecken. Die 18-jährige Doppel-Europameisterin aus Simferopol schwamm über 400 m Lagen einen neuen Super-Weltrekord in 4:33,59 min, 1,2 s schneller als die Chinesin Yan Chen, die in Sydney ebenso fehlte wie viele ihrer Mannschaftskameraden, die kurz vor den Spielen wegen »Formschwäche« die Reise nach Australien erst gar nicht antreten durften. China blieb in den Schwimmwettbewerben ohne Medaille. Das beste war ein vierter Rang von Qi Hui über 200 m Brust! Zu den positiven Überraschungen zählte der Doppelerfolg der Rumänin Diana Mocanu auf beiden Rückenstrecken. Damit verblüffte die erst 16-Jährige aus Braila selbst die Fachwelt. Die 19-jährige Ungarin Agnes Kovács, mit Bronze über 200 m Brust 1996 in Atlanta eine der jüngsten Medaillengewinnerinnen, holte sich als amtierende Weltmeisterin auch Olympia-Gold über 200 m. Italien konnte bislang noch keinen olympischen Schwimmsieg feiern. In Sydney gab es gleich dreimal Grund zum Jubeln. Der 23-jährige Domenico Fioravanti aus Verona überraschte über 100 und 200 m Brust gleich zweimal mit Gold. Landsmann Massimilino Rosolino aus Neapel wurde Olympiasieger über 200 m Lagen. Über 100 m Schmetterling schnappte der schwedische Europameister Lars Frölander den Australiern Klim und Huegill die sicher geglaubte Goldmedaille weg.

Mit 14 von 32 Olympiasiegen haben die Europäer gezeigt, daß sie nach wie vor im Weltschwimmsport ein gewichtiges Wort mitreden können. Die deutschen Schwimmerinnen und Schwimmer sind in Sydney im wahrsten Sinne des Wortes baden gegangen. Mit dreimal Bronze durch Stev Theloke aus Chemnitz über 100 m Rücken sowie der Frauen-Staffel über 4 x 200 m Freistil und der Männer-Lagen-Staffel erreichten sie das zweitschlechteste olympische Ergebnis nach 1952, als es in Helsinki durch den Darmstädter Hans-Joachim Klein nur einmal Bronze über 200 m Brust gab. Ratlosigkeit in Sydney bei Aktiven und Trainern. Nach den guten Resultaten bei den Deutschen Meisterschaften in Berlin und der problemlosen Olympiavorbereitungsphase hatte man mit zehn Medaillen, darunter einer goldenen, geliebäugelt. Reihenweise aber versagten die sogenannten Leistungsträger. Brustschwimmer Mark Warnecke verschluckte sich über 100 m am eigenen Schleim. Franziska van Almsick verpaßte wieder einmal ein Finale über 200 m Freistil. Sandra Völker fehlte über 50 m und 100 m Freistil die Spritzigkeit. Antje Buschschulte blieb auf den Rückenstrecken weit unter ihren Möglichkeiten. Hannah Stockbauer war als Erste der Weltjahresbestenliste über 800 m Freistil schlichtweg überfordert. Ob am Ende die Bilanz besser ausgefallen wäre, wenn die 4 x 100-m-Freistilstaffel der Frauen zum Auftakt Bronze geholt hätte und nicht wegen einer hundertstel Sekunde von Schweden geschlagen auf dem »Blechrang« gelandet wäre, wird wohl ein Rätsel bleiben.

Fakt ist, daß bis auf wenige Ausnahmen kaum ein deutscher Schwimmer an seine Meisterschaftsresultate herankam. Dies muß nachdenklich stimmen, nicht nur die Athleten, sondern auch ihre Trainer und die Funktionäre. Der Chemnitzer Stev Theloke holte die einzige deutsche Einzelmedaille. Nach Bronze über 100 m Rücken strahlte der Zwei-Meter-Mann wie eine sächsische Fettbemme. »Einfach geil, mir geht's richtsch guuut!« Ein Wunsch war in Erfüllung gegangen. Hinter Vorbild Lenny Krayzelburg aus den USA und Matthew Welsh aus Australien war er in 54,82 s

Dritter geworden. »Eigentlich war nach 70 Metern die Luft raus, durch meine Brille habe ich nichts mehr gesehen, da hieß es nur noch: Augen zu und durch«, meinte der 22-Jährige, der mit seinem Erfolg auch eine Wette gegen seine Mutter gewonnen hatte. Im Falle einer Medaille wollte sie sich das Rauchen abgewöhnen.
Heimtrainerin Ute Schinkitz hatte Stev Theloke als einen der wenigen deutschen Starter glänzend auf den Jahreshöhepunkt vorbereitet. Daß der Sachse mit Trainerinnen gut zurecht kommt, konnte auch Beate Ludewig bestätigen, die Stev vor Ort in Sydney betreute. »Wir haben uns nicht aus der Ruhe bringen lassen. Vor dem Start habe ich mit 'Theo' eine Tasse Kaffee getrunken und über Frauen geredet.« Mehr wollte die Berlinerin nicht preisgeben, nur, daß Stev Theloke einen »Blümchenkaffee« und sie einen starken Mokka genommen hätte. Der Europameister brauchte nach dem Anschlag noch etliche Sekunden, ehe er auf der Anzeigetafel seinen dritten Rang realisierte. Dann reckte er seine Faust nach oben. »Eine Medaille bei Olympia war immer mein Traum«, erklärte der gebürtige Chemnitzer, der an Medaillen fast schon nicht mehr geglaubt hatte. »Erst in den letzten zwölf Wochen vor Olympia habe ich durchtrainieren können. Davor bin ich ständig von einer Verletzung oder Krankheit in die nächste geschliddert«, erinnerte sich der Motorradfan, der für das große Ziel sogar seine Kawasaki in der Garage ließ. Nach der 99er Europameisterschaft in Istanbul hatte Theloke einen Muskelfasereinriß im Oberschenkel erlitten. Es folgten mehrere Infekte, eine Operation an der Nasenscheidewand und dann noch Schulterprobleme. Für deren Abhilfe sorgte schließlich der Orthopäde Roland Matthes, Deutschlands bester Rückenschwimmer aller Zeiten. »Der hatte erkannt, daß die Beschwerden von Wirbel und Nacken herrührten, die auf eine Nervenbahn drückten. Danke Roland.«

Dabei sein war alles

So eine Atmosphäre in einer Schwimmhalle hatte ich ewig nicht mehr erlebt. Nicht in Barcelona 1992, nicht vor vier Jahren in Atlanta, bei keiner Welt- und Europameisterschaft. „Schuld" an dieser sehr gern zurückgewonnenen Emotion waren zwei Athleten, die unterschiedlicher nicht sein können. Die aber eine imponierende Gemeinsamkeit verbindet. Beide avancierten im Aquatic Centre zu den Sunnyboys, Typ Traum jeder Schwiegermutter. Ion Thorpe und Pieter van den Hoogenband, ein Australier und ein Niederländer. Beide Freistilspezialisten. Konkurrenten.
Sie präsentierten den Schwimmsport in einer neuen Dimension. Erinnerungen an Mark Spitz, Michael Groß oder Matt Biondi wurden wach, aber Gleichsetzungen gleich verdrängt, weil unzulässig. Auch Alexander Popow, Rußlands Schwimmstar, ohne Chance. Seine Ära gehört der Vergangenheit an.
Mir stockte oft der Atem. Mitunter vergaß ich zu kommentieren, erwischte mich beim Träumen, bei intensiven Beobachtungen, fasziniert vom Schwimmstil Thorpes und van den Hoogenbands. Es schien, als bewegten sich diese beiden jungen Männer nicht im, sondern auf dem Wasser. Das körperfremde nasse Element im schnellsten Pool der Welt - beherrscht von zwei Profis per Freistilschwimmen der Extraklasse. Lehrbuchreif.
Wurde früher nicht versucht, mir genau das, was ich hier in Sydneys Olympiabecken mehrmals zu sehen bekam, mit Geduld beizubringen? Tatsächlich. Die beiden glitten Meter für Meter. Voller Eleganz kamen sie voran. Für einen winzigen Moment waren ihre Körper dabei von den Fingerspit-

Zwei Schwimmerinnen, die sportlich Welten trennen, die dennoch für den olympischen Gedanken stehen: Paula Barila Bolopa (Äquatorial-Guinea) schwamm über 50 m Freistil 63,97 s, Weltrekordlerin Inge de Bruijn 24,13 s (nebenstehende Seite). Die ersten Schwimmolympiasiege für die Ukraine verbuchte Jana Kloshkowa auf beiden Lagenstrecken.

zen einer Hand bis zu den entgegengesetzten Fußzehen gestreckt, beide nutzten ihre Größe von mehr als 1,90 optimal. Die Bewegungen blieben flüssig, jeder raumgreifende Armzug wurde unterstützt von sechs kräftigen Beinschlägen. Hohe Amplituden, geringe Frequenzen. Das Luftholen konstant, rhythmisch, unauffällig integriert. Nichts war dem Zufall überlassen. Imponierend. Alles sah beinahe spielend einfach aus, als wäre Kraft ein Fremdwort. Maximaler Vortrieb ohne Verkrampfung.

Und schnell waren sie. Viel zu schnell für die Konkurrenz. Konkurrenz? Einmal traten sie als direkte Gegner an, nebeneinander, gegeneinander, im Finale 200 m Freistil. Vorteil Thorpe: Der erst 17-Jährige hatte schon zweimal Gold und zwei Weltrekorde erreicht. Die ersten Wünsche waren prompt erfüllt worden. Seine eigenen, die der 17 000 Fans am Olympiabecken und auch die der Millionen Fernsehzuschauer weltweit. Vorteil van den Hoogenband: Er hatte Australiens Darling den 200-m-Weltrekord weggeschnappt, tags zuvor im Halbfinale. Eine Kampfansage. Der Endlauf also eine reine Nervensache. Ohrenbetäubend die Vorstellung der Schwimmer vor dem Rennen. Ich verstand mein eigenes Wort nicht mehr, trotz Kopfhörern. Fußballstimmung im Schwimmbad. Die Tribüne, 77 Reihen hoch, bebte. Ein Fahnenmeer, gelb-grün und orange, Plakate, Schreie, Pfiffe, Jubelstürme. Alle für einen? Nein, für zwei. Und genau das machte die Sache so schön, so einmalig und so außergewöhnlich.

Plötzlich beängstigende Stille. Der Startschuß. Feuchte Hände, wie ungewohnt. Daumendrücken? Für wen? Nein, einen Tip wollte ich nicht abgeben. Und dennoch war für mich Thorpe, der Bursche im dunkelblauen Hightech-Anzug und mit gelber Badekappe, der Favorit. Van den Hoogenband, in klassischer Badehose und ohne Kopfschmuck, sah ich als den Herausforderer. Getrennt nur durch einen der modernsten Wellenbrecher, beginnen sie ihren Zweikampf.

Taktisches Geplänkel gibt es nicht. Nicht bei einer olympischen Entscheidung. Wenden, Zwischenzeiten, alles egal. Die letzte Bahn, der Endspurt, zählt. Anschlag. Van den Hoogenband gewinnt, Thorpe wird Zweiter, das heißt heute, er verliert. Ruhe? Aber nur für einen Moment. Der Niederländer ist Olympiasieger, der Australier ist Olympiazweiter. Gratulation Pieter van den Hoogenband. Glückwunsch Ian Thorpe. Danke für dieses Erlebnis. Dabei sein war alles.

Kristin Otto

Die Staffeln

Auf Kerstin Kielgaß ist Verlaß. Nach dem für sie hervorragenden, aber undankbaren vierten Rang über 200 m Freistil riß die 30-jährige Berlinerin wieder einmal eine Staffel aus dem Feuer. Mit der schnellsten Zeit aller 32 Schwimmerinnen über 4 x 200 m Freistil sicherte sie die Bronzemedaille, die einzige für die deutschen Schwimmerinnen. Olympiasieger wurden die USA vor Australien. Nur 12 hundertstel Sekunden trennten das deutsche Quartett mit Franziska van Almsick, Antje Buschschulte, Sarah Harstick und Kerstin Kielgaß von der Silbermedaille. »Ich war schon sehr aufgeregt. Es ging um alles oder nichts. Jede von uns hat ihr Bestes gegeben. Ich habe bis zum Umfallen gekämpft. Wir können zufrieden sein«, freute sich die glückliche Kerstin Kielgaß. Auch wenn bei der Siegerehrung die deutschen Frauen keine überschwengliche Freude zeigten, die Erleichterung über die Bronzemedaille war ihnen deutlich anzumerken.

Die Männer setzten zum Abschluß über 4 x 100 m Lagen den deutschen Glanzpunkt. Bronze mit Europarekord. Damit hatte kaum noch einer gerechnet. Stev Theloke war die Staffel angeschwommen und hielt sich wie im Einzelrennen über 100 m Rücken als Dritter hinter Krayzelburg und Welsh. Brustschwimmer Jens Kruppa wuchs über sich hinaus, brachte die Staffel auf Rang zwei hinter den USA. Schmetterling Thomas Rupprath büßte den kleinen Vorsprung wieder ein. Schlußschwimmer Torsten Spanneberg kraulte, was das Zeug hielt und schlug in neuer Europarekordzeit von 3:35,88 min hinter den USA und Australien als Dritter an.

Der Exot

Eine Woge der Begeisterung trug den 22-jährigen Eric Moussambani aus Equatorial Guinea ins Ziel über 100 m Freistil. Da seine beiden Kontrahenten im ersten Vorlauf wegen Frühstarts disqualifiziert und damit aus dem Rennen genommen worden waren, mußte er allein gegen die Uhr schwimmen. 1:52 min paddelte er bis zum Anschlag, auf den letzen Metern fast dem Ertrinken nah. Am Ende wurde er 71. und Letzter. Erschöpft, aber glücklich. Und als die 17 500 Zuschauer ihn mit tosendem Beifall aus der Halle verabschiedeten, konnte Eric schon wieder lächeln. Die Olympischen Spiele waren sein erster internationaler Wettkampf außerhalb seiner afrikanischen Heimat. Erst im Januar hatte der 1,72 m große Athlet das Schwimmen erlernt. Noch nie war er 100 Meter

Stev Theloke jubelte nach Bronze über 100 m Rücken. Den Olympiasieger Lenny Krazyelburg (USA) konnte der Chemnitzer jedoch nicht gefährden.

Rückenrevolution beendet

Das Rückenschwimmen war meine Spezialdisziplin, und ihm galt logischerweise auch meine besondere Aufmerksamkeit. Mit dem US-Amerikaner Lenny Krayzelburg und der Rumänin Diana Mocanu gewannen die Favoriten jeweils beide Strecken. Und zwar souverän. Keiner der Konkurrenten war für eine Überraschung gut genug. Die Leistungen entsprachen aus meiner Sicht den Erwartungen. Was heißen soll, daß im Gegensatz zu anderen Schwimmdisziplinen mit Weltrekorden kaum gerechnet werden konnte. Denn im Rückenschwimmen ist eine gewisse Ausgereiztheit zu verzeichnen.

In dieser Stilart hat es im letzten Jahrzehnt eine Revolution gegeben, die nun beendet scheint. Bei der Wende und bei der Unterwasserphase gibt es gravierende Veränderungen, die sich enorm auf die Zeiten auswirken. Das Rückenschwimmen wurde damit interessanter und schneller. Das alles ist nicht neu, aber die Auswirkungen der Regeländerungen sind jetzt ziemlich ausgereizt.

Dies sind die Vorteile, die von allen nahezu perfekt beherrscht werden: »Schmetterlingsbeine«, die mit dem Rückenschwimmen eigentlich nichts zu tun haben, waren zu meiner Zeit nicht gestattet, bei den Wenden mußten wir noch mit einer Hand anschlagen und aus der Rückenlage die Drehung ausführen, heute verläßt man vor der Beckenwand die Rückenlage zur Saltowende und stößt sich ohne Handanschlag mit den Beinen ab. Nach Start und Wende sind überdies Tauchzüge bis zur 15-m-Markierung gestattet. Dies alles veränderte diese Stilart erheblich. Während damals in den 70er Jahren die großen Duelle zwischen John Naber aus den USA und Roland Matthes über 100 m mit Zeiten um 56 Sekunden endeten, schwimmen die Spitzenleute heute eben mehr als drei Sekunden schneller. Ergebnis der veränderten Technik.

Lenny Krayzelburg, den Doppelsieger in Sydney, zeichnen Kontinuität und Solidität aus. Der Mann, der mit seinen Eltern aus Odessa in die USA auswanderte, besticht mit hoher Schlagfrequenz und guter Wendetechnik. Perfekt ist er dennoch nicht. Ich halte Stev Theloke, den Dritten von Sydney über 100 m, für den Mann der Zukunft. Er hat den USA-Schwimmer in New York auch schon bezwungen, als er seinen Europarekord schwamm. Der Chemnitzer bringt von der Statur her – er ist zwei Meter lang – und mit seiner Technik beste Voraussetzungen mit. Und wenn er seine Ecken und Kanten noch abfeilen kann, hat Krayzelburg zu tun. Theloke war vor Olympia wegen seiner Schulterprobleme bei mir in der Praxis. Seine Trainerin, Ute Schinkitz, hatte mich angerufen und gefragt, ob ich ihm helfen könne, weil sonst sein Olympiastart gefährdet sei. Die Behandlung hat ihm geholfen, wie seine Bronzemedaille bestätigt. *Roland Matthes*

Roland Matthes

Jahrgang 1950, niedergelassener Facharzt für Orthopädie in Marktheidenfeld bei Würzburg. Der Erfurter war als Rückenschwimmer viermal Olympiasieger, erzielte 19 Weltrekorde und wurde siebenmal »DDR-Sportler des Jahres«.

gekrault. »Ich wollte auf dieser langen Strecke auch gar nicht antreten, aber mein Trainer meinte, ich solle mir das zutrauen«, erzählte der neue afrikanische Schwimmstar danach den Journalisten. Auch in Equatorial Guinea war der angehende Student bislang ein Unbekannter. Jedoch schon zur Eröffnungsfeier in Sydney machte er als Fahnenträger eine gute Figur. »Ich durfte die Flagge nur tragen, weil man einen kleinen Schwimmer dafür haben wollte. Niemand kannte mich, nun aber, wenn ich nach Hause komme, kennt mich jeder«, stellte der Basketball-Fan stolz und erfreut fest. In der ehemaligen spanischen Kolonie steckt der Schwimmsport noch in den Kinderschuhen. In der Hauptstadt Molabu gibt es nur ein 20-m-Becken für die Schwimmer, und das befindet sich in einem Hotel. Die Trainingszeiten sind limitiert. »Vielleicht hilft uns nun die olympische Popularität von Eric, endlich ein 50-m-Becken für die Sportler zu bekommen«, hofft der Manager des Teams. Ein Hersteller der neuen Ganzkörper-Schwimmanzüge hat schon reagiert. Bereits in Sydney wurde Eric Moussambani mit der zweiten »Haifischhaut« ausgerüstet. Der Schwarzafrikaner wird viel zu erzählen haben, wenn er aus Australien wieder in seine Heimat zurückgekehrt ist. Die Familie hat seinen Auftritt in Sydney im Fernsehen leider verpaßt. »Da war Nacht bei uns, da haben alle geschlafen«, antwortete der glückliche Olympiaheld, der auf ein Schild an seinem Fenster im Athletendorf geschrieben hatte: Hier wohnt Eric, der Schwimmer.

Gunnar Meinhardt

Die gestohlene Fahne

Der US-Amerikaner Hal Haig Harry Prieste ist fast so alt wie die Olympischen Spiele, 103 Jahre. Der ehemalige Wasserspringer und älteste lebende Medaillengewinner stahl bei den Olympischen Spielen 1920 in Antwerpen eine Olympia-Fahne, die damals erstmals wehte. In Sydney gab er sie feierlich an IOC-Präsident Samaranch zurück.

Fünf Tage vor Eröffnung der Spiele gaben Sie die Fahne zurück. Warum?
Als ich vor drei Jahren bei einem Dinner mit unserem Olympischen Komitee meine Story mit der Fahne erzählte, kam mir die Idee, sie aus einem besonderen Anlaß zurückzugeben. Dem Vorschlag Sydney habe ich sofort zugestimmt, weil ich so gern dabei sein wollte. Aufgehängt habe ich die Fahne übrigens nie. Sie lag bis zu meiner Abreise in dem Koffer, in dem ich sie damals versteckte.

Sie hatten gerade die Bronzemedaille im Turmspringen gewonnen. Was hat Sie zu dem Diebstahl bewegt?
Als ich die Fahne das erste Mal sah, dachte ich, die nimmst du als Souvenir mit nach Hause. Am Tag nach dem Wettkampf bin ich mit meinem Freund Duke Kahhanamoku, der die 100 m Freistil gewonnen hatte und später der Surfvater von Hawaii wurde, zur Fahnenstange geschlichen. Wir waren sehr aufgeregt. Duke paßte auf, daß niemand kommt, ich kletterte den etwa 4,50 Meter hohen Mast hinauf und riß die Fahne herunter. Als plötzlich Polizisten auftauchten, rannten wir um unser Leben. Wir waren zum Glück schneller.

Welche Erinnerungen haben Sie an Ihren Wettkampf?
Die Bedingungen waren sehr schlecht. Es war mächtig windig. Wir sprangen in einen Festungsgraben und nicht, wie die Athleten heute, in einen angewärmten Pool.

Haben Sie Ihre Bronzemedaille noch?
Die habe ich genau so gut aufbewahrt wie die Olympische Fahne und meine Teilnehmer-Medaille.

Was hat sich sonst noch verändert?
Heute sind schwierige Sprünge leichter zu erlernen, weil es viel bessere Geräte und wesentlich bessere Trainer gibt. Die Springer sind athletisch weitaus stärker.

Haben Sie sich mit der Reise von Camden, New Jersey, nach Sydney nicht zuviel zugemutet?
Ich bin stolz, der älteste olympische Medaillengewinner zu sein. Ich war ja auch vor vier Jahren in Atlanta dabei, als ich mit der Fackel einige Meter lief. Ich stand immer gern in der Öffentlichkeit. Ich liebe Entertainment, habe in 25 Hollywood-Filmen mitgespielt, war Komödiant im Zirkus und lief in einer Eisrevue.

Wie wird man 103 Jahre alt?
Ich habe immer versucht, positiv zu denken, das Leben nicht zu ernst zu nehmen und viel Sport zu treiben. Heute mache ich Yoga und Geschicklichkeitsübungen mit dem Eishockeyschläger. Und ich esse sehr gern Schokolade, Pizza, Shrimps und Lobster.

Werden wir Sie 2004 in Athen wiedersehen?
Vor 18 Monaten sollte ich mich einer Herzoperation unterziehen, doch ich wollte nicht. Ich sitze nun zwar die meiste Zeit im Rollstuhl, kann nicht gut sehen und hören, dennoch fühle ich mich gut. Voriges Jahr habe ich noch allein gelebt. Meine Frau ist schon vor 13 Jahren gestorben. Kinder hatten wir keine. Jetzt wohne ich in einem Pflegeheim, wo es mir gefällt. Mein nächstes Ziel sind aber erst einmal die Winterspiele in Salt Lake City. ←

»Liebe Leser, genauso alt wie die Olympischen Spiele, die die überhaupt schönste Erfahrung meines 103jährige Lebens waren, ist es für mich ein Vergnügen, Ihnen diese Grüße von den Sydney 2000 Spielen zu senden.
Hal Prieste,
Bronzemedaillengewinner
Turmspringen
Antwerpen 1920,
geboren: 23. November 1896«

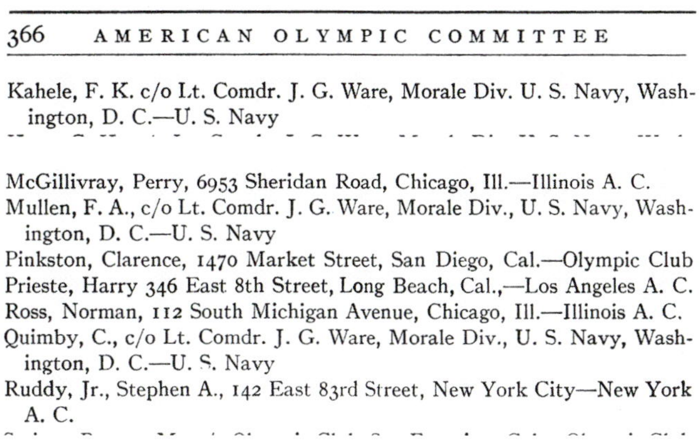

366 AMERICAN OLYMPIC COMMITTEE

Kahele, F. K. c/o Lt. Comdr. J. G. Ware, Morale Div. U. S. Navy, Washington, D. C.—U. S. Navy

McGillivray, Perry, 6953 Sheridan Road, Chicago, Ill.—Illinois A. C.
Mullen, F. A., c/o Lt. Comdr. J. G. Ware, Morale Div., U. S. Navy, Washington, D. C.—U. S. Navy
Pinkston, Clarence, 1470 Market Street, San Diego, Cal.—Olympic Club
Prieste, Harry 346 East 8th Street, Long Beach, Cal.,—Los Angeles A. C.
Ross, Norman, 112 South Michigan Avenue, Chicago, Ill.—Illinois A. C.
Quimby, C., c/o Lt. Comdr. J. G. Ware, Morale Div., U. S. Navy, Washington, D. C.—U. S. Navy
Ruddy, Jr., Stephen A., 142 East 83rd Street, New York City—New York A. C.

Gunnar Meinhardt
Jahrgang 1958, Diplomsportlehrer und Trainer. Zehn Jahre Leistungssport als Gewichtheber, Mitglied der DDR-Nationalmannschaft. 16 Jahre sportjournalistisch tätig, seit 1991 bei der Deutschen Presseagentur (dpa).

»Überflieger« von Brett und Turm

Klaus-Jürgen Alde

Chinas Wasserspringer waren wie schon 1996 in Atlanta die Überflieger von Brett und Turm. Fünfmal Gold und fünfmal Silber, eine Bilanz, die der Konkurrenz kaum noch Spielraum bot. Die restlichen Goldmedaillen gingen an Rußland (2) und an die USA (1).
Eine gewisse Nervosität war jedoch bei den Chinesen zu spüren. Die Verantwortlichen setzten auch diesmal wieder auf ihre »Alten« und wurden nicht enttäuscht. Die Olympiasieger von Atlanta Fu Mingxia und Xiong Ni wurden aus dem »Ruhestand« aktiviert und brillierten auch in Sydney. Die 23-jährige Fu gewann erneut Gold vom Drei-Meter-Brett. Der 26-jährige Xiong wurde sowohl Erster im Einzel-Kunstspringen als auch im Synchronspringen vom Drei-Meter-Brett mit seinem Mannschaftskameraden Xiao Hailang. Xiong Ni ist damit neben dem Italiener Klaus Dibiasi der zweite Wasserspringer der Welt, der bei vier Olympischen Spielen Medaillen geholt hat. Schon 1988 in Seoul war er als 14-jähriger Sensations-Zweiter vom Turm hinter Springerlegende Greg Louganis aus den USA. Vier Jahre später wurde er Turm-Dritter, ehe er 1996 in Atlanta mit Gold vom Brett in den Olymp der Wasserspringer aufstieg.
Das Erfolgsgeheimnis der chinesischen Wasserspringer läßt sich leicht erklären: Ein Heer von 100 000 Athleten, die von Kindesbeinen an im ganzen Land gesichtet werden, mit besten körperlichen Voraussetzungen und dem Willen, viel härter und umfangreicher zu trainieren als die Konkurrenz, auch aus Deutschland.

Die deutschen Springerinnen und Springer lagen mit ihren zwei Bronzemedaillen zwar im Soll, schnitten aber schlechter ab als vor vier Jahren in Atlanta, wo es zweimal Silber gab.
Dörte Lindner wurde Dritte im Kunstspringen. Konzentriert und sicher brachte sie ihre schwierige Serie ins Wasser. »Das Finale wurde zu 80 Prozent im Kopf entschieden«, analysierte die 26-jährige Vize-Europameisterin ihr erstes Olympisches Finale. Für die Rostokkerin, die im Mai in Los Angeles ihr Studium (Management und Publizistik) erfolgreich abgeschlossen hatte, war ein Traum in Erfüllung gegangen.
Ähnlich erlebte dies auch das Sachsen-Duo Jan Hempel und Heiko Meyer mit Bronze bei der olympischen Premiere im Synchronspringen von der 10-Meter-Plattform. »Es war ein harter Wettkampf, der erst mit dem letzten, unserem schwierigsten Sprung entschieden war«, sagte Jan Hempel, der in Sydney seine vierten Spiele erlebte.
Partner Heiko Meyer, mit 1,60 Meter der kleinste im deutschen Team, mußte lange um einen Start von Jan Hempel bangen. Erst im August konnte der 29-jährige wieder voll trainieren. Ohne vorherigen gemeinsamen Wettkampf schafften sie den dritten Rang hinter Rußland und China. Vielleicht lag es auch am Glücksbringer, den Jan Hempel im Gepäck hatte: einen Strampelanzug seiner Tochter Lisa, den Synchron-Partner Heiko ihr schenkte mit der hoffnungsvollen Aufschrift »Born to win«!

Die chinesischen Wasserspringer - hier das Duo Hu Jia und Tian Liang - dominierten die acht Wettbewerbe im Kunst- und Turmspringen.

Sächsisch synchron - die beiden Dresdner Jan Hempel und Heiko Meyer sicherten sich im Duettspringen vom 10-m-Turm die Bronzemedaille.

Laura Wilkinson (USA) bestach bei ihrem Sieg von der 10-m-Plattform mit hohen Schwierigkeiten.

Flugkunst in 1,5 Sekunden

In 1,5 Sekunden absolvieren die Wasserspringer vom 3-m-Brett und vom 10-m-Turm ihre komplizierten Sprünge mit mehrfachen Saltos und Schrauben. Zu den schwierigsten Luftwirbeln zählen der viereinhalbfache Salto vorwärts oder der eineinhalbfache Salto mit dreieinhalb Schrauben. Nur die Sportler erhalten Höchstnoten bis zur 10, die nach perfekter »Luftfahrt« gerade und ohne Spritzer eintauchen.

Das Wasserspringen hat bei den Spielen in Sydney eine neue Wertschätzung erhalten. Zu den ursprünglich vier olympischen Disziplinen, dem Kunstspringen vom 3-m-Brett und dem Turmspringen von der 10-m-Plattform für Männer und Frauen, sind vier weitere Disziplinen hinzugekommen: das Synchronschwimmen von Brett und Turm für männliche und weibliche Paare. Wasserspringer aus unserem Land zeigten 1996 in Atlanta im Beisein des IOC-Präsidenten Samaranch das Duettspringen als Demonstrationssport. Bei den folgenden Welt- und Europameisterschaften erwarb sich die neue, überaus attraktive Diszplin viele Freunde unter den Zuschauern in den Stadien und am Fernseher.

Bei den Europameisterschaften 1997 in Sevilla gingen die ersten Synchron-Siege sämtlich an die deutschen Starter. Doch den sportlichen Vorsprung machten die Springer anderer Länder bald wett, so daß die Konkurrenz ausgeglichener wurde. So ist zu erklären, daß Deutschland in zwei Synchronwettbewerben die Qualifikation verpaßte und folglich in Sydney fehlte. Dort zeigte sich unübersehbar, wie positiv das Paarspringen in Ländern mit Traditionen in dieser Sportart auf- und angenommen wurde. Es hat sich in kurzer Zeit zu hoher Perfektion entwickelt und konnte eine gelungene Olympiapremiere feiern. In den neuen Disziplinen zeigten die Teilnehmer Sprünge mit höchsten Schwierigkeitsgraden, wie man sie bislang nur aus den Einzel-Wettbewerben kannte - aber vollendet synchron. Auch wenn es nicht immer gelang, bleibt es das Ziel.

In Sydney wurden in einem neuntägigen Programm in nunmehr acht Disziplinen die Sieger ermittelt. Dabei bestätigte sich die Dominanz der Wasserspringer aus China und Rußland nachhaltig. Während die erfolgsverwöhnten US-Amerikaner seit dem Rücktritt des weltbesten Wasserspringers aller Zeiten, Greg Louganis, der 1984 und 1988 jeweils von Turm und Brett gewann, keinen Springer mehr von annährend seinem Format hervorbrachten, konnten sich Sportler aus Kanada, Australien oder Mexiko gut in Szene setzen. Die deutschen Kunst- und Turmspringer büßten gegenüber den Spielen vor vier Jahren Boden ein. Kamen sie aus Atlanta noch mit zweimal Silber nach Hause, mußten sie sich nun mit zweimal Bronze begnügen. Erfreulich dennoch, wie das erfahrene Dresdner Duo mit Jan Hempel (29 Jahre) und Heiko Meyer (26) im Synchronspringen vom Turm und die 23-jährige Rostockerin Dörte Lindner im Kunstspringen traditionelle Zentren des Wasserspringens präsentierten.

Falk Hoffmann

Falk Hoffmann

Jahrgang 1952. 1980 Olympiasieger im Wasserspringen vom Turm. Der Diplomsportlehrer lebt in Leipzig , war nach 1990 Bundestrainer und ist heute Vertreter verschiedener Sportartikelfirmen in Ostdeutschland.

Klaus-Jürgen Alde

Beste Werbung

Geschafft! Die Entscheidung fiel erst in der Schlußsekunde. 4:3 schlug Australien die USA und wurde erster Olympiasieger der Wasserballfrauen.

Wasserball erlebte in Sydney eine Premiere besonderer Art. Erstmals durften auch die Frauen um die Medaillen spielen. Leider ohne die deutschen, die ebenso wie die Männer in der Qualifikation hängengeblieben waren. Das Frauen-Endspiel zwischen Weltmeister Australien und den USA war der Höhepunkt - vor 17 000 Zuschauern! Die Entscheidung fiel erst in der Schlußsekunde, als Yvette Higgins den Ball zwischen den hochgereckten Händen von zwei US-amerikanischen Spielerinnen hindurch direkt ins Tor zum 4:3-Endstand warf. Die Halle bebte. »Ich schaute kurz auf die Hallenuhr, dachte nicht groß nach, denn ich wußte, daß ich werfen muß. Und das tat ich«, erklärte die 22-Jährige ihre Nervenstärke. Als alle in der Halle schon an eine Verlängerung dachten, wurde Yvette Higgins zur Match-Gewinnerin. Der erste Olympiasieger der Wasserball-Frauen heißt Australien. »Die Aussies haben verdient gewonnen, sie spielten hervorragend. Ich hoffe, alle Mädchen auf dieser Welt haben das Finale gesehen und spielen künftig Wasserball«, wünschte sich Maureen O´Toole aus der USA-Mannschaft.
Bronze ging an Rußland, das im kleinen Finale die Niederlande mit 4:3 bezwang. Diese Spiele waren beste Werbung für den Frauen-Wasserballsport, der sich erst durch eine lange Kampagne und energische Protestaktionen den Platz im olympischen Programm gesichert hatte. Die Australierinnen haben dabei eine Vorreiterrolle gespielt. Mitte der 90er Jahre hatten sie mit Transparenten auf dem Flughafen von Sydney bei Ankunft des IOC-Präsidenten für ihre olympische Zulassung demonstriert.
Im Männerturnier, das seit 1900 in Paris auf dem Programm steht, ging es wie immer hart zur Sache. Aber das gehört bei dieser Sportart dazu. Wasserballer, und nun auch Wasserballerinnen, dürfen nicht zimperlich sein. Die entscheidenden Griffe und Tritte spielen sich unter Wasser ab, und das erinnert an den Ursprung dieser Sportart, an das um 1870 in England erfundene Wasser-Rugby. Die Italiener fielen wieder aus der Rolle. Schon im vorolympischen Turnier in Perth hatten sie sich mit den Griechen eine zünftige Schlägerei geliefert. Die 5:8-Niederlage im olympischen Viertelfinale wollten sie nicht akzeptieren. Nach verbalen Attacken gegen Offizielle und Schiedsrichter wurde der Protest zurückgewiesen,
Der zweimalige Weltmeister und Favorit Jugoslawien, der vorzeitig das Viertelfinale erreicht hatte, verlor überraschend sein Halbfinalspiel gegen den dreimaligen Weltcupsieger Ungarn mit 7:8, und mit dem gleichen knappen Resultat sicherte sich Rußland gegen Spanien den Finalplatz.

Klaus-Jürgen Alde

Künftig mit Mann

Die kreative und perfekte Unterwassershow des russischen Teams kam bei den Kampfrichtern besonders an – Höchstnoten und Goldmedaille!
Der Amerikaner Bill May ist der beste Synchronschwimmer der Welt. Daß er laut Regelwerk in Sydney noch nicht starten durfte, war »Sports Illustrated« eine Titelstory wert (nebenstehende Seite).

Die einen lachen, die anderen sind voller Bewunderung. Das Synchronschwimmen spaltet die Gemüter. Jedoch: Wer schon einmal über eine Minute lang getaucht ist, weiß, was die »Nixen« während ihrer bis zu fünf Minuten langen Darbietungen zu leisten haben. Das »Wasserballett« ist Sportshow im wahrsten Sinne des Wortes, die ideale Fernsehsportart, seit Unterwasserkameras die jeweiligen Figuren einfangen können. Seit 80 Jahren gibt es diese Sportart, die ihre Anfänge in Kanada und den USA hatte und heute in über 70 Ländern betrieben wird. Deutsche Synchronschwimmerinnen waren in Sydney nicht am Start. Der Deutsche Schwimmverband (DSV) versucht derzeit einen Neuaufbau mit jungen Sportlerinnen, die vielleicht in ein paar Jahren das internationale Niveau erreichen können. Olympisch ist das Synchronschwimmen mit Duett und Teamwettbewerb seit Los Angeles 1984. Seitdem dominierten die Kanadierinnen und US-Amerikanerinnen, die bislang alle Gold- und Silbermedaillen gewinnen konnten. In Sydney wurde diese Erfolgsserie durch die Russinnen durchbrochen, die schon 1998 bei den Weltmeisterschaften in Perth in allen Wettbewerben siegten. Maria Kisseljowa und Olga Brusnikina gewannen Olympia-Gold im Duett vor Japan und Frankreich. Das russische Duo brillierte mit der Höchstpunktzahl 65 in der freien Routine, wie die Kür in dieser Sportart offiziell heißt. Zuvor, in der technischen Routine, der Pflicht, hatten sie 34,58 von 35 möglichen Punkten geholt. Das Gesamt-Punktergebnis bedeutete »Weltrekord« Fast hätten die beiden Russinnen, die ihre Kür nach einer japanischen Musik schwammen, nicht an den Olympischen Spielen teilnehmen können. Maria Kisseljowa war bei den Europameisterschaften in Helsinki im Netz der Dopingkontrollen hängengeblieben. Das Duett mußte seine Goldmedaille wieder abgeben. Nur einen Tag nach dieser Aberkennung meldete der russische Verband Kisseljowa und Brusnikina, die EM-Gold im

Solo gewonnen hatte, aber für Sydney. Die Ephedrin-Affäre wurde in Rußland weniger schwer bewertet als durch das Doping-Panel des Weltverbandes FINA und des Europäischen Verbandes LEN. »Natürlich war der Olympiasieg im Duett ein toller Ausgleich für die aberkannte Medaille in Helsinki«, freute sich Maria Kisseljowa, die sich in Sydney damit wohl ihr schönstes Geschenk zum 26. Geburtstag selbst gemacht hatte. Das zweite Olympiagold war dann nur noch eine Formsache. Mit einem Feuerwerk der Bewegungen über und unter Wasser, mit Hebefiguren von nie gesehener Eleganz und Höhe sowie einer verblüffenden musikalischen Synchronität trieben die Russinnen das Publikum von den Sitzen und die Wertungsrichter zu Höchstnoten. Mit sagenhaften 99,146 von 100 möglichen Punkten gewann Rußland Team-Gold vor Japan und Kanada. Die USA kamen hinter Frankreich nur auf den fünften Rang.

Der erste Sieger in dieser Frauen-Sportart in Sydney war aber ein Mann. Bill May aus Santa Clara konnte es kaum fassen. Der Weltschwimmverband FINA will künftig bei Weltmeisterschaften auch männliche Synchronschwimmer zum Wettkampf zulassen. Immerhin ist der 21-Jährige unter allen Frauen der USA-Meister im Solo, im Duett mit Partnerin Kristina Lum und mit dem Team. Der erhoffte Start in Sydney wurde ihm durch die FINA-Regel GR 10.7.1.5 verwehrt, in der ausdrücklich erwähnt wird, daß nur Frauen bei Olympischen Spielen und Weltmeisterschaften starten dürfen. Ausgerechnet Männer verhinderten beim letzten Kongreß während der WM 1998 in Perth mehrheitlich einen Änderungsantrag der Schweiz. Nun soll zumindest für Weltmeisterschaften das gelten, was in Europa seit Jahren schon gängige Wettkampfpraxis ist: die Emanzipation der Männer in einer Frauensportart.

Bill May hat jahrelang um diese Gleichberechtigung gekämpft. Noch steht die olympische Zulassung aus, der Kalifornier ist aber optimistisch, daß auch diese Hürde bald überwunden werden kann. Ob er dann allerdings noch aktiv ist? Zum Synchronschwimmen kam Bill May im Alter von zehn Jahren durch seine Schwester. Seit 1996 gehört er zur Familie der »Aquamaids« in Santa Clara und feiert einen Erfolg nach dem anderen. Sein Vorteil sind die langen Arme, mit denen er bessere Hebelverhältnisse besitzt als die Frauen. Zudem ist sein Lungenvolumen größer. Bill kann länger unter Wasser bleiben, was die Wertungsrichter nach wie vor stark beeindruckt. May ist der erfolgreichste von rund 40 Männern, die in den USA aktiv das Synchronschwimmen betreiben. Ihr Traum von gemischten Paaren wie im Eiskunstlaufen ist wahr geworden.

Stefan Frase

Savon, ein würdiger Erbe

Er trug die Fahne des in Sydney sehr erfolgreichen kubanischen Olympiateams bei der Eröffnungsfeier, und er erfüllte sich, seinem Land und seinem Staatschef einen Traum: Felix Savon, Modellathlet, Boxdenkmal, Kommunist. Als Symbol des kubanischen Selbstbewußtseins gewann er im Schwergewicht, wie sein Vorgänger Teofilo Stevenson, das dritte olympische Gold in Folge. An dem 33-jährigen Zwei-Meter-Riesen prallten die Attacken seiner vier Turniergegner ebenso ab wie zuvor die Anwerbungsversuche geldgieriger Profi-Manager. Savon hat Boxgeschichte geschrieben, und vielleicht war es eine gute Fügung, daß ihm ausgerechnet am 95. Geburtstag von Max Schmeling im olympischen Halbfinale ein junger Deutscher vor die Fäuste geriet, der über die volle Vier-Runden-Distanz einen beherzten Kampf bot und dem hohen Favoriten fast alles abverlangte. Der 21-jährige Sebastian Köber aus Frankfurt/Oder gewann mit seiner respektablen 8:14-Punktniederlage mit Bronze das einzige Edelmetall für die achtköpfige deutsche Staffel. Gab es 1992 in Barcelona mit Andreas Tews und Torsten May noch zwei Olympiasieger, in Atlanta 1996 immerhin noch vier Medaillen, so ist die magere Sydney-Ausbeute das seit 1984 schwächste olympische Abschneiden deutscher Faustkämpfer. Woran lag es, daß die sieben Staffelkameraden von Köber mit leeren Händen nach Hause fuhren? Bis auf Routinier Falk Huste im Federgewicht, dem man zum Abschluß seiner Karriere eine Medaille gewünscht hätte, waren alle Olympiadebütanten. Richtig auch, daß viele deutsche Boxer, dem Ruf des schnellen Geldes folgend, längst - und manche sicher viel zu früh - im Profilager sind. Dennoch: Talente wie der Leverkusener Adnan Catic (Halbmittelgewicht), vor vier Monaten gerade erst Europameister geworden, die Hallenser Norman Schuster (Leicht) und Steven Küchler (Welter) oder die Brüder Falk (Feder) und Kay Huste (Halbwelter) aus Frankfurt/Oder - sie alle hatten sich Medaillenchancen ausgerechnet. Und es hätte ja durchaus auch klappen können, aber ...

Schuster blieb in seinem Auftaktkampf gegen Patrick Lopez aus Venezuela weit unter seinen Möglichkeiten und schied sofort aus. Auch »Fliege« Vardan Zakarjan aus Flensburg war gegen Wijan Ponlid (Thailand) ohne Chance. Dem superschweren, aber gesundheitlich indisponierten Berliner Ex-Kickbox-Weltmeister Cengiz Koc versetzte Kubas Hüne Rubalcaba Polleda mit einer Rechts-Links-Rechts-Kombination einen Blitz-K.o., der zum Glück schlimmer aussah, als es dann war. Die Gebrüder Huste, der selbsternannte »Mr. Hollywood«, Steven Küchler, wie auch Adnan Catic begannen das Turnier verheißungsvoll mit überzeugenden Siegen gegen keinesfalls schwache Konkurrenz. Im Viertelfinale aber war für alle Endstation.

Falk Huste vermochte es nicht, sich für die in Houston/Texas erlittene Niederlage gegen den späteren Weltmeister Ricardo Juarez (USA) zu revanchieren. Sein jüngerer Bruder Kay, gehandicapt durch einen Bruch des rechten Daumens, ließ sich vom ungestümen Italiener Sven Paris beeindrucken. Steven Küchler, mit zwei RSC-Siegen gestartet, fand gegen den schlagstarken und teilweise recht unsauber agierenden rumänischen Ex-Weltmeister Dorel Simion keine Mittel. Und auch Adnan Catic war gegen den US-Amerikaner Jermain Taylor weit von seiner Bestform entfernt, blieb wie die anderen medaillenlos. Unter dem Strich fehlte allen Genannten das nötige Quentchen des gerade bei Olympia unverzichtbaren letzten Einsatzes, eben der unbedingte Wille, den Kampf

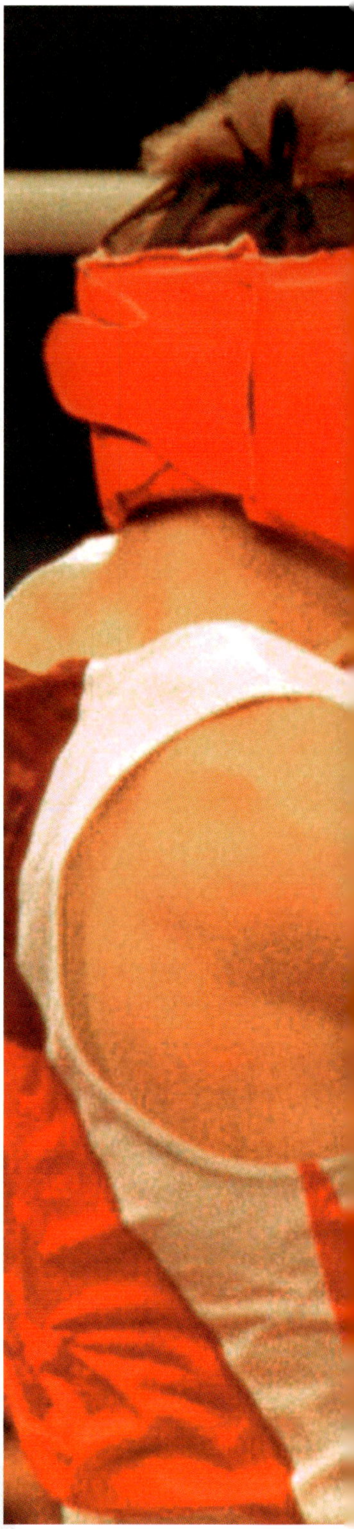

Stefan Frase
Jahrgang 1954, Diplomjournalist, sportjournalistisch tätig u. a. bei DT 64 des Berliner Rundfunks, seit 1992 in der Sportredaktion des ORB. Berichterstattung von mehreren Olympischen Spielen.

Felix Savon, Kubas Boxsymbol nach Teofilo Stevenson, war auch in Sydney erfolgreich: drittes Gold. Der Deutsche Sebastian Köber unterlag ihm im Halbfinale nur knapp.

zu bestimmen. Das Aus war folgerichtig und beileibe keine Empfehlung, ins Profilager zu wechseln, auch wenn die Angebote trotzdem stehen und Koc beispielsweise ab Januar bei der Sauerland-Promotion einen Profivertrag hat.
Insgesamt hat das hochklassige Turnier von Sydney gezeigt, daß mit »artigem Punktmaschinen-Boxen« international kein Blumentopf mehr zu gewinnen ist. Belohnt wird der aggressive, spektakuläre Angriffsstil, nicht vorsichtiges Taktieren mit der Führhand. Natürlich waren es erwartungsgemäß die Kubaner, die im Schatten des großen Savon am meisten beeindruckten und mit viermal Gold (Rigondeaux Ortiz/Bantam-, Kindelan/Leicht-, Gutierrez/Mittel- und Savon/Schwergewicht) sowie zweimal Bronze die erfolgreichste Staffel stellten. Daneben dominierten die Boxer der ehemaligen Sowjetunion, namentlich Rußlands (zweimal Gold, dreimal Silber, zweimal Bronze), Kasachstans (zweimal Gold, zweimal Silber), der Ukraine (zweimal Silber, dreimal Bronze) und Usbekistans (einmal Gold, zweimal Bronze). Die mit großen Ambitionen angereisten US-Amerikaner mußten sich dagegen mit zwei Silber- und zwei Bronzemedaillen begnügen.
Für einen eindrucksvollen Abschluß des Turniers sorgte der 110 kg wiegende Zwei-Meter-Riese Audley Harrison, der im Superschwergewichts-Finale Dildabekow aus Kasachstan besiegte und damit für den ersten britischen Olympiasieg seit 1968 sorgte.
Außerordentlich wichtig für die Sportart war die Tatsache, daß es in Sydney ein attraktives und insgesamt auch durch die Punktrichter fair bewertetes Boxturnier gab. Denn das Amateurboxen wird auf Grund vergangener Skandale, Intrigen, Verletzungen von Sportlern und Regeln vom IOC mit Argusaugen beobachtet. Dazu gehörte, daß vier sogenannte Beobachtungskameras das Wirken der Juroren am Boxpointer »überprüften«. Erstmals wurde bei Olympia über vier Runden a zwei Minuten geboxt. Neu war die Regel, daß der Kampf nach einer 15-Punkte-Differenz vorzeitig durch RSC wegen sportlicher Überlegenheit abgebrochen wird. Das Amateurboxen sollte also eine Zukunft haben. Daß es eine große Vergangenheit hat, bewies die Anwesenheit des Jahrhundertsportlers Muhammad Ali (Olympiasieger von 1960 in Rom), sowie des WBA-Schwergewichts-Champions Evander Holyfield (Bronze 1984 in Los Angeles), der fast ständig im gut gefüllten Exhibition Centre zu finden war, wo die 310 für Olympia 2000 qualifizierten Boxer ihre Künste präsentierten, wenn auch der Anteil deutscher Faustfechter daran eher bescheiden war.

Bei den Superschweren überraschte der junge Engländer Audley Harrison, der dem Kasachen Muchtarchan Dildabekow den Weg zum Gold verlegte.

Walter Weitz

Putins Freund fiel

Alexander Karelin galt im griechisch-römischen Stil als unschlagbar, unterlag aber nach 13 Jahren wieder. Olympiasieger: Rulon Gardner (USA).

Erst am vorletzten Tag der Wettbewerbe kam der große Befreiungsschlag. 40 Jahre, nachdem Wilfried Dietrich in Rom die Konkurrenz im Halbschwergewicht gewonnen und damit für die erste und zugleich letzte olympische Goldmedaille für den Freistilbereich gesorgt hatte, blieb es dem 31-jährigen Alexander Leipold vorbehalten, diese Durststrecke zu beenden. Schon wenige Sekunden vor dem Ende seines taktisch klug geführten Finalkampfes gegen den jungen Amerikaner Brandon Slay hob er den rechten Arm als Zeichen des Siegers. Der Rest ging unter im Jubel von Alexander und Bundestrainer Wolfgang Nitschke. Und auch die nicht kleine deutsche Schlachtenbummlerkolonie aus Goldbach, Witten und Schifferstadt konnte sich akustisch zur Höchstform steigern. Als die Hymne erklang, mußte Alexander mit den Tränen kämpfen, und die Nahaufnahme im Fernsehen zeigte auch ziemlich schonungslos und wirkungsvoll sein blaues Veilchen, das er schon nach dem zweiten Vorrundenkampf verpaßt bekam, und das ihm schließlich sogar Glück brachte.

»20 Jahre habe ich davon geträumt, einmal Olympiasieger zu werden. Daß es nun im vierten Anlauf geklappt hat, macht mich fast sprachlos. In den nächsten 40 Jahren werde ich vermutlich immer davon träumen, was mir ausgerechnet in Sydney gelungen ist«, diktierte der gebürtige Alzenauer in der Pressekonferenz in die Mikrofone. Schließlich war für den Weltmeister von 1994 und dreifachen Europameister der lange Trip ins ferne Australien vielleicht die allerletzte Chance, noch einmal zum großen Wurf im wahrsten Sinne des Wortes auszuholen. Während der für den VFK

Walter Weitz
Jahrgang 1947. Diplomjournalist. Seit 1975 beim Radio, zunächst Sender Leipzig. Nach 1990 bei „Sachsenradio" und seit 1992 Sportredakteur beim MDR. Berichtete 1992 aus Barcelona und 1998 aus Nagano.

Schifferstadt startende Leipold mit diesem Olympiasieg auf dem besten Wege ist, sich ein kleines Denkmal errichten zu lassen, ist am 27. September dieses Milleniumsjahres ein weit größeres und höheres Denkmal eingestürzt. Eigens wegen dem superschweren Russen Alexander Karelin waren IOC-Präsident Juan Antonio Samaranch und der ehemalige amerikanische Außenminister Henry Kissinger in das Convention-Center gekommen, um vielleicht den traurigsten Augenblick in einer nahezu einmaligen Sportlerkarriere zu erleben. Alexander Karelin aus Nowosibirsk hatte zwischen 1987 und den Spielen von Sydney nicht einen einzigen Kampf verloren und galt als unbesiegbar. Für den dreifachen Olympiasieger schien der vierte Erfolg programmiert zu sein. Aber dann war es der völlig unbekannte, im Gegensatz zum Muskelpaket Karelin ziemlich füllige Amerikaner Rulon Gardner, der dem Duma-Abgeordneten und persönlichen Freund von Rußlands Staatspräsidenten Wladimir Putin eine historische Niederlage zufügte und damit sogar einen Mythos zerstörte. Während Gardner seinen Sensationserfolg im Kameragewitter gar nicht begreifen mochte und sich bei Karelin fast entschuldigte, verließ zunächst mal die Bildfläche. Tage später, als die Klassiker ihre Wettkämpfe beendet hatten, tauchte er vor und in der Ringerhalle auf, und es muß wohl für den Mann aus Sibirien mehr als eine Genugtuung gewesen sein, wie ihn die Autogrammjäger umlagerten und seine Fans ihn immer und immer wieder zum Privatfoto baten. Dann verwand er. Ob für immer, wird die spätere Geschichte wissen.

Aus deutscher Sicht wäre es schmerzlich gewesen und hätte dem deutschen Ringkampfsport einen mächtigen Tiefschlag versetzt, wäre es Alexander Leipold nicht gelungen, sogar auf das oberste Podest zu steigen. Seit den ersten Olympischen Spielen 1896 in Athen hatten deutsche Ringer immer Medaillen errungen. In Sydney mußte man zunächst erst einmal skeptisch sein. Als die vier Klassiker Rifat Yildiz (gebürtiger Türke), Adam Juretzko, Alfred Ter-Mkrtchyan, der das Lebenslicht in Teheran erblickte, und Thomas Zander nach ihren insgesamt vier Wettkampftagen ihre Bilanz zogen, standen lediglich ein undankbarer vierter Platz für Yildiz und Rang fünf für Ter-Mkrtchyan zu Buche. Und Thomas Zander, der vier Jahre zuvor in Atlanta noch olympisches Silber geholt hatte, war bereits nach zwei Vorrundenkämpfen aus dem Medaillenrennen. Aber erst nach der letzten Entscheidung wurde dem deutschen Bundestrainer im griechisch-römischen Bereich, Lothar Ruch, so richtig klar, daß drei seiner Kämpfer an späteren Goldmedaillengewinnern gescheitert waren. Wenngleich natürlich Ruchs Freistilkollege, Wolfgang Nitschke, vorrangig durch die Goldmedaille seines Schützlings Alexander Leipold mehr als entschädigt wurde. Bei genauerer

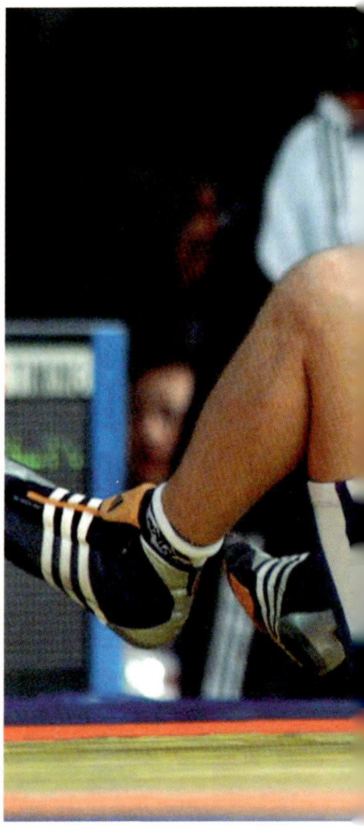

Alexander Leipold behielt die Übersicht und gewann in der Klasse bis 76 kg. Auch ein Nasenbeinbruch hinderte den Freistilringer aus Schifferstadt nicht.

Betrachtung kam aber auch Nitschke nicht umhin, festzustellen, daß seine anderen fünf Starter, die sich in schweren Qualifikationsturnieren für Sydney durchgesetzt hatten, sogar schon nach den Pool-Kämpfen aus dem Rennen waren. Von Jürgen Scheibe, Othmar Kuhner und Wassili Zeiher konnte man ohnehin nicht viel erwarten. Aber das schnelle Ende der beiden erfahrenen Schwer- bzw. Superschwergewichtler Sven Thiele und des aus Kasachstan stammenden Arawad Sabejew kam völlig überraschend und war für das Duo auch deprimierend. Thiele konnte bei seinem zweiten Olympiaturnier nach Platz sechs in Atlanta erneut nicht den Traum von einer olympischen Medaille verwirklichen. Für Sabejew kam es noch tragischer, denn als Olympiadritter von 1996, als Welt- und dreifacher Europameister hatte er mit einer Medaillenplazierung mehr als nur geliebäugelt.
Nicht erst Sydney 2000 - fraglich das herzloseste aller Ringerturniere - verdeutlichte einmal mehr, welche Bedeutung das Wort Glück besitzt. Da ohne jegliche Setzliste, also ohne Berücksichtigung der Leistungen bei Welt- und Europameisterschaften sowie Weltranglistentunieren, die Vorrundengruppen ausgelost wurden, kann es schnell passieren, daß Medaillenanwärter schon frühzeitig ausscheiden. Mit Ausnahme von Alexander Leipold können mindestens fünf der elf deutschen Starter diesbezüglich ein Lied singen.
Das prominenteste Opfer war fraglos der russische Olympiasieger und mehrfache Welt- und Europameister Buwassia Saitjow, der im Pool-Kampf dem späteren Silbermedaillengewinner Brandon Slay unterlag und entnervt die Matte verließ. Obwohl es in den Jahren zuvor wenigstens 20 Änderungen des Reglements gab, ist diese Turnierform reformbedürftig. Überlegungen, wie beim Judo den Unterlegenen des späteren Siegers in einer Hoffnungsrunde wenigstens noch die Chance auf Bronze zu ermöglichen, scheinen gute Chancen zu haben. Weniger gut sieht es aus für den deutschen Nachwuchs. In Sydney gingen zwei überalterte deutsche Mannschaften an den Start, die zumeist zum letzten Mal das olympische Flair genießen durften.
Was viel schwerer wiegt, ist die Situation nach der Auflösung der einst großen UdSSR. Ringerhochburgen sind nun Kasachstan, Usbekistan, die Ukraine, natürlich Rußland, Iran und traditionell die USA und Korea. Einst das Niveau mitbestimmende Nationen wie Bulgarien, Polen, aber auch Deutschland, wurden aus der zweiten in die dritte Reihe zurückversetzt. Ein Fakt sollte auch nicht vergessen werden: Während Ringen in Deutschland auch in Zukunft nur eine Randsportart bleiben wird, genießen Athleten speziell in den neuen Staaten des einstmals großen Sowjetreiches und vornehmlich im Iran und in Korea sowie in der Türkei nahezu Kultstatus. Sofortige Renten in fünfstelliger Höhe, Prämien in für uns schwindelerregender Größenordnung, Eigentumswohnungen wie in der Türkei machen das Ringen zu einer Mehrklassen-Gesellschaft. So gesehen ist der Erfolg von Alexander Leipold nicht hoch genug einzuschätzen.

Klaus Blume

Japan hielt noch Stand

Zwei Judokas nach ihren goldenen Würfen: die Japanerin Ryoko Tamura (unten rechts) und der Italiener Giuseppe Maddaloni (nebenstehende Seite), der seinen Erfolg kommentierte: »Unglaublich, unfaßbar.«

Nie war Gold so greifbar nahe wie im Halbfinale zwischen Anja von Rekowski aus Hannover und Severine Vandenhende aus Frankreich. Doch die Mattenrichter werteten den entscheidenden Wurf der Niedersächsin für die völlig verblüffte spätere Olympiasiegerin aus Frankreich. Rekowski fassungslos: »So eine Gegenheit bekomme ich nie wieder.«
Sie weiß, wovon sie spricht, auch, wenn sie erst zum zweiten Male bei Olympia startete. Anja von Rekowski steht schon seit ihrem siebten Lebensjahr auf der Judo-Matte. Bronze gab's stattdessen für die couragierte Anna-Maria Gradante in der Klasse bis 48 kg. Einziger Ausgleich für das, was sonst der deutschen Mannschaft widerfuhr? Im Deutschen Judo-Bund (DJB) hatten sie mehr erwartet, viel mehr. Aber: »Die Japaner Europas« – wie sie einst achtungsvoll bestaunt wurden – gerieten in Sydney ins Abseits. Vor allem die Männer. Zu hausbacken die Technik, zu ängstlich die Ansätze, zu durchsichtig die Taktik – so taumelten sie über die olympische Tatami. Zum ersten Male gab's für die deutschen Judoka bei Olympia keine Medaille.
Besonders enttäuschend Marko Spittka aus Frankfurt an der Oder, vier Jahre zuvor in Atlanta noch umjubelter Bronzemedaillen-Gewinner. In Sydney hatte der erfahrene Mittelgewichtler schon in der ersten Runde gegen den Amerikaner Brian Olson nicht die Spur einer Chance. Immerhin, Spittka zog danach blitzschnell seinen Judogi aus – für immer. Und Bundestrainer Dietmar Hötger machte es ihm nach.
Die Welt hat sich nun mal verändert, auch auf den Judomatten. Das deutete sich vor vier Jahren in Atlanta an, das war danach auf allen Erdteil-Meisterschaften, aber auch auf allen wichtigen Turnieren zu beobachten – konsequenterweise vollzog sich das auch in Sydney. Fazit: Die Judowelt ist längst nicht mehr eine asiatische Angelegenheit unter gelegentlicher Beteiligung talentierter Europäer und Panamerikaner.
Ganz im Gegenteil: Als in Sydney die ersten zwölf Entscheidungen vorüber waren, teilten sich Frankreich, Japan, Spanien, Italien, Kuba, China, die Türkei und die Niederlande in die Goldausbeute. Acht Nationen! Und so ging es weiter – bis zum Schluß.
Erfahrene Einzelkönner aus Italien, Spanien, der Türkei, den Niederlanden und Kuba setzten zum richtigen Zeitpunkt ihre große Klasse, vor allem aber ihre noch größere Erfahrung gewinnbringend ein. Dafür stehen allein diese vier Beispiele: Der 25jährige Italiener Giuseppe Maddaloni beendete in der Klasse bis 73 kg das Finale gegen den hervorragenden Brasilianer Tiago Camilo vorzeitig, belohnt mit einem Ippon, einem vollen Punkt. Maddaloni, eine Eintagsfliege? Der exzellente Techniker hat Europas Elite seit vier Jahren fest im Griff, als deren Meister 1998 und 1999. Ein Einzelfall? Maddalonis Landsmann Giovinazzo holte in der Klasse bis 66 kg Bronze, 1966 in Atlanta war er bereits Silbermedaillen-Gewinner in der Klasse bis 60 kg. Judo-Medaillen haben in Italien längst Tradition: 1980 in Moskau gewann Leichtgewichtler Enzio Gamba Gold, 1984 Silber.
Im Nachbarland Spanien gehört Judo an den Eliteschulen für Offiziere und angehende Diplomaten zur Ausbildung. Aber nicht nur dort wird Vorzügliches

Klaus Blume
Beschäftigt sich seit 1964 mit Judo und Baseball, später auch mit Modernem Fünfkampf. Erste Reportagen 1966 in der »Neuen Zürcher Zeitung«. Heute u.a. tätig für »Deutschland-Radio« und »Deutschland-Funk«.

gelehrt. Auch privat. Der erst 1949 gegründete Verband unterhält mittlerweile 1000 Klubs und Judoschulen. 150 000 Frauen und Männer verfügen in Spanien über einen gültigen Wettkampfpaß.
Die 29jährige Isabel Fernandez aus Alicante wird als Olympiasiegerin der Klasse bis 57 kg von den judotreibenden Spanierinnen nun wie eine Hausheilige verehrt. Klar, was hat das nur 1,60 Meter große Persönchen auch schon alles für den Frauen-Judosport geleistet: 1997 Weltmeisterin in Paris, 1999 WM-Zweite, nun Olympia-Siegerin. »Seit vier Jahren träumte ich davon, ins olympische Finale zu kommen und auf dem obersten Treppchen zu stehen. Jetzt habe ich die Medaille gewonnen, und es kommt mir vor, als würde ich immer noch träumen. Aber ich werde sie jeden Tag berühren, damit ich spüre, daß es kein Traum ist.«
Zwei Länder, die sich neben Italien und Spanien ebenfalls ganz entscheidend in den Vordergrund schoben, zeigten faszinierende Judokunst: Kuba und Holland. Sibelis Veranes aus Havanna holte für ihr Land das zweite Gold, mit schnellen, konsequenten Siegen. Die deutsche Meisterin Yvonne Wansart stand gegen sie gerade 10 Sekunden auf der Matte. So kämpfte sich die Kubanerin durchs gesamte Turnier, bis zum Gold.
Der Holländer Mark Huizinga dominierte ebenso selbstsicher die Klasse bis 90 kg. Immerhin war er in den letzten vier Jahren dreimal Europameister geworden. Mit seinem Sieg ist er übrigens der erste holländische Judo-Olympiasieger nach Wim Ruska, der 1972 in München zweimal Gold erkämpft hatte. Huizinga: »Darüber habe ich zuvor lange nachgedacht und werde auch weiter darüber nachdenken.« ←

Gunnar Meinhardt

Doping und Rekorde

Bei der olympischen Gewichtheberpremiere der Frauen gewann China vier von sieben Wettbewerben. Am deutlichsten war der Sieg von Yang Xia – hier beim Reißen – mit 12,5 kg Vorsprung.

6. September: Zehn Tage vor dem ersten Wettbewerb werden Weltmeisterin und Weltrekordlerin Yui-Lien Chen (Limit bis 63 kg) und Mei-Yu Wu (53 kg) ausgeschlossen. Die Taiwanerinnen wurden bei nationalen Dopingkontrollen der Anabolika-Einnahme überführt.

7. September: Zdenek Vakura (Tschechien, 105 kg) gesperrt wegen Anabolika-Dopings.

14. September: Suzanne Leathers (75 kg) wird an ihrem Hochzeitstag aus dem US-Aufgebot gestrichen. Am Vormittag hatte die 28-Jährige in Sydneys Vorort Backstown ihren Trainer Don McCauley geheiratet. Die Mannschaftskameradinnen fungierten als Brautjungfern.

16. September: Die Wettkämpfe im ausverkauften Convention Centre von Darling Harbour beginnen im 56-kg-Limit mit der Einmannshow von Halil Mutlu. Der für die Türkei hebende gebürtige Bulgare wiederholt seinen Olympiasieg mit der Verbesserung der eigenen Weltrekorde im Zweikampf, Reißen und Stoßen. Zweiter wird Iwan Iwanow (Bulgarien), Olympiasieger 1992.

17. September: Vor dem olympischen Debüt der Frauen wird bekannt, daß die Rumänen Traian Ciharean und Adrian Mateas bei den Anreisekontrollen, die der Weltverband veranlaßt hat, positiv auf Anabolika getestet worden sind. Alle Teilnehmer mußten erstmals schon acht Tage vor Wettkampfbeginn anreisen, um sich dieser Kontrolle zu stellen. Konsequenz für Rumänien: Da im

April schon Dodita Mariam positiv getestet worden war, und somit binnen eines Jahres drei Dopingfälle vorlagen, wurde die komplette Gewichthebermannschaft vom Wettkampf ausgeschlossen. Die Möglichkeit, sich für 50 000 Dollar »freizukaufen«, um den verbliebenen vier Athleten den Start zu ermöglichen, lehnte Rumäniens NOK-Präsiden Ion Tiriac zunächst ab.
Inzwischen wird berichtet, daß Stiam Grimseth aus Norwegen wegen eines positiven Tests vom 2. September nicht starten darf.
Als erste Olympiasiegerin im Gewichtheben der Frauen läßt sich die Bulgarin Isabella Dragnewa im Limit bis 48 kg feiern, nachdem ihre favorisierte Landsfrau Donka Minchewa im Reißen ohne gültigen Versuch geblieben war.
Naim Suleymanoglu, 1984 von der Türkei für eine Million US-Dollar aus Bulgarien freigekauft, scheitert im 62-kg-Limit an der Anfangslast im Reißen (145 kg) und vergibt damit die Möglichkeit, als erster Gewichtheber viermal Olympiasieger zu werden. Nikolai Pechalow, ebenfalls bulgarischer Herkunft, erkämpft erstes Gewichtheber-Gold für Kroatien. Dritter: Angelow Minchew (Bulgarien).
18. September: Yang Xia (China) siegt in der 53-kg-Klasse mit fünf Weltrekorden. Die zweitplazierte Taiwanesin Li Feng Ying markiert einen weiteren Weltrekord. Marioara Munteanu (Rumänien) wird Achte. Sie durfte starten, nachdem Tiriac die Zahlung von 50 000 Dollar bis zum 20. Septem-

Vier Starts bei Olympischen Spielen, vierte Medaille: Ronny Weller gewann nach Bronze 1988 und Gold 1992 wie in Atlanta 1996 Silber.

Wie schon 1996 verlor Marc Huster erneut den Zweikampf gegen den Griechen Pyrros Dimas. Seine Freude über die Silbermedaille zeigte er dennoch gleich auf der Heberbühne.

ber zugesagt hatte. Soraya Jiminez Mendivil gewinnt für Mexiko im 58-kg-Limit erstes Gold im Gewichtheben.
19. September: Cheng Xiaomin (China) siegt im 63-kg-Limit. Erzsébet Márkus (Ungarn) verbessert im 69-kg-Limit den Weltrekord im Reißen.
20. September: Die 35-jährige Maria Isabel Urrutia gewinnt wegen des geringeren Körpergewichts im 75-kg-Limit im Zweikampf und damit die erste Goldmedaille für Kolumbien überhaupt.
Galabin Bojewski siegt im Limit bis 69 kg mit Weltrekord im Stoßen vor seinem bulgarischen Landsmann Geogi Markow, der im Reißen eine neue Bestmarke setzt.
Erster erwiesener Dopingfall während der Wettkämpfe: Medaillengewinner Iwan Iwanow wird der Einnahme von Diuretica überführt. IWF-Präsident Gottfried Schödel: »Das sind lauter Idioten. Was soll ich bloß noch machen, daß die Leute vernünftig werden?« Rumanien hinterlegt den 50 000 Dollar-Scheck bei der IOC-Rechtskommission.
21. September: Zwei Dopingfälle werden bekannt. Bei Olympiasiegerin Dragnewa und bei dem Drittplazierten Minchew (beide Bulgarien) wurde ebenfalls Diuretica gefunden. Erste weibliche Olympiasiegerin im Gewichtheben ist nunmehr Tara Nott (USA).
22. September: Der Internationale Verband schließt die komplette bulgarische Mannschaft aus und sperrt sie für ein Jahr für alle internationalen Wettkämpfe. »Wenn das so weitergeht, können wir uns alle aufhängen«, sagt der IWF-Dopingkontrolleur Wolfgang Peter. »Freikaufen« können sich die Bulgaren nicht, weil sie wegen zahlreicher Vor-Vergehen, erstmals 1976 in Montreal, bereits unter der Kontrolle des IOC stehen.
Trainer aller Dopingsünder ist der angeblich beste Coach der Welt, Iwan Abadschiew (68), nach Seoul bereits lebenslänglich gesperrt, aber 1998 von seinem Sportministerium begnadigt. Bundestrainer Frank Mantek: »Der betrügt seit Jahren die ganze Welt. Er fügt dem Gewichtheben Schaden zu, ruiniert alle und alles. Ich hoffe, daß das endlich begriffen wird.« Wettkämpfe werden zur Nebensache.
23. September: Der gebürtige Lausitzer Marc Huster belegt im 85-kg-Limit wie 1996 in Atlanta hinter seinem Freund Pyrros Dimas (Griechenland) den zweiten Platz. Bei gleicher Zweikampfleistung von 390 kg entschieden 160 Gramm mehr Körpergewicht zu Ungunsten von Huster. Nachdem er im dritten Versuch 212,5 kg gestoßen hatte, durfte sich Huster zehn Minuten als Olympiasieger fühlen, bevor Dimas mit 215 kg den Traum zerstörte. Frank Mantek: »Hustel vollbrachte Utopisches.«
24. September: Abadschiew hat für alle Dopingfälle die Verantwortung übernommen. »Es tut mir sehr leid um die Sportler und die enorme Arbeit, die sie geleistet haben«, erklärte er im nationalen Fernsehen.
Der für Griechenland startende Georgier Akokis Kakiaswilis gewinnt im 94-kg-Limit. Er ist nach Suleymanoglu und Dimas der dritte Heber, der drei Goldmedaillen gewonnen hat.
25. September. Das Chaos ist perfekt. Der Internationale Sportgerichtshof (CAS) macht den Ausschluß der Bulgaren rückgängig und läßt Alan Zagajew im Limit bis 105 kg starten, weil die Entscheidung nicht auf legaler Basis erfolgt sei, wie es in der Urteilsbegründung heißt. Zagajew wird hinter dem Iraner Hossein Tavakoli Zweiter.
26. September: Dem »stärksten Mann Deutschlands« Ronny Weller bleibt nach einem riesigen Heberspektakel schließlich »nur« die Silbermedaille. In einem weltrekordreichen Wettkampf unterliegt er dem Iraner Hossein Rezazadeh. »Das war Gewichtheben von einem anderen Planeten. Ich war voll am Limit. Mehr ging nicht«, sagt Weller danach.

Die Dopingfälle im olympischen Gewichtheben

1972 in München	
Walter Legel (AUT)	*Ephedrin*
Mohamad Nasehi Ar Jomand (IRI)	*Ephedrin*
1976 in Montreal	
Blagoi Blagojew (BUL)	*Anabolika*
Mark Cameron (USA)	*Anabolika*
Walentin Christow (BUL)	*Anabolika*
Dragomir Chiroslan (RUM)	*Fencanfamin*
Phillip Grippaldi (USA)	*Anabolika*
Zbigniew Kaczmarek (POL)	*Anabolika*
Arne Norback (SWE)	*Anabolika*
Petr Pavlasek (CSSR)	*Anabolika*
1984 in Los Angeles	
Serafin Grammatikopoulus (GRE)	*Nandrolon*
Stefan Laggner (AUT)	*Nandrolon*
Goran Pefferson (SWE)	*Nandrolon*
Ahmed Tarbi (ALG)	*Nandrolon*
Mahmoud Tarha (LIB)	*Nandrolon*
1988 in Seoul	
Mitko Grablew (BUL)	*Furosemid*
Angel Genchew (BUL)	*Furosemid*
Fernando Mariaca (ESP)	*Pemolin*
Kalman Scengeri (HUN)	*Stanozol*
Andor Szanyi (HUN)	*Stanozol*
2000 in Sydney	
Iwan Iwanow (BUL)	*Diuretica*
Isabela Dragnewa (BUL)	*Diuretica*
Sewdalin Minchew (BUL)	*Diuretica*

Oskar Beck

Gut gesäbelt

Rußlands Degenfechter feiern ihren Olympiasieger Pawel Kolobow.

Am Ende ist Matthias Behr, der Teamchef der deutschen Fechter, zu dem Ergebnis gekommen, daß er sich nicht die Kugel geben muß. »Wir können mehr als zufrieden sein«, sagte er, »wir haben unser Soll erfüllt.«
Nun ist bekanntlich alles im Leben relativ, und angesichts der Tatsache, daß die Deutschen aus Atlanta 1996 nur eine einzige Bronzemedaille heimgebracht hatten, konnte in Sydney im Grunde nicht viel schief gehen. Machen wir es kurz: Das Abschneiden in Australien war eine gute und eine schlechte Nachricht zugleich. Die gute: zweimal Silber, dreimal Bronze. Die schlechte: null Gold.
Das ist in den ruhmreichen Hochzeiten der deutschen Paradedisziplin Fechten schon einmal besser gelaufen, doch die sind vorbei. Rita König, das Florettmädchen aus Tauberbischofsheim, das in Sydney mit Silber und Bronze zur Besten wurde, hat es einfach erklärt: »Es ist schwerer geworden, zu siegen.«
Nicht, weil die Deutschen schwächer geworden sind. Vielmehr hat sich die Konkurrenz verbessert – schon deshalb, weil anstelle des einen starken Teams aus der früheren Sowjetunion inzwischen

Oskar Beck
Jahrgang 1949, seit 1976 sportjournalistisch tätig, auch Ressortleiter der »Stuttgarter Nachrichten«. Seit 1981 freier Autor, u. a. für »Welt am Sonntag«, »Berliner Zeitung«, Bücher. Vier Olympische Spiele.

Der Koreaner Kim Young Ho setzt im Florett-Finale gegen den Deutschen Ralf Bissdorf den entscheidenden Treffer zum 15:14-Sieg.
Eine Fotostudie vom Säbel-Duell um Platz drei zwischen Domonkos Ferjancik und Wiradech Kothny (rechts), das der Deutsche gewinnt

mehrere starke Mannschaften aus den Ex-Sowjetrepubliken aufkreuzen. Und außerdem gibt es Nationen, die dazugelernt haben. Zum Beispiel Korea.
Man muß nur Ralf Bissdorf fragen. Der Heidenheimer Student ist im Exhibition Centre von Darling Harbour dem Gold von allen Deutschen am nächsten gekommen. Ganz nah sogar – er besiegte den Franzosen Jean-Noel Ferrari, stand im Finale des Florett-Einzels, und im Grunde war der Fall besprochen. Doch dieser Koreaner namens Young-Ho Kim, den keiner auf der Rechnung hatte, kombinierte in der Minute der Wahrheit sein Talent mit den guten Nerven und dem nötigen Glück. 14:14 stand es, der letzte Treffer mußte es also bringen. Der 29-jährige Deutsche ist zwar ein Routinier, doch der Fechtgott war an dem Abend Koreaner.
»Vielleicht«, sagte der Sieger, »wird mein Sport in meinem Land jetzt populärer.«
Es war die erste Fechtmedaille in der Geschichte Koreas, und es war die erste Fechtmedaille der Deutschen in Sydney. Denn zum Auftakt war Arnd Schmitt, der 35-jährige Olympiasieger von Seoul 1988, als amtierender Degen-Weltmeister jäh gescheitert, womit er den Weg zum Gold für Pawel Kolobkow frei machte. Der Russe setzte sich im Finale gegen Hugues Obry aus Frankreich mit 15:13 durch.
Und weil ein Pech selten allein kommt, verlor dieser auch, noch knapper (38:39), mit seiner Mannschaft das Finale gegen Italien. Daß Kuba Bronze gegen Korea gewann, sprach im übrigen nicht für die vorzeitig ausgeschiedenen Deutschen.
Noch bescheidener sah das als Mitfavorit gestartete deutsche Florett-Männerteam aus. Das 37:45 gegen Polen in Runde 1 war ernüchternd. Statt der deutschen Hochkaräter zogen am Ende drei vermeintliche chinesische Niemande ins Finale ein, die im Einzel nur die Plätze 15, 19 und 30 belegt hatten. Dann erst unterlagen sie den Franzosen. Darüber schien sich den DFB-Teamchef Behr einigermaßen zu ärgern – er schimpfte, wobei er wohl auch nochmals das Degenteam meinte und den Eigensinn einzelner Fechter, »sich nur auf ihre Einzelauftritte zu konzentrieren.«
Doch damit hatten die Deutschen mit der Waffe nun lange genug im olympischen Nebel von Sydney gestochert, ab sofort wurde das Leben erträglicher. Dank eines Mädchens aus Siebenbürgen und eines Jungen vom River Kwai, wobei ihr erster guter Abend ein gemeinsamer war.
Rita König, 23, hat nach ihrer überraschenden Silbermedaille mit dem Florett gleich zu Hause angerufen, und wenn wir sie richtig verstanden haben, hat als erster entweder ihr Freund den Hörer abgenommen oder ihr Hund. Sally heißt er (der Hund), und muß gebellt haben vor Aufregung. »Es ist wie im Traum«, sagte Rita.
Wiradech Kothny, 21, war nicht minder baff. Bronze mit dem Säbel – die ganze deutsche Truppe ist nach seinem letzten Treffer gegen den Ungarn Domonkos Ferjancsik auf die Planche gestürmt und hat ihn meterhoch in die Luft geworfen, und Wiradech war selbst von den Socken: »Total geil ist das!«, hat er gerufen – dieser Junge aus Koblenz, der auf den ersten Blick so gar nicht ausschaut wie ein waschechter Teutone vom Rhein.
»Mungo« rufen ihn alle. Weil er die Gegner manchmal anspringt wie eine Wildkatze. Er schnellt durch die Luft und schlägt zu – und jeder versteht, warum Vater Kothny in der hauseigenen Homepage im Internet den Mungo so beschrieben hat: »Schleichkatzenart. Färbung überwiegend bräunlich. Flinker Räuber, tötet auch Giftschlangen.«

Zwei Florett-Damen vor ihrem entscheidenden Gefecht: Valentina Vezzali (Italien) und die Deutsche Rita König (links), die entscheidenden Anteil an Team-Bronze hatte.

»Mein Raubtier«, lacht Heimtrainer Eberhard Mehl. Im Keller des Max-von-Laue-Gymnasiums in Koblenz hat der Diplomsportlehrer Mehl seinem Naturburschen den letzten Schliff für Sydney verpaßt, und der Europameister Kothny hat der ganzen Welt gezeigt, wie gut er den Säbel schwingen kann – nur der Rumäne Covaliu, der spätere Olympiasieger, hatte einen zu guten Tag erwischt.
Kothny auf dem Höhepunkt seines Glücks: »Ich bin von Kopf bis Fuß jetzt noch total elektrisiert.«
Um seine Reflexe zu begreifen, die sein Trainer »unheimlich« nennt, muß man Kothnys ungewöhnliche Geschichte kennen. Sie beginnt in Kanchanaburi, am River Kwai. In Thailand hat er gelebt, bis er drei Jahre war und seine Mutter La-lad dem auf der Durchreise befindlichen Bundeswehrmajor Erik Kothny über den Weg lief, was in der Heirat gipfelte. Kothny sen. ist inzwischen TV-Journalist beim Südwestrundfunk und Chef des Koblenzer Fechtvereins CTG Königsbacher.
In Sydney sprang er nach dem letzten Treffer auf die Bühne und tanzte mit seinem Sohn fast Ringelreihen. Die deutschen Fans, des River-Kwai-Marsches noch nicht mächtig, skandierten ersatzhalber: »Willi! Willi!« »Wiradech war meiner deutschen Oma zu kompliziert«, sagte Kothny, »seither bin ich Willi.«
Halb Mungo, halb Willi – da verbinden sich sogenannte deutsche Tugenden perfekt mit dem angeborenen thailändischen Talent der Beweglichkeit.
Allerdings haben es auch die rumänischen Wurzeln in sich. Rita König stammt nämlich, wie Rita Funkenhauser, die Fechtkönigin von einst, aus Sathmar in Siebenbürgen, und nun stand sie erstmals auch auf dem Treppchen, wie früher Zita. Beim 5:15 im Finale gegen Italiens Welt- und Europameisterin Valentina Vezzali war sie zwar müde – aber sie hatte ihr Soll erfüllt. Wobei ihr schönster Sieg der gegen Sabine Bau war, die 31-jährige Ärztin und Altmeisterin. Rita König hat es deutlich gesagt: Dieses deutsch-deutsche 15:11 hat ihr gut getan – lange, sagte sie, seien die Jungen im Team nämlich »nicht für voll genommen und auf die Seite gedrängt worden«. Im übrigen bedankte sie sich bei Matthias Behr. »Mädchen«, hatte der deutsche Fechtchef morgens gesagt, »was du heute kannst besorgen, verschiebe nicht um vier Jahre.« Man ist für eine Medaille niemals zu jung.
Oder für zwei. Das ist das, was sich auch Wiradech Kothny gesagt hat – und deshalb gewann er auch mit dem Säbelteam noch Bronze. An der Seite von Alexander Weber und Dennis Bauer, seinem Koblenzer Kumpel, unterlag er zwar den Franzosen, die dann im Goldkampf gegen die Russen nichts zu melden hatten. Um so überzeugender ist dann das 45:27 im Gefecht um Platz drei gegen Rumänien ausgefallen.
Zweimal Bronze für »Willi« Kothny – königlicher stand am Ende nur Rita König da. »Zwei Medaillen«, schüttelte die BWL-Studentin den Kopf und glaubte es kaum. Flankiert von Sabine Bau und der Bonnerin Monika Weber wurde sie Dritte mit dem Florett-Team – wobei sie das 45:42 gegen die USA nervenstark sicherte und das von einem »unerklärlichen Fehlstart« (Fechtpräsidentin Erika Dienstl) ausgelöste 34:45 gegen Polen halbwegs vergessen ließ. Jener Halbfinal-Alptraum hatte das geplante Schlußduell gegen die Italienerinnen um Valentina Vezzali verhindert, die sich in Abwesenheit der Deutschen ihr zweites Sydney-Gold abholte. Rita König war aber auch mit Bronze glücklich, und spätestens nach diesem Doppelerfolg war nicht mehr nur ihr Hund außer sich – »meine Oma in Sathmar«, ahnt sie, »wird vor Freude im Dreieck springen«.
Zwar nicht ganz so ekstatisch, aber doch immerhin mit der Schulnote zwei minus fiel das Gesamtfazit der deutschen Fechter aus: Ende gut, fast alles gut.

Marco Käber

Prima Premiere

Lampenfieber war schon dabei, als am 27. September um 9.00 Uhr nach Sydney-Zeit zum allerersten Mal in der olympischen Geschichte zwei Taekwondo-Kämpferinnen auf die blaue Matte mit dem signalroten Rand traten. Den Auftaktkampf gewann die 22-jährige Türkin Dondo Guvenc. Auch wenn die kleine Kämpferin später ausschied, ihr bleibt die historische Ehre, eine Vorreiterrolle übernommen zu haben. Die Premierensiegerin in dieser eleganten Kampfsportart kam übrigens nicht etwa aus Korea, dem Mutterland, sondern aus Australien.

IOC-Präsident Juan Antonio Samaranch ließ es sich zur Freude der Zuschauer nicht nehmen, Lauren Burns, den ersten weiblichen Taekwondo-Champion, höchstpersönlich mit der Goldmedaille auszuzeichnen. Die junge Frau aus Melbourne hatte ihrer kubanischen Finalpartnerin Urbia Melendes Rodriguez bei ihrem 4:2-Punktsieg keine Chance gelassen und besserte damit die Medaillenbilanz der Gastgeber weiter auf. Die Behauptung, Taekwondo bei Olympia sei im Grunde nichts anderes als ein Medaillen-Beschaffungsprogramm für die Sportarterfinder, die Koreaner, erwies sich als haltlos. Gut, bei den Frauen griff Südkorea gleich

zweimal zu, aber es siegten auch Kämpferinnen aus China und Australien. Bei den Männern verteilte sich das Gold auf Südkorea, die USA, Kuba und Griechenland. Noch 1988 in Seoul bei der olympischen Demonstration hatten die damaligen Gastgeber im Changchun-Gymnasium sieben von acht Siegen erkämpft. Auch dies ist ein Beweis dafür, daß sich das internationale Fundament von Taekwondo, sicher auch wegen der lockenden Olympiachance, erheblich verbreitert hat. Auch wenn sich europäische Beobachter durch die schrillen Schreie der Kämpfer manchmal an die Kung-Fu-Filme aus den 70er Jahren erinnert fühlen - Taekwondo hat eine besondere Faszination. Wie die Akteure sich auf der Matte belauern, wie sie leichtfüßig und hellwach auf den Zehenspitzen tänzeln, abwarten, und dann blitzschnell zuschlagen, das ist schon sehenswert. Kein Wunder,

Wer am besten mit den Füßen tritt und mit den Händen schlägt, gewinnt. Bei den Frauen war das in der Kategorie bis 49 kg Lauren Burns (rot).
Bis ins Finale kam der Deutsche Faissal Ebnoutalib, der im Kubaner Angel Matos Fuentes seinen Meister fand (gegenüberliegende Seite).

daß das »State-Sport-Center« mit seinen 5000 Plätzen täglich ausverkauft war.
Die Deutschen hatten eine kleine und, im wahrsten Sinne des Wortes, schlagkräftige Sportlergruppe nach Sydney geschickt. Zwei Männer und eine Frau, ein im besten Sinne des Wortes multikulturelles Trio machte sich auf die lange Reise nach Australien. Die erst 21-jährige Fadime Helvacioglu, eine gebürtige Bielefelderin, die vor vier Jahren bereits Europameisterin war, schied im Fliegengewicht allerdings gegen die Taiwanesin Chi Shu Ju, die spätere Dritte, vorzeitig aus. Auch der zweifache Europameister Aziz Acharki, der vor 28 Jahren in Nadur (Marokko) geboren wurde, schaffte im Federgewicht nach einer Niederlage gegen den späteren Olympiasieger Steven Lopez (USA) den erhofften Sprung auf´s Treppchen nicht. Ein 0:2 nach Punkten bedeutete das Aus für den wuchtigen 68-Kilo-Mann aus Bonn.
Dafür sprang unser dritter Starter in die Bresche: Faissal Ebnoutalib, der ebenfalls aus Marokko stammt, reiste als frischgebackener Europameister nach Sydney. In seiner Gewichtsklasse, dem Weltergewicht bis 80 kg, schockte er die Konkurrenz und trumpfte unbekümmert auf. In der Vorrunde schaltete der Offenbacher den Australier Warren Hansen mit 2:1 Punkten und den Jordanier Mohd Alfarjeh sogar mit dem Kanter-Ergebnis von 8:2 aus. Zum endgültigen Aufstieg in den Medaillenbereich wurde der Halbfinalkampf gegen den bärenstarken Sebastien Konan von der Elfenbeinküste. Der Deutsche lag in der letzten Runde noch zurück und entschied den Schlagabtausch erst kurz vor Schluß mit einem spektakulären Fußtreffer.
Im Finale wartete mit dem selbstbewußten Kubaner Angel Matos Fuentes aber ein noch stärkeres Kaliber. Nach vorsichtigem Beginn setzte der Weltmeister von der Karibikinsel zwei gezielte Treffer, die den Finalkampf entschieden. Die Besucher im State-Sport-Center feierten den Kubaner wie einen Box-Champion.
Faissal Ebnoutalib aber eroberte mit Silber die erste Olympiamedaille in dieser Sportart für Deutschland.

Kwon ist die Faust

Neben dem Judo, das 1964 in Tokio sein Olympiadebüt feierte, gehört seit Sydney nun auch eine zweite asiatische Kampfsportart fest zum Programm der Spiele: Taekwondo.
Dieser Sport kann eine über 2000 Jahre alte Geschichte aufweisen und hat seine Wurzeln in Korea. Ursprünglich war der Kampf mit Händen und Füßen eine Art Kunstdarbietung mit reinem Unterhaltungscharakter. Nach dem 2. Weltkrieg, als Korea seine kulturellen Wurzeln wiederbelebte, wurden auch die alten Kampftechniken neu entdeckt. Experten faßten die verschiedenen Stilelemente zu einem einheitlichen koreanischen Kampfstil zusammen und gaben dem Sport den Namen »Taekwondo«. »Tae« steht dabei für springen, stoßen und schlagen, »Kwon« für die Faust, und »Do« heißt soviel wie Weg. Der Weg bis zur olympischen Premiere war aber noch weit.
Erst 1988 in Seoul wurde die Sportart als Geste an die südkoreanischen Olympiagastgeber zur Demonstration zugelassen. In Sydney ging es endlich in jeweils vier Gewichtsklassen bei Männern und Frauen um Gold, Silber und Bronze. Gekämpft wird mit speziellem Körper- und Kopfschutz und ohne Handschuhe. Ein Kampf dauert drei mal drei Minuten, oder er endet vorzeitig durch k. o..
Erlaubt sind Fuß- und Fausttechniken auf markierte Teile des Oberkörpers oder Fußtechniken, meist in Form einer Drehung ausgeführt, zum Kopf des Kampfpartners. Der Angegriffene kann die Attacke abblocken oder sich durch einen Sprung in Sicherheit bringen. Ein Treffer wird als Punkt gewertet, wenn mindestens zwei der drei Kampfrichter ihn registriert haben. Für Regelverstöße wie Festhalten oder Wegdrehen gibt es Verwarnungen oder Punktabzug. Die Kampfrichtersprache im Taekwondo ist übrigens immer noch koreanisch.

Hagen Boßdorf

Per Troika auf's Podest

Der Medienmogul Rupert Murdoch scheint kein Freund des Radsports zu sein. Der Besitzer der berühmten Fox-Filmstudios von Sydney verlangte die Verlegung des Start- und Zielbereichs des Straßenrennens. Der mächtige Mann sah das pünktliche Erscheinen seiner vielen Mitarbeiter gefährdet, wenn die Strecke direkt an den Studios vorbeiführt. So wurde das Ziel in den Moore-Park verlegt, ans Ende einer 17,1 km langen Runde durch den Osten Sydneys bis an den Bronte Beach am Pazifik.

*

Zum fünften Mal gibt es ein olympisches Radrennen für Frauen. Es ist das schwerste, denn nach der Hälfte der 120 km beginnt es zu regnen, immer stärker, ohne Pause. Die Straße wird rutschig, viele Stürze sind die Folge. Von drei Italienerinnen erreicht nur eine das Ziel, die beste US-Amerikanerin hat 21 Minuten Rückstand. Auch das deutsche Trio bekommt Probleme. Vier Runden vor Schluß fällt Ina-Yoko Teutenberg zurück, die sich gute Chancen im Spurt ausgerechnet hatte. In der letzten Runde kann auch Petra Roßner nicht mehr folgen, die vor acht Jahren schon Olympiasiegerin auf der Bahn war. Bleibt Hanka Kupfernagel übrig, die im Februar schon Weltmeisterin im Radcross wurde.

Die letzte Runde. Zuerst greift Joane Sommarriba an. Die Spanierin gewann in diesem Jahr Giro d'Italia und Tour de France wie Pantani zuletzt 1998 bei den Männern. Bald wird sie eingeholt. Es folgt die Attacke von Hanka Kupfernagel, auch erfolglos. Nach mehr als drei Stunden beginnen 24 Fahrerinnen verdreckt und durchnäßt den Zielspurt. Die Deutsche sprintet geschickt am Hinterrad der Favoritin Leontien Zijlaard van Moorsel aus den Niederlanden. Sie ist schneller als Diana Ziliute, die Weltmeisterin von 1998 aus Litauen, und auch als Anna Wilson, die Weltcup-Siegerin aus Australien. Hanka Kupfernagel gewinnt die Silbermedaille. Trotz mehr als 100 Siegen ist dies der größte Erfolg ihrer Karriere.

*

Ein Olympiasieg im Radsport - nie war er so wertvoll wie in Sydney. Sie waren alle da, die Tour de France-Sieger Armstrong, Pantani und Ullrich, die Weltmeister Brochard, Camenzind und Freire, die Weltcup-Sieger Bartoli und Zabel. Das Straßenrennen ist zu einem olympischen Highlight geworden, 239 km lang, über 14 Runden. Die ersten 10 km kann man eigentlich vergessen. Es passiert nichts wesentliches. Alle Favoriten belauern sich nervös, Außenseiter können dem Feld nicht

Hagen Boßdorf
Nach Journalistik- und Sportstudium seit 1989 Reporter bei Radio DDR und DT 64, Redakteur bei der „taz", seit 1992 Sportchef beim ORB, demnächst dort Chefredakteur. Für die ARD in Atlanta und Sydney.

Momente des Glücks für Jan Ullrich bei der Siegerehrung nach dem Straßenrennen.

Stationen

Februar 2000, Kapstadt. Im sonnigen Südafrika sitzt der Radprofi Jan Ullrich mit seinem Sportlichen Leiter auf einer Terrasse am Meer, um die neue Saison zu planen. Für Rudy Pevenage ist klar, welche die wirklich wichtigen Rennen sind: ein Frühjahrsklassiker im April, die Deutschland-Rundfahrt im Mai und vor allem natürlich die Tour de France im Juli. Das sollte wohl reichen. Jan Ullrich aber will mehr, nämlich einen Start bei den Olympischen Spielen in Sydney. Es wäre sein erster, nachdem er 1996 von den deutschen Sport-Funktionären wegen unerfüllter Nominierungskriterien ausgebremst wurde. Obwohl der Jungprofi gerade Zweiter der Tour de France geworden war und im Zeitfahren den späteren Olympiasieger Miguel Indurain besiegte, mußte er zu Hause bleiben. Deshalb überzeugt er vier Jahre später die Leiter des Teams Telekom von der Wichtigkeit eines Olympiastarts.

Juli 2000, Paris. Auf den Champs Elysees geht die Tour de France zu Ende. Der US-Amerikaner Lance Armstrong gewinnt zum zweiten Mal, Jan Ullrich hat keine Chance gegen ihn. Er wird Zweiter wie 1996 hinter Bjarne Riis und 1998 hinter Marco Pantani. Dazwischen gelang ihm der einzige Toursieg eines deutschen Radprofis. 1997 eroberte er auf der Königsetappe nach Andorra-Arcalis das Gelbe Trikot und siegte beim Zeitfahren in St. Etienne mit dem größten Vorsprung aller Zeiten. Viele schmückten sich danach mit ihm: Rostock, weil er dort zur Welt kam, Berlin, weil er hier die Sportschule besuchte, Hamburg, weil er da Profi wurde und Merdingen, weil er dort lebt.

September 2000, Saragossa. Jan Ullrich gibt bei der Spanien-Rundfahrt auf. Ein Jahr zuvor hatte er die Vuelta noch gewonnen, wurde anschließend Weltmeister im Zeitfahren. Diesmal ging die gute Form verloren, von Tag zu Tag mehr. Er trifft im Schwarzwald seinen Trainer Peter Becker, der seine Olympia-Form retten soll. Ullrich muß kräftiger und schwerer werden. Das klingt kurios nach den fetten Schlagzeilen über Gewichtsprobleme in jedem Frühjahr.

September 2000, Surfers Paradise. Der letzte Trainingstag mit den fünf Fahrern vom deutschen Nationalteam vor dem Umzug nach Sydney. Die erste Runde fahren alle gemeinsam, 140 km lang. Danach bekommen Erik Zabel und Jan Ullrich eine Extra-Stunde hinter dem Auto von Mario Kummer, der 1988 selbst Olympiasieger mit dem Vierer war. Doch nach dem Mittagessen trainiert nur einer weiter. Jan Ullrich will nichts versäumt haben auf dem Weg zu einem möglichen Olympiasieg. *Hagen Boßdorf*

Leontien Zijlaard van Moorsel, die in Sydney drei Goldmedaillen gewann. Dahinter Hanka Kupfernagel beim Zielsprint des Straßenrennens.

entwischen; Rolf Aldag und Jens Voigt werden vom deutschen Team immer wieder als Aufpasser mitgeschickt. Die Trümpfe Erik Zabel und Jan Ullrich bleiben noch versteckt. Erst vier Runden vor Schluß bildet sich eine Spitzengruppe mit 19 Fahrern, darunter Jan Ullrich und Andreas Klöden, aber auch Armstrong und Hincapie (USA), Jalabert (Frankreich), Konyshew (Rußland) sowie Bartoli und Bettini (Italien). Jetzt hat das Rennen so richtig begonnen. In der 11.Runde greift Jan Ullrich an, genau an der steilsten Stelle des Anstiegs vom Bronte Beach hinauf zum Centennial Park. Er sieht so locker und kraftvoll aus wie in seinen besten Tagen. Es passiert Denkwürdiges: Ihm kann nur der Kasache Alexander Winokurow folgen, der im Team Telekom sein Geld verdient. Von dort kennt er auch Andreas Klöden aus Cottbus, der das Trio an der Spitze komplett macht. Die drei sind sich einig, es beginnt ein Mannschaftszeitfahren gegen den Rest der Welt. Dahinter die verzweifelte Verfolgung der beiden Italiener und des Belgiers Axel Merckx. Der Vorsprung wächst auf 30 s. Lance Armstrong erkennt die Gefahr zu spät und organisiert jetzt selbst die Arbeit der Verfolgergruppe. Der Vorsprung wächst auf 1:20 min.
3000 m vor dem Ziel verabschiedet sich Jan Ullrich von seinen Begleitern und fährt allein dem Ziel entgegen. Dort stehen sie und haben Tränen in den Augen: seine Freundin Gaby, sein Pfleger "Eule", seine Sportlichen Leiter Godefroot und Pevenage und Olaf Ludwig, der 1988 der bisher einzige deutsche Olympiasieger auf der Straße war. Die letzten Meter fährt Jan Ullrich aufrecht, die Arme in die Höhe gestreckt, das ganze Gesicht lacht. Wieder hat er alles richtig gemacht! Seine Teamkollegen folgen Sekunden später, als Zweiter "Wino", als Dritter Klöden. Ein Coup, der einmalig ist im modernen Radsport.

*

Hanka Kupfernagel ist optimistisch vor dem Kampf gegen die Uhr. Auf diese Disziplin hat sie sich besonders vorbereitet. Zwei Wochen zuvor siegte sie noch beim Grand Prix des Nations in Frankreich, dem schwersten Zeitfahren, das es gibt. Aber schon früh hat sie Rückstand. Nach der ersten der beiden 15,6 km langen Runden verlassen sie die Kräfte. Sie fällt weiter zurück und wird am Ende Achte, noch hinter Judith Arndt aus Frankfurt (Oder). Einen Anfängerfehler gibt sie später zu: Sie hätte sich nicht richtig warm gefahren und deshalb von Anfang an Probleme gehabt.
Die scheint es für Leontien Zijlaard van Moorsel nicht mehr zu geben. Nach Gold und Silber auf der Bahn und dem Sieg im Straßenrennen ist sie wieder die Beste. Eine unglaubliche Bilanz. Vor vier Jahren fehlte die Niederländerin noch bei den Spielen in Atlanta. Sie litt an Magersucht und wog nur 46 kg. Zijlaard beendete ihre Karriere, bekam die Eßsucht und nahm 40 kg zu. Vor zwei Jahren startete sie ihr beeindruckendes Comeback, das mit drei Olympiasiegen in Sydney vorläufig gekrönt wurde.

*

Weil dieses Zeitfahren auf einem Rundkurs ausgetragen wird und die Organisatoren nicht den Überblick verlieren wollten, werden die 38 Fahrer in drei Gruppen ins Rennen geschickt. Der Russe Wjatscheslaw Jekimow startet in der zweiten, das könnte sein Glück gewesen sein. Da ist es noch windstill, ganz anders als anderthalb Stunden später bei den Favoriten. Jekimow, der 1988 Olympiasieger mit dem Bahnvierer der UdSSR war und inzwischen für das US Postal-Team von Lance Armstrong fährt, brauchte für die 46,8 km genau 57:40 min.
Die früheren Weltmeister im Zeitfahren Chris Boardman (1995), Laurent Jalabert (1997) und Abraham Olano (1998) können diese Bestmarke nicht unterbieten. Auch Andreas Klöden nicht, der am Ende des längsten Zeitfahrens seines Lebens einen guten 12. Platz belegt. Deshalb hängt alles ab vom großen Duell zwischen Lance Armstrong und Jan Ullrich, der eine Revanche will für seine Niederlage beim Tour-Zeitfahren.
Am Ende der ersten Runde liegt Ullrich drei Sekunden hinter Jekimow und zwei hinter Armstrong. Den hat er nach der zweiten Runde überholt, behält aber sechs Sekunden Rückstand auf Jekimow. Die letzte Zwischenzeit wird 8,1 km vor dem Ziel genommen: Jan Ullrich führt zum ersten Mal - mit winzigen fünf Sekunden. Er wird es nicht erfahren. Die Kommunikation zwischen ihm und seinen Helfern funktioniert nicht, der kleine »Mann im Ohr« bleibt stumm, die Zurufe vom Straßenrand versteht er nicht. Ausgerechnet jetzt. Am Ende fehlen Jan Ullrich acht Sekunden zu seinem zweiten Olympiasieg.

Traumfahrt eines Quartetts

Helmut Wengel

Jens Lehmann kniete auf der Bahn, und während ihm die Tränen übers Gesicht rannen, küßte er die staubigen Holzlatten im Velodrome Dunc Gray.
Da weinten sogar die Australier mit. Vielleicht auch aus Dankbarkeit. Der unverwüstliche Lehmann, den sein zweites Olympiagold nach 1992 zu einem Kniefall vor dem Publikum rührte, und seine Kollegen Robert Bartko, Guido Fulst und Daniel Becke hatten soeben die Olympiabahn in Backstown mit einem Jahrtausend-Rekord geweiht.
Zum ersten Mal in der Geschichte des Radsports waren vier Rennfahrer über 4000 Meter unter der Vierminuten-Grenze geblieben. 3:59,710 Minuten - Ende einer Traumreise im Viervierteltakt, Ende des Goldtraums der Ukrainer, die im Halbfinale den Weltrekord in der Mannschaftsverfolgung auf 4:00,830 gedrückt hatten. Zum Schluß hätten die Deutschen sogar ausrollen können - Fedenko, Symonenko, Matwejew und Chernjawsky waren fast eingeholt. Doch der 22-jährige Erfurter Becke witterte die Schallmauer und führte den blauweißen Expreß in einem Eineinhalb-Runden-Spurt zur Fabelzeit.
Die Dominanz der deutschen Verfolger zählte zu den herausragenden Ereignissen auf dem 250-Meter-Oval im Süden Sydneys. Im Einzelfinale hatten der 24-jährige Berliner Bartko und der 32-jährige Leipziger Lehmann die Weltmeisterschaftsrevanche von Berlin ausgetragen, die der Jüngere mit seinem ersten Olympia-Gold gekrönt und der Ältere mit seinem zweiten Silber nach Barcelona gefeiert hatten. Wie ihre Viererkollegen widmeten die Schützlinge von Bernd Dittert ihre Erfolge dem im Frühjahr 1999 tödlich verunglückten Bundestrainer Robert Lange, der sie im Vorjahr zur Weltmeisterschaft geführt hatte.
Den Ruhm des Doppelsiegers dieser Spiele mußte sich Bartko indessen mit den Besten der Sprintermacht Frankreich teilen. Felicia Balanger, die muskelbepackte Sportlehrerin aus La Roche sur Yon, beherrschte beide Sprintkonkurrenzen fast nach Belieben. Allein auf der 500-Meter-Distanz des Zeitfahrens fuhr die 30-Jährige nach 34,140 Sekunden gegenüber der zweitplazierten Australierin Michelle Ferris einen Vorsprung von 0,55 Sekunden heraus. Von ihrer Siegerzeit trennten Ulrike Weichelt Welten, die 23 jährige Erfurterin, die neben den athletischen Erstplazierten wie eine Gerte wirkte, wurde in 35,315 s respektable Sechste.
In den Sprintduellen war die antrittsschnelle Französin nicht ein einziges Mal zu bezwingen, auch im Finale hatte die Russin Oksana Gritschina keine Chance. Für Kathrin Freitag aus Frankfurt/Oder, die im Zeitfahren Siebente geworden war, reichte es nur zum neunten Rang. Auch Florian Rosseau hörte auf dem Siegerpodest im Dunc Gray-Velodrome zwei Mal, mit Tränen in den Augen, die Marseillaise erklingen. Der 26-jährige Schützling von Frankreichs Sprinterlegende Daniel Morelon, der in Atlanta Olympiasieger im 1000-Meter-Zeitfahren war, gewann das spektakuläre Keirin-Finale vor dem Australier Gary Neiwand und dem Berliner Jens Fiedler und holte sich mit seinen Weltmeisterkollegen Laurent Gane und Arnaud Tournant im Olympischen Sprint sein drittes Gold.
Vom dritten Gold hatte auch Jens Fiedler geträumt. Der 30-jährige Chemnitzer, der schon die Sprintfinals in Barcelona und Atlanta gewonnen hatte, scheiterte aber im Halbfinale an einem entfesselten Marty Nothstein. Vier Jahre habe ich auf diesen Tag gewartet, erklärte der 28-jährige US-Amerikaner nach seinen beiden Siegen über den Deutschen, der sein Heil jeweils in der Flucht nach vorn gesucht hatte. Nothsteins gelun-

Florian Rosseaut (Frankreich) gewinnt das Keirin-Rennen, Jens Fiedler (gelber Helm) bleibt auf dem dritten Platz.

Helmut Wengel
Jahrgang 1938. Tätig als langjähriger Ressortleiter Sport bei der Tageszeitung „Thüringer Allgemeine", vorher „Das Volk", die in Erfurt erscheint. Seit 1980 Berichterstattung von acht Olympischen Spielen.

Der goldene Vierer unterwegs zum Weltrekord.

Robert Bartko zu Fuß nach seinem Einzelsieg im 4000-m-Verfolgungsfahren.

gene Revanche für die Finalniederlage von Atlanta führte ihn in Sydney zum Gold – im Finale war auch ein Florian Rosseau dem gewaltigen Antritt des Texaners nicht gewachsen.

Für Fiedler aber ging die Welt nicht unter: Dann gewinne ich eben in Athen. Das will aber auch Jan van Eijden, und der ist sechs Jahre jünger. Der Dudenhofener überraschte bei seiner olympischen Premiere als Vierter im Keirin-Rennen und Fünfter im Sprint selbst Bundestrainer Detlef Uibel.

Für eine positive Überraschung im deutschen Bahnteam, das mit insgesamt sechs Medaillen (2/2/2) Rang zwei hinter Frankreich (4/2/0) belegte, sorgte Stefan Nimke. Der 25-jährige Sportsoldat vom PSV Schwerin holte sich 0,88 Sekunden hinter dem Briten Jason Queally (1:01,609) Silber im 1000-Meter-Zeitfahren. Zwei gestandene Radamazonen drückten den Ausdauerkonkurrenzen der Frauen ihren Stempel auf. Leontine Zijlard, 1990 unter ihrem Mädchennamen van Moorsel zum ersten Mal Weltmeisterin und nach WM-Gold 1999 im Straßenzeitfahren in den Niederlanden zur Superfrau 1999 gewählt, besiegte im Verfolgerfinale die Französin Clignet. Und im Punktefahren hielt sich die 32-jährige Italienerin schadlos, indem sie die fliegende Holländerin um drei Punkte hinter sich ließ. Ende gut, alles gut. Nachdem die Australier auch im Punktefahren, das der Spanier Juan Llaneras vor dem Uruguayer Milton Wynants gewann, leer ausgegangen waren, gab es im letzten Wettbewerb auf dem Velodrome doch noch Gold für die Gastgeber. 8000 Aussies gerieten minutenlang aus dem Häuschen, nachdem Scott McGrory und Brett Aitken als Sieger des Zweiermannschaftsfahrens durchs Ziel gerollt waren.

Bei den Mountain-Bike-Entscheidungen vor den Toren Sydneys auf der Fairfield-City-Farm hatten die deutschen Starter erwartungsgemäß nicht viel zu bestellen. Dennoch stellte der erste olympische Auftritt des Stuttgarters Lado Fumic im 49,5 km langen Rennen der Männer eine angenehme Überraschung dar. Knapp drei Minuten hinter dem in 2:09:02,50 st siegenden Franzosen Miguel belegte der 24-Jährige auf dem anspruchsvollen 7-km-Rundkurs der Fairfield City-Farm den fünften Rang.

Im 36-km-Rennen der Frauen kam die 32-jährige Italienerin Paola Pezzo nach ihrem Erfolg in Atlanta nun zum zweiten Olympiagold, allerdings erst, als sie in einem spektakulären Rad-an-Rad-Duell die Spanierin Margarita Fullana von der Piste gerempelt hatte.

Auch hier ein deutscher Lichtblick: Die 28-jährige Rheinfelderin Sabine Spitz erkämpfte sich Rang acht - allerdings 5:22 Minuten hinter der Siegerin.

Volker Kluge

Manche treffen nicht, wenn jemand zuschaut

Der Bus fuhr nach Wonderland. Dort, 55 Kilometer westlich von Sydney und in der Nähe eines stillgelegten Vergnügungsparkes, hatten die Australier im Liverpool's Cecil Park extra für die Olympischen Spiele mit dem »Sydney International Shooting Centre« (SISC) die modernste Anlage der Welt errichtet, die kaum noch etwas mit den Schießständen früherer Jahre zu tun hat. Wo früher das Militärische dominierte, ist nicht zuletzt durch das elektronische Treffersystem eine gepflegte Salon-Atmosphäre eingezogen.
Im Wonderland wollten die deutschen Schützen am ersten Wettkampftag eine Initialzündung auslösen, die nicht nur ihnen, sondern dem gesamten Olympiateam gleich den richtigen olympischen Geist verleihen sollte. Petra Pfeilschifter von der Königlich privilegierten Hochschützengemeinschaft von 1406 München und immerhin »Weltschützin des Jahres 1999« war die erste, die für´s Vaterland den Finger krumm machte. Doch nachdem sie die Qualifikation mit dem Luftgewehr als Dritte beendet hatte, erlebte sie im Finale ein blaues Wunder. Schon mit dem dritten Schuß, einer 9,3, fiel sie zurück; und als sie diese Ringzahl im übernächsten Durchgang wiederholte, stieß sie sich damit selbst vom Siegerpodest. Ihr fünfter Platz löste bei ihr Sturzbäche von Tränen aus. Doch in dem Moment ahnte noch niemand, daß das schon fast die beste Leistung im deutschen Schützenteam gewesen sein sollte.

Die erste Olympiasiegerin in Sydney: Luftgewehrschützin Nancy Johnson (USA), die früher unter ihrem Mädchennamen Napolski schon erfolgreich war.

Die Tränen einer Verliererin: Für die deutsche Mitfavoritin Sonja Pfeilschifter reichte es im Luftgewehrschießen nur zu Rang fünf.

Die erste Goldmedaille dieser Spiele ging an die Amerikanerin Nancy Johnson, von der Sonja Pfeilschifter meinte: »Tut mir leid, ich hab' die gute Frau noch nie gesehen.« Doch da irrte sie beträchtlich. Nancy Johnson, die damals noch Napolski hieß, war schon 1996 in Atlanta am Start, wo sie allerdings als 36. von 49 Teilnehmerinnen keine Rolle spielte. Doch bereits 1998 in Barcelona, als Sonja Pfeilschifter ihren dritten Einzel-WM-Titel holte, stand Johnson mit ihr in einem Finale und wurde am Ende Siebte. Und selbst beim Weltcup Anfang Juni 2000 in Mailand hätte sie wahrgenommen werden können. Dort nämlich wurde die US-Schützin Vierte mit 3,2 Punkten Rückstand zu der kleinen Bayerin, die selbst Platz zwei hinter der Chinesin Zhao Yinghui belegte.

Doch an verminderter Wahrnehmungsfähigkeit leiden nicht nur Weltmeisterinnen, sondern auch Journalisten. Denn das Schießen gehört zu jenen Sportarten, die von ihnen bis auf wenige Ausnahmen nur alle vier Jahre zur Kenntnis genommen werden. Während die Schützen ansonsten von der Öffentlichkeit nahezu unbemerkt ihrem Sport nachgehen können und deshalb auch von Sponsoren selten »belästigt« werden, erfreuen sie sich im Abstand von Olympiaden eines ungewöhnlichen Medieninteresses, zumal ihre Wettkämpfe immer in der ersten Woche ausgetragen werden, wenn die Leichtathletik noch nicht angefangen hat. Doch statt sich über die Medienpräsenz zu freuen, wirkt sie häufig umgekehrt. Vor allem die vielen Kameras und die Neugier der schreibenden Presse tragen ein übriges dazu bei, die Nervenanspannung bei den Athleten zu erhöhen – behaupten zumindest die Verlierer. Und das waren diesmal die Deutschen.

Was von ihnen so gut geplant war, verkehrte sich ins Gegenteil. Um die neun Stunden Zeitverschiebung besser zu verkraften, waren sie bereits zehn Tage vor Beginn der Spiele angereist, weshalb sie sich besonders gut vorbereitet fühlten. Tatsächlich aber ging der Schuß nach hinten los.

Woran es genau lag, darüber werden sie sicher noch lange nachdenken müssen. Fertige Antworten hatte in Sydney niemand. Wie auch? Manfred Kurzer beispielsweise, zweifacher Weltmeister in der Disziplin Laufende Scheibe aus Frankfurt/Oder, begann sein Finale blendend. Als einziger in diesem Achterfeld traf er sechsmal hintereinander die »10«, um dann mit den letzten vier Schüssen immer schwächer zu werden. Als Schlußpunkt setzte er eine peinliche 7,8. Freilich hätte ihm selbst ein Volltreffer am Ende keinen Olympiasieg mehr beschert, weil er diese Chance schon in der Qualifikation, bei

Ralf Schumann hatte im Wettbewerb mit der Schnellfeuerpistole das dritte Olympiagold in Folge im Visier. Doch der zweifache Welt- und fünffache Europameister zeigte Nerven und schoß unter seinem Niveau.

der er mit acht Ringen hinter dem Chinesen Yang Ling zurücklag, vergeben hatte. Lag es an der Kühle der Hallen, die Kurzer beklagte?
Jeder hat seine gewohnte Art der Vorbereitung. Während Sonja Pfeilschifter sich total vergrub und von niemandem angesprochen werden wollte, ging ihre Bezwingerin Nancy Johnson, deren Ehemann David – ein Hauptmann der US-Armee – ebenfalls als Gewehrschütze in Sydney teilnahm (nur 38. mit dem Luftgewehr), den umgekehrten Weg. Nationalcoach Dan Durben setzte einen Wettkampf in einem Provinznest an, um seine Athleten an die nervlichen Anspannungen Olympischer Spiele zu gewöhnen. Und wie von Durben richtig vermutet, herrschte in dem Ort Volksfeststimmung, so daß die Nerven der Schützen – wie erhofft – ausreichend hart auf die Probe gestellt wurden.
Und wie wenig die im Vorfeld erreichten Resultate dann noch wert waren, zeigte das Beispiel der Chinesin Zhao Yinghui, die im Jahr 2000 allein drei Weltcups gewonnen hatte, darunter den Ende März auf dem SISC. Als Neunte kam sie gar nicht erst in den Endkampf.
Dagegen war der australische Trapschütze Michael Diamond sechs Monate vorher in Sydney nur Letzter im Finale, was ihn nun nicht daran hinderte, seinen Olympiasieg von 1996 zu verteidigen. Als es darauf ankam, sah er nur noch die davonschwirrenden Ziele, die er – aggressiv wie selten vorher – bis auf drei Scheiben alle demolierte. Eine ganze Nation freute sich mit dem 28-jährigen Kaufmann aus Sydney, der Anfang des Jahres seinen Vater, Con Diamond, der ihn 20 Jahre trainierte, verloren hatte.
Während Diamond mit 147 Treffern sein Ergebnis von Barcelona 1998, mit dem er auch Weltmeister geworden war, wiederholte, schoß ein ukrainischer Skeet-Kollege Mykola Miltschew den Vogel ab. Der 32jährige Trainer aus Odessa, der 1999 Vizeeuropameister im französischen Poussan war, stellte mit 125 Scheiben einen Weltrekord in der Qualifikation auf, und er krönte diese Leistung auch noch mit einem Final-Weltrekord von 25 Treffern. Besser geht es einfach nicht.
Wer Olympiasieger werden will, braucht bei allem Können im Sportschießen eben auch im entscheidenden Moment eine glückliche Hand. Denn in jeder Disziplin gibt es 15 bis 20 Athleten, die für eine Medaille gut sind. Um die zu gewinnen, müssen nach Ansicht von Maik Eckhardt eben dann Weihnachten und Ostern auf einen Tag fallen. Der Dortmunder hatte dieses nötige Quentchen Glück nicht. Im Liegendschießen fehlte ihm ein halber Ring bis zur Bronzemedaille. Der Olympiasieg, der an den Schweden Jonas Edman ging, war nur 1,5 Punkte entfernt. Als Vierter blieb Eckhardt der bestplazierte Deutsche.
Haben die Deutschen das Treffen verlernt? Es scheint so, denn diesmal gab es keinen Christian Klees wie 1996, der mit seiner Goldmedaille im Liegendschießen – der ersten für die Deutschen in Atlanta – den Durchbruch erzielte. Dafür fehlte es diesmal – wie

»Mozart« vergeigte

Ein Irrtum kostete Ralf Schumann im Shooting Centre von Cecil Park die vierte olympische Medaille, vielleicht sogar das dritte Gold im Schnellfeuerschießen. Fünf Ringe hinter dem russischen Olympiasieger Sergej Alifirenko wurde der 37-jährige Pistolenschütze vom Schießsportzentrum Suhl mit 683,3 Ringen nur Fünfter. Zwei Ringe mehr, und er hätte bei seinen vierten Spielen wenigstens Bronze gewonnen.
Es waren genau jene zwei Ringe, die ihm die Jury aufbrummte, weil er am Vortag gegen eine Acht protestierte, die er irrtümlicherweise für eine Zehn hielt. »Ich würde es immer wieder tun«, sagte der sieggewohnte Sachse, den so schnell nichts aus der Ruhe bringt. »Die Trefferanzeigen arbeiten durchaus nicht immer korrekt, bei den deutschen Meisterschaften hat mir ein Protest zwei Ringe eingebracht.«
Daß ihn der Eklat vielleicht Gold kostete, wollte der im unterfränkischen Stockheim lebende Schützenkönig nicht wahrhaben. Wohl aber, daß er nach 14 Jahren großer Wettbewerbe den ersten großen Bock geschossen hatte: »Weil ich nervös war wie nie zuvor.« Mag der öffentliche Druck, wie Schumann beklagte, groß wie nie zuvor gewesen sein – vor allem die Strafe dürfte das Nervenkostüm des Schützen kaum gestärkt haben. Einer, der Sportschießen als Kunst ansieht, den Kollegen Mozart nennen und der seine Pardini, die von ihm entwickelte Schnellfeuerpistole, behandelt wie eine Stradivari, ist verletzlich.
Ein Kunststück hat er doch vollbracht. Vom 14. Rang in der Qualifikation schoß sich der Weltranglistenerste noch auf Rang fünf. Mit fünf Zehnen im schnellsten Durchgang brachte er die Konkurrenten noch ins Grübeln; aber die vor ihm Plazierten vermochte er nicht einzuholen, obwohl die auch nicht lupenrein trafen. Ausgenommen Sergej Alifirenko. Der Russe erzielte auch am Schluß die beste Serie.
»Ihre Resultate sind zwar alle weit weg von meinem Weltrekord,« spielte Mister Perfect wehmütig auf seine 699,7 Ringe von 1994 an, »aber hier war ich eben schlechter als andere.«

Helmut Wengel

Ein australischer Trapschütze mit Präzision: Michael Diamond – Olympiasieger 1996 in Atlanta und nun erneut in Sydney

immer in solchen Fällen – weder an Schuldzuweisungen noch an Entschuldigungen. Während Sonja Pfeilschifter die Ansicht vertrat, die nationalen Ausscheidungswettkämpfe wären schon so kräftezehrend gewesen wären, daß sie beim Saisonhöhepunkt keine 100 Prozent Leistung mehr hätte bringen können, vertraten andere die Meinung, daß es an der professionellen Vorbereitung mangelte. Dazu zählt wohl auch, daß die Trapschützin Susanne Kiermayer, die zu den Favoritinnen gehörte, und die bisher immer gut mit der Munition aus Suhl geschossen hatte, sich noch kurz vor Sydney ein neues Fabrikat einer anderen Firma einreden ließ. Die Quittung war zusätzliches Nervenflattern und Rang fünf.
Wie man die Argumente auch dreht und wendet: Unter dem Strich waren die Schützen die eigentliche Enttäuschung in der deutschen Mannschaft. Letztmals blieben sie vor 36 Jahren – 1964 in Tokio – ohne Olympiamedaille. Nur der Präsident des Deutschen Schützen-Bundes, Josef Ambacher, übte sich in Schönreden und Selbstzufriedenheit, denn alle hätten sich ja mächtig angestrengt.
Dabei wird es zukünftig nicht leichter werden, in der Weltklasse zu bestehen, denn die Landkarte des Sportschießen ist mit Sydney wieder ein Stück größer geworden. Athleten aus 103 Ländern waren am Start, und die Medaillengewinner kamen aus nicht weniger als 26 Mannschaften.

Allen voran die Chinesen, die achtmal auf dem Siegerpodest standen und Olympiasieger stellten.
Kuweit und Katar gewannen ihre ersten Medaillen, und man muß sich nun daran gewöhnen, daß aus Litauen nicht nur gute Basketballspieler und Diskuswerfer kommen, sondern auch eine Trap-Olympiasiegerin. Schweden, Polen und die Schweiz – sämtlich traditionsreiche Schützennationen – sind in den Kreis der Medaillengewinner zurückgekehrt.
Auch der Neffe des Sultans von Brunei Darussalam, Prinz Jefri Bolkiah Abdul Hakeem, war erstmals dabei. Er hatte im Skeet nachgemeldet und wurde 45. unter 49 Teilnehmern. Auf Platz 46 unter 53 Gestarteten im Liegenschießen fand sich hingegen Bruce Meredith von den Jungferninseln wieder, der nicht nur durch sein Outfit – alter Schlapphut, Jogginghose und Schnürschuhe – Aufsehen erregte, sondern auch durch seine Feststellung: »Ich bin etwas Besonderes«. Und recht hatte der Mann: Mit 63 Jahren und 155 Tagen war der ehemalige Colonel der US-Armee, der 1967 und 1970 US-Meister im Liegendschießen wurde, der älteste Teilnehmer dieser Spiele. Und er freut sich schon auf Athen 2004, wenn wieder die Jugend der Welt gerufen wird. Die kleine Sehschwäche, die ihm in den letzten Jahren zu schaffen gemacht hat, überspielt er souverän.

Marco Käber

Jubel wie beim Tennis

Die Frauen-Wettbewerbe sind seit Los Angeles 1984 fest in südkoreanischen Händen. Das war in Sydney nicht anders. Yun Mi Jin gewann sowohl die Einzel- als auch in der Mannschafts-Konkurrenz, wobei im Team die dreifache Goldmedaillen-Gewinnerin Kim Soo Nyung nach acht Jahren Pause ein Comeback feierte.

Einen schöneren Platz hätte man für die Bogenschützen kaum finden können. Mitten im großen Olympiapark, in Steinwurfentfernung vom Olympischen Dorf, hatte man die Bogen-Spezialisten plaziert. So wanderten täglich tausende Besucher, gut gelaunt und olympiahungrig, am großen Archery-Park an der Bennelong Road vorbei, und nicht wenige ließen sich durch lockende Schilder animieren, im Last-Minute-Verkauf noch Tickets für die vier Wettbewerbe im Bogenschießen zu erstehen.

Wer neugierig genug war, wurde doppelt belohnt:
Zum einen mit spannender Wettkampfunterhaltung, zum anderen mit dem schönsten Panoramablick auf Sydneys Olympiagelände Homebush-Bay. Nirgendwo konnte man das Lodern der olympischen Flamme besser beobachten als aus der Sperlingsperspektive der Stahlrohrtribünen beim Bogenschießen.
Aber auch sportlich standen die nervenstarken Akteure nicht im Abseits. Der Archery-Park kam für zwei Tage sogar ganz oben in die Zeitungsschlagzeilen, und das war natürlich einem Australier zu verdanken. Simon Fairweather, 30-jähriger Überraschungsmann aus Canberra, kam, sah und siegte. Obwohl er in der Weltrangliste nur auf dem unauffälligen Platz 27 geführt wurde, trumpfte Fairweather in der Einzelkonkurrenz wie ein Joker auf, spielte sich fast mühelos ins Finale durch und schlug dort den viel renommierteren US-Amerikaner Victor Wunderle. Ergebnis: 113:106. Da blieben keine Zweifel offen. »Es war okay

Marco Käber
Jahrgang 1958, Sportreporter seit 1990 beim Berliner Rundfunk und bei Radio DDR/Radio aktuell. Seit 1995 Reporter bei 105,5 Spreeradio in Berlin. 1998 Berichterstatter von den Spielen in Nagano.

Bogenschützen brauchen nicht nur scharfe Augen und starke Nerven, sondern vor allem Kraft. Beim Spannen des Bogens muß mit dem Zugarm ein Gewicht von rund 20 kg bewegt werden, damit der Pfeil mit einer Geschwindigkeit von 240 km/h ins 70 Meter entfernte Ziel schießt.

heute«, kommentierte Fairweather, der sich durch Yoga-Übungen die Nervenstärke für seine Disziplin erarbeitet hat. Von den zwölf Pfeilen, die der Australier im Finale abschoß, brachten immerhin sechs die Höchstpunktzahl 10. Dagegen war kein Kraut gewachsen. Die 3500 Zuschauer feierten ihren Mann dafür mit Standing Ovations wie einen Tennis-Helden auf dem Centre-Court.

Christian Stubbe, ein 18-jähriger Schüler aus Oberhausen, als einziger Deutscher am Start, gab in der Konkurrenz sein Bestes. Das Aus in der zweiten Runde gegen den Chinesen Yang Bo sollte nicht das letzte Wort des jungen Mannes gewesen sein.

Im Mannschaftswettbewerb der Männer ließen die starken Südkoreaner allen anderen Nationen keine Chance: Gold vor Italien und den USA.

Noch deutlicher war die Dominanz der Frauen von der koreanischen Halbinsel. Die Robin-Hood-Ladies aus Europa und Südafrika, aber auch die aus anderen asiatischen Ländern mußten sich spätestens im Viertelfinale geschlagen bekennen. Die Medaillen machten Yun Mi Jin, Kim Nam Soon, Kim Soo Nyung und Choe Ok Sil alleine unter sich aus.

Die extra aus Seoul angereisten Anhänger, die hier auf den Fan-Tribünen so manchen Trubel veranstalteten, feierten den Erfolg mit wehenden Fahnen und bunten Luftballons.

Pikanterweise stammt die 26-jährige Choe Ok Sil, die am Ende ohne Medaille blieb, als Einzige dieses Erfolgsquartetts aus dem Nordteil des Landes. Nach der politischen Annäherung der Regierungen in Pjöngjang und Seoul und nach dem gemeinsamen Einmarsch beider Teams bei der Eröffnungsfeier von Sydney hatte dieses Duell jedoch seine vorstellbare Brisanz verloren.

Das Finale um Gold entschied die erst 17-jährige Yun Mi Jin denkbar knapp für sich. Eine 10 mit dem zweiten Pfeil, den sie aus dem Köcher zog, sorgte am Ende für den Mini-Vorsprung von einem Punkt (107:106), der sie aufs oberste Podest führte. Kim Nam Soon mußte sich mit Silber begnügen. Gemeinsam schafften beide dann noch den südkoreanischen Sieg in der Mannschaftswertung. Hier wuchsen auch die deutschen Bogenschützinnen Cornelia Pfohl, Barbara Mensing und Sandra Sachse, die im Einzel mit den Plätzen 24, 29 und 54 enttäuscht hatten, deutlich über sich hinaus. Trotz des heißen australischen Frühlingswindes, der manchen Pfeil verwehte, besiegten sie die Teams aus Georgien und China, steckten die erwartete Halbfinalschlappe gegen Südkorea weg und sicherten sich mit einem 240:234 gegen die Türkei die Bronzemedaille.

Nach dem zweiten Platz 1996 in Atlanta also ein neuer Erfolg für das deutsche Trio. Die vielen Helfer, die sich bei uns zu Hause in kleinen Sportgemeinschaften für das Bogenschießen engagieren, zum Beispiel bei Bergmann-Borsig in Berlin Pankow, dem Heimatclub von Cornelia Pfohl, werden sich darüber ebenfalls gefreut haben.

Helmut Schümann

Tanz auf blauem Teppich

Als Stephan Vuckovic an der Oper ankam, war die Zeit für ein Tänzchen gekommen. Es gab zwei Gründe: Die relative Einsamkeit, die Vuckovic vorfand, als er ins Triathlonstadion einbog. Gut, irgendwo hinter dem Ziel stand schon ein Konkurrent, der Kanadier Simon Whitfield. Aber der war der einzige der 52 in der Frühe um 10 Uhr gestarteten Gleichgesinnten. Und hinter Vuckovic ist auch niemand zu sehen gewesen. Mit anderen Worten: Stephan Vuckovic, geboren vor 28 Jahren in Reutlingen, Student des Wirtschaftsingenieurwesens, barhäuptig und bärenstark, war Zweiter beim olympischen Triathlon. Da darf man tanzen.

Grund zwei war das genaue Gegenteil von Einsamkeit. Grund zwei ist die tobende Menge gewesen, die Hunderttausenden an den Straßen, durch die Vuckovic geradelt und gerannt war. Die vielen Tausende, die am Hafen standen und um die Farm Cove Bucht, durch die er schwimmen mußte, und noch mal Tausende im Triathlonstadion, die den Athleten, allen Athleten wohlgemerkt, zugejubelt hatten. Und dazu dieser tolle Blick auf Sydney Harbour, die Sonne und die Stimmung. Dies alles zusammengenommen

Auf die Plätze, fertig. Los! 52 Männer sprangen ins Wasser des Hafens von Sydney, um das erste Teilstück – 1,5 Kilometer Schwimmen – möglichst schnell zu bewältigen.

Helmut Schümann
Jahrgang 1956, arbeitet heute als Redakteur für besondere Aufgaben bei der Berliner Zeitung »Der Tagesspiegel«. Vorher tätig u.a. für die »Süddeutsche Zeitung«, »Berliner Zeitung« und »Spiegel«.

machte Triathlon schon nach zwei Tagen zu einer der großartigsten Veranstaltungen der gesamten Spiele.
Stephan Vuckovic tanzte. Er tanzte auf dem blauen Teppich, den die Veranstalter am Fuße der weltberühmten Oper ausgelegt hatten und der als Startplatz, Wechselzone, Durchgangsstation und Zielankunft diente. Er tanzte mit einer Deutschland-Fahne in der Hand, die er sich von einem Zuschauer geschnappt hatte, und tat dann kurz vor dem Ziel etwas für einen Sportler sehr Untypisches: Er lief wieder ein Stück zurück. Eine Stunde und reichlich 45 Minuten war er schon unterwegs gewesen; hatte für die Schwimmdistanz von 1,5 km 18:14,19 min benötigt, ist anschließend in 58:33,90 min 40 km Rad gefahren und dann noch eine gute halbe Stunde zehn Kilometer gerannt. Und trotzdem nicht auf dem schnellsten Wege ins Ziel, um endlich Pause zu machen? Sich ausruhen nach den Strapazen? »Es war wie ein zweistündiger Orgasmus«, sagte er viel später. Den wollte er wohl nicht beenden.
Es hat hinterher Stimmen gegeben, die meinten, Vuckovic habe mit seinem ausgelassenen Tänzchen noch die Silbermedaille gefährdet, was natürlich Unsinn ist. Denn wer genau hinsah, konnte sehen, daß Vuckovic bei aller überschäumenden Freude sehr wohl immer wieder hinter sich geblickt hatte, damit ihm keiner mehr den Triumph streitig machen konnte. Aber auskosten wollte er diesen historischen Moment in ganzer Länge, diesen Silbergewinn beim ersten olympischen Triathlon. Als dann Jan Rehula, der Tscheche, die Macquaire Street runtergelaufen kam, war auch für Vuckovic kurze Zeit Schluß mit lustig, und er rannte die verbleibenden Meter ins Ziel. Dann erst blieben die Stoppuhren stehen: 1:48:37,58 Stunden. Der Tscheche kam gut zehn Sekunden später durchs Ziel.
Betrachtet man sich die einzelnen Plazierungen in den drei Disziplinen des Triathlon, hat es zunächst gar nicht toll ausgesehen für Vuckovic. Erst als 33. war er aus dem Wasser gestiegen, das an diesem Morgen gnädig gestimmt war und es bei nur kleinem Wellengang beließ. Im Vorfeld der Spiele ist viel von den Gefahren der Gewässer um Sydney herum die Rede gewesen, besonders von denen im weitläufigen Hafen. Der Hai, hieß es, lauere überall, gierig und blutrünstig darauf wartend, daß arglose Triathleten sich ihm zum Frühstück darbieten. Aber das war wohl mehr Ballyhoo, um das Spektakel noch populärer zu machen. Tatsächlich lag die letzte Haiattacke im Hafen von Sydney 56 Jahre zurück – auch der australische Hai dürfte inzwischen etwas wählerisch und umweltbewußter geworden sein und treibt sein Wesen lieber draußen vor Bondi auf offener See in saubererem Wasser, als sich stadtnah auf die Athleten zu stürzen. Aber weil man nie wissen kann, ob so ein Hai nicht doch einmal einen Ausflug macht, waren Taucher ins Wasser gestiegen, um die Umgebung der Schwimmstrecke abzusichern. Zusätzlich patrouillierten zehn Polizisten auf Jet-Booten, sehr schnellen und wendigen Wasserbobs, um die Bucht.
Für die Sicherheit war also gesorgt, und für die schöne Aussicht

hatten die Triathleten keinen Blick. Zunächst ging die Reise von der Oper aus Richtung MS »Deutschland«, die eine Bucht weiter vor Anker lag und den deutschen Fernsehstationen für die Zeit der Spiele Heimat bot. Am Mrs. Macquaire Point mußten die Schwimmer rechts abbiegen, weiter ging es entlang der Woolloomooloo-Bay und wieder zurück zur Oper. Wie gesagt, 33. war Vuckovic nach dieser Disziplin, knapp eine Minute langsamer als der schnellste Schwimmer, der Australier Craig Walton, der nach 17:17,69 min an Land gegangen war. Nur nebenbei: 17:17,69, das – so sprachen böse Zungen hier in Sydney – ist eine Zeit über 1500 m, die die deutschen Schwimmer derzeit kaum im stehenden Gewässer eines Pools erreichen. Einen weiteren Platz verlor Vuckovic beim Umziehen. Aber dann sprang er aufs Rad und holte in den Straßen Sydneys Platz um Platz auf.

Die Organisatoren hatten sich etwas einfallen lassen, um diese schwer einsehbare Sportart olympisch attraktiv darzubieten. Ein kleiner Rundkurs, 40 km lang mitten durch Downtown, war die Lösung. Denn zu keiner Phase des Rennens kam Langeweile auf im Publikum. Wartezeiten auf die Athleten, wie sonst üblich bei Radrennen oder beim Marathonlauf, blieben aus, eigentlich war ständig etwas los an der Strecke. Stephan Vuckovic hatte sich, nach der vierten Radrunde wieder im Stadion angelangt, auf Platz 22 vorgearbeitet – als seine Stärke, das Laufen, begann. Es war schon in der Wechselzone sichtbar, daß er sich nicht mit einer bloßen Teilnahme an der Olympiapremiere seines Sports abfinden wollte, so schnell wie er vom Rad runtersprang und in die Laufschuhe schlüpfte. Als er das Stadion verließ und auf das erste Teilstück, einen Asphaltweg durch den Botanischen Garten, zurannte, war er auf Platz 17 vorgeprescht. Und dann holte er sie alle ein. Unter anderem Andreas Raelert aus Rostock, der zu Beginn des abschließenden Laufs noch auf Platz sieben gelegen hatte. Die zweitbeste Laufzeit hatte Vuckovic am Ende auf seinem Konto, nur der siegreiche Kanadier Simon Whitfield, der ihn auf dem letzten Stück wieder überholte, rannte die zwei Runden durch die Stadt noch schneller. Dann, ungefähr um 11:45 Uhr Ortszeit Sydney, war für Stephan Vuckovic die Tanzzeit da.

Es spricht für Australiens Sportbegeisterung, daß die Sydnesider die Tage des Triathlons als Fest gestalteten, ein Fest, an dem sie gerne teilnahmen, auch wenn es, rein sportlich und patriotisch gesehen, für sie nicht so ganz hielt, was es versprochen hatte. Triathlon, das ist nämlich in Australien eine große Nummer.

Erst im abschließenden Laufen fiel die Entscheidung zugunsten des Kanadiers Simon Whitefield, der dem Zweitplazierten Stephan Vuckovic noch mehr als 16 Sekunden abnahm.

Bild oben: Vor Freude tanzend feierte der Schwabe Stephan Vuckovic schon vor dem Zieldurchlauf an der Oper von Sydney den zweiten Platz.

Bild nebenstehende Seite: Für den visuell atemberaubenden Kurs zwischen Sydneys Oper und Harbour Bridge hatten die Triathleten beim Radfahren und Tempo 40 km/h keinen Blick übrig.

Man muß nur einmal in die Kaufhäuser gehen und dort in die Sportabteilungen – das Angebot an Triathlon-Utensilien ist überwältigend. Da kann es nicht verwundern, daß die Besten im Lande große Stars sind. Auch nicht, daß die Australier glauben, die Besten im Lande seien auch die Besten der Welt. Im Grunde genommen hatten sie die Medaillen schon fest gebucht, fünf Tage vor Beginn der Spiele betitelte der »Sunday Morning Herald« eine Olympia-Beilage mit Michellie Jones. »Our first Gold« stand daneben, unser erstes Gold. Nicht als Frage, sondern als Feststellung. Im Heft selber wurde dann Loretta Harrop Platz zwei zugewiesen und der dritten Australierin im Feld, Nicole Hacket, die Bronzemedaille versprochen. Am Morgen nach der grandiosen Eröffnungsfeier sollten diese drei Frauen Australien einen weiteren Höhepunkt seiner Jahrtausendspiele bescheren.

Es kam anders, weil die Schweizerin Brigitte McMahon sich nicht abschütteln ließ, weil sie sich stattdessen auf den letzten Metern sogar absetzte von Michellie Jones, und weil Magali Messmer, ebenfalls Schweizerin, auch schnell im Ziel sein wollte, um mit der Mannschaftskameradin zu feiern. Statt eines dreifachen Triumphes für Australiens Triathlon-Frauen sprang also nur eine Silbermedaille heraus.

Aber das war nicht wirklich wichtig an diesem schönen Morgen in der Olympiastadt. Triathlon hatte sich vorgestellt. Und das auf eine Art und Weise, die es wahrlich olympiatauglich erscheinen ließ. Weil es tragische Heldinnen gab wie die Amerikanerin Sheila Taormina, die dem Feld weit vorausgeschwommen war und doch nach und nach eingeholt wurde. Weil es herausragende Taten gab wie die der Schweizerin Sibylle Matter, die vom Rad stürzte und mit bösen Abschürfungen den Wettkampf trotzdem zu Ende lief. Weil es anrührte, wenn die so harten Frauen einem kleinen Vogel auswichen, der sich in ihre Bahn gesetzt hatte, und weil man die üblichen olympischen Zweifel an der Reinheit der Körper haben konnte, angesichts der Muskelpakete, die die Triathletinnen mit sich herumtragen.

Und vor allem, weil das Publikum in den Straßen und im Stadion fair genug war, jeden und jede Teilnehmerin zu beklatschen und zu bejubeln. Sie wußten wohl um die Anstrengungen, die ein Triathlon kostet. Und das ist doch ein Tänzchen wert.

Mit ihrem olympischen Debüt traten die Kurzstrecken-Triathleten nach langen Jahren im Schatten der längst etablierten »Ultras« ins Rampenlicht. Die Frauen gaben vor 150 000 Zuschauern den Auftakt, und die Schweizerin Brigitte McMahon ließ sich nach packendem Finish, mit der Lokalmatatorin Michellie Jones, als Siegerin feiern.

Klaus Blume

Sonderbares Starterfeld

Zu einem britischen Triumph geriet die olympische Fünfkampf-Premiere der Frauen. Die 28-jährige schottische Ärztin Stephanie Cook gewann die Gold-, ihre Teamkollegin Kate Allenby die Bronzemedaille. Die dänische Weltmeisterin Pernille Svarre landete nur auf Rang 19.

Bei den Männern siegte der Russe Dimitrij Swatkowski – die Nummer 45 der Weltrangliste. Daß er seinen Sieg geradezu als Wunder empfand, hat triftige Gründe: Noch 1999 dachte Swatkowski ans Aufhören, weil ihn Tag und Nacht heftige Rücken- und Kniebeschwerden plagten.

Zwei Wochen vor diesen Wettkämpfen gab's in Sydney einen Empfang, auf dem Prinz Albert von Monaco – Ehrenpräsident der Modernen Fünfkämpfer – die Olympia-Premiere der Fünfkämpferinnen offiziell verkündete. Der Prinz sprach von einer Revolution und kündigte forsch an, sich vehement für einen verstärkten olympischen Wettkampf 2004 in Athen einzusetzen. Denn die Modernen Fünfkämpfer haben's nicht leicht. Seit Samaranch dem Internationalen Olympischen Komitee (IOC) vorsitzt, stehen der »most complete athlete« (internationale Verbandswerbung) und dessen Sportart bei ihm auf dem Prüfstand: zu antiquiert, zu aufwendig, zu wenig

Freude bei Emily de Riel aus den USA, die von der Olympiasiegerin Stephanie Cook aus Großbritannien beglückwünscht wird.

populär, zu künstlich in der weltweiten Verbreitung und obendrein nur bedingt marketing-tauglich – so die wichtigsten Einwände gegen den Verbleib des historischen Pentathlon im Olympia-Programm. Die Union Internationale de Pentathlon Moderne (UIPM) wehrte sich stets erfolgreich. Voran Präsident Klaus Schormann aus Darmstadt. Um Fünfkampf auch für die Spiele in Sydney zu retten, mußte er sich jedoch auf einen Handel mit dem IOC einlassen, bei dem er die Regeln diktiert bekam. Die IOC-Forderung: Nur, wenn der anspruchsvolle Fünfkampf aus Reiten, Schwimmen, Fechten, Schießen und Laufen auf jeweils einen Tag begrenzt würde, könne man endlich bei Olympia die Frauen zulassen. Schormann willigte ein. Wußte er doch, daß die Frauen zwar schon seit 1987 – damals im hessischen Bensheim – Weltmeisterschaften austragen, doch bei Olympia stets abgelehnt wurden. Offensichtlich befürchtete das IOC, mit einer Zulassung der Frauen könne sich Fünfkampf im Olympia-Programm derart festkrallen, daß dessen Entfernung nur noch unter Schmerzen erfolgen könne.

Das IOC dirigierte die Regeln, die Fünfkämpfer hatten das Nachsehen. Anfangs hieß es, in Sydney dürften 16 Athletinnen und Athleten starten. Was den Frauen – bei ihrer olympischen Premiere – zwar entgegen kam, aber das interna-

Schwach erst, als es vorbei war: Der Sieger Dimitri Swatkowski aus Rußland erkämpfte sich die Goldmedaille im Geländelauf.

tionale Leistungsverhältnis bei den Männern fast auf den Kopf stellte. Man bedenke: Bei der WM 1999 starteten 111 Männer – und fast allesamt auf hohem Leistungsniveau – aber nur 56 Frauen. Also gab's erneut Verhandlungen mit dem IOC. Das Ergebnis im Januar 2000: In Sydney durften 24 Männer und 24 Frauen ran. Doch wen und wie dafür auswählen? Die UIPM entschied, die Weltmeister, die Erdteil-Champions sowie die Weltcup-Finalsieger von 1999 zu setzen und die jeweils freien Plätze bei der WM 2000 – in der dann erfolgten WM-Rangfolge als Olympia-Erlaubnis zu vergeben. Diese Regelung führte in Sydney zu einem etwas merkwürdigen Teilnehmerfeld. So starteten zum Beispiel für Deutschland lediglich Elena Reiche aus Bonn und Eric Walter aus Berlin, wobei beide hierzulande nicht gerade die erste Wahl sind. Elena Reiche – Lieblingsdisziplin: Fechten – belegte bei der WM in Pesaro (Italien) Rang elf, Eric Walter Platz acht. Die Besseren landeten an jenem Tag hinter ihnen – was auch eine Folge der Pferde-Auslosung beim Reiten war. Weit sinnvoller wäre gewesen, die Weltrangliste zur Grundlage des olympischen Starterfeldes zu erheben. Da plazierte sich – zum Beispiel – vor den Spielen die beste Deutsche, Kim Raisner, auf Rang sieben. Was auch ihrer Leistungsstärke entspricht. Galt sie doch als klare Medaillenfavoritin für Sydney. Statt dessen aber landete Deutschlands Vertreterin Elena Reiche auf dem 21. Olympiaplatz. Für die Bonnerin gar nicht mal so schlecht, zumal sie in der Weltrangliste nicht unter den ersten 20 steht. Der Berliner Eric Walter – daheim von der Fünfkampf-Legende Rudi Trost betreut – landete nur auf Rang 16. Dennoch meinte Bundestrainer Iri Zlatanow: »Ich will noch nicht von einem Debakel reden.« Wann dann?

Übrigens: Bei Swatkowskis Olympiasieg im Baseball-Stadion zu Sydney war sogar IOC-Präsident Samaranch zugegen. Wollte er damit öffentlich seinen Stimmungswandel in Sachen Fünfkampf signalisieren?

Freizeit ist heilig

Michael Ashelm

Australien ist ein farbenfreudiger Kontinent. Im weiten Landesinnern dominiert das Ockerrot der Wüsten – zwei Drittel des Landes sind für den Ackerbau ungeeignet. Im Gegensatz dazu das satte Grün der Küstenregionen, wo der größte Teil der rund 18,5 Millionen Einwohner lebt. Mit knapp vier Millionen Menschen ist Sydney die älteste, größte und schönste Stadt. Was sie eint, ist die Liebe zum Strand und blauen Meer.

Das Wahrzeichen der Olympiastadt: das Sydney Opera House. Das avantgardistische Gebäude wurde 1959 nach einem Entwurf des Dänen Jørn Utzon gebaut. Die Bauzeit verlängerte sich von 4 auf 14 Jahre; die Kosten stiegen von 7 auf 102 Millionen Dollar.

»Welcome in the Olympic City.« Das ist die stolze Begrüßungsformel der Sydneysider. Denn die Olympischen Spiele haben nur zu gut zum Image der Stadt gepasst. Ist sie doch Dreh- und Angelpunkt des ganzen Landes und das seit dem Zeitpunkt der weißen Besiedlung. Heute ist die Weltmetropole nicht nur der Motor für den bevölkerungsreichsten Bundesstaat New South Wales, sondern für das ganze Land.

Doch Sydney ist nicht Australien. Der Fünfte Kontinent ist ein Mythos. Als Reiseland ist die Auswahl riesengroß. Umschlossen von der 37 000 Kilometer langen Küste kann der Fünfte Kontinent fast alle Sehnsüchte und Erwartungen von Touristen erfüllen. Er ist ohne Frage eines der spektakulärsten Länder der Welt. Und das vor allem wegen seiner Weite und den vielen Kontrasten – vom staubigen Outback bis zum kristallklaren Korallenmeer, von den Hochebenen bis zu menschenleeren weißen Sandstränden und den ältesten tropischen Regenwäldern der

Michael Ashelm

Jahrgang 1965, Diplom-Sportökonom, arbeitet nach Stationen beim Wiesbadener Kurier, Golf Sport und der Tageszeitung Die Welt als freier Journalist und Autor. Über Sydney berichtete er anderthalb Jahre für die Frankfurter Allgemeine Zeitung.

Die Twelve Apostles - die markanten Felsen im Port Campbell National Park etwa 270 km südwestlich von Melbourne

Erde. Die Landschaft in Down Under ist Anziehungspunkt Nummer eins.

Doch der Stopp in Sydney darf nicht fehlen. Das bunte Völkergemisch der Stadt sorgt am Ende der Welt für eine angenehme Atmosphäre. Menschen aus 140 Ländern der Welt leben hier. Die Ausdehnung der Metropole ist größer als New York oder London. Ein Drittel der 4,3 Millionen Einwohner ist im Ausland geboren, ein Viertel spricht zu Hause eine andere Sprache als Englisch. Dank der Einwanderungswelle hat sich auch die wenig einfallsreiche englische Küche gewandelt. Die Zeiten des verkochten Hammels, der ungesalzenen Wasserkartoffeln und des faden Roastbeefs sind vorbei. Heute wird chinesisch, italienisch, griechisch oder arabisch geschlemmt. Die dampfenden Schnellküchen Chinatowns am Darling Harbour und rustikalen Pizzerien von Little Italy an der Norton Street sind begehrte Anlaufpunkte. Aber auch die neue australische Küche reizt mit überraschenden Kombinationen: Känguruh-Capaccio mit Gewürzgurkenmarmelade.

Damit ist Sydney viel selbstbewußter und auch geschäftstüchtiger geworden. Heute scheut man nicht den Vergleich mit dem Lifestyle anderer Weltstädte. Internationale Großunternehmen sind im hektischen Central Business District, kurz CBD genannt, zu Hause. Trotzdem kann auch Sydney nicht leugnen, auf welchem Kontinent es liegt. »Die beste Welle findet ihr heute in Tamarama«, schallt es morgens aus dem Radio. Wellenreiten ist Volkssport, und die Freizeit ist heilig. Arbeiten erscheint immer noch als üble Unterbrechung. Erst am Strand, beim Sport oder geliebten Barbecue entwickelt der Australier sein echtes Lebensgefühl. Hektik ist da nicht gefragt. So lautet auch die Parole »No worries«, was so viel heißt wie »ganz ruhig, es wird schon alles«. Und das ist wörtlich zu nehmen. Jedem werden großzügig seine Freiheiten oder auch Spinnereien eingeräumt. Außenseiter werden toleriert und finden irgendwo in dem großen Land eine Nische für ihr Dasein. Die Hippies von Byron Bay an der Ostküste zwischen Brisbane und Sydney praktizieren das genauso wie die Opalsucher von Coober Pedy im südaustralischen Outback. Ist der Claim erst mal abgesteckt, vertrauen die Glücksritter nur noch ihrem Instinkt.

Der Spaß hört erst dann auf, wenn der Erfolgreiche mit seinem Geld prahlt und so für sich eine Sonderstellung einfordert. Mit diesen Angebern will man nichts zu tun haben. Das spürte auch Tennisprofi Mark Philippoussis, als er noch mit seinen vielen Sportwagen, Motorrädern und flotten Begleiterinnen prahlte. So erstaunt es nicht, daß Berühmtheiten aus Sport, Politik und Kultur

immer bestrebt sind, Starallüren zu vermeiden. Mann und auch Frau geben sich gern leger. So stellt sich selbst Premierminister John Howard brav mit seiner Familie in die Schlange am Abfertigungsschalter des Flughafens, wenn es in Urlaub geht. Wer sich an diese goldenen Regeln hält, wird sich vor den vielen Lobreden, die häufig die Vokabeln Stolz, Ehre und Nation enthalten, kaum noch retten können. Dann sind die Australier dankbare und unkomplizierte Fans.

Die Freiheit ist eben ein hohes Gut. Im Zusammenleben mit den etwa 400 000 Ureinwohnern sind allerdings bis heute Benachteiligungen an der Tagesordnung. Aborigines erleben Diskriminierungen in allen Bereichen: bei der Ausbildung, auf dem Arbeitsmarkt und selbst im Gesundheitssystem. So liegt die Lebenserwartung deutlich unter dem Landesdurchschnitt. Die Regierung in Canberra weigert sich beharrlich, im Namen des weißen Australiens eine Entschuldigung für das Unrecht der vergangenen zwei Jahrhunderte auszusprechen. Das tut besonders denen weh, die als *stolen generation* ihrem Elternhaus zur Erziehung in weißen Missionsschulen oder Familien entrissen und der Wurzeln beraubt wurden.

Der Uluru (»schattiger Platz«) ist das Nationalheiligtum der australischen Ureinwohner. Der rostrote Monolith im Herzen Australiens wurde erst 1872 von Landvermessern entdeckt und nach dem damaligen Premierminister von Südaustralien Henry Ayers genannt. Der Berg ist das Kernstück des Uluru National Park.

Bevor das Opernhaus zum Wahrzeichen Sydneys wurde, war es die 503 m lange und bis zu 134 m hohe Harbour Bridge, von den Australiern »Coathanger« (Kleiderbügel) genannt. Die Stahlkonstruktion wurde 1932 nach achtjähriger Bauzeit vollendet. Täglich fahren etwa 170 000 Schiffe und Boote unter ihr hinweg.

Darunter: Der bekannte Strand von Sydney ist die Bondi Beach. Wie in allen Buchten wacht auch hier die Strandpatrouille.

Junge, erfolgreiche Sportstars nutzen ihre Popularität, um auf dieses Unrecht aufmerksam zu machen. So wie die farbige Läuferin Cathy Freeman, die sich in der Politik für ihresgleichen engagieren will. Mit radikalen Sprüchen provoziert der Aborigine Anthony Mundine das weiße Establisment. Der hochbezahlte Rugbystar kündigte von heute auf morgen seinen Vertrag bei seinem Klub in Sydney und wurde Profiboxer. Jeden Schlag widme er seinem Volk, tönt er und hat damit seinen Namen weg: der kleine Muhammad Ali von Down Under.

Am nächsten kommt man der 40 000 Jahre alten Kultur im roten Herzen des Kontinents. Das bedeutendste Heiligtum der Ureinwohner ist der Uluru, vielen noch unter seinem alten Namen Ayers Rock bekannt. Im Jahr 1985 wurde er nach langem Streit zusammen mit den Kata Tjuta (Olgas) den Ureinwohnern in einer feierlichen Zeremonie zurückgegeben, seither hat der kleine Stamm der Anangu (300 Mitglieder) die Hoheit über den Uluru-Kata Tjuta Nationalpark.

Die Aussöhnung mit den Aborigines bleibt jedoch bis heute kontrovers. Umfragen stärken den Hardlinern in der Regierung den Rücken, mit Demonstrationsmärschen unterstützt allerdings ein großer Teil der weißen, städtischen Bevölkerung das Anliegen der Ureinwohner. Das hochsensible Thema ist bis heute nicht dafür geeignet, um einen Australier in ein Gespräch zu verwickeln. Nicht ganz so bitterernst können dagegen die Rivalitäten zwischen den Regionen genommen werden. Adelaide gegen Melbourne, Melbourne gegen Sydney und alle gegen Brisbane. Zwischen der südaustralischen Metropole Adelaide und Melbourne in Victoria geht es vor allem um die Vorherrschaft auf dem Sektor des feinen Geschmacks. Mit den braungebrannten Beachboys kann man hier wenig anfangen. Beide Städte entstanden nicht wie Sydney und Brisbane aus Sträflingskolonien. Die Arbeitskraft und der Einfallsreichtum der freiwillig übergesiedelten Mittel- und Südeuropäer haben das Leben geprägt und die Oliven und den Wein gebracht. Im nördlich von Adelaide gelegenen Barossa Valley begründeten deutsche Winzer Mitte des 19. Jahrhunderts eines der ertragreichsten Weinanbaugebiete Australiens.

Die Konkurrenz zwischen Melbourne und Sydney, den beiden größten Städten des Landes, hat derweil lange Tradition. Das Gerangel um die Vorherrschaft auf dem Fünften Kontinent wird seit der Gründerzeit mit Inbrunst verfolgt.

Denkwürdig ist die Entstehungsgeschichte der Bundeshauptstadt Canberra in diesem Zwist. Die Animositäten der beiden Rivalen waren nur durch einen Kompromiß

Darling Harbour ist das zweite olympische Zentrum Sydneys. Seit 1850 war der Hafen bis Mitte des 20. Jahrhunderts ein schäbiges Industrieviertel mit Lagerhäusern und Gleisen. Das neue Konzept von Darling Harbour wurde 1984 entwickelt.
Vier Jahre später, anläßlich der australischen 200-Jahrfeier, konnte das neue attraktive Viertel, das von einer Einschienenbahn durchquert wird, eingeweiht werden. Hier befinden sich das Ausstellungs- und Unterhaltungszentrum. In unmittlbarer Nähe schließt sich China Town an.
Ganz unten: Mit dem Port Jackson, der von mehreren Brücken überquert wird, verfügt Sydney über einen der größten Naturhäfen der Welt.

Zwei Tourismus-Klischees, die zutreffen: Schafe und Rettungsschwimmer

zu schlichten, eine neue Stadt auf der Wiese. So lebt Canberra seit 1927 trotz Regierungssitz mit dem Makel, als bestbeleuchtetste Weide Australiens zu gelten.
Geht es um Brisbane und Queensland, sind sich alle Widersacher einig: Das ist der *laid back state*. Mit der Aufschrift *sunshine state* auf den Autokennzeichen betreiben die Queenslander nur Understatement. Sonne, ein tropisches Klima und azurblaues Meer sind die perfekte Mischung für viele Besucher. Die Hauptattraktion sind allerdings die zwei auf der World Heritage-Liste aufgeführten Naturwunder: der größte lebende Organismus der Welt – das Great Barrier Reef und die Wet Tropics Regenwälder im Norden des Staates.
Über 1000 Inseln sind über die Küstenorte zu erreichen, von ganz besonderer Schönheit sind die Whitsundays. Doch kritische Stim-

Es war Kapitän Arthur Phillip, der am 26. Januar 1788 mit der »First Fleet« in der Botany Bay als erster an Land ging, woran heute ein Gedenkstein erinnert (siehe gegenüberliegende Seite). Er ernannte die Gegend zur britischen Kolonie und nannte sie »Sydney Cove«. Die Statistik unten ist »Hunter's Historischen Nachrichten von den merkwürdigsten Ereignißen auf Port-Jackson und der Norfolk's-Insel seit Errichtung der englischen Niederlassungen bis auf das Jahr 1792« entnommen. Die Publikation erschien bereits 1794 in deutscher Sprache in Nürnberg. »Mit erläuternden Kupfern.«

men werden immer lauter, Wirtschaftsinteressen und wachsenden Tourismus nicht dem ökologischen Gleichgewicht des Korallenmeers zu opfern.

Als rückständig und konservativ galt lange Zeit die Hauptstadt Brisbane. Die Austragung der Expo 1988, zu der 18 Millionen Besucher kamen, ließ sie aber aus ihrem Dornröschenschlaf erwachen. Im Jahr 2001 wird der amerikanische Medienmogul Ted Turner seine Goodwill Games hier veranstalten. Die Miniaturausgabe der Olympischen Spiele, reserviert für die Großverdiener des Weltsports, finden dann zum ersten Mal außerhalb der ehemaligen Großmächte des Kalten Krieges, den USA und Rußland, statt. Das ist wieder eine Gelegenheit für die Australier, ein Fest zu feiern.

Allgemeines Verzeichnis der männlichen Verbrecher in Sydney, mit Rüksicht auf ihre Beschäftigungen. Vom 23. July 1790

Mit Verfertigung der Backsteine und Ziegel beschäftigten sich	*40*
Mit Herbeischaffung der nöthigen Baumaterialien zum neuen Vorraths-Haus	*50*
Mit Erbauung eines Vorraths-Hauses und einiger Hütten zu Rose-Hill, an Dachdekern	*19*
An Zimmerleuten, ebendaselbst	*8*
An Zimmermanns-Gehülfen	*9*
An Sägern	*2*
An Schmiden	*9*
Mit der Wache	*10*
Um die Vorräthe und Lebensmittel von den Schiffen in Empfang zu nehmen	*40*
Mit Ausbesserung der Strassen, meist Convalescenten	*12*
Mit Herbeischaffung des Zimmerholzes	*18*
Um Steine zuzuhauen	*4*
In den Boten	*10*
Mit Wagner-Arbeiten	*3*
Bei den Vorräthen	*6*
Bei den Officieren vom Civil- und Militair-Stand	*38*
Als Gehülfen des Prefosen	*2*
Als Gärtner und Arbeitsleute für den Gouverneur	*3*
Als Böttger	*3*
Als Schuhmacher	*6*
Als Schneider	*4*
Als Beker	*5*
Als Krankenwärter im Spital	*6*
Als Barbier	*3*
Als Gärtner und andere Arbeitsleute für den Spital	*3*
Als Holzträger bei dem Gouverneur	*3*
	316
Unter medicinischer Behandlung waren	*413*
In allen	***729***

Grün-goldene DDR-Kopie

Die australische Sportbegeisterung ist sprichwörtlich, und für die Elite-Sportler des Inselkontinents gilt es als große Ehre, »Grün und Gold zu tragen«, wie eine Redewendung lautet. Diese Farben sind Bestandteil der Mannschaftskleidung. In die Reihe der führenden Sportnationen sind die »Aussies« aber erst in den letzten 20 Jahren zurückgekehrt. Der Schlüssel dafür war die Gründung des Australischen Sportinstituts in Canberra, quasi eine DDR-Kopie.

»Come on, come on«, die Stimme von Bodo Andreass ist scharf, während vor seinen Augen zwei Boxer tänzeln und sich gegenseitig mit den Fäusten traktieren. Der 44jährige Trainer, der 1979 für Wismut Gera DDR-Meister im Mittelgewicht wurde, erinnert sich noch bestens an seine ersten Tage in Diensten des australischen Sports. Im März 1997 übernahm er die Geschicke der australischen Auswahlboxer, um sie auf die Olympischen Spiele 2000 vorzubereiten, und er war zunächst einigermaßen irritiert. Beispielsweise, als er eines Abends gelangweilt am Boxring im Hinterzimmer eines Strandhotels in Coogee Beach stand. In der provisorisch eingerichteten Arena in einem Vorort von Sydney wartete er auf den Kampf eines jungen Australiers. »Der soll gut sein. Vielleicht ist das einer für mich«, sagte er sich. Sein Kandidat stieg erst kurz vor Mitternacht in den Ring. Was dem Coach bis dahin von den einheimischen und thailändischen Boxern geboten wurde, betrübte ihn zutiefst. »Klammern, halten, null Technik. Das ist nichts. Dieser Sport steht hier ganz am Anfang.« Boxen zählt in Australien zu den unpopulären Sportarten. Große, kräftige Athleten, die dafür in Frage kämen, werden meist ganz rasch von den Rugby- und Fußballklubs abgeworben, und die anderen sehen zu, wie sie möglichst schnell als Preisboxer ein bißchen Geld verdienen können. Aus den wenigen Talenten, die sich Andreass mühselig im ganzen Land zusammensuchen mußte, sollte er bis Sydney Siegertypen machen, die Australien vor dem eigenem Publikum ehrenvoll vertreten. »Dabei hatten alle nebenbei einen Job, und es war unmöglich für sie, zu mir nach Canberra zu kommen, um dort längere Zeit gemeinsam zu trainieren. Sechs bis acht Boxer ständig beisammen zu haben, davon konnte ich nur träumen«, so sein Bericht.

Ganz links: das 1981 gegründete Australische Sportinstitut (AIS) in Canberra

Blick auf Canberra mit dem neuen Parlamentsgebäude auf dem Capital Hill

Wahrlich, eine Pionierarbeit, in der Andreass aber schon jede Menge Erfahrung einbringen konnte: Von 1991 bis 1994 trainierte er die Nigerianer, von 1995 bis 1997 war er der Nationalcoach der Südafrikaner.

Solche amateurhaften Verhältnisse wie bei den Faustkämpfern stellen jedoch die große Ausnahme im australischen Sport dar. Das Normale vielmehr ist, daß die Trainer und Sportler am Australian Institute of Sport (AIS) nahe der australischen Hauptstadt, die ACT abgekürzt wird (Australian Capital Territory), ein professionelles, geradezu paradiesisches Dasein führen.

»Das hier übertrifft sogar noch die Verhältnisse, wie wir sie früher in der DDR hatten«, schwärmte beispielsweise der ehemalige Geher-Weltmeister Ronald Weigel, der in Potsdam dem Armeesportklub angehörte.

Nach seinem Karriere-Ende 1996 kam ihm vor drei Jahren der Ruf ans AIS, wie einem halben Dutzend anderer meist ostdeutscher Trainer, gerade recht. Und wie zufrieden die Australier mit seiner Arbeit waren, ersieht man auch aus der Tatsache, daß sein Vertrag noch vor den Olympischen Spielen von Sydney um vier Jahre, bis 2004, verlängert wurde.

Im Gegensatz zu Andreass kann

Ronald Weigel aus Potsdam, Geher-Weltmeister von 1983, ist einer der deutschen Trainer, die beim AIS beschäftigt sind (Foto unten rechts). Links: Ecke Fraser-/Strickland-Allee im Olympiapark von Sydney. Australiens frühere Olympioniken wie die Schwimmerin Dawn Fraser oder die Hürdenläuferin Shirley Strickland sind nach wie vor allgegenwärtig.

Weigel seine Schützlinge täglich um sich versammeln. Sie sind Stipendiaten am AIS und genießen alle Vorzüge, die mit diesem Status verbunden sind.

Anfangs waren es acht Sportarten, die am AIS gefördert wurden; bis zu den Spielen in Sydney sind daraus 32 geworden. 150 der besten Schwimmer, Leichtathleten, Ruderer oder Schützen wohnten im Internat auf dem Institutsgelände, noch einmal so viele direkt in Canberra. Weitere 300 ausgewählte Kaderathleten tragen das blau-weiß-rote AIS-Signet in den Außenstellen auf ihrem Trikot. In Brisbane und an der Goldcoast, den Zentren der Wasserspringer, Squash-Spieler und Kanuten, in Adelaide, wo die Bahnradsportler konzentriert sind, in Perth (Hokkey) und in Melbourne (Golf und Tennis).

»Für uns ist dieses System ideal. Wir wohnen auf dem Trainingsgelände«, berichtete der 22jährige Volleyballer Kallen Houghn. »Die Trainer, Ärzte, die Forscher, die Ernährungswissenschaftler, alle sind sofort greifbar. Die Universität von Canberra, an der die meisten studieren, ist ganz nahe. Alle Wettkampfreisen und Trainingslager werden vom Institut bezahlt. Für uns ist das sehr praktisch.«

Umgerechnet etwa 60 Millionen Mark darf das AIS pro Jahr ausgeben, die Hälfte des australischen Budgets für den Sport. Rund 90 Millionen Mark ließ sich die australische Regierung außerdem ein spezielles Athletenprogramm kosten. Diese Mittel standen den potentiellen Olympioniken hauptsächlich für teure Wettkampfreisen in alle Welt zur Verfügung, denn die Entfernung des Fünften Kontinents vor allem zu Europa ist schon immer ein Handicap gewesen, nicht selten hat es auch zu Fehleinschätzungen der eigenen Leistungsstärke geführt.

600 Sportler kamen in den Genuß der »scholarships«, von Stipendien also. Beim Taschengeld allerdings wird geknausert. Das müssen sich die Elite-Sportler schon selbst verdienen, beispielsweise indem sie Besucher durch das Institut führen. Für 10,80 Dollar kann ein Rundgang im Visitorcenter gebucht werden. Und an Interessenten mangelt es nicht: Mehr als 100 000 Neugierige schauen jedes Jahr im AIS vorbei, um zu sehen, wie ihre Idole leben und trainieren.

Was den Ursprung der australischen »Medaillenfabrik« angeht, so herrscht Offenheit vor: Hier stand das DDR-Leistungssportsystem Pate. Allen Yates, Medien-Direktor des Organisationskomitees (SOCOG) in Sydney und vordem AIS-Pressesprecher, bekannte ehrlich: »Wir haben uns dort vieles abgeguckt. Lange bevor die Mauer fiel, waren wir im Sportforum von Ost-Berlin und haben dort die Bedingungen studiert.«

Kein Wunder also, daß dem Besucher das AIS-Gelände bekannt vorkommt, vorausgesetzt, daß er weiß, wie das Areal in Berlin-Hohenschönhausen aussieht.

»Was wir anstrebten, war eine Mischung aus dem DDR- und dem amerikanischen College-System. Was wir in Berlin sahen, haben wir etwas variiert. Anders als in der DDR haben wir unsere Tore für Besucher geöffnet, und wir beschäftigen viele ausländische Trainer. Für die besten Sportler die besten Trainer, lautet die australische Sport-Philosophie.«

Am Anfang stand eine große Pleite. Bei den Olympischen Spielen 1976 in Montreal gewann eine der größten Sportnationen der Welt nur eine Silber- und vier Bronzemedaillen. Selbst das benachbarte Neuseeland sowie Jamaika, Puerto Rico, Mexiko, Trinidad oder Portugal kamen vor Australien. »Die Enttäuschung war riesig. Das war der Punkt, an dem die Lobbyisten des Sports den Politikern klarmachen konnten, daß etwas passieren mußte«, erklärte Yates die Vorgeschichte.

Bis zur Gründung des Instituts 1981 in der Regierungszeit von Premierminister Malcolm Fraser lebten die Verbände, Vereine und Sportler auf Amateurniveau. Sie waren gezwungen, sich weitgehend selbst zu finanzieren. Das aber änderte sich Anfang der 80er Jahre schlagartig, als die Koordinierungsbehörde des Ministeriums für Sport und Tourismus entstand, die ebenfalls auf dem AIS-Gelände beheimatete Australian Sports Commission. Seither wird hier entschieden, wie der jährliche Etat verteilt wird. Allein aus der räumlichen Nähe zum AIS ergab sich zwingend, daß dem Institut regelmäßig der größte Batzen zukam. In den 20 Jahren seines Bestehens waren dies fast zwei Milliarden Mark. Eine Summe, die auf dem Fünften Kontinent für Diskussionsstoff sorgt, zumal der Breitensport zuletzt lediglich mit umgerechnet 13 Millionen Mark gefördert wurde.

»Der Aufwand für unseren sportlichen Erfolg ist unanständig hoch. Da fließt zuviel Geld in die Spitze«, kritisierte deshalb auch Keiran Hogan, Mitautor einer Studie des Instituts für Leibeserziehung der University of South Australia in Adelaide.

Das Mißverhältnis von Spitzen- und Breitensport spiegelt ebenso die Schattenseite des Systems wider wie die nicht abreißenden Dopingverdächtigungen gegen das AIS. Zuletzt, im März 2000, war es der Diskuswerfer Werner Reiterer, der das »Saubermann-Image« der Australier, die in der Vergangen-

Fackelträger Herb Elliott. Der Olympiasieger im 1500-m-Lauf von Rom 1960, der auf dem Gipfel seines Ruhms abtrat, zählt zu den einflußreichsten australischen Athleten der Vergangenheit. Der 62jährige gehörte der Australian Sports Commission (ASC) an, die 1984 gegründet wurde. Ehemals Puma-Vertreter für Australien und die USA, ist er heute der für die Athleten zuständige Direktor des NOK Australiens.

heit gern mit dem Finger auf andere Nationen gezeigt haben, erschütterte. Vier von fünf der australischen Sportstars, so Reiterer in seinem Enthüllungsbuch »Positive«, würden ohne leistungssteigernde Stimulanzien nicht auskommen. Dem AIS unterstellte er aktive Mitwirkung bei den Dopingpraktiken, was von Direktor John Boultbee eilfertig dementiert wurde.

Diese Unbotmäßigkeit kam Reiterer teuer zu stehen: Aufgefordert, Namen zu nennen, weigerte sich der zweifache Olympiateilnehmer, worauf er von der Australian Sports Commission verklagt wurde und die umgerechnet 12 000 Mark erhaltenen Fördergelder zurückzahlen sollte.

Wer so viel Geld für den Leistungssport ausgibt, möchte dafür auch Ergebnisse sehen. John Coates, der Präsident des australischen NOK, bezifferte seine Erwartungen auf 60 Olympiamedaillen, 19 Medaillen mehr als 1996 in Atlanta.

Einen solchen Wunsch halte er für »ein bißchen übertrieben«, bekannte hingegen Yates ganz ehrlich. Seiner Meinung nach seien »von jeder Sorte 15 Medaillen als Ausbeute bei den Spielen von Sydney vollkommen in Ordnung«. Nach offizieller Lesart der DDR-Politik galt es, mit Hilfe des Sports die »Überlegenheit des Sozialismus« in der Welt zu demonstrieren. Die australische Version sei unpolitisch, versicherte der PR-Mann Yates. »Sport ist für uns eine elementare Lebensgrundlage, ein Stück unserer Lebenskultur. Und es ist die einzige Möglichkeit, aus unserer geographischen Randlage heraus der Welt die Hand zu reichen.«

Schlagendster Beweis für die Effizienz der AIS-Methoden: Inzwischen will sogar das Mutterland kopieren, was die ehemalige Sträflingskolonie aus Eastern Germany übernahm. »In London«, so weiß Yates zu berichten, »soll ein ähnliches Institut entstehen wie in Canberra.«

Ankläger Werner Reiterer. In seinem im März 2000 veröffentlichten Buch mit dem Titel »Positive« beschuldigte sich der australische Diskuswerfer, der 1988 und 1992 an den Olympischen Spielen teilgenommen hatte, selbst des Dopings und erhob schwere Vorwürfe gegen seine Kollegen, ohne Namen zu nennen. Die Nummer zwei in seiner Disziplin fiel Ende August aus: Gerard Duffy wurde beim Doping erwischt.

Idee schwelt weiter

Rolf Becker

Wenn Rolf Becker alias »Drehorgel-Rolf« da ist, kann die Spaß-Olympiade anfangen. Und der Aktionskünstler aus Sachsen-Anhalt ist immer anwesend – eingeladen oder nicht. Denn er führt Gutes im Schilde. Gnädig läßt er sich mit Prominenten fotografieren, die sich ihm – wie 1996 in Atlanta Jimmy »Boykott« Carter – ihre Bekanntschaft aufdrängen. Oder ihm werden – wie in Sydney – teure Uhren regelrecht vom Handgelenk gerissen, getreu dem Motto: Wir wollen auch so ticken wie Ihr im Osten! Ja, selbst das Heiligste, das Olympische Feuer, wurde ihm zugetragen, worauf er sich legitimiert sah, diese mit Abstand heißeste Story zu schreiben.

Tatort Olympia: der erste Flammenklau seit Prometheus

In der Steinzeit begannen die Menschen, das Feuer zu nutzen und gezielt einzusetzen. Auf diese Weise hatten sie schon die Eiszeit einigermaßen ohne Schnupfen überstanden, denn Energieeinsparung war noch kein Fremdwort. Ringsherum lauter Braunkohlewälder. Seitdem hat das Feuer viel Gutes, aber auch Schlechtes angerichtet. Schon immer wußten es Böse, Kluge, Dumme, Herrscher, Priester, Medien, Becker und Spaßvögel zu gebrauchen, aber auch zu mißbrauchen.

Deshalb ist die Story vom Olympischen Feuer ebenso vielschichtig wie die Geschichte der Spiele selbst. Allein die Tatsache, daß es ausgerechnet die Nazis waren, die 1936 für Berlin erstmals den Fackellauf inszenierten, ist ja schon ein heißes Eisen.

Andererseits: Als ich 1996 im US-Staat Georgia sah, wie Bauarbeiter, Bankdirektoren und Bodybuilder angesichts des Olympischen Feuers vor Begeisterung glühten, erinnerte mich das an FDJ-Stafetten und -Fackelzüge, die ich auch selbst erlebt hatte. Ein bißchen 'rumzukokeln, reizt eben viele. Mich auch.

Deswegen war ich gleich Feuer und Flamme, mich anläßlich des »Millenniums« bei den Fackelträgern einzureihen. Nachdem ich mich mit den notwendigen Fakten informiert hatte, ging es mit meinem kleinen Team, mit zwei Trabis, via Frankfurt und München

Rolf Becker

ein Sonntagskind des Jahrgangs 1947 und auch als »D-Orgel-Rolf« bekannt, nahm seit 1992 mit seiner »Rennpappe« an allen Olympischen Spielen als Aktionskünstler teil. Seit Atlanta macht er in Glashütter Uhren und Filinchen. Seinen Trabi ließ er schon im Mai nach Australien fliegen.

Rolf Becker ist da: Die Spiele können anfangen.

nach Triest, von wo aus ich mich mit der Fähre nach Griechenland einschiffte. Wer sich wie ich einmal nach Tokio, Toronto oder Tabarz auf den Weg gemacht hat, findet die olympischen Stätten auf dem Peloponnes selbst bei schlechter Ausschilderung. Wenn man sich verirrt, muss man nur in Shops mit T-Shirts, Tierchen und Tässchen (verziert mit Flämmchen) nachfragen. Und dann immer der Nase nach. Die olympische Feuerstätte riecht und hört man schon von weitem. Die Motoren der Reisebusse dröhnen schlimmer als jeder Trabi, nur um die Aircondition in Gang zu halten. Immerzu Feuer frei, damit es nachher schön kühl ist! Ganze Herden von Oberstudienräten und anderen Bildungsbürgern wollen sich hier vergewissern, was sie ohnehin schon wissen. Doch zuvor werden von den Zerberussen am Portal heftige finanzielle Opfergaben gefordert.
Meine zugebenermaßen etwas nebulöse, alles in allem aber konkrete Frage, ob ich nicht mal Feuer haben kann, um ein zündendes Medienereignis loszutreten, konnte oder wollte man aber nicht verstehen. Doch damit hatte ich rechnen müssen.
Meines Wissens war der Letzte, der das Heilige Feuer gemaust hatte, der Göttersohn Prometheus. Direkte Sicherheitsvorkehrungen gab es damals wie heute keine; nur ein paar schläfrige Gralshüter. Allerdings war sein Tatfahrzeug der schnelle schnittige Sonnenwagen von Göttervater Zeus und kein Trabi mit 26 PS.
Im Schatten riesiger Bruchsteine, von denen im olympischen Sanie-

Olympischer Fackellauf 2000

Entzündung: 10. Mai, 12.00 Uhr, in Olympia durch die Schauspielerin Anna Skoulakidou mit Hilfe eines Parabolspiegels
Erster Fackelträger: Lambros Papakostas (Hochspringer)
Stafette von 550 Läuferinnen und Läufern durch Griechenland über 2550 km; Stationen waren: 10.5.: Olympia – Tripoli, 11.5.: Tripoli – Patras, 12.5.: Patras – Ioannina, 13.5.: Ioannina – Kastoria, 14.5.: Kastoria – Saloniki, 15.5.: Saloniki – Kavala, 16.5.: Kavala – Alexandroupoli, 17.5.: Alexandroupoli – Mitilini, 18.5.: Lesbos – Samos, 19.5.: Samos – Syros, 20.5.: Syros – Athen
Auf dem anschließenden Flug nach Australien gab es Zwischenstopps auf den Cook-Inseln, in Mikronesien, Guam, Nauru, Neuseeland, Papua-Neuguinea, Samoa, Amerikanisch-Samoa, Solomon-Inseln, Tonga und Vanuatu.
Die »Sydney 2000 Olympic Torch Relay« begann am 8. Juni im Uluru-Kata Tjuta-Nationalpark, wo die Hockey-Olympiasiegerin von 1996 Nova Peris-Kneebone, die zum Volk der Aborigines gehört, das Olympische Feuer entgegennahm.
Die Stafette dauerte 100 Tage, in denen 27 000 km zurückgelegt wurden. 1000 Städte und Regionen in allen australischen Staaten und Territorien sowie 85 Prozent der Bevölkerung waren einbezogen. Die 11 000 Fackelträger wurden von 2500 Läufern begleitet, die aus den vier Himmelsrichtungen Australiens ausgewählt worden waren.
Die 72 cm lange silberne Fackel hatte die Form eines Bumerangs. Die drei Spitzen in Weiß, Blau und Rot symbolisierten das Opernhaus von Sydney.

David gegen Goliath: Rolf Becker bremst auch für Tiere, konkret für Kängeruhs. Der Trabi überstand das Ausweichmanöver, nicht so der Truck, der im Straßengraben landete. Vier Stunden mußte die Straße nach Sydney gesperrt werden.

Ganz unten: Mr. Baker bei seiner Aussage.

rungsgebiet ausreichend 'rumliegen, bereitete ich meinen eigenen Feuerzauber vor. Währenddessen zündelten unweit in den Ruinen, die mal ein Tempel gewesen sein sollen, als Priesterinnen verkleidete heilige Hausfrauen mit einem Brennglas. Hinter einem Stein versteckte sich inzwischen der scheinheilige Hausmeister mit seinem Einwegfeuerzeug – für alle Fälle.

Aus dem Funken soll die Flamme schlagen! So geschah es. Selbstzufrieden betrachteten die Jungfrauen ihr Lichtlein, während mein Team locker mit seiner heißen Ware davonrannte, angefeuert von den zeternden Securitys. Na, man weiß ja, wie sie damals den Prometheus wegen dem Klau abgestraft hatten. Gnadenlos, und zwar angeschmiedet im Kaukasus, wo der hungrige Adler schon wartete. Und den Menschen schickte Zeus zur Strafe eine Büchse mit der Pandora. Bedecke deinen Himmel, Zeus ...

Doch mir stand nicht der Sinn nach Frevel. Vielmehr sah ich mich im Einklang mit dem Olympischen Geist, denn es gilt – so

Die Besonderheiten der Stafette waren:

22./23.6.: Emerald-Mackay, Airlie Beach-Townsville: Great South Pacific Express
26.6.: Innisfall-Cairns: Drahtseilbahn
27.6.: Cairns-Great Barier Reef-Port Douglas: Unterwasser
30.6.: Darwin-Broome: Kamelritt
10./11.7.: Kalgoorlie: Fahrt über den Indischen Ozean
30.7.: Melbourne: Ron Clarke, Schlußläufer der Stafette von 1956
31.7.: Überfahrt auf der »Spirit of Tasmania« nach Launceston, Tasmanien
5.8.: Rückfahrt mit der »Spirit of Tasmania«
6.8.: Erholungstag
13.8.: Wangaratta-Mount Hotham: Schneefelder in den Victorianischen Alpen
29.8.: Gosford-Cessnock: Weingebiete im Hunter Valley
6.9.: Canberra: Hauptstadt
12.9.: Sydney und Umgebung: Surfbrett von der Biondi Beach nach Sydney
15.9.: Entzündung der Flammenschale im Olympiastadion

Olympische Flamme abgetaucht: Die Meeresbiologin Wendy Craig Duncan legte die Strecke zum Great Barrier Reef unter Wasser zurück, wobei das Feuer mit Hilfe einer pyrotechnischen Kapsel weiterbrannte. Beim Wiederauftauchen signierte sie den untenstehenden Briefumschlag mit dem Sonderstempel und dem Bild des letzten Fackelläufers von Melbourne, Ron Clarke.

Coubertin –, überall brennende Bedürfnisse zu befriedigen. All people, all nations! Come together! Auch die Presse braucht neuen Stoff, um das Thema am Kochen zu halten. Und gute Schlagzeilen bringen Aufträge, damit der Schornstein meiner Sponsoren weiter rauchen kann.
Damit endete meine erste olympische Mission. Bevor ich mir weiter an dem Thema die Finger verbrenne, sage ich nur: Wasser marsch! Und auf nach Australien, wo wir anschließend den Event in hundert Tagen abgefackelt haben. Die Olympische Flamme von Sydney ist nun wieder verloschen, doch die Idee schwelt weiter. Aber Vorsicht, immer schön warm halten. See you 2004!

Kein Schatten über dem Yarra River

Heinz Florian Oertel

Ein Lebenstraum ging in Erfüllung: mit 24 Jahren erstmals Rundfunkreporter bei den Olympischen Spielen 1952 in Helsinki.

Sydney 2000 waren erst die zweiten Olympischen Spiele in der südlichen Hemisphäre. Die ersten fanden 1956 in Melbourne statt. Nach der Premiere im Winter in Cortina d'Ampezzo nahm an ihnen zum ersten Mal eine gemeinsame deutsche Mannschaft teil. Nur wenige deutsche Journalisten waren akkreditiert: Etwa 20 aus der Bundesrepublik, 11 aus der DDR. Einer von ihnen war Heinz Florian Oertel. Die Farbbilder für diesen Beitrag schoß der Box-Olympiasieger Wolfgang Behrendt, der damals noch ein Knipser war. Niemand ahnte, daß aus ihm auch mal ein preisgekrönter Fotograf werden sollte.

Von den Bauklötzern, die ich 1956 als Olympia-Radioreporter in Melbourne staunte, hätte sich schon damals ein Sydney-Tower errichten lassen. Ich staunte über alles. Und ich freute mich über fast alles. Mit dem Riesenzeitblick zurück, immerhin 44 Jahre: Jene Spiele der XVI. Olympiade bilden bei meinen 17 Olympiareporter-»Starts« den niemals mehr erreichten Höhepunkt. Trotz Helsinki 1952 und dann Rom, Tokio, Mexiko bis Seoul 1988 …

Warum dieses Votum? Sicherlich wegen der vielen Einmaligkeiten und immer noch Ersteindrücken, obwohl ich vor Melbourne schon Helsinki und Cortina d'Ampezzo erlebte. Doch besonders bestimmen erfüllte Träume und erreichte Ziele das leidenschaftliche Urteil. Melbourne, das war gut zehn Jahre nach Kriegsende. Alles, was damit zusammenhing, hatte in mir neue Hoffnungen geweckt. In und mit Helsinki sah ich sie schon bestätigt. Doch mit Melbourne vollzog sich der nächste wertvolle Schritt, und das, obwohl sich die erst ein Jahrzehnt lang befriedete Welt wieder spaltete, sich neue Probleme, menschengemacht, auflud. Vielleicht tat es gerade deshalb gut, »am anderen Ende der Welt« für ein paar Olympiawochen mit der Sportlerfamilie aus 69 Ländern zu leben. Und: Dabei eine deutsche Mannschaft. Anders als in Helsinki eine mit Athleten aus West (123) und Ost (36). 1952 beschrieb ich zwar die Leistungen der Marianne Werner, Schade, Ulzheimer, Lueg, Basel, Thiedemann, Schwarzmann, Klein und Stollenwerk … Doch die Ungerechtigkeit und Unkorrektheit, daß die Schmidt, Balzer, Donath, Schur, Meister und Roback aus der DDR nicht dabei sein durften, bedrückte mich sehr. 1956, schon in Cortina und dann in Australien mit einer gemeinsamen deutschen Mannschaft zu starten, bedeutete mir den größten Erfolg der Spiele, noch vor allen Medaillen.

Gegenseitiger Respekt, Achtung und Anerkennung aller Teilnehmer, gleich welcher Herkunft, Hautfarbe und Überzeugung, kennzeichnet die Olympische Idee. Seit Helsinki verstärkten sich Tendenzen endlicher Verwirklichung von Friedlichkeit und Toleranz. Welches Glück und welche Genugtuung, mit der – zugegeben kleinen – Chance, als Reporter mitzuwirken.

Mit diesem Inhalt und mit dem farbigen Trubel der Melbourner Tage erfüllten sich also kleine

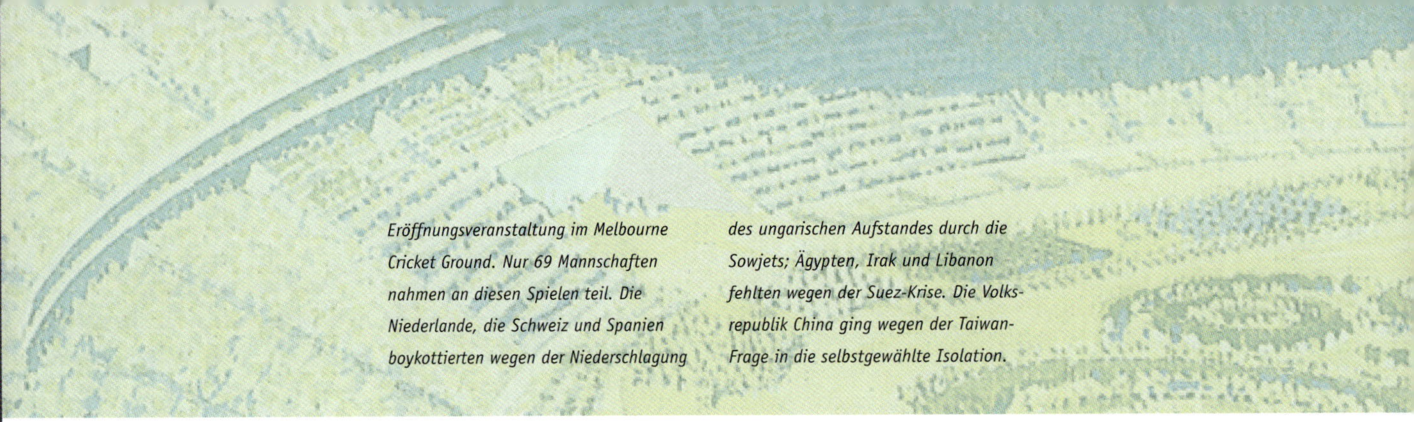

Eröffnungsveranstaltung im Melbourne Cricket Ground. Nur 69 Mannschaften nahmen an diesen Spielen teil. Die Niederlande, die Schweiz und Spanien boykottierten wegen der Niederschlagung des ungarischen Aufstandes durch die Sowjets; Ägypten, Irak und Libanon fehlten wegen der Suez-Krise. Die Volksrepublik China ging wegen der Taiwan-Frage in die selbstgewählte Isolation.

Träume jener großen Hoffnung. Wie im Begeisterungstaumel zog alles vorüber. Taten der Dreifach-Goldmedaillengewinner im Sprint, Betty Cuthbert von den Gastgebern und Bobby Morrow aus den USA. Unvergeßliche, weil alle zermürbende Tempowechsel von Wladimir Kuz (UdSSR), der die 5000 m und 10 000 m beherrschte. Wiedersehen mit den Helsinki-Matadoren Ferreira da Silva, Brasiliens Dreispringer-As, und Stabhochspringer Bob Richards (USA), dem »fliegenden Pastor«. Erste Begegnung mit Al Oerter (USA), dem Dauer-Diskus-Dominator. Und erneut ereiferte ich mich beim Marathon. Zwar waren die Könige von Helsinki, Zátopek und Mimoun, in die Jahre gekommen, 36 bzw. 35 Jahre alt, aber wieder zeigten sie ein grandioses 42,195-km-Rennen, und alles bei 30 Grad im Schatten. Ich brauche nur bis drei zählen, dann sehe ich die alten Bilder ... Mimoun, mit vollem klingenden Namen O'Kacha Alain Mimoun, der für Frankreich startende Algerier, ließ diesmal dem Helsinki-Sieger Emil Zátopek keine Chance. Doch O'Kacha wartete am Ziel minutenlang, bis Emil, sein Sportwidersacher, aber Lauffreund, eintraf. Er umarmte ihn herzlich, und 100 000 im Melbourne Cricket Ground erhoben sich, um die Giganten zu begrüßen.

Krieg muß der Vergangenheit angehören

Der 17jährige Zimmermannslehrling John Ian Wing, ein gebürtiger Chinese, sandte vor dem Ende der Olympischen Spiele von 1956 in Melbourne folgenden Brief an den Präsidenten des Organisationskomitees:

Sehr geehrter Herr Hughes,
ich erlaube mir, Ihnen vorzuschlagen, auch bei der Abschlußzeremonie einen Marsch zu veranstalten ... Während des Einmarsches sollte nur eine einzige Nation zu sehen sein. Krieg, Politik und Nationalismus müßten der Vergangenheit angehören. Kein Team sollte zusammen sein; und da, wo Mannschaftskameraden nebeneinander gehen, dürfen es nicht mehr als zwei sein. Sie müssen sich alle verteilen ... Ich bin sicher, daß jedermann, und auch Sie selbst, anläßlich dieses großen Ereignisses damit einverstanden sein wird ... Keiner sollte das vergessen. Die wichtigste Sache bei den Olympischen Spielen ist nicht der Sieg, sondern die Teilnahme.

Die Idee wurde beraten, angenommen und seitdem beibehalten.

Landeanflug auf Melbourne. Silbrig glänzte die Phillip Bay, auf der - unmittelbar vor der Stadt - auf offener See die Segelwettbewerbe ausgetragen wurden.

In unserem kleinen DDR-Radioteam mußte jeder vieles tun. Bei der Leichtathletik teilten wir uns die Arbeit, die immer »himmlisches« Vergnügen war. Werner Eberhardt, Wolfhard Kupfer, die jahrzehntelangen Gefährten, und ich. Dann pilgerte ich zum Radrennen und übertrug auch Boxen. So hatte ich Glück, auch den allerersten Golderfolg eines DDR-Athleten zu schildern. Es geschah am 1. Dezember, spät abends; aber so erfreulich auch Wolfgang Behrendts Sieg im Bantamgewicht gegen Song aus Südkorea ausfiel, ich stiefelte stinksauer durch die Nacht ins Hotel. Die damals noch komplizierte und anfällige Technik schlug mir nämlich ein Schnippchen.

Alles, was wir drei sprachen, ging per Kurzwelle über die 20 000 Kilometer nach Hause; oder über Radiotelefon, das in einer Londoner Zentrale zur Weiterverteilung aller europäischer Stationen auflief. Manchmal kam es zu Fehlschaltungen. Bei Behrendts Goldkampf ging jedoch die komplette dritte Runde, also die Entscheidung, in die Binsen. Kein Wort kam an ... Ich war k.o. Schon bei den Leichtathletikübertragungen türmten sich Hürden. Immer hieß die Zwangsparole: langsam sprechen! John Wicking, der uns zugeteilte Techniker von der Australian Broadcasting Company – ein prima aufgeschlossener und hilfsbereiter Mann – und Herbert Küttner, unser erstklassiger Studiosprecher im heimatlichen Funkhaus, mahnten Tag für Tag: »Please, slow ...!« »Achtung, Männer, langsam, langsam bleiben ...!« Es drohte unverständliches Ätherwellengemurmel. So quälten wir uns oft stocksteife, temperamenttötende Satzfragmente ab. »Start! Gelungen! Strickland de la Hunty führt. Birkemeyer noch Zweite. Keine Hürdenstrauchler ... Ziel! Der Einlauf ...« Zwischen den Stümpersätzen noch Pausen. Kurzum, eigentliches alles antireporterisch. Damals fluchten wir. Heute heißt es lachen ... Großartig bleibt auch, was die deutschen Radrenner schafften. Auf dem Broadmeadows-Kurs kamen Horst Tüller als Vierter und Gustav-Adolf Schur als Fünfter ins Ziel. Alle distanzierte mit einem

Ankunft in »Down under« nach 64 Stunden Reisezeit mit einer DC-6B der SAS: Der Hallenser Boxer Ulrich Nitzschke (vorn links) hatte hier noch gut Lachen. Doch sein Verhängnis wurde das ungewohnt gute Essen. Der Halbschwergewichtler, der 1953 der erste Europameister der DDR war, bekam Probleme mit seinem Gewicht, so daß er ins Schwergewicht ausweichen mußte, wo er dann auch noch in der ersten Runde nach einem umstrittenen 2:3 gegen einen Italiener ausschied.

Erfolgreichste Teilnehmer

	G	S	B
Keleti, Ágnes (HUN) (Turnen)	4	2	0
Latynina, Larissa (URS) (Turnen)	4	1	1
Tschukarin, Wiktor (URS) (Turnen)	3	1	1
Muratow, Walentin (URS) (Turnen)	3	1	0
Rose, Murray (AUS) (Schwimmen)	3	0	0
Morrow, Bobby Joe (USA) (Leichtathletik)	3	0	0
Cuthbert, Elizabeth „Betty" (AUS) (Leichtathletik)	3	0	0
Fraser, Dawn (AUS) (Schwimmen)	2	1	0
Crapp, Lorraine (AUS) (Schwimmen)	2	1	0
Mangiarotti, Edoardo (ITA) (Fechten)	2	0	1

Finale-Soloritt Italiens Ercole Baldini, ein Pedaleur der Extraklasse. Die Mannschaftswertung ergab sich damals aus der Addition der besten drei Plätze. Das bescherte Tüller, Schur und Pommer, einem echt gesamtdeutschen Team, Bronzemedaillen. Unvergessen bleiben für mich auch die Schwimm-Erinnerungen. Nur in Helsinki und eben in Melbourne war ich dazu eingesetzt. So schilderte ich die Entscheidung im 200-m-Brustschwimmen der Frauen. Im proppenvollen, überfüllten Hallenstadion schwitzte ich literweise Wasser, während sich im aufgewühlten Bassinwasser Ursula Happe (West) und Eva-Maria ten Elsen (Ost) Gold und Bronze sicherten. Seither kommentierte ich niemals mehr einen Schwimmerwettbewerb.

Oder: Gewichtheben. Auch da bot mir Melbourne Besonderes. Exhibition Building hieß der Schauplatz, und weiß der Kuckuck, ich sah Show. Männer, Schwergewichtler, die fast drei Zentner wogen und sich wie beatmete Standuhren bewegten. Mir blieb der Mund vor Staunen offen. Dann kramte ich zusammen: »Selvetti, Argentinien, wuchtete im Dreikampf 500 kg. Aber auch Anderson, USA, genannt der 'Kran aus Tennessee', brachte das zur Hochstrecke. Nun entscheidet die Waage: Wer weniger wiegt, gewinnt ...« Anderson war's, der Koloß der Kolosse.

Wie im Leben, ist es auch im Sport, dem Spiegelbild des Lebens. Glück und Pech liegen oft dicht beisammen. Im 1500-m-Vorlauf traf, vollkommen unbeabsichtigt, Australiens Favorit, Exweltrekordler und olympischer Eidsprecher John Landy, den Fuß von Siegfried Herrmann. Achillessehnenriß! Monatelang kämpfte sich der Thüringer nach Melbourne wieder in Form, rannte später Welt- und Europarekorde. Doch die Olympiachance war dahin. Die nutzten zwei Außenseiter. Irlands Ron Delany, damals 21. der Weltrangliste, holte Gold, und der damalige Leipziger Klaus Richtzenhain Silber. Er distanzierte die Favoriten Landy, Tabori, Hewson ...

Landys Landsmann, Melbourne-Fackelträger Ron Clarke, damals 16 Jahre, begegnete ich später bei vielen Klasserennen von Oslo bis Tokio. Er brach 16mal die Weltrekorde von zwei Meilen bis zum Stundenlauf, vor allem die über 5000 und 10000 m. Doch bei Olympischen Spielen lief er glücklos. Wer hätte 1964 gedacht, daß die bronzene vom 10000-m-Lauf seine einzige Medaille bleiben sollte?

Vom Hotel »New Treasury«, wo wir in Stadionnähe wohnten, bis zur Port Phillip Bay, dem Segelrevier, wo der Berliner Finn-Segler Jürgen Vogler – bis zuletzt DDR-Verbandstrainer – einen beachtlichen vierten Platz belegte, durchstreiften wir über drei Wochen lang die Stadt am Yarra River. Und es gäbe noch viele Details zu rekapitulieren. Christa Stubnicks

Melbourne im Weihnachtsschmuck. Die Spiele gingen erst kurz vor dem Fest zu Ende, als in Australien der Hochsommer begann.

Spiele der XVI. Olympiade Melbourne

22. November bis 8. Dezember 1956
69 Mannschaften,
3182 Sportler (davon 370 Frauen)
16 Sportarten, 145 Disziplinen*
1341483 Zuschauer,
ca. 800 Journalisten
(keine Originalfernsehübertragungen mit Ausnahme des australischen Lokalfernsehens)

** Ohne Reiten, das vom 10. bis 17. Juni 1956 in Stockholm ausgetragen wurde.*

Medaillenwertung*

	G	S	B
URS	37	29	32
USA	32	25	17
AUS	13	8	14
HUN	9	10	7
ITA	8	8	9
SWE	8	5	6
GER	6	13	7
GBR	6	7	11
ROM	5	3	5
JPN	4	10	5
FRA	4	4	6
TUR	3	2	2
FIN	3	1	11
IRI	2	2	1
CAN	2	1	3
NZL	2	0	0
POL	1	4	4
TCH	1	4	1
BUL	1	3	1
DEN	1	2	1
IRL	1	1	3
NOR	1	0	2
MEX	1	0	1
BRA	1	0	0
IND	1	0	0
YUG	0	3	0
CHI	0	2	2
BEL	0	2	0
ARG	0	1	1
KOR	0	1	1
ISL	0	1	0
PAK	0	1	0
RSA	0	0	4
AUT	0	0	2
BAH	0	0	1
GRE	0	0	1
SUI	0	0	1
URU	0	0	1

** Einschließlich Olympische Reiterspiele*

zwei Silbermedaillen über 100 und 200 m. Larissa Latyninas Turnshow, ebenso die ihrer ungarischen Konkurrentin Ágnes Keleti. Beide avancierten zu den Queens der Spiele mit jeweils vier Goldmedaillen. Schließlich – wem sagen heute, 44 Jahre später, noch diese Namen etwas? Jaschin, Netto, Salnikow, Simonjan, Strelzow ..., alle gewannen Gold für die UdSSR und spielten Weltklasse-Fußball.
Melbourne-Erinnerungen wären unvollständig, erzählte ich nicht von freundlicher und angenehmer Zusammenarbeit mit den westdeutschen ARD-Radioreportern. Herbert Zimmermann aus Hamburg, leider dann viel zu früh verstorben, Gerd Krämer aus Stuttgart, später beim ZDF, Kurt Brösamle, Berlin, waren von dem kollegialen Format, das spätere Reportergenerationen nicht immer erreichten.
Es blieb, was schon den »Rasenden Reporter« Egon Erwin Kisch bei seiner »Landung in Australien«, 1934, begeisterte, und was wir historisch der Australien-Entdeckung von Leutnant James Cook zu danken haben, dessen »Endavour« 1770 nördlich von Cairns auf ein Riff lief, worauf er die Reparaturzeit nutzte, um den Ostteil des neuen Kontinents für die englische Krone in Besitz zu nehmen. Dieses ferne Land, dieses wunderbare Stück Erde mit seinen weltoffenen und liebenswerten Menschen und den damals (noch) bescheidenen Olympischen Spielen.
Wir verließen es 1956 kurz vor Weihnachten. Eine Super-Constellation, viermotorig – an Düsenjets war noch nicht zu denken – brachte uns nach Hause. Alles in allem 40000 km mit zwei Äquatortaufen, Zwischenlandungen und Aufenthalten in Rom, Karatschi, Bangkok, Manila, Biak, Sydney und auf dem Rückflug auch in Khartum. Mir fällt nichts ein, was Schatten auf jene Wochen wirft. Wenn überhaupt, dann die Schwierigkeit, bei 30 Grad im Dezemberschatten in Melbourne und Sydney Adventsstimmung zu fühlen. Weihnachtsglocken und Lieder begleiteten durch alle Straßen und Kaufhäuser, in Hotels und auf Flughäfen.
Geblieben ist auch das traditionelle Freundes- und Abschiedslied, Australiens romantisches »Waltzing Mathilde«. Wenn ich die Augen schließe, höre und träume ich wieder ...

Drei Runden, die mein Leben veränderten

Wolfgang Behrendt

Als ich am 6. November 1956 nach 64 Stunden Reisezeit und 23 000 zurückgelegten Kilometern in Melbourne die DC-6B verließ, war ich Mitglied der ersten gesamtdeutschen Olympiamannschaft nach dem 2. Weltkrieg. Unsere frühe Anreise, 16 Tage vor der Eröffnung der Olympischen Spiele, erwies sich als sehr zweckmäßig, denn wir benötigten bis zu sieben Tage für die Zeit- und Klimaumstellung. Während mir anfangs das regnerische Wetter zu schaffen machte, setzte pünktlich mit dem Eröffnungstag am 22. November der australische Sommer mit Temperaturen von über 30 Grad ein, so daß für mich die Welt in Ordnung war.

Die Trainingsbedingungen, die wir vorfanden, waren vorbildlich, doch ein Problem blieb es, geeignete Sparringspartner zu finden, da wir aus der DDR nur Boxer mit unterschiedlichen Größen und Gewichten waren und unsere bundesdeutschen Kollegen erst kurz vorher eintrafen. In dieser Situation sprang der bekannte polnische Trainer Feliks Stamm ein, der Erich Sonnenberg, der uns betreute, anbot, mit seiner Staffel, zu der sechs Europameister gehörten, zu trainieren. Für ihn eine riskante Sache. Denn damit hätten wir die Möglichkeit gehabt, uns auf die polnischen Boxer einzustellen, wenn wir gegen sie ausgelost worden wären.

Der Turnierverlauf wollte es dann, daß ich viel mit Harry Kurschat zusammen gewesen bin, der Berliner wie ich war; nur aus der anderen Hälfte der Stadt. Als einzige Deutsche rückten wir ins Finale vor. Da wir in Gewichtsklassen boxten, die sich einigermaßen ähnelten – er im Leichtgewicht, ich im Bantam –, bestritten wir die Vorbereitung auch gemeinsam, zumal wir uns von Anfang an sympathisch waren. Und wir hatten auch die gleichen Gewichtssorgen: Doch zum Glück hatte Harry einen Tag vor dem Finale einen Abführtee bei sich, der den Körper nicht schwächte, so daß wir trotz eines Kilos Übergewicht auch nicht hungrig ins Bett gehen mußten. Als am nächsten Morgen beim offiziellen Wiegen dann auch noch das erforderliche Gewicht stimmte, kam gute Laune auf, denn der gefürchtetste Gegner für mich war immer die Waage.

Doch der Reihe nach: Das Los führte mich im ersten Kampf mit dem Dänen Henrik Ottesen zusammen, der vom Namen her nicht der schwerste Kontrahent zu sein schien. Doch wie man sich täuschen kann! Mit seiner für einen Bantamgewichtler ungewöhnlichen Größe und der damit verbundenen Reichweite hatte ich meine Probleme. Dazu kam noch die Nervosität beim Einstieg in ein so großes Turnier, so daß ich trotz gut verlaufenen Trainings nicht zu der gewünschten Form fand. Doch in der ersten Pause beruhigte mich Erich Sonnenberg: »Mach's dir doch nicht so schwer, box' doch einfach so wie zu Hause in Berlin-Weißensee.« Genau, das war's. Die nächste Runde überstand der Däne nicht. Nach zwei Niederschlägen warf sein Sekundant das Handtuch. Sehr zur Freude der anwesenden Deutsch-Australier.

Von da an wurde ich wirklich wie in Weißensee begrüßt, was mir half, gegen den Briten Owen Reilly zu bestehen. Mit ihm hatte ich am wahrsten Sinne des Wortes

Deutsche Olympiamedaillengewinner:

Gold

Helmut Bantz (Köln), Turnen, Pferdsprung
Wolfgang Behrendt (Berlin), Boxen, Bantamgewicht
Ursula Happe (Dortmund), Schwimmen, 200 m Brust
Scheuer (Duisburg) / Miltenberger (Herdecke), Kanusport, K 2 10 000 m
Winkler (Warendorf) / Thiedemann (Elmshorn) / Alfons Lütke Westhues (Westbevern), Reiten, Springreiten-Mannschaft
Hans Günter Winkler (Warendorf), Reiten, Springreiten-Einzel

Silber

Briel (Düsseldorf) / Kleine (Lünen), Kanusport, K 2 10 000 m
Wilfried Dietrich (Schifferstadt), Klassischer Ringkampf, Schwergewicht
Karl-Friedrich Haas (Nürnberg), Leichtathletik, 400 m

Vor 44 Jahren in Melbourne bekam Wolfgang Behrendt Lust am Fotografieren. Im Olympischen Dorf in Heidelberg wohnte er in diesem Haus; davor steht Trainer Erich Sonnenberg.
Links: Boxer mit Goldmedaille, dem die Sonne lacht – das Foto schoß Behrendt mit Selbstauslöser.

alle Hände voll zu tun, doch nach drei Runden landete ich einen klaren Punktsieg.
Zwei Tage später wartete im Semifinale der Ire Fred Gilroy auf mich; ein Rechtsausleger, der über eine variable Führungs- und eine harte Schlaghand verfügte, mit der er bereits in der ersten Runde einen der Favoriten, den Russen Boris Stepanow, ausgeschaltet hatte. Aber da ich ja meinen Gegner wegen der »hinkenden« Überkreuzvergleiche nicht gesehen hatte, warnten mich meine Mannschaftskameraden vor ihm, womit sie recht hatten. Gleich zu Beginn sollte ich einen schmerzhaften Leberhaken hinnehmen, so daß ich eine »Erholungs«-Runde einlegen mußte, um mich in die Pause zu retten. Meine Chancen stiegen erst in der zweiten Runde, als ich einen Härtetreffer landete, den der Trainer mit den Worten kommentierte: »Den haste angeschlagen, der ist ja schon ganz weiß im Gesicht.« Am Ende des trefferreichen Kampfes waren wir beide vollkommen erschöpft, doch in der Schlußrunde hatte ich mir noch einen knappen 3:2-Punktsieg sichern können.
Schließlich das Finale: Obwohl ich mir im rechten Bein eine Zerrung zugezogen hatte, war ich guter Dinge, auch als ich erfuhr, daß mein Finalpartner Song Soon Chon alle seine Kämpfe ziemlich klar gewonnen hatte. Zur Taktik des Südkoreaners gehörte es, seine Gegner in den ersten beiden Runden konternd kommen zu lassen, um sie dann in der Schlußrunde mit einem Hagel von Schlägen zu überschütten. Ich dachte, da brauchst du ja nur das gleiche zu tun.
Doch als ich mich im ersten Kampfdrittel zurückhaltend verhielt, wurde auch meine Ecke nervös. »Wolfgang, du mußt mehr machen!«, hörte ich von dort. In der Tat: Ab der zweiten Runde griff ich beherzt und schwungvoll an, und es gelang mir, den sich katzenhaft, aber alles in allem langsam bewegenden Koreaner mit harten linken Haken so zu beeindrucken, daß dieser nicht mehr zu seinem gefürchteten Endspurt ansetzen konnte. Mein Punktsieg fiel klarer aus als erwartet.
Muß ich noch betonen, daß er mein ganzes Leben veränderte? Schließlich war ich der erste Olympiasieger der DDR, der erste deutsche Boxer, der nach dem 2. Weltkrieg eine Goldmedaille gewann, und der erste Berliner auch noch. Herz, wat willste mehr?
Übrigens: Was Harry Kurschat und ich, die ja nur ein paar Kilometer auseinander wohnen, erst durch die Teilung und dann aus irgendwelchen Gründen, die es immer gibt, nicht geschafft hatten, gelang der australischen Botschaft. Sie lud uns »Melbourner« 1999 zu einem Empfang und brachte uns auf diese Weise wieder zueinander. Wir haben uns im Gedränge sogar wiedererkannt. Inzwischen sind wir zwar paar Gewichtsklassen höher gerückt, ansonsten aber immer noch die Alten.

Gisela Köhler (Berlin), Leichtathletik, 80 m Hürden
Harry Kurschat (Berlin), Boxen, Leichtgewicht
Linsenhoff (Frankfurt/Main) / Weygand (Düsseldorf) / Küppers (Duisburg), Reiten, Dressur-Mannschaft
August Lütke Westhues (Westbevern) / Rothe (Warendorf)/Wagner (Bad Gandersheim), Reiten, Military-Mannschaft
August Lütke Westhues (Westbevern), Reiten, Military-Einzel
Klaus Richtzenhain (Leipzig), Leichtathletik, 1500 m
Christa Stubnick (Berlin), Leichtathletik, 100 und 200 m
Therese Zenz (Mettlach), Kanusport, K 1 500 m

Bronze
Eva-Maria ten Elsen (Leipzig), Schwimmen, 200 m Brust
von Groddeck /Arndt / Borkowsky (Wiesbaden), Rudern, Zweier mit Steuermann
Hockeymannschaft der Bundesrepublik
Knörzer (Karlsruhe) / Pohl (Pfungstadt) / Fütterer (Karlsruhe) / Germar (Köln), Leichtathletik, 4x100 m
Liselott Linsenhoff (Frankfurt/Main), Reiten, Dressur-Einzel
Michel Scheuer (Duisburg), Kanusport, K 1 10 000 m
Tüller (Berlin) / Schur (Leipzig) / Pommer (Schweinfurt), Radsport, Straße, Mannschaft
Marianne Werner (Greven), Leichtathletik, Kugel

Gigantismus und Gänsehautfeeling

Kristin Otto
Heinz Florian Oertel

Für die beiden Herausgeber dieses Buches sind Olympische Spiele wichtige und entscheidende Stationen ihrer menschlichen, sportlichen und beruflichen Entwicklung geworden. Beide haben sie unterschiedlich erlebt: Kristin Otto als Aktive und Berichterstatterin, Heinz Florian Oertel 17mal als Reporter. So verschieden ihre Urteile ausfallen, in einem sind sie sich einig: The Games must go on! – Oder in anderen Worten ausgedrückt: Die Spiele sollen der Menschheit erhalten bleiben.

Oertel: Für mich begann Olympia 1936, da war ich neun Jahre alt und hörte im Radio-»Volksempfänger« erste Berichte. Ich habe nicht viel begriffen, aber da ich Leichtathlet war, hat mich einiges fasziniert. Jesse Owens beispielsweise, der vierfache Goldmedaillensieger. Später mit 17, 18 ging mir das, was damals angezündet wurde, als Licht auf. Die Problematik, die damit verbunden war, daß ein Schwarzer gewinnt und noch dazu im nazistischen Berlin, vor Lutz Long, dem Leipziger Weitspringer. Dann anderes: Höckert, Salminen, Iso-Hollo, das waren berühmte finnische Langstreckler. Ich wußte mit neun Jahren nicht, wo ihr Land liegt. Aber mit 13, 14, als ich nachguckte, aha, jetzt kannte ich Finnland. Dann: Juan Carlos Zabala, ein Marathonläufer aus Argentinien, oder Kitei Son, sein koreanischer Konkurrent, der für Japan laufen mußte. Wieder politisch-historische Zusammenhänge. Was damals bei mir angestoßen wurde, bekam in den folgenden Jahren und Jahrzehnten große Bedeutung. Wie war das bei dir, Kristin?

Otto: Ich hatte 1972 zum ersten Mal Olympische Spiele im Kopf, denn ich habe als Sechsjährige den amerikanischen Schwimmer Mark Spitz bewundert, und zwar seit ich sein Foto gesehen hatte, auf dem er die vielen Medaillen um den Hals hat. Darüber habe ich auch einen Schulaufsatz geschrieben. Das eindrücklichste Erlebnis 1976 war für mich, als ich mit meinen Eltern nach Ungarn in den Urlaub gefahren bin und wir auf der Autobahn von einem aufgemotzten Lada überholt wurden, in dem Kornelia Ender und Roland Matthes saßen. Ich habe ihnen durch die Scheibe zugewinkt. Da ich inzwischen mit dem Schwimmsport begonnen hatte, wusste ich seit damals: Mensch, so will ich auch mal werden. Da war natürlich nicht gleich der Vorsatz, ich will Olympiasiegerin sein. Aber das ist doch irgendwie damit verbunden gewesen. So gestalteten sich meine ersten olympischen Begegnungen.

Oertel: Du wurdest dann Olympiasiegerin. Ich konnte nicht daran denken, Olympiasieger zu werden. Ich war während des Krieges junger Hochspringer und hatte auch meine Träume. Klar, so wie Johnson und Albritton, die beiden schwarzen Amerikaner, die 1936 in Berlin das Hochspringen dominierten; so ähnlich wollte ich auch mal werden. Später, mit 25 und älter, ist mir dann klar geworden, daß der Krieg mir alle meine Träume brutal raubte.

Otto: Für mich hieß »olympisch« von Anfang an Sport und nichts anderes. Es gab darüber hinaus keine übergreifenden Dinge, für mich war Olympia der sportliche Wettbewerb. Spaß, Freude, wenn man erfolgreich ist, das Schöne eines sportlichen Wettstreits, das ist für mich ausschlaggebend gewesen, damit habe ich Olympia verbunden.

Oertel: Wir haben beide mehrfach Olympische Spiele erlebt. Ich insgesamt 17mal. 1952 in Helsinki war mein Start, 1988 in Seoul fand für mich das olympische Finale statt. Da kann und darf man Vergleiche ziehen, und man wird auch zu Bilanzen geführt. Eine davon heißt: Olympia war für mich zuallererst ein Fest des Friedens. So platt sich das anhören mag. 1952 Helsinki, das wurde meine erste große Auslandsreise, und solange lag der Krieg noch nicht zurück. Neue Weltstrukturen

haben sich mir dort eröffnet, neue historische Entwicklungen spielten hinein. Ost und West nach dem Krieg. Die UdSSR nahm erstmals an den Spielen teil. 1952 war ich nur baff und enthusiasmiert. Schatten konnte ich zunächst kaum erkennen. Allerdings den, daß keine Sportler aus der DDR teilnahmen, sondern nur welche aus dem westlichen Teil Deutschlands. Aber wir hatten schon gute Leute, Christa Stubnick, Gisela Köhler, die Spinterinnen. Oder Hans Robak, ein Boxer aus Cottbus, meiner Heimatstadt. Wie das alles zusammenhing, ging mir erst später richtig auf.

Aber mit Nichtteilnahme, Kristin, hast du auch Deine Erfahrungen, wenn auch in etwas anderen Zusammenhängen?

Otto: Ich erinnere mich sehr gut an 1984, denn ich war für sieben Strecken qualifiziert. Und dann saßen wir in Magdeburg beim Sportclub in einem Raum, und es wurde uns verkündet, wir würden nicht nach Los Angeles reisen dürfen. Erwachsene Männer, auch Trainer, weinten. Wir hörten fassungslos zu. Ich persönlich war sehr enttäuscht. Aber für mich stand andererseits fest: Ich erlebe Olympische Spiele noch, denn ich war jung. Ich habe versucht, diesen schlimmsten Augenblick in meiner sportlichen Laufbahn schnell zu verkraften. In den vier Jahren bis 1988 bin ich zunächst länger verletzt gewesen, hatte dann ein Comeback und auch große Erfolge, das heißt, ich war ausgelastet und empfand die Zeit nicht lang. Umso aufgeregter war

Kristin Otto und Heinz Florian Oertel in der neuen, modernen Berliner Schwimmhalle an der Landsberger Allee im Juni des Olympiajahres 2000

ich dann, als die Spiele in Seoul näherrückten. Schon das ganze Einkleiden, dann der Flug dahin und die Begrüßung der einzelnen Mannschaften mit Fahne und so. Hat mich alles tief beeindruckt. Obwohl ich dann von Seoul selbst eigentlich nur das olympische Dorf und die Schwimmhalle zu sehen bekam.

Oertel: Kristin, wenn du heute vergleichst, welches waren für dich die schönsten Spiele? Ich kann von mir sagen, daß es die von Helsinki und dann Melbourne geblieben sind. Auch wegen ihrer Bescheidenheit. Es waren freundliche, normale Spiele, auch mit einem normalen Medienecho. All die krankhaften Erscheinungen der nächsten Jahre waren damals höchstens im Keim vorhanden.

Otto: Ich würde sofort Barcelona nennen. Weil ich diese Spiele auch bewußter erlebt habe als die in Seoul. Da hatte ich keine Zeit. In Barcelona konnte ich als ZDF-Journalistin, wenn die ARD dran war, auch Fechten, Turnen und Leichtathletik ansehen. Ich habe die Vielfalt kennengelernt und fand die Atmosphäre schön. Es stellte sich ein familiäres Gefühl ein, man bewegte sich nicht in einer nur auf Kommerz gestellten Welt, was ich später in Atlanta extrem empfunden habe. Und trotzdem, Florian, auch bei aller unterschiedlichen Qualität der Spiele bisher: Ich wäre unbedingt dafür, sich für ihren Erhalt einzusetzen.

Oertel: Die Spiele besaßen großen Wert und besitzen ihn auch heute. Vielleicht sind sie heute sogar wichtiger. Die Welt ist doch nach wie vor zerrissen. Es gibt das Ungleichgewicht von arm und reich, das schwere Dauerkonflikte auslöst. Demgegenüber ist die olympische Idee wenigstens ein philosophischer Entwurf. Sie setzt Zeichen für eine andere Welt, in der sich Völker und Menschen friedlich und freundlich, einander helfend und tolerant verhalten. Das ist nicht kleinzureden.

Otto: Dem schließe ich mich uneingeschränkt an. Ich finde es wichtig, daß Sportler in allen Disziplinen sich friedlich miteinander messen, feiern, weinen und lachen und sich freuen. Dieser Grundgedanke soll erhalten bleiben. Das ist auch das Anliegen der Athleten, die die Spiele wollen und viel Arbeit investieren.

Oertel: Viele der kritischen Anmerkungen sind allerdings seit langem berechtigt. Schon die Olympischen Spiele 1896, von Coubertin reanimiert, waren mit Problemen behaftet. Und auch die vor 2000 Jahren bei den Griechen. Da durften keine Frauen starten. Ein katastrophaler Menschheitsfehler, wenn wir an die Ideale denken, über die wir gerade sprachen. Es durften nur Begüterte erscheinen, Sklaven waren ausgeschlossen. Man sollte also nach meiner Meinung den guten Kern erhalten und die Probleme ernsthaft angehen. Vor allem die fürchterliche Kommerzialisierung, die alle Moral unterhöhlt.

Kristin Otto mit dem Lohn einer großen sportlichen Laufbahn: Sechs Goldmedaillen, gewonnen 1988 während der Spiele von Seoul. 1984 verhinderte der Boykott der Spiele in Los Angeles ihren ersten olympischen Auftritt

Otto: Ach, ich will daran gar nicht so viel Schlechtes finden. Auch wenn der Kommerz, siehe Atlanta, gelegentlich überhand nimmt und wir Olympiasieger bejubeln, die sehr viel Geld damit verdienen. Man soll sich nichts vormachen: Die Olympische Bewegung, für die wir beide aus unseren guten Gründen sind, wird auch vom Geschäftssinn angetrieben. So ist der Lauf der Welt. Ich finde, es liegt am Charakter jedes einzelnen, ein Mensch und fair zu bleiben. Ich tue mich jedenfalls schwer, solche kommerziellen Interessen zu verurteilen.

Oertel: Ich kann Deine Haltung verstehen aus einem einfachen Grund: Du hast noch 50 Lebensjahre vor dir. Ich nicht. Da guckt man auf manche Dinge anders. Der Sport wird, im engsten Sinne des Wortes, überbewertet. Das sage ich als ungebrochener Freund des Sportes. Man setzt Geldmaßstäbe für Leistungen, die allzu oft denen nicht entsprechen und nichts mehr mit den gesellschaftlichen Realitäten und den Leistungen vieler Millionen Menschen zu tun haben. Mithin wirkt der Sport friedenstiftenden Grundwerten entgegen. Alles wird dem Unterhaltungsbedürfnis angepaßt. Das enttäuscht mich sehr. Das ist ein gefährlicher Weg. Insofern, Kristin, unterstreiche ich deine Bemerkung, daß man die Haltung des einzelnen Menschen nicht genug herausstellen kann. Wirkliche Veränderungen in Ethik und Moral gehen nur von unten. Wenn Millionen sich selbst verändern. Das muß auch für Sportler gelten. Ziel ist mehr Bescheidenheit und Normalität. Im Erfolg sich gegenseitig zu achten und zu helfen.

Otto: Mit der Bescheidenheit, das ist eine zwiespältige Sache. In jeder Hinsicht. Den Medien werden da mit die größten Vorwürfe gemacht, weil sie aus ihren Interessen heraus angeblich alles aufblähen und überdehnen. Richtig, das ist die Wahrheit: Es gibt inzwischen mehr Medienvertreter

als Athleten bei Olympischen Spielen, und ich weiß, daß man als Sportler darunter leiden kann. Aber wieso sollen sich die Medien entschuldigen, wenn rege Nachfrage besteht? Wer fängt an und bleibt bescheiden zurück? Alle wollen dabei sein, und das spricht ja nicht gegen die Olympischen Spiele. Das sage ich in Kenntnis der Tatsache, daß man so was auch anheizen kann. Ich bin schon dafür, möglichst viel zu zeigen. Nur so wird man allen Sportarten und der Vielfalt der Spiele gerecht. Mich stören mehr die Geschichten dazu und ringsherum, die zum Wettkampfgeschehen noch erfunden werden. Das Herumschalten dagegen von diesem Stadion in jene Halle finde ich reizvoll.

Oertel: Medien sind ein wunder Punkt, aber Gigantismus trifft man inzwischen nicht nur dort. Wenn Olympia ein moderierendes Moment der Menschheit bleiben soll, ein vermittelndes, sollte es beispielhaft vorangehen. Auch in Architektur und Technik. Es müßten nicht diese monströsen Bauten sein. Nicht 14 oder 16 Stunden Übertragungen am Stück. Wenn wir uns zur menschlichen Dimension zurücktasten wollen, ginge es nicht zuletzt über ein vernünftiges Maß auch dieser Äußerlichkeiten. Und dann gehören die schrecklichen Medaillenspiegel abgeschafft.

Otto: Ich bin hinter diesen Medaillenspiegeln nicht sonderlich her. Aber ich muß jetzt wieder die Interessen unserer Zuschauer vertreten. Es ist immer noch so,

Oertel und Otto verbindet nicht nur die Liebe zum Sport, auch die zum Beruf. Als Fernsehreporter sieht man die Welt aus einer ganz eigenen Perspektive, auch wenn sie verschiedenen Generationen angehören

daß definitiv Medaillenspiegel gewünscht werden. Da hat sich zu früher, als das mehr als Element des Kalten Krieges verstanden wurde, nicht sehr viel geändert.

Oertel: Das Medaillenzählen ist anachronistisch und das Widersprüchlichste, was es zur Olympischen Idee gibt. Denn da soll der einzelne im Vordergrund stehen. Wenn man 1912 diesen Fehler gemacht hat: Da war die Chancengleichheit noch größer als heute. Aber wenn sich jetzt Riesenreiche wie die USA und Rußland mit Ländern messen wie den Bermudas, mit Andorra oder Ruanda, das ist Katastrophe und Beleidigung, das ist ein Schlag ins Gesicht der Ideale.

Otto: Ich glaube, daß ein Sportler darauf gar keinen Wert legt. Er befaßt sich nicht mit solchen Tabellen. Ich kenne jedenfalls keinen. Womit wir erneut bei dem Punkt sind, daß die Perspektive der Aktiven und die Erwartungshaltung der Zuschauer und der Öffentlichkeit mitunter sehr unterschiedlich sind. Das liegt in der Natur der Sache, aber allzu groß sollte diese Schere auch nicht werden. Sonst nimmt die Sache insgesamt Schaden. Häufig müssen sich Athleten schon dem Druck von außen beugen: Kleidung, Zeitpläne, selbst das Regelwerk wird schleichend oder offen nicht zuletzt den Fernseherfordernissen angemessen. Das ist durchaus nicht immer nachteilig, aber es gibt Grenzen.

Oertel: Da wäre die Frage, ob es dann wirklich einen sogenannten Olympischen Geist gibt, mit dessen Hilfe beispielsweise auch gegen die pure Gewinnorientierung bis hin zum Medaillenspiegel vorgegangen werden kann. Ich habe da meine Schwierigkeiten. Zwar kann ich mir vorstellen, was gemeint ist: Daß es um Fairness, gegenseitige Achtung geht, um Toleranz und Ritterlichkeit; aber das wird bei anderen Sportwettkämpfen auch praktiziert oder sollte praktiziert werden. Die Besonderheit des Olympischen Geistes ist wohl mehr eine Wunschvorstellung, aus der praktisch nicht viel erwächst.

Otto: Ich werde mich hüten, den Olympischen Geist zu erklären. Ich glaube auch nicht, daß man hohe praktische Anforderungen an ihn stellen sollte. Aber ein bißchen beschreiben kann ich ihn schon. Es ist so ein Gänsehautfeeling. Der Marathoneinlauf im Stadion zum Beispiel, die Massen erheben sich und jubeln den Läufern oder Läuferinnen zu. Das war eine Atmosphäre, von der ich dachte, das erlebst du nur bei Olympischen Spielen. Ich finde auch, die Siegerehrungen sollten so bleiben wie sie sind, mit allen Symbolen, also Fahnen und Hymnen. Die Vorstellung der Athleten vor den Wettkämpfen sollte ebenfalls beibehalten werden, denn all das schafft das besondere Flair.

Oertel: Ich habe in meinem Leben mit Fahnen, Wimpeln, Abzeichen und anderen Kennzeichnungen auch schlechtere Erfahrungen gemacht. Generell kann ich dir zustimmen, daß Olympische Spiele wohl auch als ein Stück Kulturgeschichte und Gegenwart der Menschheit zu sehen sind. Und da müssen Änderungen wohl überlegt sein, und vor allem müßte es Antworten geben, womit man das eine oder andere ersetzen will. Als Grunddenkrichtung beharre ich da auf meinem Punkt Bescheidenheit und auf Epikur: Weniger ist (fast) immer mehr. Ich möchte, daß die Spiele eine beispielhaft kulturvolle Veranstaltung bleiben, besser: wieder werden, die ihre Kraft aus dem sportlichen Alltag, aus dem Normalen des Lebens bezieht und nicht als Hollywood-Inszenierung Firlefanz verbreitet.

Otto: Die Verbindung zu denen, die täglich sportlich aktiv sind, darf wirklich nicht verloren werden. Ich sehe, daß es heute viel schwieriger ist, junge Leute zu gewinnen, sich für sportliche Spitzenleistungen zu schinden, das heißt, die Zeit dafür zu finden. Wenn ich die gegenwärtigen Bedingungen vergleiche mit den unsrigen damals, kann ich nur sagen, da waren meine luxuriös. Für das NOK und die anderen verantwortlichen Organisationen sollte es ein wichtiger Punkt sein, auch die zu unterstützen, die noch keinen Namen haben und vielleicht sportlich auch nie einen bekommen. Sonst wird es wirklich problematisch, da gebe ich dir recht, Florian. Jede Bewegung muß in ihre Basis investieren, sonst bricht sie eines Tages zusammen.

Oertel: Coubertin hat sich seinerzeit die Frage gestellt, was die Olympischen Spiele sein sollen: Markt oder Tempel? Beides scheint mir keine Lösung. Wenn es nur nach Vermarktungsstrategien geht, bleiben Länder wie China oder Südafrika, wir haben es gerade bei der Vergabe der Fußball-WM gesehen, schnell draußen. Aber dort gibt es riesigen Zuspruch für Olympia, während sich andere schon davon abstoßen. Allein das Diktat des Marktes kann die olympische Zukunft jedenfalls nicht sichern.

Schwarzweißrote Kaiserfarben mit gezähmtem Adler

Volker Kluge

Kaiseradler von Emil Döpler, getragen von Camillo Ugi, Mitglied der deutschen Fußballmannschaft, Stockholm 1912

Olympia ist stets ein Festival der Haute Couture. Sydney machte da keinen Unterschied. Die Spiele waren allerdings immer auch ein Brennglas für komplizierte Statusfragen, bei denen vor allem die Deutschen ganze olympische Kapitel geschrieben haben, weshalb in IOC-Kreisen seit den 50er Jahren von den »Querelles d'Allemands« die Rede war. Keine Mannschaft wechselte in der Geschichte so häufig die Farben, Fahnen, Embleme, Hymnen und Bezeichnungen wie die Deutschen.

Olympiateilnehmer sind keine Models, ein Olympiastadion ist kein Laufsteg, und auch Schönheitspreise wurden in Sydney offiziell nicht vergeben. Dennoch: Jeder/jede will, ja soll gut aussehen, was sogar der Bundesregierung eine schöne Stange Geld wert war. Denn es geht um das »Deutschlandbild«, was man sich darunter auch immer vorzustellen hat.

Etwa 2600 Mark kostete eine Sydney-Kollektion, die einen ganzen Koffer füllte und zu der drei Teile gehörten: erstens das offizielle Outfit, das für die Damen aus einem silbergrauen Hosenanzug und für die Herren in einem tintenblauen einreihigen Anzug mit den entsprechenden Accessoires bestand, zweitens die »Active-Wear«, die von Chefdesigner Jo Meurer in Zusammenarbeit mit der Firma adidas entwickelt wurde, drittens die »Casual-Wear«, wozu man früher Freizeitbekleidung sagte. Um es vorwegzunehmen: Die Deutschen fielen nicht unangenehm auf, allerdings gingen sie auch nicht gerade als modische Avantgardisten in die olympische Geschichte ein. Auch eine Tradition.

»Vatermörder« und Mausgraue

Als die Deutschen 1896 erstmals teilnahmen, gab es noch keine offizielle Mannschaftskleidung. Da aber elf der 19 Teilnehmer Turner waren, dominierte mausgrau, denn diese Unfarbe hatte »Turnvater« Friedrich Ludwig Jahn, der solchen Fragen viel Zeit widmete, seinen Jüngern verordnet. Doch es war nicht so sehr sein Geschmack, der dominierte, sondern sein soziales Verantwortungsgefühl. Denn graues Leinen, so Jahn, konnte sich jeder leisten, und da beim Turnen Leistungen gefragt waren und es keine Standesunterschiede geben sollte, verordnete er eine Einheitskleidung, die später von der Deutschen Turnerschaft zur Pflicht gemacht wurde, selbst als Hosen aus Tuch in Mode kamen.

Dazu waren die Turner mit T-Shirt ähnlichen weißen Trikothemden mit langen Ärmeln bekleidet, die 1880 von den Amerikanern erstmals beim 5. Deutschen Turnfest in Frankfurt/Main gezeigt worden waren und die sich danach schnell durchgesetzt hatten.

An den Füßen hatten sie schwarze Slipper. Dagegen wurde das Tragen von Abzeichen aller Art als »unturnmäßig« abgelehnt, übrigens auch das Mitführen von Trinkhörnern, knotigen Stöcken und langen Tabakspfeifen, wie es in der Deutschen Turnfestordnung hieß.

Die Eitelkeiten wuchsen, als 1906 in Athen der Einmarsch der Nationen – heute fester Bestandteil jeder olympischen Eröffnungszeremonie – eingeführt wurde. Doch die Mannschaften boten ein buntes Bild. Was sah man da nicht alles: Die einen kamen in knappen Athletenleibchen, die anderen in Pullovern, wieder andere in Jakkets, die Offiziere standesgemäß in Paradeuniform.

Die wenigen Damen trugen lange Röcke und Blusen, oftmals mit den damals schicken Matrosenkragen. 1908 in London wurden die Sportler erstmals gebeten,

Foto rechts: Reichswappen von Tobias Schwab, 1932 getragen von Johannes Eckstein, Silbermedaillengewinner im Wasserball. Auf der gegenüberliegenden Seite: links der Nazi-Adler, wie ihn die Olympiamannschaft von 1936 trug; daneben: Saar-Emblem von 1952 aus dem Fundus von Helga Bühler-Hoffmann; unten: das Emblem der gesamtdeutschen Mannschaft von 1956, getragen von Box-Olympiasieger Wolfgang Behrendt auf seinem Wettkampftrikot.

einheitlich in Sportkleidung zu erscheinen, was sich aber keineswegs durchsetzen ließ. Aber die deutschen Turner zeigten sich vorbildlich, und sie waren mächtig stolz auf ihre blauen Anzüge, die auch 1912 dominierten. Dazu wurde ein weißes Hemd mit einem steifen Kragen getragen, dem sogenannten »Vatermörder«.

Demokratischer Farbenwechsel

Obwohl sich kaum noch einer dessen bewußt ist: Die Mannschaft von 1912 hat bis heute das Aussehen der deutschen Olympioniken geprägt, was folgende Bewandnis hat. Die sogenannte »Hauptkleidung« bestand damals in Stockholm aus einer weißen Laufhose und einem weißen Trikot mit einem roten Brustring, auf dem der schwarze Kaiseradler prangte. Diese drei Farben – schwarz, weiß und rot – bildeten seit dem 25. Oktober 1867 die Flagge des Nordddeutschen Bundes, die notwendig geworden war, da neuerdings die Handelschiffe mit Fahnen kenntlich gemacht wurden, um sie nach Herkunftsländern identifizieren zu können. Per Gesetz vom 8. November 1892 wurde »die Bundesflagge« auch als »deutsche Nationalflagge« übernommen. Die farbliche Komposition ging angeblich auf Reichskanzler Bismarck zurück: Schwarz und weiß standen für Preußen, rot und weiß für Brandenburg.
Nach dem verlorenen 1. Weltkrieg und der Abdankung von Wilhelm II. galten die Kaiserfarben für geschichtlich verbraucht, und es begann der Kampf um eine neue Reichsfahne. Der beabsichtigte Farbenwechsel hatte in der Debatte der Nationalversammlung vom 2. Juli 1919 jedoch lange Redeschlachten zur Folge, nachdem der Rechtsausschuß mit 16:12 Stimmen die Einführung von Schwarzrotgold empfohlen hatte, was seinen Ursprung in den Befreiungskriegen gegen Napoleon hatte. Damals, 1813/14, hatten die Lützower Jäger schwarze Uniformen mit roten Beschlägen und goldenen Knöpfen getragen. Fahnen mit diesen Farben waren anschließend erstmals beim Wartburgfest gesichtet worden.
Schließlich hatte auch die Frankfurter Nationalversammlung von 1848 beschlossen: »Die deutsche Kriegsfahne besteht aus drei gleich breiten horizontal laufenden Streifen, oben schwarz, in der Mitte roth, unten gelb.«
An diese Tradition wollten die neuen Weimarer Demokraten anknüpfen, was ihnen aber von den Gegnern der Republik als Verrat ausgelegt wurde. Schließlich gelang es den Sozialdemokraten, den bürgerlichen Parteien einen Kompromiß abzutrotzen. Danach waren ab 11. August 1919 die neuen Reichsfarben »schwarz-rot-gold«, doch es hieß auch: »Die Handelsflagge ist schwarz-weiß-rot mit den Reichsfarben in der oberen inneren Ecke.«

Entmilitarisierter »Pleitegeier«

Als die Deutschen als Kriegsverlierer erstmals wieder 1928 an den Olympischen Spielen teilnehmen durften, spielten Fragen des öffentlichen Auftretens eine große Rolle. Da dank der Spenden der Industrie – allen voran der IG Farben – ausreichend Geld verhanden war, erhielt die Berliner Firma S. Adam in der Leipziger Straße den Auftrag, die deutsche Olympiamannschaft für Amsterdam einzukleiden, was pro Teilnehmer 235 Mark kostete. Für die Eröffnung erhielten die Damen Kostüme, die Herren dunkelblaue Jackets und blaue bzw. weiße Seglermützen. Bei der Wettkampfkleidung fiel die Wahl auf das 1912 in Stockholm getragene Modell; die Leichtathletinnen, die erstmals 1928 an den Start gingen, bekamen eine »schwarze Laufhose«, die – züchtig wie frau war – erst kurz über dem Knie enden durfte.
Diese Entscheidung für die Kaiserfarben kam nicht von ungefähr, denn die verantwortlichen Funktionäre – Theodor Lewald als Präsident des Reichsausschusses für Leibesübungen, Carl Diem als sein Generalsekretär, Karl Ritter von Halt als Sportwart des Deutschen Leichtathletikverbandes – waren im Grunde ihres Herzens Monarchisten geblieben, was ihnen 1933 erleichterte, sich den Nationalsozialisten anzudienen. Ermuntert wurden sie, als nach dem Tod des Sozialdemokraten Friedrich Ebert 1925 der abgehalfterte Generalfeldmarschall Hindenburg Reichspräsident wurde und dieser einen Flaggenstreit vom Zaune brach. Mit dem Argument, daß die neue Fahne im Ausland unbekannt sei, wurde 1926 beschlossen, vor diplomatischen Vertretungen in Übersee sowie auf Handelsschiffen neben der offiziellen Reichsflagge auch die schwarzweißrote Handelsfahne (mit der schwarzrotgoldenen Gösch) zu hissen.
Der Plan von Lewald und Diem, aus dem gleichen Grund in Amsterdam hinter der Handelsflagge einzumarschieren, mißlang, und auch die Rückkehr zur schwarzweißroten Sportkleidung blieb nicht unbemerkt. Nicht nur die linke Presse entrüstete sich, sondern auch französische Blätter veröffentlichten bissige Kommentare. Lewald behalf sich bei seinem Dementi mit dem Hinweis auf den »schwarzen Reichsadler auf gelbem Grunde«, was er als Ausdruck demokratischer Gesinnung verstanden wissen wollte.
In der Tat hatte Reichskunstwart Edwin Redslob extra für die Olym-

piamannschaft ein neues Reichswappen in Auftrag gegeben, für das der Berliner Maler und Grafiker Tobias Schwab einen preußischen Adler entworfen hatte, der im Vergleich zu seinem kaiserlichen Vorgänger entmilitarisiert worden war. Die Schwingen waren angelegt, was dem Vogel ein weniger aggressives Aussehen verlieh. Das schwarze Gefieder ergab zusammen mit Schnabel, Zunge und Klauen, die in Rot gehalten waren, mit dem goldenen Untergrund die Farben der Weimarer Republik.

Die deutschen Olympiateilnehmer von 1912 hingegen trugen noch den Kaiseradler auf der Brust, der als »Pleitegeier« verspottet wurde, weil er auch die Pfandsiegel der preußischen Gerichtsvollzieher zierte. Wie die meisten anderen Insignien der Macht – die Kronen, Throne, Orden, Diplome, Exlibris und Drucksachen – war er von Emil Döpler, seines Zeichens Hofheraldiker, entworfen worden. Die Verordnung vom 3. August 1871 bestimmte den »schwarzen, einköpfigen, rechtssehenden Adler mit rotem Schnabel, Zunge und Klaue, ohne Zepter und Reichsapfel«, der auf der Brust das Hohenzollern-Schild trug, zum neuen Reichswappen.

Von der »Machtergreifung« der Nazis erhofften sich die Kaisertreuen auch, daß Hitler ihnen ihre Symbole zurückgeben würde. In der Tat hob Hindenburg sofort die Ebertsche Flaggenverordnung von 1921 auf, womit das verhaßte Schwarzrotgold, das sie an den Sturz der Monarchie erinnerte, verboten war. Damit war aber die Frage nach den neuen Staatsfarben noch nicht beantwortet.

Vorerst galt die Anordnung des neuen Ministerpräsidenten Göring, bei offiziellen Anlässen die schwarzweiße preußische Flagge zu hissen und – wenn ein zweiter Fahnenmast vorhanden war – gleichrangig dazu die rote NSDAP-Parteifahne mit dem Hakenkreuz im weißen Rund, das für die Nazis »den Sieg des arischen Menschen« verkörperte. Bei drei Masten sollte auch die schwarzweißrote Kaiserfahne aufgezogen werden, an deren Farben ja auch die Hakenkreuzfahne, die Hitler 1920 entworfen hatte, bewußt anknüpfte.

Das Hakenkreuz hatten bereits die Freikorpsleute der Brigade Ehrhardt während des Kapp-Putsches am Stahlhelm getragen.

Damit besaß das NS-Reich vorübergehend bis zu drei Staatsflaggen, und wieder waren es die nahenden Olympische Spiele, die eine Entscheidung herausforderten. Offiziell wurde die Hitlerfahne 1935 nach dem Nürnberger Reichsparteitag; am 5. November folgte der Beschluß, auch das Hakenkreuz in den Rang eines staatlichen Hoheitszeichens zu erheben. Getragen wurde es von den Fängen eines Adlers, an dessen endgültigem Entwurf sich ganze Heerscharen von Künstlern versuchten. Die Wahl fiel schließlich auf die am gefährlichsten aussehende Variante.

Die Rückkehr nach Weimar

Das Ende des NS-Staates war aber keineswegs automatisch mit der Wiederentdeckung der Symbole von Weimar verbunden. Bei der Gründung der Bundesrepublik schlug die CDU/CSU-Fraktion eine neue Fahne vor, die bereits auf der Tagungsstätte flatterte und

Das Emblem der gesamtdeutschen Mannschaft von 1960 und 1964, in Tokio von der Olympiasiegerin im Wasserspringen, Ingrid Krämer, auf ihrem Bademantel getragen. Das Emblem galt auch für die beiden deutschen Olympiamannschaften von 1968.

Gegenüberliegende Seite: Das DDR-Staatsemblem von 1972 bis 1988. Rechts außen: Das nach Tobias Schwab gestaltete Bundeswappen gehörte zur Olympiakleidung der Frankfurter Fußballerin Birgit Prinz 1996 in Atlanta (außerdem getragen 1952 sowie ab 1972).

die ein »schwarzes liegendes Kreuz auf rotem Grund und auf dieses aufgelegt ein goldenes Kreuz« als »Symbol des Abendlandes« zeigte. Auch das nunmehr autonome Saarland, das von einem französischen Hochkommissar regiert wurde, zeigte das christliche Symbol, nur eben in den französischen Farben.

Daß sich schließlich die Bundesrepublik doch noch zu Weimar bekannte, und zwar ohne jede stilistische Korrektur, war vor allem Bundespräsident Theodor Heuss zuzuschreiben, der am 20. Januar 1950 das Olympiaabzeichen von 1928 zum »Bundeswappen« bestimmte. Fünf Monate später verzichtete auch die Adenauer-Regierung auf ihren Vorschlag und willigte in die Wiedereinführung der schwarzrotgoldenen Fahne als »Bundesflagge« ein.

Bei der Hymne indes sah Heuss keinen Grund zu übertriebener Eile. Anders als bei Fahne und Emblem wollte er in dieser Frage nicht nach Weimar zurückkehren, weil er das »Deutschlandlied« für belastet hielt. Erstmals 1890 beim Anschluß Helgolands gespielt, befand sich dieses lange in Konkurrenz zur »Wacht am Rhein« und dem Huldigungslied »Heil dir im Siegerkranz«, doch eine offizielle Hymne hatte das Kaiserreich nicht gekannt. Am ehesten konnte die »Wacht am Rhein« als solche angesehen werden, die auch 1904 bei den Olympischen Spielen von St. Louis für die Deutschen intoniert worden war. Ein olympisches Siegerzeremoniell wie in Sydney entwickelte sich erst ab 1928. Der entscheidende Schritt dazu war 1932 die Einführung des dreistufigen Siegerpodestes nach dem Beispiel der Commonwealth-Spiele, die damals allerdings noch Empire Games hießen.

Das »Deutschlandlied«, das schon 1912 zu den populärsten Liedern gezählt hatte und mit dessem Gesang unzählige junge Soldaten bei den Sturmangriffen des 1. Weltkriegs in den Tod gerannt waren, wurde am 2. September 1922 von Friedrich Ebert zur Nationalhymne erklärt. Bei Olympischen Spielen ertönte es erstmals 1928 in Amsterdam. Daß es die Nazis dabei beließen, verwundert nicht angesichts des anmaßenden »Deutschland, Deutschland über alles, über alles in der Welt«. Eine besondere Peinlichkeit war es, als es bei der Eröffnung der Olympischen Spiele 1936 in Berlin in jenem Moment intoniert wurde, als die deutsche Mannschaft die Arena betrat. Ein »Versehen« des Musikmeisters, wie Organisations-Chef Carl Diem später glauben machen wollte. Die Nazis diskreditierten es noch zusätzlich, als sie es 1938 offiziell zur ersten Strophe der Parteihymne, des Horst-Wessel-Liedes, machten.

Beethovens Musik, Schillers Botschaft

Heuss beabsichtigte, der Bundesrepublik eine neue Hymne zu geben, doch das von ihm favorisierte Musikstück, »Hymne an Deutschland« genannt, fand 1950 bei seiner Uraufführung im Rundfunk keinen großen Anklang. Gedrängt von Bundeskanzler Konrad Adenauer, stimmte er schließlich zu, das »Deutschlandlied« wieder in den Rang einer Staatshymne zu erheben, jedoch mit der Maßgabe, nur die dritte Strophe, die von »Einigkeit und Recht und Freiheit« handelt, zu singen. Allerdings verzögerte Heuss seine Unterschrift unter dieses Gesetz bis zum 2. Mai 1952, denn er wollte erst die Olympischen Winterspiele 1952 in Oslo vorübergehen lassen, weil er wußte, daß die Norweger, die während des 2. Weltkriegs schwer unter der deutschen Besetzung gelitten hatten, das Abspielen zum damaligen Zeitpunkt als Affront verstehen würden. Statt dessen erklang der Schlußchor aus Beethovens 9. Sinfonie mit Friedrich Schillers Botschaft: »... alle Menschen werden Brüder, ...«

Das war weise, denn damit war schon eine Kompromißlösung angeboten worden, die erstmals 1956 auf der Tagesordnung stand. Während das Saarland 1952 in Helsinki vollkommen unbeanstandet als selbständige Mannschaft und mit eigenen Symbolen an den Start gehen konnte, wurde die Teilnahme der DDR anfangs von

Die Wacht am Rhein

Musik: J. Mendel
Text: Max Schneckenburger

Es braust ein Ruf wie Donnerhall,
Wie Schwertgeklirr und Wogenprall:
Zum Rhein, zum Rhein, zum deutschen Rhein!
Wer will des Stromes Hüter sein!
Lieb Vaterland, magst ruhig sein:
Fest steht und treu die Wacht Rhein!

Lied der Deutschen

Musik: Joseph Haydn
Text: August Heinrich Hoffmann von Fallersleben

Deutschland, Deutschland über alles,
Über alles in der Welt,
Wenn es stets zum Schutz und Trutze
Brüderlich zusammenhält,
Von der Maas bis an die Memel,
Von der Etsch bis an den Belt -
Deutschland, Deutschland über alles,
Über alles in der Welt!

ihrer Unterordnung unter die Bundesrepublik, was 1952 scheiterte, später von ihrer Einordnung in eine gesamtdeutsche Mannschaft abhängig gemacht. Neben Fragen der Qualifikationswettkämpfe begann damit ein quälender Streit um das Erscheinungsbild.

Relativ leicht gelang es Ritter von Halt, der 1951 seine durch die deutsche Kapitulation von 1945 unterbrochene NOK-Präsidentschaft unbeschadet wieder aufgenommen hatte, den unerfahrenen DDR-Abgesandten die schwarzweißrote Stockholm-Bekleidung einzureden, womit er ja seine schönsten Jugenderinnerungen verband. Halt hatte an diesen Spielen als Fünf- und Zehnkämpfer teilgenommen. Auch in der Frage von Länderbezeichnung und Fahne war schnell Einigkeit erreicht, denn auch die DDR bekannte sich damals noch zu Deutschland und zum Schwarzrotgold ohne jeden Zusatz. Zu Prestigefragen wurden hingegen Hymne und Emblem, denn keine Seite wollte hier nachgeben. Die Bundesrepublik bestand auf dem »Deutschlandlied« und dem Amsterdam-Adler, den DSB-Präsident Willi Daume der DDR als »Sportwappen«, das von den Nazis verboten worden war und »mit dem Bundesadler überhaupt nichts zu tun« hat, schmackhaft machen wollte. Doch auch die andere Republik hatte sich 1955 ein von Professor Klaus Wittkugel geschaffenes Staatswappen (Hammer und Zirkel im Ährenkranz) gegeben, und sie besaß schon seit 1949 eine von Hanns Eisler komponierte Hymne mit einem Text von Johannes R. Becher.

Während beim Emblem bald ein Kompromiß gefunden war (Daume verzichtete schweren Herzens auf seinen demokratischen Adler), herrschte bei den Hymnen Uneinigkeit, weshalb für die Winterspiele von Cortina d'Ampezzo festgelegt wurde, daß jede Seite ihre eigene Melodei spielen sollte. Wobei der Westen wohl davon ausging, daß eh kein Ost-Sportler eine Goldmedaille gewinnen würde, was durch den Skispringer Harry Glaß beinahe schief gegangen wäre. Im Falle eines Mannschaftssieges sollte eine Schweigeminute herrschen, um auf die deutsche Teilung aufmerksam zu machen. Dann aber erinnerten sich beide Seiten doch wieder an Beethoven, dessen Komposition ab Melbourne '56 zum Markenzeichen der gesamtdeutschen Mannschaft wurde, und sogar darüber hinaus: Nach der Trennung von 1965 war »Freude schöner Götterfunken« das letzte Band zweier Teams, die längst eigene Wege gegangen waren.

Was 1968 ebenfalls an die gemeinsame Vergangenheit erinnerte, waren Fahne und Emblem von 1960 und 1964, die sich von den 1956ern unterschieden. Das hing mit der Tatsache zusammen, daß sich die DDR am 1. Oktober 1959 aus Anlaß ihres 10. Jahrestages auch mit einer eigenen Fahne von der Bundesrepublik abgrenzte –

Saarlied
Von R. Limberger

Ich weiß wohl ein liebliches, freundliches Tal,
Von waldigen Bergen umgeben,
Da blitzen die Wellen im Sonnenstrahl,
Es blüh'n auf den Hügeln die Reben.
Und Dörfer und Städte auf grünender Flur
Und Menschen von kernigem Schlage,
Das ist meine Heimat am Strande der Saar,
Laut preis' ich sie all meine Tage.

An die Freude
Musik: Ludwig van Beethoven
Text: Friedrich von Schiller

Freude schöner Götterfunken,
Tochter aus Elysium,
Wir betreten feuertrunken,
Himmlische, dein Heiligtum.
Deine Zauber binden wieder,
Was die Mode streng geteilt,
Alle Menschen werden Brüder,
Wo dein sanfter Flügel weilt.

Hymne der DDR
Musik: Hanns Eisler
Text: Johannes R. Becher

Auferstanden aus Ruinen und der Zukunft zugewandt;
Laß uns dir zum Guten dienen,
Deutschland einig Vaterland.
Alte Not gilt es zu zwingen, und wir zwingen sie vereint;
denn es muß uns doch gelingen, daß
die Sonne schön wie nie
über Deutschland scheint, über
Deutschland scheint.

Bundeshymne
Musik: Joseph Haydn
Text:. August Heinrich Hoffmann von Fallersleben

Einigkeit und Recht und Freiheit
Für das deutsche Vaterland -
Danach laßt uns alle streben
Brüderlich mit Herz und Hand!
Einigkeit und Recht und Freiheit
Sind des Glückes Unterpfand.
Blüh im Glanze dieses Glückes,
Blühe deutsches Vaterland!

Mannschaftsbezeichnungen:

1896-1936	*Deutsches Reich (GER)*
1952-64	*Deutschland (GER)*
1968	*Deutschland (ALE)*
	Ost-Deutschland (ADE)
1972-76	*BR Deutschland (GER)*
1972-88	*Deutsche Demokratische Republik (GDR)*
1980-88	*Bundesrepublik Deutschland (FRG)*
seit 1992	*Deutschland (GER)*

Die Exponate wurden vom Leipziger Sportmuseum zur Verfügung gestellt. Das Saar-Wappen ergänzte freundlicherweise Frau Helga Bühler-Hoffmann (Lebach), Olympiateilnehmerin 1956 bis 1964 im Weitsprung.

das rote Feld trug nun das Staatswappen. Als daraufhin das IOC anordnete, die gemeinsame Fahne durch die weißen olympischen Ringe im roten Feld zu ergänzen, was die Bundesregierung »mit der nationalen Würde (für) unvereinbar« hielt, wurden Daume und Halt zu Adenauer zitiert. Doch dem blieb am Ende gar nichts anderes übrig, als die IOC-Festlegung zu akzeptieren, nachdem Brundage am selben Tage angekündigt hatte: »Die Mannschaft, die nicht hinter dieser Flagge marschieren will, muß auf die Teilnahme an den Olympischen Spielen in Squaw Valley und Rom verzichten.«

Das FDJ-Blau vom »Klassenfeind«

Während des Kalten Krieges war das Zeigen der DDR-Symbole in der Bundesrepublik unter Strafe gestellt; wo die »Spalterflagge« gehißt wurde, griff die Polizei ein. Diese Position geriet ins Wanken, als München mit der Ausrichtung der Olympischen Spiele von 1972 betraut worden war, was die Garantie einschloß, daß Flaggen der teilnehmenden Länder korrekt gezeigt und ihre Hymnen gespielt wurden. Solange die DDR nur über eingeschränkte Rechte verfügte, ließ sich darüber gut schwätzen, doch als ihrem NOK 1968 auf der IOC-Session von Mexiko-Stadt auch in diesen Fragen die volle Souveränität zugestanden wurde, mußte die Politik reagieren.
IOC-Mitglied Georg Wilhelm Prinz von Hannover versuchte zwar mit einem »persönlichen Vorschlag«, seinen Kollegen den Verzicht auf jegliche Flaggen und Hymnen bei Siegerehrungen nahezulegen, er unterlag aber in der Abstimmung mit 34:22, weil er nicht die nötige Zweidrittelmehrheit für die Satzungsänderung zusammenbekam. Daraufhin kapitulierte Bonn und lieferte dem IOC am 18. Dezember 1968 die gewünschte Erklärung. Die Duldung der DDR-Symbole bei allen internationalen Sportveranstaltungen wurde aber erst am 2. Juli 1969 von der Bundesregierung beschlossen. Nach der Bildung der Kleinen Koalition im Herbst 1969 mit Willy Brandt (SPD) als Kanzler und Walter Scheel (FDP) als Außenminister entschied sich die bundesdeutsche Justiz – in »rührender deutscher Einfalt«, wie Brandt später schrieb – für eine »Freistellung von Strafverfolgung« für DDR-Amtsträger, was erstmals von Bedeutung war, als DDR-Ministerpräsident Willi Stoph am 21. Mai 1970 mit Brandt zur Fortsetzung der kurz zuvor in Erfurt begonnenen deutsch-deutschen Gespräche auf Regierungsebene zusammentraf.
In der Tat ging die Welt nicht unter, als die DDR-Mannschaft 1972 in München hinter ihrer Staatsfahne einmarschierte und nach insgesamt 20 Olympiasiegen »Auferstanden aus Ruinen« erklang, freilich ohne Bechers Text, denn die SED-Führung unter Erich Honecker hatte sich von der Losung »Deutschland einig Vaterland« längst verabschiedet und setzte statt dessen auf den »Sozialismus in den Farben der DDR«, die im Falle des Sports sich allerdings auf die blauen Trikots beschränkten. Blau deswegen, weil die ersten Nationalmannschaften 1949 als Vertretungen der Freien Deutschen Jugend aufgestellt worden waren, und weil sich eine Mitgliedschaft mit dem Tragen des Blauhemdes verband. Die Tradition wurde selbst dann beibehalten, als die FDJ kein Patronat mehr über den Sport ausübte und die Nationaltrikots kostenlos vom »Klassenfeind« aus dem Fränkischen geliefert wurden.
Auch in der Frage der Mannschaftsbezeichnungen zog irgendwann Ruhe ein. Aus dem vorübergehenden »Ost-Deutschland« von 1968 wurde die »Deutsche Demokratische Republik« bzw. in der IOC-Sprache die »GDR«. Dagegen entbrannte um den Versuch, der Bundesrepublik ein adäquates Kürzel »BRD« zu verordnen, eine heftige Kontroverse, seit 1978 Baden-Württembergs Ministerpräsident Hans Filbinger dieses als »kommunistische Agitationsformel« ausgemacht hatte, womit er allerdings einem Irrtum aufsaß: Die »BRD« war keine Ost-Berliner Erfindung, sondern wurde in der Bundesrepublik seit den 50er Jahren selbst von den Behörden verwendet.
Nachdem der sowjetische Sportminister Sergej Pawlow mit seiner Forderung zur besonderen Kennzeichnung der Sportler West-Berlins für zusätzliche Irritationen gesorgt hatte und auch noch die Olympische Charta von 1977 verlangte, daß der Name eines NOK »der territorialen Ausdehnung« des jeweiligen Landes entsprechen mußte, wurde 1979 von der NOK-Mitgliederversammlung einstimmig beschlossen, die bisherige Bezeichnung »Deutschland« (GER) in »Bundesrepublik Deutschland« (FRG) zu verändern. Es blieb zwar beim »NOK für Deutschland«, doch selbst eine solche Umbenennung in ein Komitee der »Bundesrepublik Deutschland« wurde von NOK-Präsident Willi Daume ernsthaft erwogen, doch als sportpolitisches »Präsent« auf einen späteren Zeitpunkt verschoben.
Zu diesem »Opfer« gab es mit der deutschen Vereinigung vom 3. Oktober 1990 allerdings keinen Grund mehr, womit auch das Wirrwarr von Symbolen, Flaggen, Hymnen und Bezeichnungen endete. Die Rückkehr zum nunmehr wieder zutreffenden »GER« war nur allzu logisch. Daß sich die Deutschen auch in Sydney »kaisertreu« gaben und das mit einem gezähmten Adler neutralisierten, kann man als Tribut an ihre komplizierte, wechselvolle Geschichte verstehen. Olympische Spiele quasi als Brennglas.

Das IOC ist das Opfer seines Erfolgs

Wolf Lyberg

Auf seiner 110. Session im Dezember 1999 in Lausanne hat das IOC die »schwerste Krise der olympischen Geschichte« für beendet erklärt. Eine Anzahl Mitglieder, die sich von Salt Lake City korrumpieren ließ, mußte gehen. Das IOC verordnete sich einen Ethik-Kode und setzte eine Reformkommission ein. Die 111. IOC-Tagung in Sydney war die erste der neuen Zeitrechnung. Wird nun alles gut?

Die Franzosen sagen »Tant de bruit pour une omelette«. Die Engländer behaupten »There is nothing new in the world«, und die Amerikaner meinen nicht nur »Money is the root of all devil«, sondern auch »Don't shoot the pianist, he does his very best«. Und was sagen die Deutschen? Vielleicht »Geld verdirbt den Charakter«.
All diese Sprichwörter sind passende Einleitungen für einen Beitrag über die »Krise des IOC« oder gar zum Thema »IOC-Skandal«. Ich will gern zugeben, daß es im IOC eine Krise gab – aber keinen Skandal. Was sich als solcher darstellte, waren bedauerliche Vorgänge, die von den Medien sehr geschickt aus kommerziellen Interessen aufgeblasen wurden. Und dann mischte sich auch noch die Politik als Gralshüter der Moral ein. Na, danke!
Glauben Sie mir, es wurde wirklich auf den falschen Pianisten geschossen. Bevor sich einer bestechen lassen kann, braucht man erst einmal jemanden, der bestechen will. Es ist schon interessant, daß in der US-Presse, die nach einer Auswertung der »Neuen Zürcher Zeitung« zu 44 Prozent den Rücktritt von IOC-Präsident Juan Antonio Samaranch gefordert hat, Salt Lake City als Verursacher seines Skandals am Ende kaum noch vorkam.
Die Wahrheit ist, daß das IOC das Opfer seines eigenen Erfolgs wurde. Wer hätte vor 30 Jahren geglaubt, daß dieses wirtschaftlich vollkommen bankrotte Komitee, das seine Arbeit nur noch mit geliehenem Geld ausüben konnte, wie Phönix aus der Asche auferstehen würde?
Doch damals stand das IOC auch kaum in der Kritik; für die Medien war es ziemlich unbekannt. Alles spielte sich unter einer glücklichen Anonymität ab. Uns Journalisten gefiel es zwar, so häufig wie möglich Avery Brundage, der damals IOC-Präsident war, als »alten Tattergreis« zu beschimpfen, doch die meisten hatten absolut keine Ahnung von den oftmals komplizierten olympischen Problemen, und auch die ganze umstrittene Amateurfrage hielten wir für unglaublich altmodisch. Also weg damit! So kam es dann ja auch, denn alles sollte nun ganz ehrlich zugehen. Wie schrieb ich eingangs? Geld verdirbt den Charakter ...
20 Jahre war es fast unmöglich, Bewerberstädte für die Olympischen Spiele zu finden, denn diese kosteten einen Haufen Geld, und Montréal zahlt wohl heute noch die Schulden ab. Im IOC zu sein, verlieh einem zwar einen gewissen Glanz, und es gab auch Eifersüchteleien um solche Ämter, aber vor allem mußte man sich den Luxus einer solchen Mitgliedschaft leisten können, denn die Unkosten waren ja aus der eigenen Tasche zu bezahlen.
Das IOC nahm jedem Mitglied sogar einen Jahresbeitrag von 300 Schweizer Franken ab, was lange Zeit fast die einzigen Einnahmen darstellten, denn auch die Organisationskomitees der Spiele brauchten höchstens 10 – 15 000 Franken abzuführen.
Wie hatte Brundage 1956 gesagt, als die Frage der Fernsehübertragungen von Olympischen Spielen erstmals diskutiert wurde: »Wir haben es 60 Jahre ohne Fernsehen geschafft, und wir werden es sicher auch noch weitere 60 Jahre ohne dieses managen ...«
44 Jahre später ist das IOC Teil einer Milliardenindustrie geworden – auch wenn nur etwa sechs bis sieben Prozent davon auf seinen Konten landen. Der Beschluß dazu ist damals 1985 auf der Session in Berlin gefaßt worden, als sich das IOC darauf einigte, die offiziellen Embleme zu vermarkten, was eine sprunghafte Steigerung der Einnahmen zur Folge hatte. Erinnert man sich heute eigentlich noch daran, daß seinerzeit gerade wegen der Meinungsunterschiede mit dem Exekutivkomitee in dieser Frage eine Direktorin namens Monique Berlioux von Bord ging? Es war kein sinkendes Schiff, das sie verließ.
Das war die Zeit, als die Kandidatenstädte begriffen, daß die Olympischen Spielen eine Gelddruckmaschine sind, oder sie taten jedenfalls so, denn tatsächlich hat bisher mit Ausnahme von Los Angeles 1984 niemand Gewinne gemacht. Aber schon die Bewerbung besitzt ja einen beträchtlichen PR-Wert, obwohl die meisten wissen, daß sie niemals für Olympische Spiele in Frage kommen, was manche Städte nicht hindert, immer wieder zu kandidieren. Und die Wirtschaft und die Politik machten das Spiel mit. Hauptsache, man ist im

Wolf Lyberg

Jahrgang 1919, war von 1939 bis 1961 Journalist bei »Idrottsbladet« und von 1969 bis 1988 Generalsekretär des schwedischen NOK. Er nahm von 1936 bis 1996 an allen Olympischen Spielen teil, davon von 1972 bis 1984 als Chef des Mission seiner Olympiateams.

Gespräch. Bei den Regierungen lassen sich auf diese Weise wunderbar Mittel locker machen, an die die Städte ansonsten kaum herankämen.

Brundage hat die Olympia-Bewerber immer streng an die Kandare genommen. Nur Bleistifte und auf einfaches Papier kopierte Informationen waren erlaubt. Und die IOC-Mitglieder präsentierten ihre Kandidatenstädte selbst. Im übrigen war es wohl den meisten sowieso egal, wer gewann – viel größeres Interesse, wohin die Spiele gingen, hatten häufiger deren Ehefrauen ... Bei meinen (ehrenamtlichen) Recherchen im Auftrage des heutigen IOC-Präsidenten stieß ich im Nachlaß seines Vorgängers, Lord Killanin, auf einen Bericht aus den 70er Jahren, in dem darüber geklagt wurde, daß die Mitglieder des Afrikanischen Sportrates verlangten, bei ihren Besuchen in Luxushotels zu wohnen und mit Luxuslimousinen zu fahren. Killanin notierte: »Kann in Zukunft für das IOC gefährlich werden – muß untersucht werden ...«

Es ist wahr, in der Vergangenheit haben IOC-Mitglieder die erlaubte Grenze überschritten; und nicht nur sie: Niemand redet über die übrigen Amtsträger, von denen einige beträchtliche Macht haben. Schauen Sie beispielsweise auf den Internationalen Boxverband. Vor Sydney wurden die Kampfrichter von der AIBA-Führung aufgefordert, alle Bestechungsversuche zu melden, wobei dem Kampfrichter versprochen wurde, »ihm die doppelte Summe zu zahlen, die ihm angeboten wurde ...« Wie sagen die Deutschen: Den Teufel mit dem Belzebub austreiben. Aber die AIBA ist auch nicht das IOC. Verglichen mit den unglaublichen Schwindeleien, die sich tagtäglich in Politik und Wirtschaft abspielen, handelt es sich bei der IOC-Affäre um Bagatellen. Ein Blick in die Tagespresse genügt, um den Unterschied zu schwerwiegenden Vergehen festzustellen. Und was findet man da nicht alles: illegale Parteienfinanzierung, Unterschlagungen, unerlaubte Transaktionen, Schmiergelder, Waffenhandel, manipulierte Meinungsmache. Beispiele gefällig ...? Und wir streiten darüber, ob die Tochter eines einflußreichen IOC-Mitglieds mit einem bekannten Orchester musizieren durfte.

Die Vorgänge im IOC möchte ich als »Freundschaftskorruption« bezeichnen. Hatte nicht schon Pierre de Coubertin die Freundschaft seiner Kollegen ausgenutzt, als er 1922 in einem offiziellen Brief darum bat, das IOC möge, um ihn zu ehren, Paris als Olympiastadt von 1924 auserwählen? In den letzten 15 Jahren haben die Kandidatenstädte geradezu Offensiven der Freundlichkeit entwickelt, um bei jenen, die über sie entscheiden, einen vorteilhaften Eindruck zu hinter-

Nachdenklicher IOC-Präsident Juan Antonio Samaranch am Ende seiner Laufbahn. Ist er aber auch am Ende seines Lateins angekommen?

Die Sanktionen, die vom IOC ausgesprochen wurden, trafen vor allem Mitglieder aus der »Dritten Welt« wie den Kongolesen Jean-Claude Ganga, der nach seinem Ausschluß vor den Medienvertretern eine Protesterklärung verlas.

lassen. Und das hat zu einer Nähe geführt, die angenehm, für die Sache aber schädlich ist.
Ich bin 100prozentig sicher, daß keines der IOC-Mitglieder ein Luxushotel und eine glänzende Limousine gefordert hat, doch hätten sie nein sagen sollen, als man es ihnen aufdrängte? Sollten sie ein Gastgeschenk im Wert von einigen hundert Dollar zurückschicken, das sie in ihrem Hotelzimmer vorfanden? Die lokale Presse hätte sie dafür zerrissen.

Ich selbst war an sechs schwedischen Bewerbungen beteiligt, und ich habe sechsmal verloren, was ein besonderer olympischer Rekord ist. Insofern wäre es für mich leicht, die damaligen Sieger zu beschimpfen. Dazu aber habe ich keinen Grund. Niemals ist mir in meiner Arbeit bekannt geworden, daß in Schweden jemand versucht hätte, eine IOC-Stimme für Geld zu kaufen. Ein Vergehen will ich gern zugeben: Persönlich habe ich einmal für ein IOC-Mitglied, das sehr bescheiden auftrat, die Rechnung für einen Spirituskocher bezahlt – sie belief sich auf 85 Kronen. Geholfen hat es leider nicht.
Aber: Wir haben auch den großen Fehler gemacht, daß wir einigen IOC-Mitgliedern zwei Flugtickets 1. Klasse bezahlten, ohne uns die Rechnung zeigen zu lassen. Und so haben sich andere Bewerber auch verhalten, obwohl wir alle wußten, daß manchmal auch nur eine Flugkarte benutzt worden war. Und bei fünf, sechs Städten kann das lukrativ sein.

1986, als wir gerade mit Falun das Rennen um die Winterspiele verloren hatten, waren wir so weit, dem IOC eine Meldung zu machen und alle Karten auf den Tisch zu legen. Leider waren wir am Ende zu feige – wir dachten an die schlechte PR, die wir ernten würden, und daß wir uns ja beim nächsten Mal wieder bewerben wollten und auf die gleichen Leute treffen würden ...
Doch die IOC-Exekutive und allen voran Marc Holder waren sich schon all die Jahre dessen be-

IOC-Tagung in Sydney

Unmittelbar vor den Spielen trat das Internationale Olympische Komitee zu seiner 111. Session zusammen und wählte den Deutschen Thomas Bach, Olympiasieger 1976 im Fechten, zu seinem Vizepräsidenten. Er ersetzt den turnusgemäß ausgeschiedenen Kanadier Richard Pound. Außerdem wurden weitere 14 Mitglieder in das IOC gewählt, so daß ihm nunmehr 127 Mitglieder angehören. Die 14 Zugewählten sind:
Ruben Acosta (Mexico); Tamas Ajan (Ungarn); Alfredo Goyeneche (Spanien); Bruno Grandi (Italien); Sayed Mustafa Hashemi Taba (Iran); Paul Hendersen (Kanada); Bill Hybl (USA); Gian Franco Kaspar (Schweiz); Kipchoge Keino (Kenia); Carlos Nuzman (Brasilien); Lassana Palenfo (Elfenbeinküste); Henri Serandour (Frankreich); Robert Steadward (Kanada); Yu Zhaiging (China).
Die 111. Session wählte Henry Kissinger, Giovanni Agnelli, Alain Denat, Kurt Furgler und Tutsumi Yoshiaki zu Ehrenmitgliedern des IOC.

wußt, was da abläuft; und die Regeln, die daraufhin beschlossen wurden, waren ja auch gar nicht so schlecht. Nur leider haben sich nicht alle daran gehalten, und die IOC-Führung versäumte es, streng zu kontrollieren, wie die Flugtickets ausgestellt wurden.
Man mag es meinem Alter nachsehen: Aber ich muß schon schmunzeln, wenn ich lese, wie sich das IOC zukünftig reorganisieren will. War es nicht das sowjetische IOC-Mitglied Konstantin Andrianow gewesen, das 1959 genau den gleichen Vorschlag eingereicht hatte mit dem Argument, daß das IOC nach dem Beispiel der UNO demokratisiert werden müßte. Andrianows Vorschlag wurde niemals ernsthaft diskutiert, und er hätte ja am Ende auch nichts verändert. Jedenfalls nicht zum Positiven.
Der sehr gescheite Gaston Meyer, der Chefredakteur von »L'Equipe«, vermutete sogar, daß der russische Plan »automatisch eine Teilung der Sportwelt in zwei oder mehrere Blöcke hervorbringen würde als getreue Widerspiegelung der politischen Teilung. Das Spiel würde von nun an darin bestehen, die NOK der kleinen Nationen, die noch zwischen zwei Weltanschauungen hin- und herschwanken, dem einen oder dem anderen Block zuzuführen. Wenn die sowjetische Idee durchkommen sollte, würde sie das 1894 von Pierre de Coubertin errichtete Gebäude zum Einsturz bringen.«
Ob es einem nun gefällt oder nicht: Das IOC ist ein »private club« mit Regeln, die die Mitglieder sich selbst gegeben haben. Als Coubertin sein Komitee konzipierte, nahm er sich den englischen Henley Club dafür als Vorbild und legte fest, daß sich seine Mitglieder immer nur aus sich selbst rekrutieren. Das mag man als überholt beklagen, doch jeder Privatbetrieb wird undemokratisch verwaltet.
Diese Exklusivität gehört aber auch zum Erfolgsrezept der Olympischen Spiele. Was wäre wohl aus ihnen geworden, wenn sich das IOC im Laufe der Geschichte den jeweiligen politischen oder wirtschaftlichen Mächten gebeugt bzw. nach den damals gültigen Maßstäben »demokratisiert« hätte?
Für Samaranch mag es bitter sein, am Ende seiner Amtszeit so unter Druck zu geraten. Es war sein Traum, daß das IOC eine größere Rolle spielen müßte. Das ist eingetreten. Vielleicht hat er sich aber auch übernommen. Für alles ist jetzt das IOC zuständig: vom Massensport, über die Philatelie, die Paralympics, das Antidoping, neuerdings sogar für den Weltfrieden, was im übrigen gar nicht so neu ist: Es war der finnische Baron von Frenckell, der 1956 in Melbourne vorschlug, daß zukünftig für die Dauer der Olympischen Spiele die Waffen ruhen sollten. Es hat sich nur nie einer danach gerichtet.
Reformen sind eine gute Sache, und ich bin sehr dafür, daß Amtszeiten verkürzt und Führungsgremien verjüngt werden. Auch das gewachsene Mitspracherecht der Athleten wird jedermann begrüßen. Doch was hat die Olympische Bewegung wirklich davon, wenn ein stabhochspringender Millionär wie Sergej Bubka zum IOC-Mitglied ernannt wird und der dann meist noch nicht einmal in der Ukraine, sondern im Ausland lebt? Ich kenne wenige Aktive, die sich tatsächlich für die Arbeit ihres eigenen NOK interessieren.
Auch die Absicht, das IOC noch weiter zu vergrößern, hat nicht nur positive Seiten. Je mehr eine solche Funktion nur noch Ehre ist

Vorschläge des NOK der UdSSR

Das NOK der UdSSR geht von der prinzipiellen Basis aus, daß die Internationalen Föderationen und die NOK ausgedehnt und innerhalb des IOC vollgültig vertreten sein müssen und schlägt seinerseits in Bezug auf die Frage der Form und der Struktur des IOC folgendes vor:
1. Das IOC wird gebildet aus:
- den heutigen Mitgliedern des IOC, die in ihrem Amte verbleiben;
– den Präsidenten der vom IOC anerkannten NOK, wobei ihnen das Recht eingeräumt wird, ihren Vertreter im IOC abzulösen, wenn die Notwendigkeit dazu besteht;
– den Präsidenten der vom IOC anerkannten Internationalen Sportverbände, denen gleichfalls das Recht zugestanden wird, wenn notwendig ihren Vertreter innerhalb des IOC abzulösen.
Sollte ein derartiger Vorschlag angenommen werden, dann würde sich das IOC folgendermaßen zusammensetzen:
– aus den 64 heutigen Mitgliedern des IOC;
- den ungefähr 115 Präsidenten der NOK (wenn überall in der Welt diese Komitees konstituiert worden sind);
– den 35 Präsidenten der Internationalen Föderationen (unter Berücksichtigung der Tatsache, daß zu den 25 heute anerkannten Verbänden etwa zehn neue Verbände vom IOC anerkannt werden, die stark verbreitete Sportarten vertreten).
So würde das IOC ein umfassendes Organ darstellen, das die Gesamtheit des organisierten internationalen Sports einbezieht und 210 bis 215 Personen umfaßt.
2. Die Struktur des IOC könnte demnach folgermaßen aussehen:
a) Die Vollversammlung, die alle Mitglieder des IOC umfaßt und alle vier Jahre zusammentritt (während der Olympischen Spiele), behandelt die Hauptfragen, die in der Olympischen Bewegung und durch die Olympischen Spiele aufgeworfen werden ... Die Vollversammlung ernennt einen Präsidenten, einen Vizepräsidenten und die Mitglieder der Exekutivkommission.
b) Die Exekutivkommission führt die Beschlüsse der Vollversammlung aus, erledigt die laufenden Aufgaben zwischen den einzelnen Vollversammlungen ... Sie tagt wenigstens einmal im Jahr. Es erscheint angebracht, die personelle Stärke der Exekutivkommission auf 50 bis 55 Personen festzulegen ...
c) Das Büro der Exekutivkommission wird gebildet aus dem Präsidenten des IOC, dem Vizepräsidenten und dem Generalsekretär. Das Büro tritt zusammen, wenn sich die Notwendigkeit dazu ergibt ...
d) Die Kanzlei des IOC, die unter Leitung des Generalsekretärs arbeitet, erledigt die tägliche Korrespondenz und beschäftigt sich mit den Angelegenheiten des IOC. Das Personal der Kanzlei wird durch die Exekutivkommission bestimmt.

Athen 1896: Glückliche Pionierzeit, als die Medien das IOC fast noch nicht entdeckt hatten. In der Mitte am Tisch sitzend der erste IOC-Präsident Demetrius Vikelas (GRE), links daneben: Pierre de Coubertin. Ganz links: der Deutsche Dr. Willibald Gebhardt.

und der einzelne aufgrund der Größe eines Gremiums nicht mehr das Gefühl hat, sich einbringen zu können, um so geringer wird die Identifikation mit den Zielen einer solchen Organisation sein. Um nicht mißverstanden zu werden: Der kräftige Sturm, der hoffentlich sich nicht nur als einer im Wasserglas entpuppt, war dringend notwendig. Wenn das IOC, das dadurch an Ansehen verloren hat, jetzt noch immer nicht den richtigen Weg einschlägt, sollte es auch angegriffen werden. Und die Banker und Rechtsanwälte werden hoffentlich häufiger auf die Philosophen hören, die in den zurückliegenden 20 Jahren viel zu wenig zu Wort gekommen sind.
»Es ist nicht die Olympische Bewegung, es sind nicht zuerst die Spiele, die sich zum Negativen verändert haben, sondern es ist die ganze übrige Welt.« Das schrieb der bekannte schwedische Sportjournalist Birger Buhre, und zwar 1956 nach Melbourne. Also bessern wir doch dann am besten zuerst die Welt! Verändern wir uns! ←

Memorandum von Avery Brundage

Da das NOK der UdSSR seinen Vorschlag auf der IOC-Session von 1959 in München verspätet einbrachte, wurde er zur weiteren Diskussion an die Session 1960 in Rom verwiesen. Doch auch dazu kam es nicht; vielmehr beantwortete IOC-Präsident Avery Brundage die Vorschläge im März 1960 mit einem Memorandum, dem niemand widersprach:
»Als Baron de Coubertin das IOC ... konstituierte, hat er sehr sorgfältig festgelegt, daß dieser Organismus immer frei, unabhängig und autonom sein soll; er hat seine Unparteilichkeit gewährleistet. Ich zweifle sehr stark, daß ohne diese Vorsichtsmaßnahmen die Olympische Bewegung sich so schnell und so weit hätte ausbreiten können, und ich bin der Meinung, daß kein anderes System der Olympischen Bewegung einen so nachhaltigen Erfolg hätte sichern können ...
Die Präsidenten der Internationalen Verbände vertreten in der Hauptsache ihre Sportarten, wogegen die Präsidenten der NOK hauptsächlich ihre Länder repräsentieren. Unser heutiges System sieht Konferenzen dieser Organisationen mit dem IOC vor ... Wenn jemand zum Mitglied des IOC gewählt wird, so verpflichtet er sich zur vollkommenen Unterordnung unter die olympische Sache; er kann keinerlei Mandat innerhalb einer anderen Organisation übernehmen, das ihm bei der Ausübung seines Amtes hinderlich sein könnte ...
Das IOC ist trotzdem keine vollkommene Organisation, und seine Struktur könnte verbessert werden. Aber alle Veränderungen, die seine Unabhängigkeit und seine Unparteilichkeit beeinträchtigen könnten, wären verhängnisvoll. Die absolute Ergebenheit dieses Komitees im Dienste des olympischen Ideals, zusammen mit der Aufgabe, dem Grundprinzip Achtung zu verschaffen, nachdem keinerlei rassische, religiöse oder politische Diskriminierungen erlaubt wird, und der Forderung, daß die Spiele ein unparteilicher Wettbewerb zwischen Amateuren aller Nationen sind, die den Wettkämpfern, Funktionären oder Förderern keinerlei materielle Entlohnung einbringen, sind die überwiegenden Gründe, die den weltweiten Erfolg und den hohen Grad an Bedeutung der heutigen Olympischen Bewegung gewährleistet haben. Wenn das IOC des Rechts beraubt würde, sich aus sich selbst zu rekrutieren, würde es schnell seine Unabhängigkeit wie auch seine Unparteilichkeit einbüßen, zwei Eigenschaften, die wesentlich am Erfolg seines Werks beteiligt waren.«

Anita Verschoth

»Wir erzählen Geschichten, die das Fernsehen nicht zeigt«

Seit 1906 wurden Olympische Spiele gefilmt. Die Aufnahmen erreichten aber nie ein Massenpublikum, bis 1936 Leni Riefenstahl kam. Sie begnügte sich nicht mehr mit der Dokumentation der Wettkämpfe, sondern gestaltete mit künstlerischen Mitteln auf der Leinwand ihre eigenen Spiele, womit ihr ein filmisch meisterhaftes, aber durch seine überhöhte NS-Ästhetik auch raffiniertes Werk gelang. Seit 1984 ist der Olympiafilm auf das Engste mit dem US-Amerikaner Bud Greenspan verbunden. Er wurde auch diesmal vom IOC beauftragt, das Geschehen festzuhalten.

Bud Greenspan wird oft gefeiert als der größte Produzent und Regisseur von Sport- und Olympia-Filmen, den es je gegeben hat. Ihm wurde unter anderem der begehrte George Foster Peabody Preis überreicht; IOC-Präsident Juan Antonio Samaranch verlieh ihm den Olympischen Orden. Bereits sein erster Streifen, der den Titel »16 Days of Glory« (Sechzehn glorreiche Tage) trug und mit dem Greenspan die Olympischen Spiele von 1984 in Los Angeles dokumentierte, wurde als »der inspirierendste Sportfilm, der je geschaffen wurde«, gepriesen. Seitdem hat er unzählige andere gedreht. »Sydney 2000« wird bereits sein achter »offizieller« Olympia-Film sein.
Darüber hinaus produzierte seine Firma Cappy Productions, die nach seiner 1983 verstorbenen Frau Cappy Petrash, benannt ist, »The Spirit of the Olympics« (Der olympische Geist), eine Serie, die permanent auf 36 Fernsehschirmen im Olympischen Museum von Lausanne zu sehen ist. Diesen Sommer vollendete er eine Collage von seinen olympischen Streifen, »Bud Greenspan´s Stories of Olympic Glory« (Bud Greenspans Geschichten vom Olympischen Ruhm), die vom amerikanischen TV-Kanal Showtime gesendet wird.

Was ist Greenspans Rezept, mit dem er die Olympier in Lausanne überzeugt? In wenigen Worten ausgedrückt: Er vermag seine Filme so zu gestalten, daß der Zuschauer mit dem Athleten oder der Athletin hofft und bangt, feiert oder verzweifelt. »Meine Filme«, so meint er, »handeln nicht nur vom Sport; sie beschäftigen sich mit den Menschen. Ich interessiere mich viel mehr für das menschliche Drama als für den Ausgang eines Wettkampfes.« Greenspan sieht sich nicht in erster Linie als Filmproduzent oder Regisseur. »Ich bin zuerst Autor, Geschichtenerzähler.« Seine Filme bestehen aus einer Kollektion von Stories, in denen sich Menschen der Herausforderung im sportlichen Wettkampf stellen. Ob Triumph oder Versagen, Greenspan sieht unabhängig vom sportlichen Erfolg eine Geschichte, die erzählt werden muß. Denn für ihn ist es immer noch hoch und heilig, zuerst teilzunehmen und sein Bestes zu geben. Weniger wichtig ist ihm, den Sieger

Anita Verschoth

stammt aus Krefeld und lebt seit 1962 in New York. Erste Interviews machte sie vor Rom 1960. Seit 1964 berichtete sie für „Sports Illustrated", ausgenommen Sapporo '72, als sie für NBC dabei war. In Sydney gehörte sie zum Team von Bud Greenspan.

Der Letzte im Marathonlauf von 1968: John Stephen Akhwari aus Tansania

Bild ganz links: »Mr. Olympia«: Bud Greenspan begann als 21jähriger seine Karriere als Rundfunkreporter in New York City. 1967 gründete er seine eigene Filmfirma, der er später den Vornamen seiner 1983 verstorbenen Frau Cappy gab. Seit 1972 produziert er Olympiafilme.

eines Wettbewerbs zu zeigen. Ein unvergeßlicher Streifen von den Olympischen Spielen 1968 beweist das, was er vorgibt. Lange, nachdem der Äthiopier Mamo Wolde den Marathon gewonnen hatte, humpelte damals John Stephen Akhwari aus Tansania auf das Olympiastadion von Mexiko-Stadt zu. Es war dunkel. Immer wieder hielt er an und schaute auf sein rechtes Knie mit dem blutigen Verband. Als er endlich das Ziel erreicht hatte, wurde er gefragt, warum er nicht aufgegeben hatte. »Mein Land hat mich nicht hergeschickt, das Rennen zu beginnen,« antwortete er, »es hat mich hergeschickt, um es zu beenden.«

Ein anderes Beispiel: Im Film von Los Angeles '84 erzählte Greenspan die Geschichte von Dave Moorcroft, dem 5000-m-Weltrekordler. Der Brite litt damals unter einer schmerzhaften Beckenverletzung. Im Finale lag er bereits nach einer Runde an letzter Stelle. »Bleibt dran!« rief Greenspan zwei Kameramännern zu. »Aber er ist doch Letzter!« echote es. »Ich weiß das,« entgegnete Greenspan. »Bleibt trotzdem dran!« Schließlich filmten die Männer, wie Moorcroft ganz allein, aber unter tosendem Applaus, mühselig seine letzte Runde trottete. Und aus dem Material schnitt Greenspan eine der besten Stories, die diese Olympischen Spiele zu bieten hatten. Später, als er Moorcroft zu Hause interviewte, erklärte dieser vor der Kamera: »Ich wollte nicht ausscheiden, weil ich damit für kommende Generationen einen Präzedenzfall geschaffen hätte.«

Nancy Beffa, geschäftsführende Produzentin von Cappy Productions und Greenspans Lebensgefährtin, erzählte folgende Episode: »Als Bud die Rechte für den Film von 1984 zugesprochen bekam, wurde er in einem Interview in die Zange genommen. 'Was glauben Sie zeigen zu können, was nicht bereits im Fernsehen zu sehen war?' wurde er gefragt. Und er antwortete: 'Wir werden Geschichten erzählen, die das Fernsehen nicht zeigt.' Und dieser Anspruch war es, den wir immer angestrebt haben. Bud hat Visionen; er war oft seiner Zeit voraus. 1964 machte er beispielsweise einen Film mit dem vierfachen Leichtathletik-Olympiasieger von 1936, Jesse Owens, einem Schwarzen. Das war sehr mutig. Denn zu der Zeit gab es kaum farbige Darsteller im Film oder Fernsehen.«

Greenspans lebenslange, leidenschaftliche Verbindung zum Sport und insbesondere zu den Olympischen Spielen begann 1952 mit einem ähnlich mutigen Unternehmen. In dem Jahr begleitete er den Schwergewichtler John Davis, einen Gewichtheber, zu den Olympischen Spielen nach Helsinki, wo er seine zweite Goldmedaille gewinnen sollte. Greenspan hatte

Greenspan mit einem der beeindruckendsten Olympiasieger von Los Angeles '84, dem US-amerikanischen Wasserspringer Greg Louganis

Bild rechts: Vorbereitungen zu einem Zehnkampffilm in Mexiko-Stadt mit drei Olympiasiegern: Bill Toomey (1968), Bob Mathias (1948 und 1952) und Milton Campbell (1956), v.l.n.r.

Davis bei der Metropolitan Opera kennengelernt, wo er – damals ein arbeitsloser Radiokommentator und Opernliebhaber – einen Job als »Speerträger« gefunden hatte. Als Davis, der dort als Chorsänger engagiert war, ihm von seiner Goldmedaille von 1948 erzählte, dachte Greenspan, wie das möglich sein kann, daß er von diesem Mann noch nie etwas gehört hatte? Die Antwort, die er sich gab, lautete: Weil Davis ein schwarzer Mann war.
Daraufhin beschloß er, seinen siegreichen Wettkampf – so hoffte er wenigstens – in Helsinki zu filmen. Und danach verkaufte er den Streifen an das amerikanische Außenministerium, das darin ein gutes Propagandamaterial erkannte, um auf die sowjetischen Attacken zu antworten, nach denen die Schwarzen in den USA schlecht behandelt würden.
Greenspan war der Erste in seiner Gilde, der Trainern oder Familienangehörigen von Athleten ein drahtloses Mikrofon ansteckte, so daß später der Zuschauer des Films auch deren Emotionen miterleben konnte. In Los Angeles trug Mirella Moses, die Ehefrau des 400-m-Hürdenläufers Edwin Moses, der seine zweite Goldmedaille gewinnen sollte, ein solches Mikrofon, und Greenspan beauftragte einen Kameramann, die ganzen 47 Sekunden, die Moses für seinen Lauf brauchte, auf Mirellas Gesicht festzuhalten. Dazu nahm das Mikrofon ihre Schreie auf. Auch Bela Karolyi, der Trainer der amerikanischen Turnerin Mary-Lou Retton, trug einen solchen Apparat bei sich, als er sie zu einem perfekten Pferdsprung anfeuerte, der ihr den Sieg im Mehrkampf bescherte.
Im Film von den Winterspielen in Nagano kann man Dianne Holum, selbst eine Olympiasiegerin im Eisschnellauf, zuhören, wie sie als Trainerin ihre Tochter Kristin lautstark in deren 3000-m-Rennen gegen Gunda Niemann-Stirnemann zu beflügeln versuchte. Als Kristin am Ende nur Sechste wurde und schluchzend in die Arme ihrer Mutter fiel, sagte Dianne zu ihr: »Aber Darling, du bist doch die Sechstbeste von allen in der Welt!«
Im Gegensatz zum Fernsehen genießt Greenspan den Luxus, daß er drei bis sechs Monate nach den Olympischen Spielen seine Geschichten zusammenstellen kann. Dazu schickt er seine Produzenten und Kamera-Crews aus, die von ihm ausgewählte Athleten zu Hause aufsuchen und sie mit nachträglichen Interviews ihre Geschichte selbst erzählen lassen. Von Gesprächen unmittelbar nach dem Wettkampf hält Greenspan dagegen nichts. »Was würden Sie zu sagen haben, wenn Sie noch nach Atem ringen?«
In der Tat: Für den Zuschauer ist es ein größeres Erlebnis, beispielsweise den türkischen Gewichtheber Naim Suleymanoglu zu Hause zu erleben, oder aber den Marathonsieger von Atlanta, den Südafrikaner Josia Thugwane, vor jenem Bergwerk stehen zu sehen, wo er bislang gearbeitet hat.
Wenn Greenspan und Beffa sich auf Olympische Spiele vorbereiten, wissen sie, daß einige Geschichten Pflicht sind – etwa wie das Doppel über 200 und 400 m von Michael Johnson 1996 in Atlanta oder die vierte Goldmedaille von Carl Lewis im Weitsprung oder aber das Duell der 100-m-Freistilschwimmer Alexander Popow und Gary Hall Junior. Was aber nie fehlen darf, ist der Fackellauf. Deshalb war für den Sydney-Film auch der Produzent Bruce Beffa, Nancys Bruder, bereits dabei, als die Flamme am Uluru ankam. Teile der Eröffnungs- und Schlußfeier sind wichtig, vor allem der Einmarsch der Athleten und einige der anderen effektvollsten Szenen.
In Sydney verfügte Greenspan über eine Mannschaft von etwa 100 Leuten, zum größten Teil waren es Australier. Darunter befanden sich 12 Kameraleute und 20 Produzenten. Unter den Geschichten, die er und Beffa im voraus planten, war eine über die schnelle Marion Jones, falls sie tatsächlich mehrere Goldmedaillen gewinnen sollte. »Denn sie könnte mit ihrem Mann, dem Kugelstoßer C.J. Hunter, als erstes Siegerehepaar seit 1952, als die Zátopeks gewannen, hervorgehen,« so jedenfalls war Greenspans Überlegung vor den Spielen. Sie hatten noch nicht begonnen, als sich die Story schon erledigt hatte; C.J. Hunter verletzte sich. »Der Zehnkampf und der Marathon liefern immer spannendes Material, weil man lange nicht weiß, wer gewinnen wird. Zudem glaube ich, daß die australischen

Schwimmer, angeführt von Ian Thorpe, so erfolgreich sein werden wie die Mannschaft von 1956 in Melbourne.«
Auch beim Rudern wollte Greenspan filmen, außerdem standen die amerikanischen Softballspielerinnen auf seinem Programm. Allerdings sagte er auch: »Wir planen nicht so sehr viel im voraus. Die meisten meiner Ideen entwickeln sich während der Spiele, und dann noch welche, wenn wir wieder zu Hause sind und uns das Material anschauen.«
Da hatte er einiges zu tun, denn aus Sydney kehrte er mit etwa 400 Stunden Filmmaterial zurück. Das Endprodukt wird einige Wochen später zuerst von Showtime im Fernsehen gezeigt werden; auch ein Nagano/Sydney-Kassettenpaket zum Preis von 39 Dollar wird es zu kaufen geben.
Was kann man sonst noch erwarten? Bestimmt wieder solch ein spannendes Duell wie 1996 zwischen Naim Suleymanoglu und seinem griechischen Herausforderer Valerios Leonidas im Gewichtheben. Oder so rührende Geschichten wie die des Chinesen Li Donghua, der die Schweizer Touristin Esperanza kennengelernt und geheiratet hatte und dann fünf Jahre auf seine Schweizer Staatsbürgerschaft warten mußte, bevor er als ältester Turner an den Spielen von Atlanta teilnehmen konnte. Er gewann an seinem Spezialgerät, dem Seitpferd – und der Zuschauer weinte mit ihm, als seine neue Nationalhymne gespielt wurde.
Wenn Greenspan hingegen gefragt wird, warum er nicht das »Dream Team« filmt, das amerikanische Profi-Basketballteam, sagt er verächtlich: »Das wäre das Letzte, was mir einfallen könnte. Das ist eine Exhibition. Wenn man eine Show will, sollte man doch besser die Harlem Globetrotters einladen. Die machen einem noch mehr Spaß. Ich habe schon vor Zeiten gesagt, daß da etwas faul sein muß, wenn mitten in einem Spiel, während einer Auszeit, ein gegnerischer Spieler Michael Jordan um ein Autogramm bittet.«
Nein, das »Dream Team« hatte keinen Platz in Greenspans Plänen. Der 73jährige meinte: »Für mich gibt es nur einen Grund weiterzumachen: Ich möchte nach meinem Tode Geschichten hinterlassen, die noch lange nach mir weiterleben; ich möchte Filme vererben, die man sich noch in 100 Jahren ansehen kann.«
Während der US Trials für Sydney wurde Greenspan vom amerikanischen Leichtathletikverband für seine Verdienste ausgezeichnet. Doch trotz solcher Ehrungen, sieben Emmies und vieler weiterer Preise hat ihm sein Lebenswerk noch keinen Reichtum beschert. »Die Leute nehmen immer an, wir wären Millionäre«, sagte er, »und daß die Olympischen Spiele für Leute wie mich eine Goldgrube wären. Das mag für andere zutreffen, wir aber stehen immer tief in der Kreide.«
Bis zur Fertigstellung eines Olympiafilms muß Cappy Productions rund 2,5 Millionen Dollar vorschießen. Noch nie hat es die Firma geschafft, die Produktionskosten durch Sponsorengelder abzudecken. Für den Sydney-Film verbürgte sich Showtime mit einer halben Million; private Investoren steuerten weitere 1,2 Millionen bei. »Den Rest müssen wir noch irgendwie finden«, bekannte Greenspan vor Beginn der Olympischen Spiele, »und gewöhnlich gelingt uns das auch.«
Was das IOC angeht, so hat dieses mit der Finanzierung des »offiziellen« Olympiafilms absolut nichts zu tun. Im Gegenteil: Cappy Productions muß sogar noch in Lausanne bezahlen; und im übrigen sind die Rechte auf fünf Jahre begrenzt. Wenn also danach ein alter Olympiafilm wieder aufgeführt werden soll, muß mit dem IOC ein neuer Deal ausgehandelt werden. »Die Filme sind eine reine Prestigesache für uns und keine Geldquelle«, sagte Greenspan. »Das IOC ist wie der Vatikan: Es ist Besitzer der Spiele und des Warenzeichens, der fünf Ringe, und alles, was damit zusammenhängt, gehört ihm.« Das Irre daran: Zum IOC-Besitz zählen auch sämtliche olympische Streifen, die Greenspan sein Leben lang gesammelt oder selbst produziert und bezahlt hat. Aber was bedeutet Geld, wenn man eine Story zu erzählen hat und außergewöhnliche Menschen zu seinen Freunden zählen kann?

Auch die Sammler zählten zu den Gewinnern

Volker Kluge

Die Sammler kamen in Sydney voll auf ihre Kosten, allerdings wurden sie geschröpft wie nie zuvor. Vollständigkeit hat seinen Preis. So wurden den Numismatikern 52 Olympiamünzen angeboten, darunter acht Goldmünzen sowie eine ein Kilo schwere und im Durchmesser zehn Zentimeter große Silbermünze. In der Philatelie wurden ebenfalls alle Rekorde gebrochen: Mehr als 150 Länder gaben Olympiabriefmarken heraus, sogar erstmals auch der Vatikan. Was die Gastgeber betraf, war deren unverkrampftes Verhältnis zu ihren Stars auffallend. Briefmarken für lebende Sportler wären in Deutschland vollkommen unmöglich.

Who will WIN? – Wer wird gewinnen? Diese Frage interessierte nicht nur das nach Milliarden zählende Publikum, sondern vor allem auch die Australische Post, die Neuland beschritt. Sie widmete jedem australischen Olympiasieger eine Briefmarke, und das Besondere daran: Am nächsten Tag, um 12.00 Uhr, wurde sie an allen 67 Olympiaschaltern in Kleinbogen zu jeweils zehn Stück zum Preis von 4,50 Dollar verkauft.

Wie war eine solche technologische Meisterleistung möglich? Das Designstudio in Sydney bekam unmittelbar nach der Siegerehrung eines australischen Olympioniken oder einer Mannschaft von der offiziellen Fotoagentur des Organisationskomitees, Allsport, eine Aufnahme geliefert, die in das Layout eingepaßt wurde. Den fertigen Entwurf übermittelte man digital in die fünf australischen Staaten sowie in die Bundeshauptstadt Canberra, wo die Marken auf perforiertem Papier elektronisch vervielfältigt wurden. Drei Tage danach kamen dann auch die im Offsetverfahren gedruckten Marken zum Verkauf.

Nach den Spielen, als die Zahl der australischen Goldmedaillengewinner feststand, wurde auch noch das entsprechende Album nachgeliefert.

Aus Anlaß des 100. Jahrestages der Olympischen Spiele hatte die Australische Post schon 1996 zwei Marken editiert, die das Bild zweier Olympioniken zeigten. Eine davon war Edwin Flack, dem ersten australischen Olympiasieger – er hatte 1896 die 800 und 1500 m gewonnen – gewidmet.

Der »Löwe von Athen«, wie man ihn nannte, war allerdings nicht extra vom Fünften Kontinent aus nach Griechenland gereist, sondern er gehörte zu einer kleinen englischen Gruppe, die sich von London aus auf die Reise machte. 1873 in London geboren, war Flack zusammen mit seiner Familie nach Australien ausgewandert. Er besuchte die Grammar School in Melbourne, wo er u.a. griechische Geschichte studierte. Nach seinem Schulabschluß entwickelte er sich zu einem erfolgreichen Läufer. 1892 und 1893 gewann er die Meisterschaft im Meilenlauf von Australasien, worunter man damals Australien und Neuseeland verstand.

Nachdem Flack in der väterlichen Firma in Melbourne als Buchhalter gearbeitet hatte, kehrte er 1895 nach England zurück, um sich weiterzubilden. Dort gehörte er dem London Athletic Club an; und als dessen Mitglied fuhr er auch nach Athen, nachdem sich sein Vater damit einverstanden erklärt hatte, vorausgesetzt, daß die Tour nicht mehr als 30 Pfund kosten würde.

Flacks Siegerzeiten von 1896 – 800 m in 2:11,0 min und 1500 m in 4:33,2 min – werden heutzutage selbst von weiblichen Jugendlichen erreicht, allerdings litten die Resultate unter der weichen Aschenbahn und den spitzen Kurven, denn die Athener Bahn war nur 333,33 m lang. Im übrigen wurde nicht links herum gelaufen, sondern rechts herum.

Wie andere Teilnehmer auch hatte Flack nicht nur für die Leichtathletik gemeldet, sondern er nahm auch im Tennis teil, in dem er allerdings erfolglos blieb.

Nach seinen beiden Olympiasiegen startete Flack auch auf der einzigen Langstrecke, die damals auf dem Programm stand, dem Mara-

Australiens Sportlegenden: Der Mittelstreckler Edwin Flack aus Melbourne wurde 1896 in Athen der erste Olympiasieger vom Fünften Kontinent, Fanny Durack, eine 100-m-Freistilschwimmerin, gewann 1912 in Stockholm als erste Frau eine olympische Goldmedaille. Mit der Serie von 1998 widmete die Australische Post u.a. den vierfachen Schwimm-Olympiasiegern Dawn Fraser (S. 142) und Murray Rose (S. 143) sowie der siebenfachen Medaillengewinnerin im Sprint und im Hürdenlauf, Shirley Strickland (S. 144), Sonderbriefmarken. Die übrigen Marken zeigten Marjorie Jackson (Sprint 1952), Betty Cuthbert (Sprint 1956 und 1964) sowie Herb Elliott (1500-m-Lauf 1960). Links: Das Layout der "Who will WIN?"-Serie, in die das Foto der aktuellen australischen Goldmedaillengewinner eingepaßt wurde.

thonlauf, für den er aber – anders als die Griechen, die seit Monaten dafür trainiert hatten – keinerlei Erfahrungen mitbrachte. So wunderte es nicht, daß von den Ausländern, die anfangs für ein schnelles Tempo gesorgt hatten, einer nach dem anderen aufgab, so daß Flack, der von einem Angestellten des britischen Konsulats auf dem Fahrrad begleitet wurde, irgendwann an der Spitze lag, ohne daß auch nur ein Verfolger zu sehen gewesen wäre. Doch gerade das machte ihn psychisch fertig. Nach 34 Kilometern war er mit seinen Kräften am Ende. Flack stolperte und gab danach auf. Mit einer Kutsche fuhr man ihn ins Athener Stadion, wo er von den Griechen, die durch reitende Boten über das Renngeschehen auf dem Laufenden gehalten worden waren, stürmisch bejubelt wurde. Ob er auch so viel Beifall bekommen hätte, wenn am Ende er statt des Griechen Spyros Louis den Marathonlauf gewonnen hätte?
Sechs anderen Helden, die zwischen 1952 und 1964 Goldmedaillen gewannen, wurde 1998 eine Briefmarkenserie unter dem Titel »Australische olympische Legenden« gewidmet. Dazu verkaufte die Post ein reich illustriertes Buch, das an die denkwürdigen Momente erinnern soll.

Eine Frau, die nicht käuflich ist

Eine legendäre Sonderstellung nimmt die Schwimmerin Dawn Fraser ein, die ein Kind der Stadt Sydney ist, wo sie in einem schäbigen Viertel, in Balmain, als Jüngstes von acht Kindern eines Dockarbeiters aufwuchs. Wie alle Fraser-Kinder schwamm auch Dawn sehr gern. Sie lernte es im Elkington Park, dessen Bad heute ihren Namen trägt. Anfangs wurde sie von einem Cousin trainiert. Der stellte ihr eines Tages Harry Gallagher aus Adelaide vor, von dem sie gefragt wurde, ob sie nicht bei ihm weitermachen wollte. Sie wollte schon, aber ihr Vater war dagegen. Erst an ihrem 18. Geburtstag änderte er seine Meinung. Sie durfte – für sechs Monate, versuchsweise.
Harry Gallagher wurde Dawn Frasers Mr. Higgins. Er holte sie aus den Hafenvierteln weg und machte einen Menschen aus ihr. Sie wohnte am Pool, lebte schwimmend, aß schwimmend, schlief schwimmend, sprach schwimmend. Morgens um 5.30 Uhr begann ihr Tag, spät abends schwamm sie die letzten Kilometer. Aus sechs Monaten wurden sieben Jahre.
1956 wurde Fraser über 100 m Freistil das erste Mal Olympiasiegerin. Sie gewann diese Strecke auch 1960 und 1964 und stellte auf ihr elf Weltrekorde auf; als erste Frau blieb sie 1962 unter einer Minute, was ihr lange niemand nachmachen konnte.
Als sie 1964 in Tokio siegte, war sie 27 Jahre alt, und noch im Frühjahr hatte es nicht nach einem Erfolg ausgesehen. Auf dem Nachhauseweg von einem Empfang prallte sie in einer Kurve mit dem Pkw gegen einen unbeleuchteten Lastkraftwagen, der auf dem General Holmes Drive bei Sydney parkte. Dabei kam ihre Mutter ums Leben; sie selbst wurde schwer verletzt. Als sie im Krankenhaus lag, entschied sie, ihre Laufbahn zu beenden. Doch als sie mehr als 3000 Briefe und Karten erhielt, auch von australischen Ministern, in denen sie sämtlich zum Weitermachen ermuntert wurde, änderte sie noch einmal ihren Entschluß.
Doch die Spiele in Tokio endeten für sie auch in Mißstimmung. Schon während der Wettkämpfe gab es Probleme mit dem neuen Olympiacoach Terry Gathercole, dem sie einfach nicht zutraute, Harry Gallagher zu ersetzen. Die Verbandsführung wiederum vermutete, daß sie die anderen, jüngeren Schwimmerinnen gegen

Gathercole aufwiegelte. Dazu kam am 21. Oktober 1964 ein für sie peinlicher Vorfall: Mit dem Übermut eines Teenagers stahl sie gemeinsam mit Freunden eine vor dem Kaiserpalast gehißte Olympiafahne als Souvenir, worauf sie von der Polizei gejagt, verhaftet und auf dem Revier festgehalten wurde, weil sie sich nicht ausweisen konnte.
Ende Februar 1965 tagte der australische Schwimmverband, und nachdem die Chaperone des Olympiateams ihren Bericht erstattet hatte, wurde Dawn Fraser wegen des Flaggendiebstahls und der Weigerung, einen offiziellen Badeanzug zu tragen, für zehn Jahre gesperrt. Sie wehrte sich dagegen mit einem Prozeß, der sich über sechs Jahre hinschleppte. In dieser Zeit heiratete sie, doch die Ehe hielt nicht lange. 1966 kam ihre Tochter zur Welt. 1968 wettete sie mit einem Journalisten aus Melbourne um 100 Dollar, daß sie die 100 m Freistil unter 1:02 min schwimmen würde. Zwei Monate lang trainierte sie ehrgeizig dafür, und als sie dann die Spiele von Mexiko-Stadt besuchte, löste sie in einer Wettkampfpause ihre Wette ein. Die Stoppuhr zeigte für sie 1:00,2 min – die Olympiasiegerin von 1968 war nur zwei Zehntelsekunden schneller. Zwei Jahre später bekam Fraser endlich ihr Urteil: Sie hatte gewonnen. Die Suspendierung war unrechtmäßig ...
Zehn Jahre später führte sie einen zweiten Prozeß, der als »Fraser gegen Fraser« in die australische Geschichte einging. Anlaß war der Beschluß des damaligen Premierministers Malcolm Fraser, der australischen Olympiamannschaft alle Regierungsmittel zu streichen, falls sie zu den Olympischen Spielen nach Moskau fahren würde. Womit der konservative Politiker nicht gerechnet hatte: Die Athleten ließen sich von der Erpressung nicht beeindrucken, und auch große Teile der Bevölkerung solidarisierten sich mit ihnen; darunter die Hafenarbeiter von Balmain, wo Dawn Fraser inzwischen einen Pub eröffnet hatte.
Auf Bitten der Sportler und der Hafenarbeiter setzte sie sich an die Spitze der »Pro-Olympia«-Bewegung; ihre Kneipe wurde zu einer Art Hauptquartier. Als Fraser von ihrem Namensvetter über die Medien angegriffen wurde, behielt sie die Ruhe und ließ nur ihre Anwälte antworten. Als der Premier aber zu behaupten begann, daß die australischen Sportler die Außenpolitik Moskau unterstützen würden, wenn sie an diesen Spielen teilnehmen, ließ Dawn Fraser über ihre Anwälte verbreiten: »Unser Klient entgegnet – bei allem Respekt – dies ist Unsinn.« Das war Malcolm Fraser dann doch zu viel. Er verklagte sie wegen Beleidigung, worauf die Schwimmerin ihren zweiten Prozeß gewann.
Niemand hat für Sydney 2000 so gekämpft wie sie. Sie war in der Bewerbungsphase omnipräsent; sie war es während der Spiele. Dennoch hielt sie Distanz und übernahm kein Amt. Bei allem Wohlwollen: Die resolute Veteranin blieb kritisch; eine Frau, die man nicht kaufen kann.

Schnelligkeit durch Seetang

Das männliche Pendant von Dawn Fraser war Murray Rose, ein Beachboy, wie er im Buche steht. Gut gebaut, blond, braungebrannt. Doch hinter der freundlichen Fassade verbarg sich ein sensibler und ehrgeiziger junger Mann mit Grundsätzen.
Murray Rose kam in Birmingham zur Welt. Der Stammbaum seiner Familie ist lang, und das Wappen des Clans trägt die Inschrift »Treue und Wahrheit«. Die Vorfahren kämpften 1746 auf der Seite von Bonnie Prince Charlie at Culloden. Die Nachfahren emigrierten bei Kriegsausbruch nach Australien, wo sie in der Double Bay von Sydney ein Haus bezogen.
Wie alle australischen Kinder lernte Murray Rose zeitig das Schwimmen. Seine ersten Lektionen erhielt der Fünfjährige von Dick Eve, Australiens Olympiasieger im Wasserspringen von 1924. Den entscheidenden Impetus bekam Murray Rose im Sommer 1952 in London. Als der 13jährige, der inzwischen regelmäßig trainierte, dort ankam, um seine Verwandten in Schottland zu besuchen, begegnete er auf dem Flugplatz der australischen Schwimmannschaft, die auf der Durchreise zu den Olympischen Spielen in Helsinki war. Darunter war sein großes Vorbild: John Marshall.
Dieser Sonnyboy stand nach dem 2. Weltkrieg am Beginn einer großen Entwicklung des australischen Schwimmsports, der in den Erfolg von 1956 mündete. 18jährig lieferte Marshall 1948 in London dem US-Amerikaner James McLane über 1500 m Freistil einen großen Kampf, in dem er nur knapp unterlag. Der berühmte Coach Bob Kiphut war von Marshall so begeistert, daß er ihn zu sich an die Yale-Universität holte. Dort trainierte er so hart, daß er 1950 und 1951 von 200 m Freistil bis zur Meilenstrecke 19 Weltrekorde aufstellte. Doch bei den Olympischen Spielen 1952 versagte er und wurde über 1500 m Freistil nur Achter.
Als Murray Rose 17 Jahre alt war, knackte er die erste Bestmarke seines Idols. Diesem 800-m-Freistil-Weltrekord vom Januar 1956 folgten später weitere 14, die er in den nächsten neun Jahren aufstellte. Nicht nur aus

eigener Kraft, sondern als Ergebnis eines völligen neuen Trainingssystems. Als erste in der Welt trainierten die Australier ganzjährig und zweimal täglich, wozu sich ihnen im Winter günstige Möglichkeiten im heißen Nordaustralien boten. Sie änderten aber auch die Methodik: Während die US-Amerikaner bisher ihren Antrieb vor allem aus der Beinarbeit holten, steigerten die Australier die Armarbeit und erreichten damit eine bessere Gleitwirkung. Während in den USA das Verhältnis Arme-Beine 25:75 Prozent betrug, war dieses in Australien 90:10. Außerdem absolvierte die australische Olympiamannschaft von Mai bis Juli 1956 an fünf Tagen der Woche ein jeweils zweistündiges Athletiktraining.
Zu alledem kamen noch Ernährungsfragen, die Murray Rose nun wirklich zur Legende machten. Da seine Eltern orthodoxe Reformisten waren, zählte es zu ihrer Tradition, kein Fleisch zu essen, vielmehr ernährten sie sich nur aus pflanzlichen Stoffen. Ähnlich wie bei den Japanern wurden viele Speisen aus Seetang zubereitet. Bis dahin unbeachtet, war das der Stoff, der Schlagzeilen machte, als Murray Rose 1956 in Melbourne dreimal Olympiasieger und damit der »Golden Boy« der Nation wurde. Viele seiner Landsleute waren nun fest davon überzeugt, daß Vegetarier leistungsstärker wären als Fleischesser.
Nachdem Rose auch 1960 in Rom wie schon in Melbourne das Duell mit dem Japaner Tsuyoshi Yamanaka über 400 m Freistil gewonnen und Goldmedaille Nummer vier geholt hatte, wechselte er – wie Yamanaka auch – zum Studium in die USA, wo er an die University of Southern California die Fächer Dramaturgie und Fernsehen belegte. Im Anschluß an die Commonwealth-Spiele von 1962, bei denen er erneut über 440 y und 1650 y Freistil siegte, beabsichtigte Rose, 1964 in Tokio das dritte Mal an Olympischen Spielen teilzunehmen, eine Absicht, die er im August 1964 mit einem Weltrekord über 1500 m Freistil untermauerte.
Doch die Funktionäre verlangten von ihm, daß er sich zu Hause qualifizieren sollte, was Rose aber aus Prinzip und aus Kostengründen ablehnte. Daraufhin erklärte sich eine Sydneyer Zeitung bereit, für ihn die Reisekosten zu tragen, was aber nicht akzeptiert wurde. Ebenfalls abgelehnt wurde ein Vorschlag von Bob Kiphuth an IOC-Präsident Avery Brundage, Rose als individuellen Teilnehmer – später als »wild card« bekannt – teilnehmen zu lassen. Rose fehlte also in Tokio, was seinem Landsmann Bob Windle die Chance eröffnete, an seiner Stelle über 1500 m Gold zu erringen. Rose trat daraufhin zurück, er ging nach Hollywood und wurde Schauspieler und Fernsehreporter. In einem seiner Filme – »Ice Station Zebra« – spielte er unter anderen mit Rock Hudson.

Shirley Strickland, die Medaillenreichste

Legende Nummer drei: Die Sprinterin und Hürdenläuferin Shirley Strickland wurde 1925 in Guildford, Westaustralien, geboren. Ihr Großvater war ein professioneller Läufer auf den Goldfeldern, ihr Vater, Dave Strickland, gewann 1900 die begehrte Stawell-Trophäe gegen »Blue Streak« Jack Donaldson. Danach wollte er eigentlich zu den Olympischen Spielen nach Paris reisen, doch ihm fehlte das Kleingeld. An seiner Stelle fuhr Stan Rowley, der über 100 m und 200 m in Paris Platz drei belegte.
Als Shirley Strickland in Perth die Northam High School besuchte, spielte sie Hockey, Tennis und Netzball. Mit der Leichtathletik kam sie erst in Berührung, als sie an der Universität von Westaustralien nukleare Physik zu studieren begann und 1947 Lehrerin am Technical College wurde. Im selben Jahr stieg sie zu Australiens schnellster Läuferin auf. Bei den Landesmeisterschaften gewann sie nicht weniger als fünf Titel, worauf ihr Vater ihr Austin Robertson, einen in Australien bekannten Fußballer, Kricketspieler und Profiläufer, als Trainer engagierte.
1948 wurde Strickland zu ihren ersten Olympischen Spielen nach London geschickt, die für sie zu einem Kulturschock wurden. Noch niemals zuvor war sie auf einer Aschenbahn gelaufen; die Australier kannten nur Graspisten. Sportlich stand sie im Schatten einer »Fliegende Hausfrau« aus Holland namens Fanny Blankers-Koen. Immerhin gewann sie als erste australische Leichtathletin Olympiamedaillen: Bronze über 100 m und 80 m Hürden sowie Silber mit der 4x100-m-Staffel. Daß sie auch noch über 200 m Dritte gewesen war, erfuhr sie erst 1975, als mit Fotos nachgewiesen wurde, daß sie knapp vor der US-Amerikanerin Audrey Patterson das Ziel passiert hatte.
Nach Perth zurückgekehrt, hatte sie die Genugtuung, im folgenden Jahr Fanny Blankers-Koen, die eine Australientour unternahm, zu schlagen. Zur gleichen Zeit fand ihr Mentor Austin Robertson, daß es für sie jetzt an der Zeit wäre, eine Familie zu gründen und sich nur noch dieser zu widmen. Shirley Strickland dankte für den Hinweis. Sie heiratete 1950 Lawrence de la Hunty, aber sie dachte keineswegs an einen Rückzug.
Bei ihren zweiten Olympischen Spielen, 1952 in Helsinki, gewann sie über 80 m Hürden ihr erstes Gold, worauf sie von den diplo-

matischen Finnen gleich mit zwei Hymnen geehrt wurde: mit dem offiziellen britischen »God Save the Queen« und dem inoffiziellen »Advance Australia Fair«.
Über 100 m verteidigte sie ihren dritten Platz; vornweg lief eine Landsfrau: Majorie Jackson, genannt der »Pfeil aus Lithgow«. Das kam nicht unerwartet, dann die Stenotypistin war die Commonwealth-Siegerin über 100 und 200 m von 1950, und sie hatte im März 1952 in Sydney ihren eigenen Weltrekord auf der in Australien populären 100-Yards-Strecke um nicht weniger als drei Zehntelsekunden auf 10,4 s verbesserte. Daß Majorie Jackson am Ende nicht sogar dreifach vergoldet aus Helsinki zurückkehrte, hatte sie nur sich selbst zuzuschreiben.
In der 4x100-m-Staffel, in der Shirley Strickland die Startläuferin war, ließ sie beim letzten Wechsel zwischen Winsome Cripps und ihr den Stab fallen, doch sie war geistesgegenwärtig genug, das Holz noch aufzufangen, bevor es die Aschenbahn erreichte. Dadurch aber ging den Australierinnen, die im Vorlauf einen Weltrekord aufgestellt hatten, wertvolle Zeit verloren, so daß sie im Ziel nur noch Fünfte waren.
1953, als Majorie Jackson den Radsportler Peter Nelson heiratete, der ebenfalls zum Helsinki-Team gehört hatte, brachte Shirley Strickland ihr erstes von später vier Kindern zur Welt. Bei den Commonwealth-Spielen fehlte sie deshalb. Indessen wiederholte Marjorie Jackson-Nelson in Vancouver ihren Doppelerfolg von 1950 und gewann außerdem mit der Staffel. Anschließend trat sie zurück, obwohl sie erst 22 Jahre alt war. Dem Sport allerdings blieb sie noch lange verbunden: 1994 war sie die erste Frau, die für die Commonwealth-Spiele in das Amt eines »General Team Managers« berufen wurde.
Zu ihren sportlichen Hinterlassenschaften zählte auch der 100-m-Weltrekord, den sie 1952 zuerst bei ihrem Olympiasieg mit 11,5 s egalisiert und anschließend im Oktober in Japan auf 11,4 s verbessert hatte. Und genau diese Bestmarke unterbot Shirley Strickland 1955 bei den Weltfestspielen in Warschau um eine Zehntelsekunde.
Strickland war 31 Jahre alt, als sie 1956 in Melbourne ihre dritten Olympischen Spiele erlebte, wonach es anfangs nicht ausgesehen hatte. Wochenlang war sie krank. Doch daß sie den Ausfall besser überstanden hatte als alle glaubten, bewies sie Anfang Oktober, als sie bei den Ausscheidungswettkämpfen über 80 m Hürden einen vielbejubelten Sieg über die zehn Jahre jüngere Norma Austin feierte, wobei sie mit 11,0 s auch australischen Rekord lief. Der Witz daran: Bei ihrem Olympiasieg 1952 in Helsinki war sie mit 10,9 s Weltrekord gelaufen, doch für die Australier war das nicht von Belang. Sie erkannten nur Leistungen an, die auf dem Fünften Kontinent erzielt wurden.
Das Problem war hinfällig, als Shirley Strickland 1956 im Melbourne Cricket Ground die Hürdenstrecke in 10,7 s zurücklegte, womit sie zwei Zehntelsekunden schneller war als die Berlinerin Gisela Köhler (später Birkemeyer).
Dabei hatten die Spiele für sie mit einem Fiasko begonnen:
Über 100 m schied die Weltrekordlerin bereits im Vorlauf aus. Allerdings hätte sie schon Bestform haben müssen, um gegen den neuen australischen Star Betty Cuthbert mithalten zu können.
Die 18jährige Kindergärtnerin aus Sydney, die zu Jahresbeginn kaum einer kannte, gewann nach den 100 Metern auch den 200-m-Lauf und holte sich als Schlußläuferin der 4x100-m-Staffel ihre dritte Goldmedaille. Gold Nummer drei gab es auch für die Startläuferin Shirley Strickland. Ihre Bilanz weist aber noch vier weitere Medaillen aus, womit sie weltweit von keiner Leichtathletin übertroffen wird.
Doch während für sie die Abenddämmerung aufzog, hatte Betty Cuthbert 1956 ihren sportlichen Sonnenaufgang. Vier Jahre später in Rom zogen allerdings Wolken auf: Cuthbert litt unter einer Oberschenkelzerrung und mußte von der Tribüne miterleben, wie sich die »Schwarze Gazelle« Wilma Rudolph »ihre« Sprinttitel eroberte. Enttäuscht trat Cuthbert danach ab, um 18 Monate später zurückzukehren, weil sie bei den Commonwealth-Spielen in Perth starten wollte.

Betty Cuthbert auf Herb Elliotts Spuren

Damals kam die 400-m-Strecke ins Olympische Programm, worauf ihre Trainerin June Ferguson ihr den Rat gab, sich darauf zu konzentrieren. Viel Zeit verbrachte sie auch mit Percy Cerrutty, dem Coach von Herb Elliott, der 1960 auf dem Gipfelpunkt des Erfolgs, nach dem Olympiasieg über 1500 m, ungeschlagen abgetreten war. Cerrutty lud Betty Cuthbert ein, bei ihm in den Dünen von Portsea zu trainieren, wo sich Elliott seine Kraft geholt hatte.
Sie verlor zwar anschließend bei den australischen Meisterschaften gegen Dixie Willis, doch als diese auf die 800-m-Strecke wechselte, machte sie den Weg frei für Betty Cuthbert, die in Tokio die erste Olympiasiegerin über 400 m wurde und damit endgültig in den Kreis der australischen Sportlegenden aufgenommen wurde. Und zwar gezähnt und abgestempelt.

Spiel ist es nur fürs Publikum

Astrid Kumbernuss

Seit 1988 führt Astrid Kumbernuss Tagebuch; nicht jeden Tag, aber regelmäßig. Neben Trainingsergebnissen notiert sie persönliche Dinge; häufig nur mit Abkürzungen und Symbolen, die manchmal nicht einmal ihr Lebensgefährte und Trainer Dieter Kollark deuten kann, der im übrigen meint: »Wenn das Haus abbrennt, würde sie außer der Familie vor allem diese Bücher retten ...«. Wie bereitete sich eine Athletin wie sie, die dreimal Kugelstoß-Weltmeisterin und 1996 Olympiasiegerin war, auf ihre zweiten Olympischen Spiele vor? Dieter Kollark half beim »Übersetzen«.

18. Oktober 1999: Unser Urlaub im »Club der Besten« in Ägypten ist vorüber; das neue Wettkampfjahr beginnt ganz ruhig in Zinnowitz. Für den Abend hat Hans Dornbusch, der sportbegeisterte Direktor des »Baltic«, einen »Sportlerball« organisiert. Großes Hallo überall; viele Bekannte aus Ost und West sind gekommen.

3. November 1999 in Kienbaum: Grundsteinlegung für die neuen Bungalows in der Sportschule zusammen mit Bundesinnenminister Otto Schily. Glücklicherweise hat sich der Bund zum Erhalt dieses Zentrums bekannt, denn ich kenne keinen besseren Ort zur Leistungsausprägung. Ohne Kienbaum hätte ich nicht das erreicht, was ich erreicht habe. Sein erster Vorzug: die Lage. Kienbaum liegt nicht so weit von Neubrandenburg entfernt, und die Flughäfen in Berlin sind nahe. Zweitens kann ich hier den Alltag hinter mir lassen, denn das Personal ist vollkommen auf den Leistungssport fixiert. Es weiß, was ein Athlet braucht. Drittens finde ich Trainingsbedingungen wie zu Hause vor. Es gibt ein Wurfhaus und die gleichen Kraftmaschinen. Viertens ist Kienbaum kinderfreundlich: Philip kann mich und Dieter problemlos begleiten.

4. November 1999: Mit Andreas Dittmer, unserem Kanuten, in der Stadtverordnetenversammlung, denn beim SC Neubrandenburg sieht es trübe aus. Eigentlich müßte der Klub jetzt Konkurs beantragen. Präsident Ernst Stinnes zeigt viel Verständnis; die Stadt will mit Geld aushelfen, damit der Sportbetrieb weitergehen kann. Alles in allem habe ich drei Tage nicht trainiert, aber es gibt eben auch Verpflichtungen – und im November kann ich so etwas schon einmal machen.

13. November 1999: Das erste drastische Erlebnis dieses Trainingsjahres. Über Nacht war das linke Knie doppelt so dick wie sonst; ohne Gehhilfe klappt nichts mehr. Der Arzt gibt mir eine knorpelaufbauende Injektion. Die Folge: Allergische Reaktionen und anderthalb Wochen nur eingeschränktes Training.

23. November 1999: Besuch der Kinderkrebsstation in Greifswald; für 800 Mark Geschenke dabei. Die Kinder sind sehr dankbar, daß jemand kommt, den sie aus dem Fernsehen kennen. Es mangelt vor allem am Geld. An das Vorhaben, die Eltern dort auch mal übernachten zu lassen, ist vorerst nicht zu denken. Nach dem Besuch zwei, drei Tage sehr still gewesen.

26. November 1999: Auszeichnung mit der »Goldenen Eins« in München bei der ARD: Platz zwei gemeinsam mit Eisschnelläuferin Gunda Niemann-Stirnemann hinter Tennis-As Steffi Graf. Meine erste Begegnung mit ihr, und ich bin überrascht von ihrer freundlichen Bescheidenheit. Zeit der Ehrungen; die angenehme Seite des Sports. Beim »Kicker« wurde ich von einer Jury zur »Leichtathletin des Jahrhunderts« gewählt – Ansporn für neue Ziele.
1.–12. Dezember 1999: Reise nach China zum »Tag der Sachsen« in Shanghai auf Bitten meines Sponsors »Dr. Doerr«, für dessen Müsli ich werbe. Die Volksrepublik ist für mich schon kein unbekanntes Land mehr. 1997 war ich mit Dieter zwei Wochen da und habe dort auch trainiert. Das war diesmal die Bedingung, um mitzureisen. Täglich werde ich mit dem Taxi zu einer Sportanlage gefahren, wo ich ein bißchen Kugel stoße und Kraft mache. Der Höhepunkt der Reise: Mein Treffen mit Huang Zhihong, die 1991 und 1993 Weltmeisterin im Kugelstoßen war und deren Nachfolge ich 1995 in Göteborg antreten konnte. Seitdem bin ich mit ihr befreundet, und da sie in England studiert hat, können wir uns auch ganz gut verständigen. Huan, die in einem Dorf bei Shanghai lebt, hat ihr Baby mitgebracht, das ganz dick ist, obwohl es doch erst im März zur Welt kam. Da scheint ein Kugelstoßer heranzuwachsen. Seinen Namen sollte man sich merken: Ich habe allerdings immer nur »Ii« verstanden. Ob er wirklich so heißt?
21. Dezember 1999: Erster Wettkampf beim Besuch einer Privatschule in Waren: 16,65 m aus dem Stand – nicht unzufrieden. Der Anteil meiner Standstöße ist relativ hoch, was mit meinem Knie zusammenhängt, das nicht mehr jungfräulich ist. Beim Umsprung habe ich mir rechts schon das Kreuzband gerissen; ich muß also aufpassen.
31. Dezember 1999: Steuererklärung zum Finanzamt gebracht. Um 15 Uhr zur Silvesterparty bei N3 in Hamburg, doch ins neue Jahrtausend möchte ich schon zu Hause rutschen. Um 20 Uhr sitze ich schon wieder im Auto, und 21.30 Uhr treffe ich in Neubrandenburg ein. Sechseinhalb Stunden Aufwand für ein paar nette Sätze – was macht man nicht alles für die Popularität ... Um 23.30 Uhr wecken wir Philip, und dann geht es raus ins Freie – Feuerwerk anschauen! Der Picknickkorb ist selbstverständlich dabei. Prosit Olympiajahr! Gute Vorsätze? Lieber nicht so viel vornehmen und dafür mehr arbeiten.
1. Januar 2000: Neujahr in Neubrandenburg: Am Vormittag Inventur im Geschäft. Training fällt heute aus. Am nächsten Tag Anruf von Peter Grau. Das Fachblatt hat mich auch noch zur »Leichtathletin des Jahres« gekürt. Anschließend Fahrt nach Kienbaum.
14. Januar 2000: Telefonat mit dem DSB in Frankfurt/Main, weil seit vier Monaten von mir keiner mehr eine Dopingkontrolle verlangt hat. Und bevor ich zu Wettkämpfen antrete, möchte ich sagen können, wie es damit steht, falls mich ein Journalist danach fragt.
15. Januar 2000: Ein schöner Wettkampf in Bad Segeberg: 19,18 m sind ein guter Anfang. Ich versuche möglichst jährlich dort zu stoßen, weil ich damit eine angenehme Erinnerung

verbinde: Das war der erste Wettkampf nach der »Wende«, am 5./6. Januar 1990, bei dem ich an den Start gegangen bin. 50 D-Mark bekam ich damals als Spesen; Dieter ebenso – und wir hatten ein wahnsinnig tolles Gefühl dabei.

5. Februar 2000: Mein 30. Geburtstag: Alles soll wunderbar werden: Die Familie ist nach Saßnitz eingeladen, die Sponsoren wollen kommen, Holger Biege hat für mich extra einen Schlager komponiert. Auch beim Einstoßen sieht es mit einem 20-m-Stoß noch gut aus. Doch dann geht nichts mehr: Im 1. Versuch komme ich auf 19,00 m, und dabei bleibt es. Der ganze Wettkampf ist ein Trauma. Vollkommen unerklärlich, daß ich mich im 6. Versuch nicht einmal mehr konzentrieren kann. Die Niederlage gegen Nadine Kleinert ist fast logisch.

26. Februar 2000: Der Schlamassel setzt sich bei den Hallen-Europameisterschaften fort: Platz drei mit 19,12 m hinter der Russin Larissa Peleschenko und Nadine Kleinert. Wieder liege ich beim Einstoßen knapp über 20 m, doch dann bin ich wie gelähmt. Woran mag es liegen? Jahrelang war ich wie programmiert, doch jetzt macht mein Körper nicht mehr das, was er soll. Ich habe das Gefühl, als wäre die Bindung zu ihm verloren gegangen. Und ich bin nicht der Typ, der das so ohne weiteres abhakt.

4. März 2000: Start beim Nachwuchs-Länderkampf Deutschland – Großbritannien – Frankreich in Neubrandenburg außer Konkurrenz: 19,70 m – meine beste Leistung in der Hallensaison. Zum Glück ist sie zu Ende.

3. April 2000: Früher sind wir normalerweise im März auf den Belmeken im Rila-Gebirge gefahren, doch wegen Philip haben wir uns diesmal für die Sierra Nevada entschieden. Was ist, wenn er in Bulgarien krank wird? Das Risiko wollen wir lieber nicht eingehen. Das Hotel in Spanien liegt 2400 m hoch, doch die sportlichen Bedingungen, wie ich sie benötige, sind nicht vorhanden. Im Freien kann ich überhaupt nicht stoßen, und auch in der Halle geht es nur mit einem Ballfangnetz. Leider ist aus der Reise lange nicht so viel herausgekommen, wie wir uns erhofften. Ich habe lange Zeit gebraucht, um mich zu erholen. Und dann noch dieser Schreckschuß mit dem rechten Knie, das schon vor der Abreise nach Spanien anfing zu muckern. Doch unser Physiotherapeut, der seine Arbeit versteht, kriegt es wieder hin.

Nebenstehende Seite: Astrid Kumbernuss mit Trainer und Lebensgefährten Dieter Kollark im November 1999 in München bei der Auszeichnung für „Deutschlands Sportler 1999".
Oben mit Sohn Philip, der auch schon manches Trainingslager kennengelernt hat. Besonders kinderfreundlich geht es nach Ansicht der Mutter in Kienbaum bei Berlin zu.

Bild rechts: Abflug nach Sydney von Berlin mit schwerem Gepäck. Am 9. September war Ankunft in der Olympiastadt. Beim Training »vor Ort« musste noch einiges geleistet werden.

14. Mai 2000: Lehrgang an der Algarve: Seit meinem ersten Aufenthalt in Portugal in diesem Jahr laufe ich meiner Leistung hinterher. Ich muß sogar darum kämpfen, die Resultate vom Winter zu bringen. Erst bei den letzten zwei, drei Einheiten scheint es den Berg 'raufzugehen.
27. Mai 2000: Werfertage in Halle: Eine souveräne Vorstellung von Franka Dietzsch, die 67,13 m wirft und die Vizeweltmeisterin Anastasia Kelesidou aus Griechenland bezwingt. Ich stoße im ersten Versuch 19,93 m und gewinne gegen Nadine Kleinert. Ein guter Beginn! Doch die Voraussage von Dieter, daß die 20 m für mich kein Problem sein würden, erweist sich leider als Wunschdenken; und dann verletzte ich mich auch noch am Ellenbogen an der Kapsel. Deshalb unser Beschluß, alle Wettkämpfe zu Pfingsten und danach abzusagen, was keine leichte Entscheidung ist, denn ich verdiene mein Geld mit Kugelstoßen.
6. Juni 2000: Keinerlei Wettkämpfe, und auch das Training ist nur unter eingeschränkten Bedingungen möglich, ohne Anstrengung des Ellenbogens. Die Zweifel wachsen, ob der Rückstand bis Sydney noch aufzuholen ist. Und jeder Tag ist anders: Kaum gibt es einmal einen Hoffnungsschimmer, bumms! Am nächsten Tag sieht es wieder schlimm aus. Zermürbend! Leider ist auch die sportmedizinische Betreuung nicht mehr so gut wie früher. Der Arzt muß erst aus Rostock anreisen, was sich so lange hinzögerte, bis ich beschwerdefrei war. Warum? Das läßt sich im nachhinein nicht mehr definieren.
25. Juni 2000: Platz eins in Nürnberg bei regnerischem Wetter. Mit 18,95 m reiße ich zwar keine Bäume aus, aber ich gewinne – und immerhin gegen die Weißrussin Janina Koroltschik, die 1999 WM-Vierte in Sevilla war.
27. Juni 2000: »Astrid, Astrid, Astrid« – das ist Musik in meinen Ohren. Zum ersten Mal hat ein Wettkampf wieder richtig Spaß gemacht. Mehr als 600 Zuschauer standen in Iffezheim um unseren Kugelstoßring herum, und sie spornten mich mit rhythmischen Klatschen an. Unter anderen Bedingungen wären 19,77 m auch nicht herausgekommen. Für mich ist das Drumherum eines Wettkampfes sehr wichtig. Wenn ich eine schlechte Leistung zeige und dafür auch noch Geld bekomme, schäme ich mich richtig, und tagelang habe ich gegenüber den Zuschauern ein schlechtes Gewissen. Es ist gar nicht so einfach, von diesem Anspruchsdenken Abstriche zu machen.
8. Juli 2000: Die Niederlage gegen Nadine Kleinert beim DLV-Meeting in Dortmund schmerzt. Bis zum 6. Versuch lag ich mit 19,41 m vorn, als mich Nadine noch um sechs Zentimeter übertraf. Da müssen einem doch die Tränen kommen. Ein kleiner Trost bleibt: Der DLV nominierte mich für den Europacup. Bei aller Enttäuschung, die man in einem solchen Wettkampf erlebt: Gegenüber dem Publikum ist es enorm wichtig, sich zu beherrschen und sich nicht selbst zu zerfleischen oder gar die Konkurrenz herabzuwürdigen. Wir sind zwar Profis, aber der Zuschauer möchte, daß es ein Spiel bleibt. Also lächeln, selbst wenn es schwer fällt!
16. Juli 2000: 18,94 m und Platz eins beim Europacup in Gateshead – nein, dieses Resultat möchte ich lieber nicht kommentieren. Das ist eigentlich nicht das Niveau einer dreifachen Weltmeisterin und Olympiasiegerin. Aber seitdem ist auch viel passiert, und seit der Geburt von Philip habe ich das Gefühl, als wäre mir etwas die Aggressivität verloren gegangen, die ich hinter der Kugel brauche. Doch andererseits geht es bei so einem Wettkampf zuerst um den Sieg, so daß unter dem Strich ein Erfolg bleibt. Außerdem sind noch rund zweieinhalb Monate Zeit bis Sydney. An meinem Ziel, die Goldmedaille zu gewinnen, mache ich keine Abstriche.
18. Juli 2000: Nach dem Wettkampf in Dortmund beginne ich, mit einem Psychologen zusammenzuarbeiten. Prof. Dr. Neumann aus Neubrandenburg hatte im »Nordkurier« meine Äußerung gelesen, daß ich wohl jetzt einen Psychologen brauche, um meine Probleme loszuwerden. Versuchen wir es also! Täglich mache ich nach seinen Anweisungen anderthalb bis zwei Stunden Konzentrationsübungen und lerne Atemtechnik. Die negativen Gedanken müssen weg, positive Bilder soll ich vor Augen haben. Also denke ich am besten an Philip.
22. Juli 2000: 19,63 m beim Sachsenmeeting in Chemnitz und ein klarer Sieg vor Nadine Kleinert. Acht Wochen, in denen ich nur mit Beschwerden trainieren und an den Start gehen konnte, sind nun vorüber. Und schon vorher habe ich gesagt, daß ich, wenn es in Chemnitz gut läuft, die Deutschen Meisterschaften in Braunschweig wegfallen lasse, obwohl mich die »100.« gereizt hätten.
26. Juli 2000: Russische Landesmeisterschaften in Tula: Swetlana Kriweljowa gewinnt mit 20,59 m vor Peleschenko, der ich das meiste zutraue. Die Weiten sind aber erreichbar. Mit meinen 19,93 m liege ich in der Jahresweltbestenliste auf Platz vier. Eigentlich kann es nur besser werden.
3. August 2000: Heute haben wir entschieden, daß Philip nicht mit nach Sydney fährt. Wenn ich mit meinen Leistungen schon weiter wäre, hätten wir ihn sicher mitgenommen. Das Haus in der Nähe des Olympiaparks ist schon bezahlt. Doch mit meinen Problemen, die ich zur Zeit habe, will ich das nicht riskieren. Philip wird das sowieso besser wegstecken als ich. Er wird zuerst zwei Wochen bei meiner Mutter in Grevesmühlen bleiben und dann mit ihr und einer Freundin nach Griechenland fahren.
11. August 2000: Einkleiden für Sydney: Dieter opferte sich und holte für Franka und mich die Olympiaklamotten aus einer Bundeswehrkaserne in Mainz ab. Jetzt gibt es kein Zurück mehr. Komisch: Auf der Kleidung findet sich keinerlei Olympiabezug, als ob man sie im Supermarkt gekauft hätte. Das hat es eigentlich nie gegeben. Doch wichtig ist mir das sowieso nicht. Praktisch muß es sein. Wert lege ich allerdings darauf, daß die Wettkampfkleidung gut aussieht, und zum Glück gibt es mal ein neues Design. Bisher war die Grundfarbe immer weiß, was dick macht. Diesmal hat man uns schwarz verpaßt, weiß und rot abgesetzt; und das macht schlank ...

13. August 2000: Im Training stoße ich 20,12 m, womit ich etwa einen halben Meter unter meinem Niveau liege. Meine Trainingsbestleistung stammt aus dem Jahr 1997, als ich auf 21,00 m kam – aber das war eben ein sehr guter Tag. Auch bei den anderen Vergleichswerten liege ich zurück: Mit der 5-kg-Kugel erreiche ich 17,70 m; vor drei Jahren waren es 18,20 m. Mit der Männerkugel gelingen mir aus dem Stand 13,67 m bei einer Bestleistung von 14,33 m; mit Anrutschen 14,23 m im Vergleich zu 15,08 m von 1997.
20. August 2000: Viertes und letztes Meeting im Diamond Cup in Leverkusen. Wieder habe ich das Glück, der Publikumsliebling zu sein. Als Dank wuchte ich die Kugel auf 20,03 m, was sich auszahlt: Für meinen vierten Erfolg mit der Idealpunktzahl 28 gibt es einen Diamanten im Wert von 50 000 Mark. Das hat sich gelohnt. Die letzten beiden Versuche lasse ich weg – reine Vorsichtmaßnahme.
23. August 2000 in Cottbus: Lausitzmeeting: Vier Wochen Kienbaum haben mir gut getan, und die Zuschauer und die gute Kugelstoßanlage leisten das übrige. Trotzdem bin ich hinterher ein bißchen geknickt: 19,63 m sind zwar eine annehmbare Siegerweite, aber ich wollte mehr. 20,30 m müßten drin sein, dachte ich wenigstens. Doch im Ring fühle ich mich schlecht, mir ist regelrecht schwindelig.
26. August 2000: In Neuwied 20,23 m-Wettkampf vor dem Schloß. Nach dem ersten Versuch ist ein wenig die Luft raus. Ein schöner Wettkampf, doch in Sydney muß ich mehr bieten.
27. August 2000: Gerade haben wir ganz gemütlich gefrühstückt, als mir eine Meldung die Laune verdirbt. Peleschenko kam beim Kuz-Memorial in Moskau auf 21,46 m. So weit stieß sie seit ihrer Dopingsperre bei den Hallen-WM von 1995 noch nie; bisher lag ihre Bestleistung bei 20,29 m. Damit habe ich nicht gerechnet.
29. August 2000: Um diese Begegnung habe ich mich nicht gerissen, und wenn ich etwas überhaupt nicht mag, dann ist es eine Show. Aber soll ich dem Bundeskanzler einen Korb geben? Einge-

Astrid Kumbernuss macht auch auf dem Fahrrad, das im Olympischen Dorf die schnellste Form der Fortbewegung war, eine gute Figur.
Typisch Astrid Kumbernuss: Eine lange Konzentrationsphase vor dem Stoß (Bild nebenstehende Seite).

laden sind außer mir der Oberhofer Rennrodler Jens Müller, die Schwimm-Olympiasiegerin von 1992 Dagmar Hase aus Magdeburg, Ex-Fußballer Joachim Streich, die Leipziger Handballerin Grit Jurack und einige andere. Über die Probleme des Sports in Ostdeutschland will Gerhard Schröder mit uns reden, so lautet jedenfalls die Einladung. Die Stimmung in Kleinzerlang bei Rheinsberg, wo das Treffen stattfindet, ist locker und lustig, und ich darf rechts neben dem Bundeskanzler sitzen. Vielleicht weil ich die einzige bin, die er kennt ... Schröder hat die gleichen blauen Augen wie mein Opa, ein Grund, ihn sympathisch zu finden. Außerdem gefällt mir an ihm, daß er über sich lachen kann. Wir reden über Fußball und Autos; das einzige, was keine Rolle spielt, sind die Probleme des Sports in Ostdeutschland. Aber das Abendbrot hat sehr gut geschmeckt.
30. August 2000: Verabschiedung der Stadt für uns Sydney-Fahrer: Das Ganze findet in einem Einkaufszentrum statt. Die Sponsoren, die ja einen großen Anteil daran haben, daß wir uns qualifizieren konnten, sind überhaupt nicht erst eingeladen worden. Und Dieter? Der ahnte, was auf uns zukommt und ist gar nicht erst erschienen. Eine vollkommen mißlungene Veranstaltung, weshalb ich mich nach einer halben Stunde verdrückt habe.
3. September 2000 in Bad Köstritz: Mein letzter Wettkampf vor Sydney. Beim ersten Blick zum Himmel sinkt heute morgen schon spürbar meine Motivation. Ich habe mir viel vorgenommen, aber ich kann auch nicht einfach auf den Knopf drücken und dann weit stoßen. Ich war so gut in Form und dann so ein Scheißwetter: kalt und windig. Da war viel mehr drin als 20,12 m. Jetzt stehe ich vor der Frage, ob ich in Australien nicht doch noch einen Wettkampf mache. Doch dann wäre das Olympia-Finale der 14., aber die 13 ist doch meine Glückszahl. Eine schwierige Entscheidung ...
5. September 2000: Abschied von Philip! Schrecklich, den ganzen Tag bin ich traurig, und dann noch das schlechte Wetter dazu. Einen Tag kannst du 'rumjaulen, sage ich zu ihm, und dann ist Schluß. Denkste! Ihm ist das alles völlig wurscht, Philip würde wahrscheinlich mit jedem mitgehen. Ich bin diejenige, die hier 'rumjault.
7. September 2000: Es geht los, 19 Uhr Abflug von Tegel. Von Frankfurt/Main geht es um 22.15 Uhr weiter bis Singapur. Dort haben wir vier Stunden Aufenthalt. Ich bin froh, daß ich weg bin. Der ganze Streß vor der Abreise ... Im nachhinein ärgere ich mich, daß wir so spät geflogen sind. Dieter dachte, ich würde schon ein anderes Niveau haben, doch jetzt brauchen wir den Aufenthalt in Australien, um grundlegend noch einiges zu tun. Vielleicht muß ich sogar noch einmal zum Wettkampf antreten. Franka, die zuletzt abgebaut hat, ganz bestimmt. Doch viel gefährlicher ist es, mit einer Traumform nach Sydney zu reisen. Meine Erwartungen hängen jetzt erst einmal tief. Es kann wirklich nur noch besser werden.
9. September 2000: Ankunft in Sydney. Die Anreise war leichter als gedacht. In der 1. Klasse läßt sich der lange Flug aushalten; ich habe sogar ganz gut schlafen können. Wenn ich mir vorstelle, wie aufwendig im Vergleich dazu der Flug 1956 gewesen sein muß ... Dreimal so lange war die Mannschaft unterwegs. Aber eine Mannschaft wie damals gibt es in dem Sinne gar nicht mehr. Viele reisen vollkommen allein, wie normale Touristen – wir auch. Die fünf Stunden Zwischenaufenthalt in Singapur haben wir im Fitneßstudio verbracht, wo es einen großen Pool gibt. Da konnten wenigstens die Beine mal richtig durchbluten. Und das Wetter scheint auch langsam mitzuspielen. Es heißt, daß es in Australien in den nächsten Tagen wärmer werden soll.
10. September 2000: Unser Trainingsdomizil, die South Stradbroke Islands, liegt an der Goldküste und ist ungefähr 20 Autominuten von Brisbane und 900 km nördlich von Sydney entfernt. Die Ferieninsel liegt mitten in einem Naturpark, im Regenwald. Unter den Bäumen stehen Holzhäuser, die als Unterkünfte dienen. Der Strand ist sehr schön. Das Wasser ist ungefähr so kalt wie die Ostsee in diesem Sommer. Gefährlich ist vor allem die starke Strömung, die einen magisch anzieht. Jedes Jahr gibt es Todesfälle, haben wir gehört. Gefrühstückt wird direkt am Meer, und früh um acht Uhr ist es schon so warm, daß man ein T-Shirt tragen kann. Einen Tag nach der Ankunft fühle ich mich so fit, daß ich sofort einen Wettkampf bestreiten könnte.
13. September 2000: In den letzten Tagen vor dem Start kommt es nun darauf an, die richtige Belastung zu setzen. Die Trainingsbedingungen dafür sind vorhanden. Der Kraftraum ist nur locker besetzt, so daß man sich nicht auf die Füße tritt. Bisher habe ich sehr viel mit schweren Kugeln

trainiert, und meine 13,90 m aus dem Stand mit der Männerkugel können sich durchaus sehen lassen. Jetzt geht es vor allem darum, mit den 4- und 5-kg-Kugeln die Schnelligkeit zu entwickeln, was die Gefahr mit sich bringt, sich zu verletzen. Das Hauptproblem ist das Abbremsen des Armes nach dem Stoß. Glücklicherweise ist die medizinische Betreuung sehr gut. Der Mannschaft stehen drei Ärzte und sechs Physiotherapeuten zur Verfügung. Da ich mit der 4-kg-Kugel auf 20,26 m komme, empfiehlt mir Dieter, in Brisbane nicht an den Start zu gehen. Damit werden die Olympischen Spiele nun doch zum 13. Wettkampf – meine Glückszahl.

15. September 2000: Beginn der Olympischen Spiele. Wir schauen uns die Eröffnung im Fernsehen an. Selbst wenn ich jetzt in Sydney wäre, würde ich mich nicht danach drängeln, dort ins Stadion einzumarschieren, und auch Birgit Fischer beneide ich nicht um ihre Rolle als Fahnenträgerin. Die Veranstaltung zieht sich über mehr als vier Stunden hin, dazu kommen noch die An- und Abreise. Am besten gefallen mir die Idee mit dem Wasserfall und wie das Olympische Feuer nach oben transportiert wurde.

17. September 2000: Ein Erfolgserlebnis für Franka! In Brisbane wirft sie den Diskus auf 64,89 m, rund drei Meter weiter als Ilke Wyludda. Nach den Meniskusproblemen der letzten Zeit kommt diese Aufmunterung für Franka gerade richtig. Inzwischen ist die Mannschaft langsam vollständig. Auch Dieter Baumann ist anwesend, was die Atmosphäre nicht gerade verbessert, seit der »Spiegel«-Beitrag vom letzten Montag hier bekannt geworden ist. Von wegen Fairplay: Wieder einmal beschimpft er die Werfer pauschal, und Stéphane Franke scheint er regelrecht zu einer Verleumdungsklage herausfordern zu wollen. Der Werferbereich ist sich vollkommen einig, daß wir zu dem Mannschaftsfoto, das heute geschossen werden soll, nicht antreten, wenn Dieter Baumann dabei ist. Trainer Karl-Heinz Leverköhne hat die Aufgabe übernommen, diesen Beschluß Sportdirektor Frank Hensel mitzuteilen. Ob es daran gelegen hat, daß Baumann gar nicht erst zu diesem Termin gekommen ist?

18. September 2000: Urteil gegen Baumann: Der Arbitration Panel des Internationalen Leichtathletikverbandes hat den Freispruch des DLV-Rechtsausschusses nicht bestätigt, so daß Baumann in Sydney nicht laufen kann. Hoffentlich kehrt jetzt Ruhe in die Mannschaft ein.

24. September 2000: Vom Regenwald in die Bushaltestelle, so könnte man unseren Umzug ins Olympische Dorf nach Sydney bezeichnen. Ich habe das Pech, ein Bett zu erwischen, das direkt an der Bushaltestelle zu stehen scheint. Die ganze Nacht kommen Busse an und fahren ab. Im nachhinein wird Atlanta immer schöner. Da konnte ich wenigstens schlafen. Ich staune, daß eine Cathy Freeman hier wohnt. Da sind wir natürlich von den Weltmeisterschaften verwöhnt, bei denen man immer ein schönes Hotel hat.

25. September 2000: Nach Hammerwerfer Karsten Kobs ist mit Dreispringer Charles Friedek ein weiterer deutscher Weltmeister von Sevilla durchgefallen. Hoffentlich bin ich nicht die Nächste. Es ist ziemlich schwierig, solche Gedanken zu verdrängen.

27. September 2000: Um 10 Uhr morgens findet die Qualifikation statt, die für manchen schon die Endstation darstellt. Franka hat im Diskuswerfen Glück gehabt, gerade noch als 12. ins Diskusfinale zu rutschen. Schon seit Wochen hat sie Kniebeschwerden, die ihr auch hier zu schaffen machen. Und Franka lebt von den Beinen. Mehr als ein sechster Platz ist unter diesen Umständen kaum drin. Meine Qualifikationsweite schaffe ich mit dem ersten Stoß. Was ich von den anderen sah, hat mir auch nicht gerade Angst eingejagt.

»Ich hatte mir einfach das Ziel gesetzt, daß ich auch mit Bronze glücklich wäre.« Und es wurde der erhoffte dritte Platz, wie die Neubrandenburgerin signalisierte.

28. September 2000: Heute gilt es! Und es war die erste Nacht, die ich durchgeschlafen habe, weil ich ein Bett in einer ruhigen Ecke des Dorfes bekam. Dieter mußte mich um 8.30 Uhr wecken, sonst hätte ich wahrscheinlich bis um Zehn gepennt. Das Frühstück war gut, so daß ich mittags gar keinen Hunger mehr habe. Ich esse nur ein paar Nudeln. Danach gehe ich noch einmal für zwei Stunden ins Bett. Anschließend wird Kaffee getrunken, und um 17 Uhr gibt's noch einmal Nudeln, denn es wird ein langer Abend. Um 18 Uhr fahre ich ins Stadion, das auf mich einen großen Eindruck macht: Vor 110 000 Zuschauern habe ich noch keinen Wettkampf bestritten. Um 19 Uhr beginnt die Erwärmung, und eine halbe Stunde später werden wir zum Aufruf gebeten. Der Kugelstoßring macht einen guten Eindruck; beim Einstoßen haben wir die üblichen zwei Versuche, doch dann ist das Kampfgericht gnädig und gestattet uns noch zwei weitere. Der Wettkampfbeginn, auf 20.30 Uhr festgesetzt, verzögert sich aus unerfindlichen Gründen; es heißt auf Wunsch des Fernsehen, damit es sich auf den Männerweitsprung konzentrieren kann, bei dem ein Australier Kubas Weltmeister Ivan Pedroso ein großes Duell liefert. Es ist nicht fair, uns zehn Minuten warten zu lassen. Das hört sich zwar wenig an, doch damit ist es nun eine halbe Stunde her, seit ich das letzte Mal eine Kugel gestoßen habe, und damit ist der ganze Effekt der Erwärmung weg. Als es endlich losgeht, macht diese Zwangspause offenbar allen zu schaffen. Es wird ein komischer Wettkampf: Ich stoße im ersten Versuch 19,38 m, mit denen ich Zweite hinter der Weißrussin Janina Koroltschik bin, die auf 19,43 m kommt. Im zweiten Durchgang erreicht die Russin Peleschenko, vor der ich den meisten Bammel habe und die nach mir stößt, 19,92 m, womit ich auf den Bronze-Platz abrutsche. Der Wettkampf plätschert dahin. Es ist wie verhext, je mehr ich mich anstrenge, umso kürzer sind die Weiten: 18,73, 18,76, 18,89 m ... Den anderen geht es ähnlich, nur Kriwelewa kann sich verbessern und kommt mit 19,37 m bis auf einen Zentimeter

an mich heran. Dann der letzte Durchgang: Nachdem Kriwelewa mit 19,36 m meine Bestmarke noch einmal knapp verfehlt, habe ich die Bronzemedaille sicher. Vielleicht bringt mir das den notwendigen Adrenalinstoß, der mich noch einmal beflügelt.
Na, bitte, 19,62 m! Doch kaum habe ich sie angefaßt, fällt mir die Silbermedaille wieder aus der Hand. Koroltschik, gegen die ich heute machtlos bin, haut 20,56 heraus.
Mit der Bronzemedaille bin ich durchaus zufrieden; Silber hätte mich nicht glücklicher gemacht. Man darf den ganzen Streß bei Olympischen Spielen nicht vergessen. Das geht schon früh los: Alle wollen auf einmal was. Olympia als großes Erlebnis – das stellt sich wohl erst hinterher ein. Hier ist es nur harte Arbeit. Und den Leuten im Hintergrund geht das genauso: den Ärzten, Horst Blattgerste, dem DLV-Organisationchef, oder unserem Physiotherapeuten Henry Hase. Für mich wird das noch ein langer Abend. Das Fernsehen, der Rundfunk und die schreibende Presse – alle wollen ihre Interviews. Mein Handy klingelt ständig. Meine Eltern melden sich aus Klütz – natürlich sind sie glücklich. Dann habe ich viel Zeit, denn es geht zur Dopingkontrolle. Wenn ich jetzt einen Kasten Bier hätte ... Obwohl ich ständig Wasser trinke, geht es unter einer Stunde nie ab, weil der Körper vollkommen ausgezehrt ist. Ich fühle mich kaputt von diesem Wettkampf, als wäre ich eine Stunde lang am Steuer eines Pkw mit 280 km/h über die Autobahn gerast.
Endlich aber habe ich Ruhe, mal meinen Sohn anzurufen, der mit einer Freundin auf Kreta Urlaub macht. Sie haben den Fernsehapparat mit an den Strand genommen, und Philip hat sich sogar zwei oder drei Stöße angeschaut. »Glückwunsch«, trällert es aus dem Telefon – das Wort hat er neu gelernt. Ich zähle schon die Tage, bis ich ihn wiederhabe. Na endlich, ich muß zur Toilette ...
29. September 2000: Nachts, um 1.30 Uhr, sind wir wieder im Olympischen Dorf. Ins »Deutsche Haus« zu gehen, wo eine Athletenfete stattfindet, habe ich keine Lust. Dieter und ich, wir sind nicht solche Partytypen. Auch wenn wir nicht mal eine Flasche Bier oder Wein haben – im Olympischen Dorf gibt es keinen Alkohol –, ist es wunderbar: Endlich allein, und diese wunderbare Ruhe. Dieter ist noch beim Analysieren und findet, daß wir zufrieden sein können, so wie die Saison gelaufen ist. Bei diesem Wettkampf war zwar mehr drin, aber das war nicht mein Tag. Am nächsten Abend bekomme ich dann meine Medaille; sie gefällt mir, und Bronze hatte ich noch nicht. Auf jeden Fall mache ich weiter, denn mit meinen 30 Jahren fühle ich mich noch jung genug, und ich bin gesund. Der Sport ist so kurzlebig. Im nächsten Jahr, wenn wieder Weltmeisterschaften stattfinden, wissen die meisten schon gar nicht mehr, wer eigentlich Olympiasiegerin in Sydney war. Das Kugelstoßen macht mir nach wie vor Spaß.
Aber wenn man weiß oder wenigstens ahnt, was um einen herum so alles abläuft und noch miterlebt, wie eine gedopte Hammerwurf-Weltmeisterin mit der Polizei aus dem Stadion abgeführt werden muß, kann einem das die Laune sehr verderben. Aber als Athletin habe ich gar keine Möglichkeit, wirksam zu werden, außer selbst »sauber« zu sein. Ein neuer Tag, ein neues Spiel. Mein Ziel ist nun Athen 2004 – und dann erst einen Tag vorher hin und mit Philip. Vielleicht aber sieht man mich schon in zwei Jahren bei Olympia wieder. Es gibt auch noch Winterspiele, bei denen 2002 in Lake Placid erstmals der Frauen-Bobsport zum Programm gehört. Und eine Pilotin, die sich darauf vorbereitet, hat mich zu einem Test eingeladen. Warten wir es ab. Es gibt noch Horizonte.

Ende gut, alles gut.
Viele Grüße aus Sydney
Eure Astrid
28.09.00

Die ehrliche Art, Sport zu treiben

Volker Kluge

17 Tage nach dem Ende der Olympischen Spiele, wenn dieses Buch längst erschienen ist, beginnen die XI. Paralympic Games, kurz Paralympics genannt. Vom 18. bis zum 29. Oktober messen die besten Behindertensportler aus aller Welt in 18 Sportarten ihre Kräfte. Erwartet wurden 4000 Athletinnen und Athleten aus 125 Ländern, womit diese Spiele größer sein werden als jene von Melbourne 1956. In der Zahl der Wettbewerbe übertreffen die Paralympics sogar die Olympischen Spiele von Sydney. 561 Goldmedaillen werden vergeben, und eine – im Weitsprung – möchte Caterine Bader-Bille gewinnen. Ihre Geschichte ist auch die von Heike Drechsler, die in Sydney ihre dritten Olympischen Spiele erlebte. Als Heike am 2. Oktober abreiste, kam Caterine.

Begonnen hatte alles 1998 an einem festlichen Abend in Erfurt, an dem Thüringens »Sportler des Jahres« ausgezeichnet wurden. Caterine Bader-Bille war in der traditionellen Wahl ebenso Zweite geworden wie Heike Drechsler, die 1998 in Budapest zum vierten Mal hintereinander den EM-Titel gewonnen hatte. Die »CBB« hingegen, wie Caterine auch genannt wird, war sogar Weltmeisterin: Bei den WM der Behindertensportler in Birmingham siegte sie im Hochsprung mit der beachtlichen Höhe von 1,65 m, 20 Zentimeter vor der Nächstplazierten: Petra Quade, ebenfalls eine Deutsche. Diese Überlegenheit hatte aber auch ihren Preis. Der Internationale Verband nahm daraufhin diese Disziplin aus dem Programm der Paralympics, wie es schon mehrmals vorher passiert war, wenn die Leistungsunterschiede zu groß wurden. CBB mußte also nach einem Äquivalent suchen, wofür nur der Weitsprung in Frage kam.

Da die Preisträger von Erfurt an diesem Abend an einem Tisch saßen, faßte sie Mut und rückte näher an Heike Drechsler heran, die in all den Jahren ihr Idol gewesen war. Ihr Traum, so gestand sie der Weitsprung-Olympiasiegerin von 1992, sei es, sich für die Paralympics in Sydney zu qualifizieren, wofür sie zuvor die nationale Norm von 5,51 m zu erfüllen hatte. Und ob Heike ihr dabei nicht helfen könnte.

Heike Drechslers Reaktions war anfangs wohl ein bißchen hilflos. Sie beratschlagte mit Erich Drechsler, ihrem Trainer und Schwiegervater. Korrekterweise müßte man beide Funktionen heute mit dem Wörtchen »ehemaliger« ergänzen, obwohl Heike sich weder von ihm noch von der unersetzlichen Schwieger- und Großmutter scheiden ließ. Wie auch immer: Erich Drechsler riet ihr zu. Heike sollte die Patenschaft über CBB übernehmen, er würde sich um die praktische Seite kümmern.

Noch einmal sich selbst beweisen

Caterine Bader-Bille wurde 1965 geboren, und es ist in der Leichtathletik nicht gerade das Übliche, erst als 30jährige mit dem Leistungssport zu beginnen. Sie hingegen, die Mutter zweier Knaben, des zwölfjährigen Lorenz und des siebenjährigen Richard, tat es.

Gewissermaßen hat CBB damit an ihre Kindheit angeknüpft. Sie will es sich noch einmal beweisen, und ihre Söhne, die ebenfalls Leichtathletik treiben, finden das gut. Damals, als sie zwölf Jahre alt war, gehörte sie zum Trainingszentrum des SC DHfK Leipzig, und es war ihr größter Wunsch, in die Kinder- und Jugendsportschule aufgenommen zu werden und eines Tages eine Goldmedaille zu gewinnen. In ihren Träumen sah sie sich schon umjubelt auf dem obersten Treppchen.

Doch der Aufnahmetest für die Kinder- und Jugendsportschule endete enttäuschend. Sie galt zwar als talentiert, und auch ihre körperliche Eignung – Caterine ist heute 1,87 m groß – war unübersehbar, doch die Natur in ihrer unergründlichen Laune hatte ihr keinen rechten Arm gegeben. Korrekt gesagt:

Die bisherigen Paralympics:

I.	1960	Rom
II.	1964	Tokio
III.	1968	Tel Aviv
IV.	1972	Heidelberg
V.	1976	Toronto
VI.	1980	Arnheim
VII.	1984	New York
VIII.	1988	Seoul
IX.	1992	Barcelona
X.	1996	Atlanta
XI.	2000	Sydney

Caterine Bader-Bille, der der rechte Unterarm fehlt, erfüllte zweimal die Norm für die Paralympics: In Schwetzingen und in Salzwedel sprang sie jeweils 5,51 m und war für Sydney qualifiziert.

Sie besitzt nur den Oberarm. Diese Behinderung, die CBB gar nicht als solche empfand, war ausschlaggebend dafür, daß sie abgelehnt wurde. Und in der Tat: Bei Hochspringern, die Erich Drechsler früher auch trainierte, machen die Arme etwa 30 Prozent der Auftriebsmasse aus, und er vermutet, daß es im Weitsprung ähnlich ist. Eine Weitspringerin wie Caterine Bader-Bille, die links abspringt, hat demzufolge deutliche Nachteile gegenüber einer Nichtbehinderten, auch wenn beide über die gleiche Sprungkraft verfügen.
Obwohl unausgesprochen, gab es sicher aber noch einen anderen Grund für die Ablehnung. Caterines Vater stammt aus Côte d'Ivoire, und nach seinem dreijährigen Studium an der Deutschen Hochschule für Körperkultur in Leipzig, wo ihn die Ruderin Christine Bader – Caterines Mutter - kennen- und liebengelernt hatte, mußte er zurück in sein Heimatland, das nicht gerade zu Verbündeten der DDR zählte, die ängstlich auf Abgrenzung zum Westen bedacht war. Man kann nur vermu-

Das Wettkampfprogramm:

Basketball (Rollstuhlfahrer und Geistigbehinderte)
Boccia
Bogenschießen
Fechten
Fußball
Goalball
Judo
Leichtathletik
Powerlifting
Radsport (Bahn und Straße)
Reiten (Dressur)
Rollstuhl-Rugby
Schwimmen
Segeln
Schießen
Tennis
Tischtennis
Volleyball (sitzend und stehend)

Die Sportler sind in 6 Kategorien unterteilt:

1. Amputierte
2. Cebralparese
3. Geistigbehinderte
4. Rollstuhlfahrer
5. Blinde und Sehgeschädigte
6. Les Autres (z.B. Polio bzw. Contergangeschädigte)

PARALYMPIC GAMES SYDNEY 2000 ™ ©

ten, daß das damals eine Rolle spielte. Denn als sie später Afrikanistik studieren wollte, mußte sie zuvor erklären, keinerlei Kontakte zu ihrem Vater zu unterhalten, was kein Problem darstellte. Ihr Vater, Souleymane Diakité, den sie erst 1994 kennenlernte, hatte bis dahin in ihrem Leben nie eine Rolle gespielt. Natürlich wurde sie ständig an ihn erinnert, allein schon, wenn sie in den Spiegel sah. Doch daß braune Haut und nur ein Arm zum Problem werden könnten, darauf wurde sie erst nach der »Wende« von Skinheads auf dem Leipziger Hauptbahnhof im wahrsten Sinne des Wortes gestoßen.

Es fehlt an Schwungmasse

Doch die CBB ist auch flink, und sie kann schneller laufen als die Neonazis. Aus leistungssportlicher Sicht ist sie leider aber noch nicht schnell genug, obwohl sie sich seit dem vorigen Jahr schon beträchtlich verbesserte. Als die bei Erich Drechsler mit dem Training begann, lief sie die 30 m »fliegend«, die für den Weitsprung entscheidend sind, in 3,98 s. Zum Vergleich: Ihre Patin Heike Drechsler erreichte beim Test schon Zeiten von 3,00 s.
Es ist ziemlich schwierig, bei einer 35jährigen noch Schnelligkeit entwickeln zu wollen. Als Erich Drechsler sich auf das Abenteuer einließ, Caterine Bader-Bille nach Sydney zu führen, machte er zur Bedingung, daß sie wenigstens fünfmal in der Woche trainieren würde. Damit war sie so sehr einverstanden, daß sie sogar für ein Jahr ihren Beruf aufgab – sie arbeitete in einer Leipziger Konzertagentur. Der Ausfall wurde kompensiert durch einen Sponsor. Der Vertrag mit »Neumann Bauelemente« gilt erst einmal für ein Jahr; nach Sydney will man weitersehen.
Mit dem Entschluß, Leistungssport zu treiben, entschied sich Caterine Bader-Bille aber auch, sich unter die Behinderten einzureihen, was bisher niemand von ihr verlangt hatte. Sie hatte eine normale Schule besucht; studiert wie alle anderen. Mann und Kinder akzeptierten sie so, wie sie geschaffen worden war. Sie selbst fühlte sich vollkommen unbehindert und mußte nun für sich im Kopf erst einmal einiges klären. Bis heute findet sie es auch viel interessanter, an einem Wettkampf teilzunehmen, indem alle als gleich angesehen werden. Immerhin wurde sie in diesem Jahr schon Thüringer Meisterin im Hochsprung mit 1,63 m, wofür sie eine Extra-Startgenehmigung benötigte. Wieso eigentlich?
Doch bei allem Selbstbewußtsein: Ein fehlender Arm ist nun einmal ein Defizit, das sich im Leistungssport in fehlenden Zentimetern auswirkt. Gerade im gemeinsamen Wettkampf mit den »Zweiarmigen« wurde sie damit konfrontiert. Beim »Olympischen Tag« in Jena war sie abgeschlagen Letzte – weit hinter der Kubanerin Lisset Cuza, die mit 6,99 m sogar Heike Drechsler (Zweite 6,87 m) bezwang. Alles war an diesem Tag irritierend: die starken Konkurrentinnen und vor allem die vielen Zuschauer, denn die Behindertensportler sind meistens unter sich, die Paralympics einmal ausgenommen.
Aber auch Erich Drechsler mußte sich neu orientieren. Schwungmasse hin, Schwungmasse her - sie fehlt nun einmal, was Folgen hat. Je schneller Caterine wird, desto mehr beginnt ihr Körper nach dem Absprung zu rotieren, als würde sie zur Pirouette ansetzen. Aus dem gleichen Grund wollte auch ein optimaler Aufsprung nicht gelingen. Die CBB konnte sich zusammenreißen, wie sie wollte. Jeder ihrer Sprünge endete mit einer Art Telemarkaufsprung, weil sie nicht beide Füße nach vorn bekam. Das Absprungproblem löste sich, als sie sich angewöhnte, das Schwungbein im Moment des Absprungs nach außen zu drehen, so daß sich ihr Flug stabilisierte. Auch in der Sprungtechnik lernte sie dazu: Statt des einfachen Hocksprungs brachte ihr Drechsler eine Lufthangtechnik bei, wie sie einst Lutz Long verwendet hatte. Die Mühen im Training zahlten sich aus: Zweimal erreichte Caterine Bader-Bille haargenau die Norm von 5,51 m: 1999 in Schwetzingen und 2000 in Salzwedel. Sydney kann kommen!

Die »CBB« muß einfach besser sein

Bei den Paralympics wird sie in der Klasse F 46-48 an den Start gehen. Diese Einteilung in Schadensklassen wurde geschaffen, um die Leistungen vergleichbar zu machen. Berücksichtigt wird der Grad der Behinderung und seine Auswirkung auf die Technik der Disziplin. Es war ein Zugeständnis an das Publikum, die Zahl der Schadensklassen zu verringern, doch gerechter ist der Behindertensport damit nicht geworden, was sich exemplarisch auch in ihrem Falle ausdrückt. Die Zahl 46 steht für Oberarmamputierte wie sie; hinter der 48 hingegen verbergen sich die Unterarmamputierten, zu denen die Weißrussin Tatjana Leontjuk gehört, die mit 5,73 m auch den Weltrekord hält. Das wird in Sydney wohl auch ihre größte Konkurrentin sein.
Obwohl beide in einer Klasse starten, ist es ein ungleicher Kampf, denn Irina – die Behindertensportler sprechen sich mit Vornamen an – fehlt »nur« eine Hand. Sie hat also ein Gelenk mehr, was im Behindertensport eine Welt darstellt. Caterine Bader-Bille muß also schon um einiges besser sein, um überhaupt ihren körplichen Nachteil ausgleichen. Wie groß ist dieser erst gegenüber einer Athletin, bei der alles »dran« ist? Caterine hat Heike ja schon einmal diesen Vorschlag gemacht, um einen Vergleich zu haben: »Wir binden dir den rechten Arm fest und bestreiten dann einen Wettkampf. Wollen wir mal sehen, wer besser ist ...« Der interessante Test steht noch aus.

Der Jenaer Trainer Erich Drechsler, seit vielen Jahren eng verbunden mit Heike Drechsler, wagte sich 1999 auf Neuland und übernahm die Betreuung der behinderten Leipziger Weitspringerin Caterine Bader-Bille.

Es gibt nicht viele Möglichkeiten für Catearine und Heike, sich über solche Themen auszutauschen. Die eine wohnt in Leipzig und trainiert bei Erich Drechsler in Jena, die andere lebt in Karlsruhe und hat ihren Hauptwohnsitz in Aachen. Beide geben außerdem zu, ausgesprochen faule Telefonierer zu sein. Jedesmal wenn sie sich sehen, trennen sie sich mit den Worten: »Ich ruf dich mal an ...« Daß die eine für die andere aber die Daumen drückt, darüber müssen sie sich nicht mehr verständigen. Für alle Fälle gibt es dazwischen noch ein Relais: nämlich Erich Drechsler. Über ihn laufen alle Grüße, Wünsche und Neuigkeiten. Caterine zu trainieren, ist für ihn, der vom Deutschen Leichtathletikverband ziemlich sang- und klanglos in die Vorrente abgeschoben wurde, eine Herausforderung, auch wenn er ehrenamtlich beschäftigt ist und nicht mehr als seine Spesen erhält. Egal wie die Paralympics ausgehen, eine Erfahrung hat er jetzt schon gemacht: Behindertensportler sind meist dankbarer als Nichtbehinderte. Der ganze Rummel, das geschäftige Treiben, der Streß, all das entfällt. Es ist noch die ganz ehrliche Art, Sport zu treiben, die auch das Herz des Profis Erich Drechsler aufgehen läßt.

Claus Beissner

Der Fernsehtag hatte 27 Stunden

Die Eröffnungsfeier der XXVII. Olympischen Spiele lief ab wie ein Traum: für die Besucher im Stadion und für die Zuschauer an den Fernsehgeräten. Den Regisseuren Ric Birch und David Atkins gelang eine erregende Inszenierung voller Überraschungen, mit Poesie, Phantasie und voller Effekte, mit technischen Spielereien, viel Farbe und Energie. Alles untermalt mit einer wunderschönen Musik.

Die »Sydney Olympic Broadcasting Organisation« (SOBO), der für die Olympia-Übertragung in Sydney zuständige Sender, gab auf diese Weise tiefe Einblicke in die Möglichkeiten der Fernseh-Technik.

3,7 Milliarden Menschen in allen Erdteilen sollen Zeuge dieser Vorstellung gewesen sein. Doch sind wie immer gerade diese Zahlen mit Vorsicht zu genießen. Denn NBC, der für die Fernseh-Übertragung zuständige Fernseh-Sender in den USA, meldete kurz darauf, daß die Einschaltquoten weit hinter den Erwartungen zurückgeblieben seien. Zumindest auf dem amerikanischen Kontinent wurden die Prognosen bis zum Ende der Spiele bei weitem nicht erfüllt.

SOBO bot für die Olympia-Übertragungen eine Armee von über 3700 Mitarbeitern auf, rund 50 Prozent davon Australier, der Rest Amerikaner, Spanier, Briten, Finnen, Schweizer, Polen und Franzosen. Seit 1972 bei den Olympischen Spielen in München haben die Fernseh-Organisatoren nicht mehr ausschließlich auf einheimische Kräfte gesetzt, sondern auch Experten aus anderen Ländern beschäftigt. Finnen und Briten produzierten die Leichtathletik, Schweizer das Rudern, Polen Judo sowie Ringen und Japaner das Kunstturnen. Der Programmausstoß lag bei insgesamt 3700 Stunden. Eingesetzt wurden insgesamt über 800 Kameras, über 50 davon standen beispielsweise im Olympia-Stadion bei der Eröffnungs- und Schlußfeier. Für Straßenrennen, Marathon und Geher-Wettbewerbe wurden Spezial-Fahrzeuge eingesetzt: Fünf Hubschrauber und ein Zeppelin waren ständig in der Luft. SOBO präsentierte eine Weltneuheit: die Periskop-Kamera. Die beobachtete die Bewegungen der Synchronschwimmerinnen und verfolgte deren Abtauchen.

Zusammengefügt und gehalten wurde diese Organisation von dem Spanier Manolo Romero, der bereits in Barcelona und Atlanta ähnliche Aufträge zur vollen Zufriedenheit seiner jeweiligen Auftraggeber, der Organisations-Komitees, erledigte. Seit mehr als drei Jahren arbeitete SOBO an der Umsetzung dieses Auftrags: Zunächst mit wenigen Angestellten, bis zu den dann 3700 am Eröffnungstag.

15 000 Journalisten wurden für die Sommerspiele in Sydney akkreditiert, die Hälfte davon für die elektronischen Medien. NBC allein hat über 3000 Mitarbeiter einfliegen lassen, um mehr als 300 Stunden zu produzieren, aber es ist nicht eine einzige Minute live gesendet worden. Den Amerikanern wurden wegen des Zeitunterschieds nur aufbereitete Konserven zugemutet. Dieses Konzept ist nicht aufgegangen, weil die Zuschauer zum Teil zum kanadischen Fernsehen abwanderten. Die Kanadier brachten Originalbilder.

ARD und ZDF hatten in Sydney mehr als 500 Mitarbeiter unter Vertrag. Dazu kamen noch einmal 70 Leute aus dem Hörfunk-Bereich. Das Fernsehen dehnte zeitweilig den Fernsehtag auf 27 Stunden aus. Das war möglich, weil der Satelliten-Kanal 3-sat die Übertragung der Spiele mit deutscher Beteiligung aufnahm.

ARD und ZDF setzten noch einmal 50 Kameras und sieben Übertragungswagen ein, um ein auf deutsche Bedürfnisse zugeschnittenes Bild zu produzieren. Der Aufwand scheint sich gelohnt zu haben, brachte er doch den jeweils übertragenden deutschen Sendern die höchsten Einschalt-Quoten. Bis nach um 3 Uhr saßen noch mehr als eine Million Zuschauer vor den Geräten, um 9 Uhr am Morgen waren es über zwei Millionen. Der Rundfunk sendete auf drei unterschiedlichen Signalen täglich bis zu 70 Stun-

den, um allen Anforderungen der jeweiligen Programm-Sparten gerecht zu werden.

Das alles kostete viel Geld. Das Deutsche Fernsehen gab seine Produktionskosten mit über 40 Millionen Mark an. Dazu kamen noch einmal rund 110 Millionen an Rechtekosten. Die Europäische

Claus Beissner

Journalist nach Jurastudium, seit 1963 Redakteur, seit 1986 Programmleiter beim Sport-Hörfunk des NDR. Berichterstatter und Produzent bei 16 Olympischen Spielen. In Sydney Team- und Programmchef Hörfunk.

Olympische Spiele im TV – da sind traditionell ARD und ZDF am Start. Um den Olympia-Marathon von insgesamt 420 Sendestunden abzusichern, waren über 600 Mitarbeiter, darunter 50 eigene Kameraleute, rund um die Uhr im Einsatz. Die Schaltzentrale für die Übertragungen aus down under war das Satelliten-Village.

Rundfunk-Union, die Dachorganisation aller europäischen Rundfunk-Anstalten, zahlte an das IOC 350 Millionen Dollar für die Rechte, vor vier Jahren waren es noch 100 Million Dollar weniger. Die Amerikaner zahlten für die Exklusivrechte 705 Millionen Dollar. Das Internationale Olympische Komitee erzielte allein aus den Rechten eine Einnahme von 1,3 Milliarden Dollar, eine Steigerung von 49 Prozent gegenüber Atlanta. Dieses Geld bleibt nicht in den Kassen des IOC. Es führte 60 Prozent an das Organisations-Komitee (SOCOG) ab. Das kann mehr als eine Milliarde Dollar in Empfang nehmen, fast 45 Prozent des Gesamt-Budgets dieser Spiele. Die von den Fernseh-Anstalten investierten Summen sind nicht ohne Überlegung gezahlt worden. Denn Prognosen sagten großes Interesse beim Fernseh-Publikum voraus. In Deutschland wollten zwei Drittel der Zuschauer Olympia-Sendungen einschalten, in Kanada und China 75 Prozent, in Finnland 80 und in Japan sogar 88 Prozent.

Karl-Heinz Cammann

Laptop statt Marmormeißel

»Bei Zeus, das ist eine verdammte Knochenarbeit«, fluchte Sporidis, ließ Hammer und Marmormeißel fallen, griff zu Weißbrot und Schafskäse, wischte mit dem Handrücken die Krumen vom Mund und spülte mit einem Schluck Rotwein kräftig nach. Unter Zeitdruck stand er nicht, schließlich blieb ihm nur die Aufgabe, die Sieger von Olympia für die Nachwelt im schönen Gestein festzuhalten.

Mehr als zwei Jahrtausende später standen auch die Journalisten bei den Olympischen Spielen in Sydney nicht unter dem Druck der Uhr, jedenfalls nicht die schreibenden, nicht die deutschen.

Denn die neun Stunden Vorsprung Australiens ließen ihnen Zeit, die aktuellen Bilder der Kollegen vom Fernsehen zu ergänzen, das Geschehen zu kommentieren, Sachverhalte zu erklären und zu vertiefen, Athleten mit ein wenig Abstand zu interviewen. Eine befriedigende Arbeit im Zeitalter der laufenden Bilder.

Als 44 Jahre zuvor die Olympische Familie erstmals in »down under« zu Gast war, fanden gerade mal 27 deutsche Berichterstatter den Weg nach Melbourne. Einer von ihnen, Gustav Schwenk (76), der Nestor der Leichtathletik-Experten, erinnerte sich an den langen Flug mit der Vierpropeller-Maschine. Und auch an den Absturz aller Leitungen nach Europa. An diesem Tag nutzten findige Finnen den Weg von Melbourne über Tasmanien und dann nach London, um ihre Berichte noch pünktlich in die Zeitung zu bringen.

Fast ein halbes Jahrhundert später kletterte die Zahl der deutschen Sportschreiber und Fotografen auf stattliche 300, zu denen noch 20 Journalisten des privaten Radios und Fernsehens kamen, die als Nichtinhaber von Übertragungsrechten vom IOC der Presse zugerechnet werden und die im Hauptpressezentrum (MPC) unterkamen und nicht etwa im Internationalen Broadcasting Centre (IBC), das 16 Wettkampftage lang die Heimstatt von Fernsehjournalisten der ARD, des ZDF und der ARD-Radioreporter und -redakteure war.

Im ähnlichen Verhältnis ist weltweit die Zahl der Olympia-Berichterstatter angewachsen. 1952 stellte Helsinki ein Pressezentrum für kaum mehr als 250 Journalisten bereit. Viele andere hatten sich allerdings entschieden, im Hotel zu arbeiten. Das hat sich im Laufe der letzten Jahrzehnte grundsätzlich geändert: Heutzutage muß der Ausrichter möglichst perfekt funktionierende Pressearbeitsräume bereitstellen. Vor allem das Hauptpressezentrum darf nicht allzu weit vom Olympiastadion entfernt sein, und an den einzelnen Wettkampfstätten gibt es noch Subzentren.

Olympische Spiele sind heute mehr denn je zu einer Veranstaltung der Medien geworden. Die Zahl der fast 80 vertretenen deutschen Zeitungen ist ein Indiz dafür, ebenso die Steigerungsraten der Pressevertreter insgesamt. In Los Angeles zählte man 4404 Schreiber, Fotografen und dazugehörige Techniker, Seoul folgte mit 5715, IOC-Präsident Samaranch ließ in seiner Heimatstadt Barcelona die Zahl auf 5682 drosseln, im Medienland USA stieg die Zahl auf 6709, bevor das IOC für Sydney die Bremse anzog, wobei die Kosten besonders für die Europäer ein Absenken auf rund 6200 Personen erleichterten.

Dieser Journalistenlegion die notwendigen Arbeitsbedingungen zu verschaffen, war den Australiern ausgezeichnet und großzügig gelungen. Sieben Bus-Minuten vom Stadium Australia entfernt konnten die Journalisten in umfunktionierten Messehallen in Größe von Flugzeughangars bequem arbeiten. Die nüchternen Räume hatte man unterschiedlich gestaltet in Wand- und Fahnenfarben und zur besseren Orientierung mit Bezeichnungen aus dem Gastgeberland bis hin zum Outback versehen. Ein Handicap blieben die Temperaturen, die nachts die Finger am Laptop klamm werden ließen. Dieses elektronische »Schreibgerät«, das erstmals 1982 bei der Fußball-WM in Spanien auftauchte, ist der Marmormeißel unseres Freundes Sporidis aus dem vorchristlichen Griechenland. In keinem der Pressezentren ist heute noch eine der altbekannten Schreibmaschinen zu finden, deren Geklapper früher charakteristisch war für unseren Berufsstand.

Über 6000 Journalisten mußten bei 28 Sportarten und den naturgemäß nicht allein im riesigen Olympia Park unterzubringenden Wettkampfstätten pausenlos bewegt werden. Dazu orderten die Australier 520 Busse mit rund 1500 Fahrern. Das Fassungsvermögen hätte zur Beförderung der Bürger einer ganzen Kleinstadt bequem ausgereicht. Ähnlich 1996 in Atlanta fehlte damit manchem Mann und mancher Frau am Steuer die genaue Ortskenntnis, doch selbst eilige Journalisten bewahrten angesichts der umwerfenden australischen Freundlichkeit die Contenance. Das amerikanische »Have a nice day« (sprich »dai« in Sydney) klang in der unteren Welthalbkugel nicht nur anders als im US-Georgia, sondern es wurde durch ein Entgegenkommen, wie es ansonsten die Polizei nicht erlaubt, bei unplanmäßigen Stopps nach Wunsch der Passagiere untermauert und zum angenehmen Einstieg in die nächsten Stunden.

Und so wurde die Knochenarbeit des 21. Jahrhunderts, wie sie besonders die Fotografen in den heißen und auch den kalten Tagen von Sydney mit ihren wertvollen, oft mehr als 15 Kilogramm wiegenden Arbeitsgeräten zu leisten hatten, erleichtert durch ein Gastgeberland mit weltoffenen, freundlichen Bürgern. Die Medien haben es rund um die Welt vermeldet. Australien hat dank Fernsehen, Radio und der Presse in Wort und Bild ein so positives Bild von sich gezeichnet, wie es Deutschland mit dem angestrebten »Olympia Berlin 2000« auch gut zu Gesicht gestanden hätte.

Karl-Heinz Cammann
Erstmals 1960 bei Olympia, als Redakteur des Sportinformationsdienstes (sid), für den er auch 1964 und 1968 berichtete. Dann leitende Aufgaben beim Hörfunk, 1988 in Seoul Regisseur der ARD-Olympiawelle.

Andreas Götze

China am Ziel

Historisch bedeutsame Leistungen scheinen nach historisch bedeutsamen Worten zu verlangen. Wem widmet man den ersten Mannschafts-Olympiasieg? Die chinesischen Turner, die sich nach den Silbermedaillen von 1984, 1992 und 1996 nun in Sydney endlich ihre Hoffnungen vergolden lassen konnten, waren sich einig: dem Cheftrainer Huang Yubin, allen Trainern, die sie auf diesem Weg zum Olymp unterstützt haben und natürlich dem ganzen chinesischen Volk.

Das Volk wird an den Fernsehgeräten mitgefiebert haben, denn seit China Ende der 70er Jahre aus der selbstverordneten internationalen Abwesenheit in die Weltarena zurückgekehrt war und 1983 in Budapest seinen ersten Weltmeistertitel gewann, verfolgt es mit Vehemenz das erstrebenswerteste olympische Ziel. Im SuperDome von Sydney gingen die Gelbhemden dabei von Anfang an kein Risiko ein. Yang Wei, Li Xiaoping, Xing Aowei, Zheng Lihui, Huang Xu und Xiao Junfeng übernahmen gleich am ersten Gerät, dem Barren, die Führung unter den sechs Teams des Finals und besaßen zum Schluß mehr als 1,6 Punkte Vorsprung vor der Ukraine und 1,9 Punkte vor Rußland.

Der erste Olympiasieg einer chinesischen Männer-Mannschaft im Mehrkampf wurde stürmisch gefeiert. Auch der Vater des Erfolges, Cheftrainer Huang Yubin, bekam seine Kürübung.

»Olympiagold ist in all den Jahren ein großer Traum von uns gewesen«, bestätigte Cheftrainer Huang Yubin, 1981 selbst Mitglied der bronzenen WM-Mannschaft Chinas. »Gegenüber den Weltmeisterschaften voriges Jahr bei uns in Tianjin haben wir aus Verletzungsgründen noch Umbesetzungen zugunsten jüngerer Leute vorgenommen. Alles in allem waren wir als Weltmeister sehr unter Druck, denn wir wußten, daß wir in der Mannschaftskonkurrenz die besten Chancen haben würden.«

Diesen Druck müssen auch die Russen verspürt haben, denn beim Vizeweltmeister von 1999 lief vieles schief, vor allem aber viel am tückischen Pauschenpferd.

Andreas Götze
Jahrgang 1953, Diplomjournalist, bis 1992 bei der Tageszeitung »Junge Welt«. Heute Chefredakteur von »Leon«, dem Fachmagazin für Turnen und verwandte Sportarten. Berichterstatter von mehreren Spielen.

Der Lette Igor Vichrow überraschte mit seinem Sieg im Bodenturnen. Er gewann das erste Olympiagold für sein Land. Die tollkühnen Turner begeisterten am Königsgerät, dem Reck, mit ihren fliegenden Figuren über die Stange.

Gleich drei Mann – Aljoschin (9,05), Bondarenko (9,15) und Podgorni (9,3) – wurden mehr oder weniger abgeworfen, womit sich die erfolgsverwöhnte Riege von Cheftrainer Leonid Arkajew zur Halbzeit nur auf dem fünften Rang wiederfand. Danach riß sich das Sextett um Kapitän Alexej Nemow zusammen und eroberte hinter einem äußerst beständigen und gleichmäßig turnenden ukrainischen Team wenigstens noch Bronze.

Historische Wegmarkierungen wurden auch in den Gerätefinals der Turner gesetzt. Gervasio Deferr holte beim Pferdsprung den ersten Olympiasieg für Spanien, ein Erfolg, der die enormen Anstrengungen und bisherigen Leistungen der spanischen Turnschule krönt. Jesus Carballo war 1999 Weltmeister am Reck geworden, Deferr selbst hatte sich am Boden Silber geholt. In Sydney gelang nun dem 19-jährigen Studenten aus Barcelona der große Sprung in des Wortes direkter Bedeutung. Bei einer regelrechten Sturzflug-Konkurrenz am Sprungpferd – fünf der acht Finalisten brachten ihre Sprünge nicht auf die Beine – beendete Deferr beide Salto-Flüge übers Pferd exakt im sicheren Stand (9,800 und 9,625 Punkte) und gewann Gold derart souverän, wie es in der Vergangenheit kaum einmal der Fall war.

Auch Lettland durfte seinen ersten Olympiasieger im Turnen feiern. Igor Vichrow brachte beim Bodenfinale das Kunststück fertig, den »Abonnement-Champion« der vergangenen Jahre, den zweifachen Weltmeister Alexej Nemow, zu entthronen.

Andreas Götze

Schön und unübersichtlich

Siegerehrung für die besten Mannschaften der Frauen: Gold und Silber gewannen Rumäninnen und Russinnen, denen die drittplazierten Chinesinnen gratulieren.

In Octavian Belus Worten schwang ein Hauch von Pathos mit, als er den Olympiasieg seiner Mädchen kommentierte. Schließlich war es das erste Mal, daß rumänische Turnerinnen im olympischen Aufeinandertreffen sowjetische oder russische Konkurrenz bezwangen. »Das war ein Milleniumserfolg, ein großer Sieg für Rumänien, für das Turnen und die olympische Bewegung. Ich bin stolz darauf, daß so ein kleines Land wie das unsrige diesen Triumph errungen hat.« Der eloquente Cheftrainer war mit seiner Riege als Weltmeister von 1999 angereist und hatte kein anderes Ziel als die Mannschafts-Goldmedaille. Dafür war das Sextett mit Andreea Madalina Raducan, Einzel-Weltmeisterin Maria Olaru, mit Simona Amanar, Loredana Boboc, Andreea Isarescu und Claudia Presacan gewillt, all sein Können in die Waagschale zu werfen.

Doch die Belu-Truppe mußte erst einmal einen Fehlstart verkraften. Am Stufenbarren produzierte Rumänien ohne sichtliche Patzer das schlechteste Mannschaftsergebnis aller sechs Finalteams. Doch bereits am nächsten Gerät, dem Schwebebalken, wurde dieses Manko nicht nur ausgeglichen, sondern hier entschied sich, wie sich später herausstellen sollte, der Zweikampf mit den russischen Turnerinnen, die an diesem Gerät die Nerven zu verlieren schienen: Patzer von Kolesnikowa (9,237), Sturz von Samolodtschikowa bei einem einfachen Flickflack (8,862), unfreiwilliger Abgang auch von Lobasnjuk bei einem Sprung in den Seitstütz (9,175). Gegenüber Rumänien verlor man mehr als einen Punkt.

»Ich bin enttäuscht, denn unser Ziel war natürlich die Goldmedaille«, bekannte freimütig Trainer Leonid Arkajew. Zumal seine Turnerinnen am letzten Gerät, dem Boden, den Vergleich mit den äußerst stark auftrumpfenden Chinesinnen zu ihren Gunsten entschieden hatten. Fast sechs Zehntelpunkte Rückstand machten Chorkina (9,787), Samolodtschikowa

Die hohe Favoritin Swetlana Chorkina aus Rußland mußte mit der Goldmedaille am Stufenbarren zufrieden sein. Am Schwebebalken sprang sie hoch wie keine andere in den Handstand (Foto) – und fiel ganz tief.

(9,775), Lobasnjuk (9,750) und Produnowa (9,725) wett.
Dieser packende Zweikampf China kontra Rußland vor etwa 11000 Zuschauern im SuperDome offenbarte allerdings das Dilemma einer Sportart – die fehlende Transparenz. Während sich die ganze Aufmerksamkeit des Publikums und der Medien auf dieses Duell der beiden Giganten konzentrierte, saßen die Olympiasiegerinnen in spe außerhalb der Halle vor den Monitoren, weil sie ihren Wettkampf schon zwei Durchgänge zuvor beendet hatten. Die Regie des allgewaltigen NBC-TV-Senders sah vor, daß nur noch China und Rußland im letzten Durchgang turnten. So kam es, daß zur Überraschung der Zuschauer, die über die Anzeigetafel auch nicht informiert waren, am Schluß Rumänien wie Kai aus der Kiste auftauchte und Gold entgegennahm.
»Ich habe in der entscheidenden Phase nur draußen am Computer gesessen, genauso wie der chinesische Trainer, denn in der Halle konnte man die Differenz und Entwicklung zwischen den Mannschaften nicht mitbekommen«, gab Octavian Belu zu, der später an diesem System auch Kritik übte. »Es ist schwierig für die Trainer, Turnerinnen zu motivieren, wenn man nicht einmal weiß, wer vorn liegt. TV-Übertragungen sind wichtig, aber nur die eine Seite der Medaille. Die andere ist ein attraktiver Wettkampf, der auch für das Publikum interessant ist. Da muß in der Zukunft noch einiges getan werden.«
Mehrkampf-Olympiasiegerin Andreea Madalina Raducan, die Trainer Belu nach dem Erfolg auf seine Schultern stellte und so demonstrativ hoch in den Himmel hob, fiel einen Tag später ganz tief. Ihre Dopingprobe ergab einen positiven Befund. Die rumänische Delegation wurde am 25. September, 13.05 Uhr, von dem Verdacht informiert, am 26., um 9.00 Uhr, eröffnete man in Anwesenheit rumänischer Offizieller die B-Probe, die das gleiche Resultat ergab: ein stark erhöhter Wert der auf der Dopingliste stehenden Substanz Pseudoephedrin. Erstmals in der Geschichte olympischer Turnwettkämpfe wurde ein Athlet des Dopings überführt.

Papa Nemows Wandlung

Eigentlich wollte er ja weg vom Image des Charmeurs und Playboys, weg vom schlagzeilenträchtigen Ruf des »Sexy-Alex«, der »Mädchen« als Hobby in seiner Presse-Biographie vermerkt hat. Aber Nemow wäre nicht Nemow, wenn er den Flirt mit dem Publikum nicht hin und wieder pflegen würde, zumal wenn es gut läuft wie beim Mehrkampffinale im SuperDome von Sydney. Eine Kußhand ins Publikum, Verbeugung nach allen Seiten – so verabschiedete sich der 24jährige Liebling der weiblichen Fans nach seinem letzten Gerät, dem Barren, und nach einer spannenden und hochklassigen Konkurrenz um den olympischen Einzelsieg. Die entschied der sympathische Russe für sich und knüpfte damit an die 1996 vom Chinesen Li Xiaoshuang unterbrochene Erfolgsserie der sowjetischen beziehungsweise russischen Einzelkönner an. Zuletzt hatte sich Witali Scherbo 1992 in Barcelona mit dem Superlativ von sechs Olympiasiegen in der Chronik Olympias verewigt.
Dem Star Nemow gelang in Sydney der große Triumph in einer Art, wie man sie auch von Scherbo kannte: Top in Form, wenn es darauf ankommt. Bei den Europameisterschaften im Mai in Bremen noch Fünfter, beeindruckte der Mann aus Togliatti mit einem Start-Ziel-Sieg. Von seiner Reck-Kür mit vier Flugelementen und 9,787 Punkten über das Paradegerät Boden (Höchstwert 9,80) und einer kleinen Schwäche bei der Landung nach dem Sprung (9,65) bis zum Barren. Hier glänzte er mit drei Doppelsaltos in der Holmengasse und einem exakt gestandenen Doppelsalto-Abgang (9,775) und entschied das Duell mit seinem hartnäckigsten Widersacher Yang Wei für sich. Lediglich ein reichliches Zehntel trennte ihn schließlich von dem Chinesen. Vier Jahre zuvor in Atlanta hatte Silbermedaillengewinner Nemow dessen Landsmann Li Xiaopeng den Vortritt lassen müssen.
Hat Sydney einen neuen Nemow erlebt? Hat sich der Mann mit den stahlharten Nerven vom »Sexy-Alex« zum »Ironman« gewandelt? Nemow lä-

Erfolgreichster Turner in Sydney wurde Alexej Nemow aus Togliatti. Seine Übungen an den Ringen und am Seitpferd waren gespickt mit Höchstschwierigkeiten.

chelt ein wenig müde, wenn man ihn zu seinem Lebenswandel anspricht. »Ich führe ein Leben wie jeder, bleibe auch mal nachts länger weg und trinke hin und wieder ein Bier. Aber ich habe seit drei Monaten so richtig begriffen, daß ich für Olympiagold alles tun muß. Die Ringe haben mir gut getan«, sagt der Olympiasieger und meint damit keineswegs das Turngerät, das für ihn die Achillesferse darstellt. Am 2. Juni 2000 hat der turnende Charmeur geheiratet, und seine Frau Galina (»Sie hat sich zuvor für Turnen nicht interessiert«) brachte kurz vor Beginn der Spiele, am 2. September, Söhnchen Alexej zur Welt. »Die Geburt meines Sohnes und der für mich neue Familienstand haben mich sehr motiviert«, bekennt Alexej Nemow sen., der Alexej Nemow jun. noch nicht einmal zu Gesicht bekommen hat, weil er zum Zeitpunkt der Geburt im vorolympischen Trainingslager in Adelaide weilte.

So kommt es, daß der berühmte Vater seinem Sprößling bei der ersten Begegnung gleich goldenes Spielzeug mitbringen kann. Und das in doppelter Ausführung, denn der sympathische Meisterturner sicherte sich auch noch den Olympiasieg am Reck und avancierte in Sydney mit insgesamt zwei Gold-, einer Silber- und drei Bronzemedaillen wie schon 1996 in Atlanta zum erfolgreichsten Olympiaturner. *Andreas Goetze*

Nach Anhörung der Rumänen kam das IOC-Exekutivkomitee zu der Erkenntnis, daß die Sportlerin keine Schuld trifft. Der rumänische Arzt hatte ihr Pillen, die Ephedrin enthalten, gegen eine Erkältung gegeben. Einen Stoff also, der aufputschende Wirkung besitzt. Fahrlässigkeit, Dummheit oder Absicht? Wie dem auch sei, nach Paragraph II, Artikel 2.2, wurde Andreea Madalina Raducan nachträglich (nur) für das Mehrkampffinale disqualifiziert und mußte ihre Goldmedaille zurückgeben. Der verantwortliche Arzt ist für die nächsten beiden Olympischen Spiele gesperrt.

So erhielten im nachhinein Simona Amanar die Gold-, Maria Olaru die Silber- und die Chinesin Liu Xuan die Bronzemedaille. Die knapp 21-jährige Amanar, Olympiadritte 1996, Vizeweltmeisterin 1997 und Vize-Europameisterin 1998, zudem Sprung-Olympiasiegerin in Atlanta, hat so bei ihrem letzten Auftritt im rumänischen Nationalteam noch den Olymp des Mehrkampfes bestiegen. Besser kann man sich einen Abschied eigentlich nicht wünschen, es sei denn, unter anderen Umständen ...

Eine olympische Novität der peinlichen Art war dem Dopingfall vorausgegangen. Erstmals in der olympischen Historie, ja bei internationalen Höhepunkten überhaupt, wurde ein Mehrkampf der Turnerinnen in fünf statt in vier Gerätedurchgängen ausgetragen. Der Australierin Allan Slater war aufgefallen, daß mit der Höhe des Sprunggerätes irgend etwas nicht stimmen könne. Daraufhin maß die Jury das Gerät nach und stellte eine Höhe von 1,20 m fest – fünf Zentimeter zu niedrig. Minuten zuvor war Favoritin Swetlana Chorkina sowohl beim Einspringen als auch im Wettkampf bei ihrem ersten Versuch gestürzt. Der Technischen Kommission der FIG war der Vorfall sichtlich peinlich. Der Fehler sei beim Umbau vom Männer- auf den Frauen-Gerätesatz passiert, erklärte Slava Korn, Mitglied der Technischen Komission – aber keiner hat's gemerkt, weil nicht kontrolliert wurde. Den betroffenen Turnerinnen wurde freigestellt, nach dem eigentlichen Wettkampf in einem fünften Durchgang ihre Sprünge über die reguläre Höhe zu wiederholen. Fünf Mädchen nutzten die Möglichkeit – allerdings nicht Swetlana Chorkina, die für sich ohnehin keine Chance mehr sah,

Turnen bringt bei Olympischen Spielen immer wieder herrliche Bilder hervor – hier Swetlana Chorkina am Stufenbarren.

eine Medaille zu gewinnen.
Die 21-jährige Swetlana ist das, was man einen Star nennt, und ein Star muß siegen. Was nicht immer ganz einfach ist, auch die Mehrkampf-Europameisterin von 1998 und 2000 hat damit ihre Probleme. Bereits im Mannschaftsfinale unterlief der turnenden Diva an ihrem Paradegerät Stufenbarren ein arger Schnitzer – sie fiel bei der Verbindung Stalder-, Tkatschew-Grätsche vom Gerät und setzte damit den Teamsieg wie schon bei der WM 1999, als ihr am Balken ähnliches passiert war, auf's Spiel.
Im Mehrkampffinale turnte die 1,64 m große »Primaballerina« aus Belgorod dann nur für sich und um den Ruhm einer olympischen Goldmedaille, nachdem sie schon die Qualifikation als beste Solistin abgeschlossen hatte. Alles begann nach Plan: eine 9,812 für einen beeindruckenden Bodenvortrag nach Flamenco-Musik. Beim Sprung aber dann der Einbruch: nur 9,025 für einen bei der Landung gestürzten »Jurtschenko« mit halber Drehung und anschließendem Salto gestreckt mit eineinhalbfacher Schraube. Als wäre das des Übels nicht genug, fiel Chorkina am Stufenbarren erneut bei der Tkatschew-Verbindung vom Gerät. So fand sich die hoch gehandelte Favoritin zum Schluß nur auf dem elften Rang wieder.

Später Triumph

Beim Gerätefinale war das Wechselspiel der Gefühle am Stufenbarren für Chorkina dann auf Glückseligkeit programmiert. Der »Tkatschew« gelang, die beeindruckende Chinesin Ling Jie mußte bei der Doppelsalto-Landung den Stand korrigieren, und so war für Chorkina der Weg frei – sie bleibt die Königin an diesem Gerät: seit 1994 dreifache Europameisterin, vierfache Weltmeisterin und nun zum zweiten Male nach 1996 auch Olympiasiegerin.
Ein Trost für den Umstand, daß ihr ausdrucksstarker Bodenvortrag zu spanischen Gitarrenklängen nicht für Gold reichte. An an diesem Gerät wurde Jelena Samolodtschikowa in einer akrobatisch kaum zu übertreffenden Art – Doppel-Tsukahara zu Beginn, Dreifach-Schraube und Tsukahara zum Schluß der Übung – Olympiasiegerin und damit erfolgreichste Turnerin der Spiele in Sydney. Da sie auch beim Sprung triumphierte, nimmt die 18-jährige Moskauerin zwei Goldmedaillen und Mannschaftssilber mit nach Hause.
Rußland ist mit der Gesamtbilanz von jeweils fünf Gold-, Silber- und Bronzemedaillen bei Männern und Frauen wieder erfolgreichste Turnnation Olympias.

Andreas Götze

Absturz ins Niemandsland

Die total verunglückte Kür des Hannoveraners Sergej Pfeifer am Seitpferd war symptomatisch für den Auftritt der deutschen Riege

Ist »down under« der Untergang des deutschen Kunstturnens? Diese Frage stellt sich nach dem olympischen Auftritt des DTB-Sextetts, der eher einem Abtritt glich: Rang zehn unter zwölf teilnehmenden Mannschaften, lediglich ein Turner im Mehrkampffinale (Dimitrij Nonin wurde 21., Andreas Wecker verzichtete wegen einer Schulterverletzung), und es gab auch nur einen Finalplatz an den Geräten – der 32-jährige Marius Toba wurde Sechster an den Ringen. Die deutschen Turnerinnen waren gleich gar nicht nach Australien gereist, weil sie die vom NOK für Deutschland (relativ hoch) angesetzten Nominierungskriterien (Platz 10 im Mehrkampf oder ein Gerätfinalplatz bei den EM 2000 in Paris) nicht erfüllt hatten.

Noch nie wurde es so deutlich wie in Sydney, daß sich das deutsche Spitzenturnen an jenem Punkt befindet, wo man sich mit allen Konsequenzen für eine von zwei Möglichkeiten entscheiden muß: auf oder ab, pro Leistung oder kontra. Abwärts ging's in den vergangenen Jahren seit der Zusammenführung beider deutscher Turnverbände stetig – von der Bronzemedaille bei den Weltmeisterschaften 1991 über Rang 4 bei den Olympischen Spielen 1992 in Barcelona, Platz 7 in Atlanta 1996, Rang 8 bei den WM 1999 in Tianjin bis zum 10. Platz in Sydney. Noch nie seit Beginn der Olympischen Spiele der Neuzeit 1896 schnitten deutsche Turner, wenn sie denn teilnahmen, so schlecht ab. Nun ist der Punkt

Als einziger Turner der deutschen Mannschaft erreichte der Berliner Dmitri Nonin (hier bei der Kür am Boden) das Mehrkampffinale der besten 36 und wurde 21.

erreicht, da man sogar um eine künftige Olympiateilnahme bangen muß.
Zweifellos stand die Olympiareise auf den Fünften Kontinent für die deutschen Turner unter keinem guten Stern. Verletzungen fielen Wochen zuvor über das Team her wie ein Virus über einen angekränkelten Organismus und ließen die Mannschaft nach dem Muster der »Zehn kleinen Negerlein« mehr und mehr schrumpfen. Mit einem Achillessehnenriß mußte Sergej Charkow (TG Saar) als erster aussteigen. Ihm folgte als nächste erhoffte Stütze der DTB-Auswahl der Stuttgarter Valeri Belenki, der nach einer Schulteroperation nicht rechtzeitig wieder in Form kam. Kurz vor der Abreise schließlich erwischte es noch den Chemnitzer Sven Kwiatkowski sowie danach den Ersatzmann Daniel Farago (SC Berlin).
Unter diesen Voraussetzungen besaßen wohl nicht einmal mehr jene große Hoffnungen, die unbeirrbar und vollmundig das Erreichen des Mannschaftsfinals – also einen Platz unter den besten sechs Teams – zum Kampfziel bei Olympia erklärt hatten. Zwar fing für den EM-Fünften Deutschland am Pauschenpferd alles noch recht gut an, denn trotz eines Abrutschers von Sergej Pfeifer (9,20) verbuchte die DTB-Riege hier ihr bestes Mannschaftsergebnis. Aber danach häuften sich die Fehler, an den bekannten Schwachstellen Boden und Sprung gingen sogar Achter-Wertungen ins Teamresultat mit ein. Andreas Weckers Schulterverletzung, die

Andreas Wecker bestritt seine vierten Olympischen Spiele, war allerdings verletzt und vermochte sein Können nicht zu demonstrieren.

Wecker: Bizeps mit Problemen

Andreas Wecker läßt seinen gigantischen Bizeps schwellen: »Hier, schau mal, den kann ich gar nicht mehr richtig anspannen.« Dabei droht die Riesenknolle den Ärmel des T-Shirts zu sprengen. »Und der Brachialis hinter dem Bizeps ist anscheinend weg.«

Der 30-jährige Berliner hadert in Sydney mit seinem muskulösen Oberkörper, genauer gesagt mit der rechten Schulterpartie, die ihm an den Geräten arg zu schaffen machte und anatomische Rätsel aufgab. Ärztliche Untersuchungen, selbst eine Computertomographie konnten keinen verläßlichen Aufschluß über die Kraftlosigkeit Wecker'scher Muskelpartien liefern. »Keiner sagt mir richtig, was ich habe, manche in unserer Mannschaft denken sogar, ich simuliere«, empört sich der Berliner, der zum Mehrkampffinale nicht mehr antrat und zuvor im Mannschaftskampf an den Ringen die Schwierigkeit seines Vortrages reduzieren mußte. »Schade, daß ich am Reck mit meinen nicht so guten Kovacs-Saltos das Finale verpaßt habe. Ich wollte hier beweisen, daß ich noch zur Weltspitze gehöre. Ich habe alles gegeben, aber es hat eben nicht sein sollen.«

Kein Finale erreicht, Schulter verletzt – Pleite auf der ganzen Linie? Der Reck-Olympiasieger von 1996 sieht das nicht so, sein Triumph besitzt eine andere Dimension. »Als erster deutscher Turner zum vierten Mal an Olympischen Spielen teilzunehmen, das war mein großes Ziel, und das habe ich erreicht«, zeigt sich der Berliner sichtlich zufrieden. »Ich habe bei meinen vierten Spielen jeden Augenblick genossen, alle Erlebnisse in mich aufgesaugt.«

Was prägt die Erinnerung an viermal Olympia? »1988 in Seoul, das war schon exotisch, als 18-jähriger DDR-Sportler so weit weg ins 'kapitalistische Ausland' zu fahren. Toll, daß wir dort mit der Mannschaft Silber geholt haben.« 1992 Barcelona: »Gold am Reck knapp verpaßt, aber dafür noch Bronze an Pferd und Ringen – meine medaillenträchtigsten Spiele.« In Atlanta dann der goldene Triumph am Reck. »Das war natürlich der schönste Erfolg, Olympia dort hat mir weniger gefallen.«

Anders Sydney. »Man fühlt sich hier unter den Sportlern aus aller Welt wie in einer großen Familie. Das ist schon toll und macht eben Olympia aus. Athleten aus Ländern, die sich untereinander bekriegen, gehen hier freundschaftlich miteinander um. Das ist für mich der olympische Gedanke.«

Als im SuperDome die Medaillen an den Geräten vergeben wurden, saß Andreas Wecker, dessen Lebensgefährtin Antje Hertel in wenigen Wochen ein Kind erwartet, bereits im Flugzeug. Sein Sponsor Jaguar vermittelte ihm einen Termin bei einem Wiener Spezialisten, der Schulter und Bizeps eingehend untersuchen soll. Schließlich will der fünffache Medaillengewinner bei Olympia und Reck-Welt- und Europameister die Reckriemchen noch nicht für immer abnehmen. »Erst peile ich mal die WM im nächsten Jahr an. Schließlich habe ich noch einiges drauf«, meint Andreas Wecker vielsagend und spannt demonstrativ seinen Bizeps zum Powerpaket.

Andreas Götze

sich erst beim Podiumstraining in Sydney zeigte, schlug ebenfalls negativ zu Buche. An den Ringen mußte er auf hochwertige Kraftelemente verzichten (Ausgangswert nur 9,7) und erhielt lediglich 9,25 Punkte. Beim Sprung (Sturz bei der Landung) fiel er mit 8,912 Punkten ebenso aus der Teamwertung. Schließlich mußten sich Andreas Wecker, Dimitrij Nonin, Jan-Peter Nikiferow (alle SC Berlin), Sergej Pfeifer und Marius Toba (beide TK Hannover) sowie René Tschernitschek (SV Halle) damit trösten, daß auch der 98er Europameister Frankreich nur unmittelbar vor ihnen auf Rang 9 gelandet war.

Einen winzigen Lichtblick bot im Mehrkampffinale (Platz 21) der Berliner Dimitrij Nonin. Er bewies mit seinem Reckvortrag internationales Spitzenniveau. Ein Vortrag mit einem exakt in den Stand geturnten gestreckten Salto mit doppelter Schraube brachte ihm 9,75 Punkte ein – die siebtbeste Note an diesem Gerät.

»Veteran« mit dem Ehrentor

Das Ehrentor schoß schließlich für Deutschland Marius Toba. Er erreichte als einziger DTB-Vertreter ein Gerätfinale – an den Ringen – und belegte dort mit seiner gewohnt kraftvollen Art den sechsten Platz. Pikanterweise gelang ausgerechnet dem aus Rumänien stammenden, knapp 32-jährigen Hannoveraner als ältestem Olympiaturner von Sydney dieser respektgebietende Auftritt. »Mich wollte man ja bei uns als Oldie so ein bißchen abschieben. Ich bin als Mehrkampfdritter der Deutschen Meisterschaft für Sydney nicht nominiert worden, und nun habe ich mich als ungeliebtes Kind hier ganz gut verkauft«, frohlockte Toba nach dem Finale.

Wie er zu seinem dritten Olympiaeinsatz kam – 1988 startete er noch für Rumänien, 1996 dann für Deutschland –, ist ein Kuriosum für sich. Der sympathische »Veteran« unter Deutschlands Spitzenturnern befand sich gerade mit seinem vollgepackten Pkw auf einer 2000 km langen Tour nach Rumänien, wohin er zweimal im Jahr Hilfssendungen für ein Kinderheim in seiner Heimatstadt Resita transportiert. Die Ladung: Kleidung, die er in seinem Verein TK Hannover sammelt. »Als mich meine Frau dort zwei Tage vor Abflug unserer Mannschaft telefonisch erreichte und mir mitteilte, ich müßte aufgrund der Verletzung unseres Ersatzturners Daniel Farago schnell noch nach Sydney mitfliegen, da dachte ich, sie macht Spaß.« Toba, der ja bekanntermaßen immer für Späße zu haben ist, hatte nicht mal mehr Zeit, zu Hause die Sachen zu wechseln. Die Rückfahrt aus Rumänien endete direkt beim Bundesleistungszentrum in Frankfurt, und ohne die offizielle Olympiaeinkleidung ging's dann am folgenden Tag gen Australien.

Für Toba, den WM-Vierten von 1995 an den Ringen, ist mit Sydney noch längst nicht Schluß. »Ich bin im Kopf erst 18, da habe ich noch lange Zeit. Und der neue Code de Pointage, der ab 2001 gilt, ist mit seiner besseren Bewertung der Kraftelemente an den Ringen ein Plus für mich.« Die vierten Olympischen Spiele, Weckers »Rekord«, ist das ein Thema für ihn? »Warum nicht – auf nach Athen!«

Verbale Kraftakte

Wenn schon nicht mit Teamleistung, sorgten die deutschen Turner – und Andreas Wecker an der Spitze – immerhin mit verbalen Kraftelementen für Schlagzeilen im deutschen Blätterwald. Bei der Mannschaftssitzung war es zu einem Streit zwischen Andreas Wecker und Sergej Pfeifer gekommen. Wecker fühlte sich angegriffen, weil man ihm vorwarf, er habe nur an seiner vierter Olympiateilnahme Interesse gezeigt und sich nicht mit vollem Einsatz für die Mannschaft verwendet.

Wecker wies diesen Vorwurf zurück und entschuldigte seinen unzureichenden Auftritt mit seinen Schulterproblemen. Schließlich schaltete sich DTB-Präsident Prof. Jürgen Dieckert als »Schlichter« ein, und in einer Pressemitteilung erklärte sich dann Andreas Wecker bereit, seinen Teil zur »Wiederversöhnung« beizutragen. Das ganze Hickhack um die Person Andreas Weckers beziehungsweise die schlechte Stimmung innerhalb der Mannschaft offenbarten in Sydney in symptomatischer Weise nur ein weiteres Problem – das des fehlenden Teamgeistes und einer unzureichenden Führung der Mannschaft.

»Down under« kann aus der Perspektive des nunmehrigen »underdogs« Deutschland ein neuer Anfang sein für das hiesige Kunstturnen, das künftig unter der – vom Breiten- bis zum Spitzensport – einheitlichen Marke »Gerätturnen« firmieren soll.

»Sehr optimistisch bin ich da nicht, was die Zukunft betrifft«, bekannte Cheftrainer Rainer Hanschke. »Wir müssen längerfristig mit jüngeren Turnern arbeiten und so verlorenes Terrain zurückerobern. Das ist der einzige Weg.«

Andreas Götze

»Miß Perfekt« ohne Reifen

Nach Einzelgold durch Julia Barsukowa entschieden die russischen Gymnastinnen auch die Mannschaftskonkurrenz zu ihren Gunsten.

Sie galt bisher als »Miß Perfekt« – Alina Kabajewa, 17 Jahre, aus Usbekistan stammend und seit geraumer Zeit die Inkarnation der vollendeten Sportgymnastin. Technisch perfekt, tänzerisch begnadet, biegsam bis zur Schmerzgrenze des Betrachters und mit einer beneidenswerten Stabilität bei ihren Darbietungen ausgestattet. Die Olympiakonkurrenz von Sydney allerdings mußte Alina Kabajewa als rufschädigend abbuchen. Beim zweiten Durchgang des Mehrkampffinals, der Übung mit dem Reifen, passierte Unglaubliches: Das Gerät glitt der bislang Unfehlbaren aus der Hand und verließ auch noch die Bodenfläche – 0,2 Punkte Abzug, dazu weitere kleine Unsicherheiten. Mit einer Wertung von 9,641 Punkten rutschte die haushohe Favoritin auf den fünften Rang ab.
Es spricht zumindest für ihre Nervenstärke, daß sich die amtierende Welt- und Europameisterin danach wieder mit gewohnt sicheren und beeindruckenden Vorträgen – Höchstwertungen von jeweils 9,95 mit Ball und Band – selbst aus der Patsche half und zum Schluß noch die Bronzemedaille ergatterte. »Der Fehler passierte wohl deshalb, weil ich für den Bruchteil einer Sekunde auf den Musikeinsatz wartete und meine Hand etwas entspannt war. Und schon rutschte der Reifen weg«, versuchte die 17-Jährige ihr Debakel bei einer relativ einfachen Bewegung zu erklären. Der Olympiasieg ging trotzdem nach Moskau und damit an Star-

Trainerin Irina Winer, von der die russische Delegation sogar Werbefolder verteilte. Ihre zweite Meisterschülerin beim Sportklub Interfin Moskau, Julia Barsukowa, nutzte ihre große Chance, einmal an der berühmten Mannschaftskameradin vorbeiziehen zu können. Die WM-Dritte tat es mit Bravour und mit ihren unvergleichlichen Standspagat-Vorführungen. »Einen Sieg hier hatte ich nicht erwartet, auch wenn man immer auch ein bißchen hofft. Aber eine Medaille wollte ich schon holen"« freute sich die 20jährige Sportstudentin, die zum Schluß ein knappes Zehntel Vorsprung auf die Silbermedaillengewinnerin, die Vizeweltmeisterin Julia Raskina, besaß.
Bei Olympia ist nicht nur der Ruf einer »Miß Perfekt« abhanden gekommen. Auch die bis dato inflationär auftretenden 10er-Noten waren plötzlich verschwunden. Augenscheinlich hat das energische Einschreiten der Europäischen Turn-Union (UEG) mit Klaus Lotz (Deutschland) an der Spitze nach dem Wertungsskandal der EM von Saragossa Wirkung gezeigt. Damals waren mehrere nominierte Kampfrichterinnen von den Olympischen Spielen suspendiert worden.
Die bei diesen EM betrogene Jelena Witritschenko konnte in Sydney ihr Leistungsvermögen nachweisen. Die 23jährige ukrainische Weltmeisterin von 1997 wurde Vierte vor Eva Serrano (Frankreich) – eine lange undenkbare Konstellation.
Pech hatten die DTB-Aktiven. Die 20-jährige Deutsche Meisterin Edita Schaufler fing in der Qualifikation bei einem Sprungwurf den Ball nicht (9,366), und Mannschaftskameradin Lena Asmus rutschte Sekunden vor der Schlußpose noch das Seil aus der Hand – nur 9,429. Die Ränge 12 für Schaufler und 17 für Asmus im-24-köpfigen Teilnehmerfeld reichten nicht für den Einzug in das Olympiafinale der zehn besten Gymnastinnen.

Glück in Lila

Die Bühne ein quadratischer Kunstfaserteppich, die Darsteller fünf junge Damen in farbigen, mit Pailletten besetzten Trikots, und die Aufführung heißt schlicht und trocken Gruppengymnastik. Dabei präsentiert sich diese olympische Disziplin der Rhythmischen Sportgymnastik als Show im besten Sinne: temperamentvoller Tanz und tänzerische Brillanz, faszinierender Gleichklang der Bewegung, zirzensische Kunstfertigkeit mit Keulen, Reifen oder Bändern und eine rasante und mit faszinierenden choreographischen Ideen gespickte Darbietung zu bekannten Rock-, Pop- und Folklore-Kompositionen.
Die Vielfalt beeindruckender Interpretationen in eine Rangliste zu bringen, ist die für das begeisterte Publikum kaum nachzuvollziehende Aufgabe der Jurorinnen. Im mit 8000 Zuschauern vollbesetzten Pavillon 3 des Olympiaparks durften schließlich die russischen Gymnastinnen Olympiagold entgegennehmen. Irina Belowa, Jelena Chalamowa, Natalja Lawrowa, Maria Netessowa, Wera Schimanskaja und Irina Zilber hatten damit jedoch lediglich um Keulenbreite das Rennen entschieden. Wie die Gruppe Weißrußlands kamen sie auf 39,500 Punkte, erst die Aufrechnung sämtlicher Kampfrichternoten (auch der gestrichenen) bei den zwei Vorträgen des Finals ergab den winzigen Vorteil für Weltmeister Rußland.
In lila Trikots, als wär's der letzte Versuch, und mit giftgrünen Keulen trat die deutsche Gruppe zu einer Musik der weltbekannten Tanz-Compagnie »River Dance« auf. Der Versuch glückte: Obwohl bei einer Jonglage eine Keule zu Boden und damit ein Zehntelpunkt verlustig ging, durften sich die Mädchen um Mannschaftskapitän Jeanine Fissler über die vierthöchste Note im Kreise der acht Finalisten freuen. Im zweiten Vortrag dann – mit zwei Reifen und drei Bändern – lief es zur Filmmusik »Matrix« ebenso gut. Rang vier in der Endabrechnung hinter Vizeweltmeister Griechenland für das deutsche Team – und damit die beste Plazierung von Sportlerinnen und Sportlern des Deutschen-Turner-Bundes bei Olympia 2000.
»Wir sind alle überglücklich«, strahlte denn auch die Cheftrainerin der Nationalgruppe Carmen Weber vom TV Wattenscheid, dem die sechs Mädchen, aus verschiedenen Vereinen stammend, angehören: Friederike Arlt (16 Jahre/Rehlingen), Susan Benicke (19/Halle), Jeanine Fissler (19/Berlin), Selma Neuhaus (18/Wattenscheid), Jessica Schumacher (17/Rehlingen) und Annika Seibel (16/Dahn). »Mit solch einem Erfolg haben wir nicht gerechnet. Aber die Mädchen haben hier alles gegeben und auch wirklich ihre bisher besten Vorträge gezeigt«, urteilte die aus Leipzig stammende Trainerin, die 1973 der DDR-Nationalgruppe bei den Weltmeisterschaften angehörte. Carmen Weber führt diesen Erfolg – im Vorjahr gab es Platz fünf bei den Weltmeisterschaften in Osaka – vor allem auf Stabilität und Nervenstärke ihres Sextetts zurück. Was letzteres betrifft, wurde sogar zielgerichtet mit einem Psychologen gearbeitet. »Das war neu für uns, war ein Experiment, aber wie man sieht, hat es sich gelohnt.«
Mit der A-Note – maximal 10 Punkte – werden Anzahl und Art der technischen Schwierigkeiten (4 Punkte) sowie der künstlerische Wert des Vortrags (6 Punkte) honoriert; die B-Note (max. 10 Punkte) bewertet die Ausführung und beinhaltet auch die Abzüge für Fehler mit den Handgeräten.

Andreas Götze

Gewinnen im Flug

Der erste Auftritt der »Fliegenden Menschen« in der Geschichte Olympias ist den Damen vorbehalten. Mehr als 11000 Zuschauer im weiten Hallenrund des SuperDomes sind am 22. September Zeuge dieses historischen Ereignisses, bei dem erstmals – und nur im Einzelwettbewerb - olympische Medaillen im Trampolinturnen vergeben werden. Die Szene erinnert ein wenig an Eiskunstlaufveranstaltungen: Sieben gestrenge Herren, in erhöhter Position in einer Reihe sitzend, bewerten die Salti und Schrauben der Turnerinnen, die sich danach vom ein Meter hohen Podest, auf dem das Trampolin erstmals bei internationalen Wettkämpfen steht, zur »Tränenecke« begeben, um zwischen Grünpflanzen auf ihre Wertung zu warten. Auch Stürze gehören zum Leben der Trampoliner, denn jeweils zehn Sprünge – in Pflicht und Kür des Vorkampfes sowie im Finale – gilt es ohne Unterbrechung in technisch exzellenter Form und möglichst schwieriger Ausführung darzubieten, und das bei Sprunghöhen von sieben bis acht Metern über dem Hallenboden. Eine winzige Abweichung von der optimalen Flugbahn bei den Doppel- und Dreifachsalti, ein kaum sichtbares Verlagern des Körperschwerpunktes beim erneuten Hinauskatapultieren kann schon das Aus bedeuten. Die bis dahin erzielten Punkte reichen dann nur noch für hintere Ränge. Das allerdings ist ein wesentlicher Unterschied zum Eiskunstlauf. Anna Dogonadze-Lilkendey vom MTV Bad Kreuznach hat den Vorkampf aus Pflicht und Kür als Beste der 12 für die Olympiapremiere zugelassenen Damen beendet. Ein gutes Omen für die 27-jährige gebürtige Georgierin, die vor zwei Jahren an gleicher Stelle Weltmeisterin im Synchronturnen und WM-Dritte im Einzel geworden war. Letzte Startposition für sie im Finale der acht Besten, und da passiert es: Beim zweiten Sprung, einem schwierigen Doppelsalto rückwärts gebückt mit zwei Schrauben, gerät sie zu weit an das von einer Matte begrenzte Tuchende und verreißt den dritten Sprung derart, daß sie auf dem Schaumstoffpolster bruchlandet. Aus der Traum von einer Olympiamedaille

Anna Doganadze-Lilkendey vom MTV Bad Kreuznach beeindruckte die Kampfrichter mit eleganten Saltos. Nur einer mißlang.

nach dem Europameistertitel 1998 und zweimal WM-Bronze (1998 und 1999).
Die Enttäuschung ist riesig für die junge Mutter, die seit zwei Jahren in Deutschland weilt und mit einem ehemaligen Trampolinturner verheiratet ist. Sie findet kaum Worte nach dem Wettkampf. Cheftrainer Michael Kuhn versucht zu erklären: »Anna war vier Tage krank, hat noch vorgestern mit 38,7 Grad Fieber im Bett gelegen und konnte erstmals gestern ein wenig trainieren. Da hat ihr einfach die nötige Kraft gefehlt.« Aus diesem Grund hatte sie auch ihren Schwierigkeitsgrad von 12,3 auf 11,5 reduziert, wollte kein unnötiges Risiko eingehen. »Mein Fehler war, daß ich die Schulter zu weit zurückgelegt hatte, und dann dachte ich auch, daß ich beim zweiten Sprung schon draußen bin«, will Anna Dogonadze-Lilkendey keine Entschuldigung gelten lassen. Doch Michael Kuhn, 1986 Mannschafts-Weltmeister und zweimaliger Vizeweltmeister im Einzel, relativiert: »Bei vollen Kräften hätte sie so einen Sprung bestimmt wieder reingeholt und ihr Programm durchgeturnt.«
Erste Trampolin-Olympiasiegerin ist die Russin Irina Karawajewa. Die 25jährige aus Krasnodar turnt im Finale mit vollem Risiko – höchste Schwierigkeitsindex-Summe von 12,3 – und distanziert die Silbermedaillengewinnerin Oksana Zychulewa aus der Ukraine um 1,2 Punkte. In der »Tränenecke« gibt es bei ihr nur Freudentränen. »Für mich ist hier in Sydney ein Traum in Erfüllung gegangen«, strahlt die »Überfliegerin«, die 1994, 1998 und 1999 die Weltmeistertitel gewann und mit 108,9 Punkten als Weltrekordlerin der Zunft gilt. Auch Gold Nr. 2 geht nach Rußland und an einen Favoriten. Alexander Moskalenko läßt mit seiner enormen Sprungkraft und seiner technischen Virtuosität der Konkurrenz keine Chance. 2,4 Punkte Vorsprung trennen den Weltrekordhalter (42,1 Punkte) zum Schluß vom australischen Silbermedaillengewinner Ji Wallace, der nach dem Finale von seinemTrainer auf Händen vom Wettkampfpodest getragen und von 11000 Zuschauern mit einem ohrenbetäubenden Jubel gefeiert wird.
Während der 23jährige Australier – WM-Fünfter ein Jahr zuvor – seinen Erfolg kaum fassen kann, nimmt der 30jährige Moskalenko die Goldmedaille vergleichsweise gelassen entgegen. Dabei hatte der Sportlehrer und Manager einer Show-Company, der bereits 1990 in Essen erstmals Weltmeister geworden war und diesen Titel noch dreimal wiederholte, seine Laufbahn bereits 1994 beendet. »Doch als ich 1997 erfuhr, daß Trampolin olympisch geworden ist, reizte mich diese Herausforderung. Denn Olympia ist für jeden Sportler das Höchste.« So wurde Moskalenko nicht nur mit seinen 24 kg Übergewicht fertig, sondern anscheinend auch spielend mit den Rivalen. 1999 saß er schon wieder auf dem Weltmeisterthron. Dem deutschen Vertreter war das Glück bei der Olympiapremiere nicht hold. Michael Serth vom TV

Schaafheim, WM-Neunter des Vorjahres, behauptete sich nach dem Pflichtdurchgang noch auf Platz fünf, verpaßte dann aber als Neunter des Vorkampfes (Summe aus Pflicht und Kür) knapp mit zwei Zehntelpunkten das Finale der besten Acht. Er mußte dem WM-Sechsten Olexandr Tschernonos aus der Ukraine den Vortritt lassen, dessen Schwierigkeitsvorteil von 13,2 (Serth 13,0) den Ausschlag gegeben haben mag. Der 35jährige Michael Kuhn als bislang erfolgreichster deutscher Trampolinturner hätte sich seinen Olympiaeinstand erfreulicher vorstellen können. Doch im Vergleich zur Weltspitze stellen die deutschen Turnerinnen und Turner, was Trainingsumfang und Spitzensportförderung betrifft, Amateure dar. »Für die Sportart aber war es eine gelungene Olympiapremiere mit Wettkämpfen auf sehr hohem Niveau«, resümiert der Stuttgarter. »Ich denke, wir haben damit gute Werbung betrieben, und wir hoffen für die olympische Zukunft auch auf eine Ausweitung des Programms auf die attraktive Synchrondisziplin und eine Vergrößerung des Teilnehmerfeldes, denn nicht alle der Spitzenturnerinnen und -turner konnten hier mit dabeisein.« ←

Trampolinspringen – Regeln und Geschichte

Schon im Mittelalter soll ein französischer Artist namens du Trampoline für Zirkusvorführungen in Spanien ein elastisches Sprunggerät aus Tierhäuten gefertigt haben, dessen unzählige Nachahmungen fortan seinen Namen trugen. Das Geburtsjahr des Sportgerätes Trampolin war 1925. Der US-amerikanische Wasserspringer Georg Nissen entwickelte gemeinsam mit seinem Freund Larry Frisword solch ein Gerät, um wetterunabhängig trainieren zu können. 1948 fanden in den USA erstmals eigenständige Meisterschaften statt.
Inspiriert vom US-Patent, bastelten in Deutschland in den 50er Jahren verschiedene Tüftler ebenfalls an Trainingshilfsgeräten für das Wasserspringen. Die professionellste Lösung gelang 1953 Dr. Horst Braecklen mit seinen Mitarbeitern an der Deutschen Hochschule für Körperkultur und Sport (DHfK) in Leipzig. Braecklen gilt noch heute als Vater des Trampolinturnens in Deutschland.

Mit Olympiagold krönte Alexander Moskalenko (Rußland) seine Laufbahn. Er gewann bereits vier Weltmeistertitel. Nebenstehende Seite: Die Russin Irina Karawajewa sprang und flog perfekt, der Olympiasieg war ihr nicht zu nehmen.

Dem einzigen deutschen Starter Michael Serth fehlten die nötigen Höchstschwierigkeiten, so verpaßte der Stuttgarter das Finale.

Dem Schweizer Kurt Bächler gebührt das Verdienst, das Trampolinturnen als Wettkampfsport nach Europa geholt zu haben. 1958 trafen sich die besten Trampolinturner zum 1. internationalen Wettkampf, dem Nissen-Cup, in der Schweiz, wo er noch heute regelmäßig ausgetragen wird. Auf Initiative des Deutschen Turner-Bundes gründet sich 1964 der Internationale Trampolinverband (FIT), dessen erste Mitglieder Belgien, Deutschland, Großbritannien, Luxemburg, Niederlande, Südafrika, Schweiz und USA waren. Im gleichen Jahr fand in London die erste Weltmeisterschaft statt. 1969 folgte in Paris die EM-Premiere.
Wichtige Stationen auf dem Weg zur Olympiapremiere:
1996 Demonstration des Trampolinturnens vor dem IOC in Lausanne.
Teilnahme an der FIG-Gala während der Olympischen Spiele 1996 in Atlanta.
Am 1. September 1997 Beschluß des IOC über die Aufnahme der Trampolin-Einzelkonkurrenz in das Programm der Spiele in Sydney. Jeweils 12 Startplätze für Männer und Frauen werden zugelassen.
Entsprechend der IOC-Vorgabe Selbstauflösung der FIT am 6. Oktober 1998 und ihre Eingliederung in den Internationalen Turnverband (FIG).

Technisches

Das Trampolin ist 5,20 m lang, 3,05 m breit und 1,08 m hoch; das Tuch aus geflochtenen Nylonbändern besitzt eine Grundfläche von exakt 9,07 m^2. Heutige Hochleistungsgeräte können Spitzenturner acht Meter hoch katapultieren.

Der Einzelwettkampf besteht aus einer Pflicht- und einer Kürübung sowie dem Finale der besten (in Sydney acht) Turner bzw. Turnerinnen. Jede Übung enthält zehn Elemente, die ohne Unterbrechung vorgeführt werden müssen. Fünf Kampfrichter bewerten die Ausführung der Übung, zwei weitere errechnen die Schwierigkeitsnote, die beeinflußt wird von der Anzahl der Salti- und Schraubendrehungen. Die Weltklasse wartet in der Kür mit einem Schwierigkeitsindex zwischen 11 und 12 auf. Die Punkte aus Pflicht und Kür werden addiert; das Finale beginnt wieder bei null.

Jürgen Kapsch

Auf dem Gipfel: »Boroni«

Kathrin Boron (links) und Jana Thieme zeigen stolz ihre Goldmedaillen beim obligatorischen Siegerfototermin.

Für Kathrin Boron, von allen nur »Boroni« gerufen, war die olympische Regatta in Sydney von besonderer Bedeutung: Als erste deutsche Ruderin hatte die 30jährige Bankangestellte von der Potsdamer RG die Chance, zum dritten Mal hintereinander die olympische Goldmedaille zu gewinnen. In deutschen Ruderkreisen ist das lediglich dem einstigen Leipziger Siegfried Brietzke gelungen, der 1972, 1976 und 1980 als Erster am Siegersteg anlegen durfte. »Es wäre gelogen, wenn ich sagen würde, das hätte mich nicht beschäftigt. Nicht täglich, natürlich nicht, aber je dichter der Olympiatermin heranrückte, doch häufiger«, bekannte sie nach ihrem Rennen. Nach dem Sieg war ihr die Freude anzusehen und die Lockerheit spürbar, das große Ziel erreicht zu haben. Nun steht sie auf dem Rudergipfel, auf dem kein großes Gedränge herrscht. Zusammen mit ihrer Partnerin Jana Thieme (Hallesche Rudervereinigung Böllberg/Nelson) dominierte

Jürgen Kapsch

Jahrgang 1939, sportjournalistisch tätig seit 1960, u.a. bei »Deutsches Sportecho«, seit 1992 verantwortlicher Redakteur der Fachzeitschrift »Rudersport«. Berichterstatter von fünf Olympischen Spielen.

Kurz nach dem Zieleinlauf. Völlig erschöpft, aber überglücklich freuen sich Kathrin Boron (links) und Jana Thieme über ihren Sieg im Doppelzweier.

sie auch in dieser Saison das Feld der Doppelzweier-Boote. Als Weltmeisterinnen des Vorjahres waren sie natürlich überall die Favoritinnen, doch sonderlich schwer trugen sie an dieser Bürde offensichtlich nicht. »Ich konnte aber wild werden, wenn immer wieder behauptet wurde, wir brauchten nur nach Australien zu fahren, um uns die Medaillen abzuholen.«
Für Jana Thieme, gleichfalls 30 Jahre alt, hat sich mit dem Sieg auf dem Kurs in Penrith eine Lücke in ihrer Medaillensammlung geschlossen: Gemeinsam mit Kathrin Boron startete sie 1989 mit dem Gewinn der Weltmeisterschaft im Doppelvierer ihre internationale Karriere. Sie sammelte Titel in allen Skullklassen. Doch im Gegensatz zu ihrer Partnerin mußte sie bis zum 23. September 2000 warten, ehe sie auch eine olympische Medaille in Empfang nehmen konnte.
Auf dem Gipfel des Ruderns bekam Kathrin Boron in Sydney Gesellschaft. Die Rumäninnen Georgeta Damian und Doina Ignat, die vor vier Jahren im siegreichen Achter saßen und in Sydney nach einem Doppelstart im Zweier ohne und im Achter noch zwei goldene Auszeichnungen dazu erkämpften, sowie Elisabeta Lipa, die im Achter zu ihrer dritten goldenen und zu ihrer sechsten Olympiamedaille insgesamt kam, erreichten ebenfalls die Gipfelhöhe.
Der Deutsche Ruderverband sammelte mit zwei Gold-, einer Silber- und drei Bronzemedaillen die meisten olympischen Auszeichnungen an der Regattastrecke. Vor allem die Skull-Kolleginnen von Kathrin Boron und Jana Thieme bewiesen dabei große Sammlerleidenschaft. Der Doppelvierer mit den Zwillingen Kerstin und Manja Kowalski aus Potsdam, mit Manuela Lutze (RC Magdeburg) und Meike Evers (Ratzeburger RC) stellte sich in so überzeugender Verfassung vor, daß die Konkurrenz fast geschockt wirkte. Schlagfrau Kerstin Kowalski, für ihr Rhythmusgefühl im Boot bekannt, hatte die Mannschaft sofort nach dem Start in die richtige Schlagfrequenz geführt. »Da ging es dann fast von selbst«, bekannte sie anschließend. Die Russinnen, die sich mit ihrer Einerfahrerin Irina Fedotowa verstärkt hatten, kamen nie in die Nähe des deutschen Quartetts und mußten sich mit einer hundertstel Sekunde auch noch von den Britinnen die Silbermedaille wegschnappen lassen.
Trainerin der beiden Goldboote ist die Potsdamerin Jutta Lau. Die Doppelvierer-Olympiasiegerin von 1976 und 1980 ist in der Zwischenzeit zur erfolgreichsten Trainerin der Welt avanciert. Ihr Erfolgsrezept: »Nie mit dem Erreichten zufrieden sein.« Und so war sie im Laufe der Saison selbst bei deutlichen Erfolgen ihrer Mannschaften immer auf kritischer Distanz zur erbrachten Leistung. »Mit unserem Wunsch, bei Olympia gewinnen zu wollen, waren wir ja nicht allein.«

Der deutsche Doppelvierer mit Manja Kowalski, Meike Evers, Manuela Lutze und Kerstin Kowalski (von links) bestätigte seine Favoritenrolle.

Die Leichtgewichtsruderinnen, seit 1996 mit dem Doppelzweier im olympischen Programm, gehörten zu den Frühaufstehern in der Mannschaft. Zwei Stunden vor Rennbeginn (8.30 Uhr) war Wiegen angesagt. Die Mannschaft muß ein Durchschnittsgewicht von 57 kg je Ruderin auf die Waage bringen. »Abfahrt 5.00 Uhr«, stand am Finaltag an der Tafel der deutschen Mannschaft im Hotel Panthers in Penrith. Ohne Frühstück ging es los. Bei Dunkelheit, mit einer Lampe an Bord, wurde das Boot zu Wasser gebracht. Nach kurzem Training dann auf die Waage und anschließend Frühstück. Ein Programm – sicher nicht zur Nachahmung empfohlen.
»Das frühe Aufstehen hat sich doch gelohnt«, strahlte Trainerin Brigitte Bielig aus Dresden. Ihre Schützlinge Claudia Blasberg (Dresdner RV) und Valerie Viehoff (Siegburger RV) hatten nur die rumänischen Weltmeisterinnen Constanta Burcica und Angela Alupei vorbeigelassen, die damit ihren Olympiasieg von 1996 wiederholen konnten. »Wir waren sogar auf Tuchfühlung. Aber als wir das bemerkten, sind nur noch 250 Meter zu rudern gewesen. Das war zu kurz. Doch mit der Silbermedaille sind wir mehr als zufrieden.« Die beiden jungen Frauen genossen es richtig, mit ihrer sonst benachteiligten Bootsklasse einmal im Mittelpunkt des Interesses zu stehen.
Bliebe der Einer. Die Frauen in den schmalen Rennbooten hatten den Finalreigen eröffnet. An der Spitze lieferten sich Jekaterina Karsten (Belorußland), verheiratet mit einem Deutschen und abwechselnd in Kiew und Potsdam lebend, und die Bulgarin Rumjana Nejkowa einen Kampf auf Biegen und Brechen. Fast eine Viertelstunde mußten die beiden warten, ehe der Zielfilm ausgewertet war. Mit einer hundertstel Sekunde Vorsprung gewann die Weltmeisterin aus Belorußland, wie schon in Atlanta, die Goldmedaille.
Die deutsche Meisterin Katrin Rutschow-Stomporowski (RK am Wannsee) konnte in der Zwischenzeit schon ihrer Freude über den Gewinn der Bronzemedaille freien Lauf lassen. Die Berlinerin lag von der ersten Zwischenzeitnahme an auf dem Bronzerang, den sie auch ungefährdet über die sprudelnde Ziellinie brachte. Ehemann Bernhard Stomporowski hatte familiäre Unterstützung gegeben und zur Feier des Tages eine Flasche Champagner kalt gehalten, so daß beide nach der Siegerehrung gleich auf der Tribüne anstoßen konnten.
Die beiden anderen Frauenbootsklassen – Zweier ohne und Achter – gehörten erwartungsgemäß den Rumäninnen. Lenka Wech und Claudia Barth, das deutsche Duo, hatte bis zum Finale einen ausgezeichneten Eindruck hinterlassen und liebäugelte sogar mit einer Medaille. Doch auf den entscheidenden 2000 Metern des Endlaufes mußten sie erkennen, daß die Trauben noch zu hoch hängen. Platz sechs am Ende für die Renngemeinschaft aus Ulm und Saarbrücken. Und der deutsche Frauen-Achter durfte wegen mangelnder Qualität gar nicht erst anreisen. Er hatte die Olympia-Qualifikation verpaßt.
Auch bei den deutschen Männern waren es nur die Skuller, die mit zwei Bronzemedaillen ihren Teil zum Gesamterfolg beitrugen. Der Doppelvierer hatte für sein Finale ein großes Ziel vor Augen: Für Andreas Hajek, Stephan Volkert und André Willms ging es nach Erfolgen in Barcelona und Atlanta bei ihrer dritten Olympiateilnahme um das dritte Olympiagold. Bugmann Marco Geisler erlebte das erste Mal eine olympische Regatta. Lange Zeit lag man auch in Führung – mit dieser Taktik wollte man die härtesten Rivalen

aus Italien auf Distanz halten – doch dann mußte man das italienische Quartett ziehen lassen. »Wir sahen sie kommen und konnten sie nicht aufhalten. Da ist wohl für einen Moment der Faden gerissen«, analysierte der Hallenser Andreas Hajek das Rennen. Diesen Moment nutzten die Niederländer und zogen gleichfalls noch vorbei. »Selbst wenn wir unser hochgestecktes Ziel nicht erreicht haben, wir werden die Bronzemedaille als einen großen Erfolg feiern. Denn diese Bilanz muß uns erst einmal einer nachmachen.«

Positiv überraschte ein junger Mann, der seinen Lebensmittelpunkt von Magdeburg nach Kassel verlegt hat, seine Olympiavorbereitung gegen die Verbandslinie bestritt und sich seine Trainingspläne aus Australien vom ehemaligen DDR-Olympiasieger und erfolgreichen Trainer Harald Jährling schicken ließ: Marcel Hacker. Bis fast vor die Zieltribüne rangierte er hinter den Favoriten Waddell (Neuseeland), Müller (Schweiz) und Porter (Kanada) auf dem vierten Platz. Doch dann griff er kräftig in die Skulls, wurde auf dem letzten Teilstück mit der schnellsten 500-m-Zeit notiert und brachte seine Bootsspitze noch vor Porter durch die Lichtschranke.

Adlig und nicht erschossen

Als Steven Redgrave vor vier Jahren seine vierten Olympischen Spiele mit dem Gewinn der vierten Goldmedaille abschloß, kündigte er an, daß ihn jeder erschießen dürfe, der ihn noch einmal im Boot sähe. Wenige Wochen später saß er wieder drin, und niemand griff zur Flinte. Warum auch? Seine Sponsoren und vor allem sein deutscher Trainer Jürgen Grobler hatten ihn davon überzeugt, das Ziel der fünften Goldmedaille ins Visier zu nehmen. Allerdings nicht mehr im Zweier ohne. Er und sein Partner Matthew Pinsent, mit dem er sechs Jahre ungeschlagen war, taten sich nunmehr mit Tim Foster und James Cracknell zu einem Vierer ohne Steuermann der Extraklasse zusammen, der von 1997 bis ins Olympiajahr kein Finalrennen verlor.

Aber ausgerechnet in dieser Saison kam beim Weltcup-Finale in Luzern der Einbruch: nur Rang fünf. Doch Jürgen Grobler, früherer DDR-Verbandstrainer, der 1991 nach London übersiedelte, beruhigte die Gemüter: »Im Vorfeld sind wir zuviel Regatten gerudert und daher müde gewesen. In Sydney stimmt die Form wieder.« Er sollte recht behalten. In einem begeisternden Finale wurden Italien und Gastgeber Australien bezwungen.

Redgrave, von der britischen Königin vor Jahren wegen seiner Verdienste für das Ansehen Großbritanniens geadelt, hat einmal die Taktik seiner Rennen so formuliert: »Unser Ziel ist es, mit Stil und Überlegenheit die Gegner glauben zu machen, daß sie gar keine Chancen haben, das Rennen

Sind nach ihren Bronzemedaillen zu jedem Spaß bereit: die Einer-Spezialisten Kathrin Rutschow-Stomporowski und Marcel Hacker. Wie wäre es mit einem gemischten Doppelzweier? (nebenstehende Seite) Steve Redgrave erhält aus den Händen von IOC-Präsident Juan Antonio Samaranch die fünfte Goldmedaille seiner olympischen Karriere.

zu gewinnen.« Bisher ist diese Rechnung aufgegangen: 1984 Gold im Vierer mit, 1988, 1992 und 1996 jeweils Gold im Zweier ohne, im Jahre 2000 nun Gold im Vierer ohne.
Damit steht Regrave unangefochten an der Spitze der Rangliste der erfolgreichsten Ruderer. IOC-Präsident Juan Antonio Samaranch würdigte diese Serie, indem er Redgrave bei der Siegerehrung mit dem »Golden Olympic Pin« auszeichnete. In der Liste der Athleten, die bei aufeinanderfolgenden Olympischen Spielen mehr Goldmedaillen gewannen als er, steht nur der ungarische Säbelfechter Aladár Gerevich vor ihm. Der gewann von 1932 bis 1960 sechsmal in Serie. Gerevichs Fechtkollege Pál Kovács und der deutsche Dressurreiter Dr. Reiner Klimke schafften das bei fünf Olympischen Spielen.
Eigentlich wollte der Brite ja Einerfahrer werden, Nachfolger von Kolbe und Karppinen. Sein internationaler Start fand bei den Junioren-Weltmeisterschaften 1980 auch im Skullen statt. Im Doppelzweier unterlag er dem DDR-Boot mit Thomas Lange. Und auch, als er schon Vierer-Olympiasieger war, unternahm er immer wieder erfolgreich einen Ausflug in den Einer, so 1986, als er bei den Commonwealth Spielen im Vierer mit und im Zweier mit, aber auch im Einer erfolgreich war.
»Hatten Sie das Ziel, sich mit der fünften Goldmedaille ein Denkmal zu setzen?«, fragte ich Redgrave. »Eigentlich nicht, obwohl es reizvoll ist. Vor allem liebe ich das Rudern, und natürlich wollen wir gewinnen. Aber um irgendwelche Rekorde zu brechen, steige ich nicht ins Boot.«
Vom Erschießen war nach dem Erfolg in Sydney diesmal keine Rede.

Zweimal knapp an einer Medaille sind die beiden Doppelzweier (schwer und leicht) vorbeigefahren. Man greift immer wieder zu der Floskel vom undankbaren vierten Platz. Doch wer so gekämpft und die erhoffte Medaille zum Greifen nahe vor Augen hatte, für den trifft das wirklich zu. Sebastian Mayer und Stefan Roehnert sowie Bernhard Rühling und Ingo Euler (Leichtgewichte) konnten die olympische Wettkampfstätte mit erhobenem Haupt verlassen. Unzufrieden wird mit Sicherheit das deutsche Vierer-ohne-Quartett die Heimreise angetreten haben. Erst Mitte Juli formiert, war es ohne einen Wettkampf in diesen Saisonhöhepunkt gegangen. Da gab es keine Chance, mit den internationalen Spitzenbooten mitzuhalten, die schon jahrelang zusammen sind.

Platz fünf im B-Finale steht für den deutschen Vierer im Ergebnisprotokoll.
Da den Journalisten das Betreten des Bootslagerplatzes nur mit Sondergenehmigung gestattet war, trafen sich Trainer und Aktive mit den Medienvertretern vor dem Zaun. Dicht umlagert auch zwei Trainer, alte Bekannte in deutschen Ruderlanden, die jetzt in der Mannschaftskleidung der Engländer bzw. der Franzosen Rede und Antwort standen: Jürgen Grobler, früherer Verbandstrainer Frauen im DDR-Ruderverband (DRSV) und jetzt Headcoach der Briten und Bootstrainer des Redgrave-Vierers, und Eberhard Mund, lange Zeit DRSV-Cheftrainer und nun verantwortlich für das französische Team.
Groblers Schützlinge hatten den Vierer ohne gewonnen und am Abschlußtag auch noch den Männerachter; langfristiger Aufbau zahlte sich hier aus. Im Vorjahr im Achter Vizeweltmeister, ließ man den US-Amerikanern, die drei Jahre hintereinander in der Königsklasse Weltmeister wurden, nicht die Spur einer Chance. Abgeschlagen auf Rang fünf überquerten die US-Boys die Ziellinie. Auch bei den Männern hatte der deutsche Achter das Klassenziel Olympia verfehlt, trotz Nachsitzens bei der zusätzlichen Qualifi-

kationsregatta in Luzern.
Eberhard Mund konnte sich ebenfalls über zwei Goldmedaillen seiner Schützlinge freuen.
Im Zweier ohne Steuermann waren Michel Andrieux und Jean-Christophe Rolland, die schon 1993 in dieser Klasse den WM-Titel gewonnen hatten, erfolgreich.
Auch die Deutschen traten mit Weltmeistern dieser Klasse an: Robert Sens (München) und Detlef Kirchhoff (Berlin) wurden 1998 in Köln die Besten ihres Faches. Erst in diesem Jahr, nach Querelen im Verband und nach dem Absturz des Achters bei der Rotsee-Regatta, in den Zweier gestiegen, fanden sie nie richtig zusammen und landeten nur im B-Endlauf.
Die französische Nationalhymne erklang erneut nach dem Rennen der leichtgewichtigen Vierers ohne Steuermann. »Schon im abschließenden Trainingslager hat sich die Stärke dieses Quartetts gezeigt: Sie haben den Kollegen im schweren Vierer im direkten Vergleich eine Länge abgenommen.« Immer wieder mußte Eberhard Mund die Wettkampfvorbereitung seiner Ruderer erläutern.
Die gastgebenden Australier mit ihrem so begeisterungsfähigen, fairen Publikum gingen bei der Verteilung der Goldmedaillen leer aus. Dreimal Silber und zweimal Bronze waren die Ausbeute – man hätte ihnen den ganz großen Erfolg so gegönnt.
Doch das Publikum wurde im abschließenden Achterrennen der Männer noch einmal voll gefordert. Die Briten führten zwar, aber die Australier kamen ihnen näher und näher. Das Publikum raste. Auch wenn es nicht für den Sieg gereicht hatte, man war zufrieden. Eine Flotte von Schwimmern hatte sich nach dem Zieldurchlauf auf den Weg gemacht, um Glückwünsche und vor allem die australische Flagge zu bringen, die man mit zur Siegerehrung nahm. Unter den Recken, denen die Silbermedaille umgehängt wurde, war auch Robert Jährling, freilich jetzt als »Jahrling« bezeichnet. Der Sohn des zweifachen Olympiasiegers, der Ruder-Sportdirektor des Bundesstaates New South Wales ist, kam nach der Wende mit seinem Vater auf den Fünften Kontinent.
Der Präsident des Internationalen Ruderverbandes (FISA), Denis Oswald, fand viele Gründe, Lob zu verteilen: die Strecke, im Vorfeld mit vielen Vorurteilen bedacht, hatte sich als vorzügliche Wettkampfstätte herausgestellt, die Organisatoren und ihre zahlreichen Helfer hatten eine Regatta auf die Beine gestellt, die so reibungslos, so freundlich ablief, daß alle sie in bester Erinnerung behalten werden.

Mit seinen Mitstreitern James Cracknell, Tim Foster und Matthew Pinsent war Steve Redgrave (Zweiter von links) auf dem Penrith Lake im britischen Vierer ohne nicht zu bezwingen.

Beinahe ein Abbruch

Volker Kluge

Das war Gold Nummer sechs für Birgit Fischer auf Schlag des K 4 mit Manuela Mucke, Anett Schuck und Katrin Wagner.

Andreas Dittmer wird nach seinem Sieg im C1 von seiner schwimmenden Schwester Anja beglückwünscht.

Windböen bis zu 80 km/h fegten über den Penrith Lake. Das Finale der olympischen Kanu-Wettbewerbe drohte, vom Winde verweht zu werden. Zunächst wurde die Startzeit um eine Stunde verschoben. Die Wellen schienen eher noch zu wachsen denn flacher zu werden. IOC-Präsident Antonio Samaranch erwog deshalb bereits, die restlichen fünf Kanu-Wettbewerbe entweder nach der Schlußfeier unter Flutlicht oder gar erst am Montag austragen zu lassen. Das aber gab es noch nie bei den Spielen im Sommer. Zudem wären dann bestimmt auch die restlichen der anfangs 18 000 Zuschauer enttäuscht abgewandert. „Auch wir wollten das unseren Sportlern nicht zumuten. Einige Teams hatten bereits für Sonntagnacht den Abflug geplant. Außerdem schmeckt so eine olympische Nachspeise nicht“, sagte Ulrich Feldhoff, Präsident der Internationalen Kanuföderation.
Mit sechsstündiger Verspätung stemmten sich dann ab 15 Uhr Kajak- und Canadierfahrer gegen Wind und Wellen.
Am besten schienen die Ungarn mit den Unbilden fertigzuwerden. Mit vier Goldmedaillen paddelten sie auf Platz 1 der Länderwertung bei den Rennkanuten, gefolgt von den Deutschen mit drei Olympiasiegen. Allerdings haderte der Neubrandenburger Canadier-König Andreas Dittmer etwas mit seinem Schicksal. Am ersten Wettkampftag stach er mit Topspeed zur Goldmedaille über 1000 m. Auf „hoher See“ reichte es am zweiten Finaltag über 500 m „nur“ zu Bronze. Der Neubrandenburger nahm die Medaille mit gemischten Gefühlen in Empfang: „Mein Boot war voll

Exklusiv von BIRGIT FISCHER

Eine herrliche

Wasser geschlagen, ich schleppte am Schluß etwa 50 Liter Wasser mit. Gold und Silber habe ich verpaßt. Aber ich bin froh, überhaupt eine Medaille abbekommen zu haben. Noch 150 Meter vor dem Ziel hatte ich mir eine Welle eingefangen, so daß ich fast aus dem Kahn gekippt wäre.“ Dafür war Dittmer bei seiner Goldfahrt am Sonnabend hinter dem Ziel von seiner schwimmenden Schwester Anja mit einer schwarz-rot-goldenen Fahne empfangen worden.
Ähnlich wie Andreas Dittmer schätzte auch das Kajak-Doppel Ronald Rauhe/Tim Wieskoetter die Lage ein. Die beiden Leichtgewichte waren durch das wilde Wasser echt gehandicapt: „Bei normaler See hätten wir bestimmt etwas besser ausgesehen“, nahm der Berliner Rauhe an.
Im Einer-Kajak bei den Frauen war Manuela Mucke am Finale vorbeigefahren. Trotzdem standen zwei ehemalige deutsche Frauen auf dem Siegerpodest. Josefa Idem-Duerrin aus Hamm hat einen Italiener geheiratet und fischte nun Gold für die Azzurris aus dem Wasser des Penrith Lake. Die Bronzemedaillengewinnerin Katrin Borchert stammt aus Neubrandenburg, wanderte aber Anfang der 90er Jahre nach Australien aus.
Für begehrte Medaillen sorgten die beiden Flaggschiffe der deutschen Kanuflotte. Die Besatzung Birgit Fischer/Anett Schuck/Katrin Wagner/Manuela Mucke drehte ihre „Propeller“ im K 4 zu einer überlegenen Goldfahrt, und der Vierer der Männer mit Jan Schäfer/Mark Zabel/Björn Bach/Stefan Ulm hatte seinen Kompaß auf Silber programmiert. Mit dem klitzekleinen Abstand von 0,516 s sicherte sich das ungarische Quartett den Sieg. Am Sturmtag steuerten schließlich Birgit Fischer/Katrin Wagner im K 2 mit einer Demonstration die dritte Kanu-Goldmedaille in den Hafen.
Die Medaillensammlung komplettierte der Zweier-Canadier mit der Neubrandenburger Besatzung Stefan Uteß/Lars Kober. Die Mecklenburger landeten auf dem dritten Rang.
Während Bundestrainer Klaus Pohlen wegen des ausgebliebenen Goldes im Einer-Canadier über 500 m und im K 4 der Männer über 1000 m leicht angekratzt schien, stand dem deutschen Kanu-Weltförderations-Präsidenten Ulrich Feldhoff das Glück ins Gesicht geschrieben. „Wenn ich die Wildwasser-Goldmedaille mitrechne, haben wir in der Kanu-Länderwertung am besten abgeschnitten. Darüber freue ich mich. So haben wir unsere Zielstellung erfüllt. Das Abschneiden ist uns dann schon wieder Ansporn für die nächsten Weltmeisterschaften.“

Ich war glücklich. Einfach glücklich, niemanden enttäuscht zu haben. Viel mehr dachte ich nicht, als ich als Erste nach diesem brutalen Rennen mit unserem Vierer über die Ziellinie fuhr. Daß ich mit diesem Triumph erfolgreichste deutsche Olympionikin bin, kam mir erst später in den Sinn. Dabei war das ein Grund, nach Atlanta noch einmal vier Jahre anzuhängen.
Es ist eine verdammt harte Zeit gewesen. Doch all die Probleme, Sorgen, Ängste und was auch immer, all das ist in den Momenten des höchsten Glücksgefühls vergessen. Das war am Sonntag nicht anders, als ich nach diesem stundenlangen Nervenkrieg und der immer wiederkehrenden Frage, ob wir denn bei dem Wetter überhaupt noch starten würden, mit Katrin Wagner auch noch unerwartet überlegen die siebente Goldmedaille gewann.
Ich war auf den Punkt fit, und das in meinem nicht grade jugendlichen Alter. Als ich wegen meines Pfeifferschen Drüsenfiebers fast 12 Monate pausieren mußte und erst im Februar wieder mit dem Training beginnen konnte, kamen mir schon Zweifel, ob ich es überhaupt noch einmal packen würde. Ich habe alles menschenmögliche getan, mir meinen Wunsch zu erfüllen. Habe gelebt wie eine Nonne. Für mich gab´s im letzten halben Jahr nur eins - den Kanu sport.
Das große Bier nach all den Strapazen war köstlich. Daß die Fotografen mich aufforderten, meine Medaille zu küssen, das schmeckte mir aber gar nicht. Ich küsse vielleicht Männer, aber kein kaltes Metall. Für solche Mätzchen bin ich

nicht der Typ. Entweder es passiert etwas spontan, oder gar nicht. So habe ich Spektakuläres nach meinem letzten Rennen, wie es manche wohl erwarteten, nicht angestellt.
Der Ablauf nach dem Erfolg war wie bei einer Welt- oder Europameisterschaft. Wir legten am Steg an, nahmen die Glückwünsche entgegen und verstauten das Boot. Natürlich war der Medienrummel bedeutend größer als normalerweise, dafür war es eben Olympia. Das ist alle vier Jahre das Gleiche: Plötzlich sind alle Journalisten und Fotografen da. Doch zwischen den Spielen nimmt kaum einer Notiz von uns und unserer Sportart.
Es war ein komisches Gefühl, als ich bei den Halbfinals der Einer auf der Tribüne saß und Manuela Mucke für ihr Rennen die Daumen drückte. Da mußte ich daran den-

verrückte Zeit

ken, wie ich das Prestigeboot bei meinen vorangegangenen vier Olympia-Teilnahmen gefahren bin. Moskau - Seoul - Barcelona - Atlanta waren die Stationen. Ganz sicher hätte ich auch 1984 in Los Angeles als Solistin Chancen gehabt, wenn dieser unsinnige Boykott nicht gewesen wäre. Auch in Sydney hätte meine gute Verfassung einen Einsatz im Einer durchaus gerechtfertigt. Doch der Spatz in der Hand war mir lieber als die Taube auf dem Dach. Und der Erfolg hat mir Recht gegeben. Seit drei Jahren hatte ich mich voll auf die Mannschaftsboote konzentriert. Davon wollte ich nicht abrücken.

Vor zwei Jahrzehnten habe ich in Moskau im K 1 den ersten Olympiasieg eingefahren. Ich war zwar erst 18, aber hochmotiviert und ohne Respekt vor der Gegnerschaft. Damals war ich die Jüngste in der Mannschaft. Diesmal die Älteste - aber wieder hochmotiviert und mit viel Respekt vor den Kontrahentinnen. Fünf Olympische Spiele, 12 Weltmeisterschaften und eine Europameisterschaft, unzählige andere Regatten - es ist schon verrückt, so viel mitgemacht zu haben und dann auch noch so erfolgreich gewesen zu sein. Ich kann allen nur ganz herzlich danken, die mir auf dem Wege zur Seite gestanden haben. Ohne die Hilfe und Unterstützung der vielen guten Freunde und Bekannten wäre ich ganz sicher nicht die Birgit Fischer von heute. Wo ist die Zeit nur geblieben? Das frage ich mich oft. Vieles aus der Vergangenheit erscheint mir, als hätte ich es erst gestern erlebt. Mein Leben verläuft wirklich turbulent. Ich hatte eine sehr, sehr schöne Zeit als Sportlerin, und die großen Mühen und der Verzicht auf vieles wurden durch Erfolge und Erlebnisse aufgewogen. Aber trotz meiner Siege würde ich aus heutiger Sicht einiges anders machen, wenn ich Gelebtes noch einmal leben könnte. Mir schwirren viele Ideen durch den Kopf. Ich bin keine Frau, die in Untätigkeit ausharren kann. Nach dem Olympia-Boykott wollte ich das erste Mal aufhören. Nach der Weltmeisterschaft 1986 versuchte ich mit der Geburt von Ole den nächsten Absprung. Als sich dann Ulla kurz vor der Wende ankündigte, dachte ich wieder: jetzt ist Schluß. Doch nach kurzer Zeit kehrte jedesmal die Lust am Paddeln zurück. Die werde ich auch nie verlieren.

Doch mit dem Leistungssport soll´s jetzt wirklich gewesen sein. Ich habe sportlich alles erreicht und durfte nun auch noch die Fahne bei der Eröffnungsfeier ins Olympiastadion tragen. Was ich künftig tun werde, ist noch ungewiß. Angebote aus dem In- und Ausland als Trainerin habe ich einige.Vermutlich werde ich aber in Berlin als Nachwuchstrainerin anfangen. Auf jeden Fall bleibe ich in der Hauptstadt wohnen, solange meine Kinder dort in die Schule gehen. Sie haben die ganzen Jahre für mich zurückgesteckt, jetzt will ich für sie da sein.

Birgit Fischer bei ihren fünften Olympischen Spielen mit der deutschen Fahne beim Einmarsch der Mannschaften.

Thomas-Schmidt-Show

Volker Kluge

Die Franzosen, Slowaken und Tschechen waren die Gewinner der Slalom-Wettbewerbe im beeindruckenden Whitewater Stadium im 70 km von Sydney entfernten Penrith. Als einzige verteidigte die Tschechin Stepanka Hilgertová ihren Titel von Atlanta '96. Die Leipzigerin Mandy Planert verpaßte als Sechste eine Medaille. Die einzige für die Deutschen gewann Thomas Schmidt aus Bad Kreuznach im Einerkajak. Keiner fuhr so souverän wie er.
Kanuslalom war nicht oft im Olympischen Programm, doch die wenigen Male - 1972 und dann seit 1992 durchgängig - zählte dieser Sport zu den Highlights der Spiele, zumindest wenn man die Zuschauerresonanz in Betracht zieht. Sydney 2000 hat auch hier neue Maßstäbe gesetzt, denn die Australier errichteten mit dem Penrith Whitewater Stadium eine Wettkampfstätte, die ihresgleichen in der Welt sucht. Der 320 m lange und 8 bis 14 m breite Kanal wurde wie ein Oval angeordnet, um das man ringsherum Zuschauertribünen errichtete, von denen aus der gesamte Kurs einzusehen ist. Kanuslalom wie in einem Fußballstadion, das mit 12 500 Zuschauern stets ausverkauft war. Der prasselne Beifall - diesem Eindruck konnte sich niemand entziehen. Dieser Lärm, diese Begeisterung wird Thomas Schmidt immer in Erinnerung bleiben. Vom ersten Paddelschlag an wurde sein Tanz durch die 25 Tore begleitet, eine rasende Fahrt durch die Wellen, die als Plastikelemente in den Boden eingesteckt wurden. Ein moderner Leistungssport eben, bei dem die Faltbootfahrten der Altvorderen entlang der reißenden

Thomas Schmidt: Manche sagen, er würde wie auf Schienen durch die schwierigsten Passagen fahren (nebenstehende Seite).

Im Canadier-Einer der Männer triumphierte der Franzose Tony Estanguet (oben), der Deutsche Sören Kaufmann wurde 6., Stepanka Hilgertowa aus Tschechien im Kajak-Einer der Frauen, und Peter und Pavel Hochschoner siegten im C 2.

Bundestrainer Klaus Pohlen wassert neben seinem Schützling Thomas Schmidt zur Feier der Goldmedaille.

Flüsse nur noch eine sentimentale Erinnerung darstellen.
„Easy win für Schmidt", so war die News später betitelt, die das Info-System dieser Spiele verbreitet. Tatsächlich, oberflächlich war es ein leichter Sieg, den der 24jährige Hesse im Einerkajak errang. Mit einem komfortablen Drei-Sekunden-Vorsprung ging er in den zweiten Lauf, in dem er fast auf die Hundertstel genau die gleiche Zeit erreichte. Wieder kam er glatt durch alle Tore, ohne einen Strafpunkt zu kassieren, "doch eine solche anspruchsvolle Strecke muß man in über hundert Sekunden erst einmal bewältigen", meinte er später.
Der Abgrund lauerte bereits kurz nach dem Start bei einer Abwärtspassage, wo die Boote so viel Tempo bekamen, daß blitzartig schon das dritte Tor auftauchte, ehe man sich versah. Doch Schmidt rutschte wie auf Schienen durch all die Schikanen, Rückwärtstor, Vorwärtstor ... Unterwegs mußte er sein Boot nur selten beschleunigen; Standphasen gab es so gut wie keine. "Oft konnte ich nur erahnen, wo die Stangen zu Ende waren", bekannte er.
Die Entscheidung, früh anzureisen, hatte sich ausgezahlt. In 200 Trainingseinheiten lernte er den Kurs kennen wie seine Westentasche, doch es gab auch Kanuten, die den ganzen europäischen Winter darauf verbracht hatten. Ein leichter Sieg? Während die anderen Weihnachten in Penrith trainierten, kurierte Thomas Schmidt seine Verletzung aus, die er sich im September 1999 im spanischen Olympiaort Seu d'Urgell zugezogen hatte, als er beim Training gekentert war. Dabei kugelte er sich die rechte Schulter aus, die erst wieder eingerenkt und danach operiert werden mußte. Zum ersten Mal in seinem Leben sah er sich auf einem Tiefpunkt angekommen, und es dauerte einige Zeit, bis er sich davon erholt hatte. Bis Februar zog sich dann das Rehabilitionsprogramm hin. Schon allein deshalb wagte er nicht, weiter als bis zur Bronzemedaille zu denken.
Thomas Schmidt begann als Wasserwanderer auf der Nahe; meist im Schlepptau seines zehn Jahre älteren Bruders Michael. Er gehört dem RKV 1950 seiner Heimatstadt Bad Kreuznach an, weshalb er von den Stadtvätern auch als zweiter Olympiasieger nach dem Turner Konrad Frey, der 1936 dreimal Gold gewonnen hatte, telegrafisch gefeiert wurde. Gelebt und und trainiert wird allerdings in Augsburg, auf deren Fachhochschule Schmidt Maschinenbau studiert. Zwischen den Läufen las er in Fachbüchern und versteckte sich im Schilf der benachbarten Regattastrecke, dem einzigen Ort der Anlage, wo er seine Ruhe hatte.
Obwohl Weltbester auf seinem Gebiet, hat Thomas Schmidt mit den millionenschweren Superstars dieser Spiele überhaupt nichts gemein, weshalb er auch keine Bodyguards braucht. Genaugenommen durfte er gar nicht in Sydney sein, weil er seine Freistellung für dieses Studiensemester zu spät eingereicht hatte, und es wurde ein ziemlicher Krampf, die Beurlaubung noch zu bekommen, um Olympiasieger werden zu dürfen.
In Bayern herrscht Ordnung; da kann nicht jeder studieren, wie er will. Wenn Schmidt nicht die Bundeswehr hätte, müßte er nebenbei noch jobben gehen. Doch so ist wenigstens sein Auskommen gesichert. Als Gegenleistung muß er sich gelegentlich in Uniform beim Gebirsjäger-Bataillon in Sonthofen zeigen. "Aber sonst habe ich alle Zeit der Welt ...", die er eben auf dem Eiskanal oder im Hörsaal verbringt.
Nein, reich kann man als Slalomkanute wirklich nicht werden, obwohl an guten Sponsoren kein Mangel ist. Doch davon profitiert vor allem der Bad Kreuznacher Verein, der wiederum den Löwenanteil in die Spitzensportförderung steckt. Die 30 000 Mark Prämie der Sporthlfe, die jedem deutschen Olympiasieger winken, darf Thomas allerdings behalten. Was er damit macht, weiß er noch nicht. Ein Auto wird er sich nicht kaufen, denn er paddelt ja. Und auf dem Lande fährt er mit dem Fahrrad.

André Keil

Etwas für Alleskönner

Wann hat es Segelwettbewerbe vor einer solchen Kulisse gegeben? Tausende Zuschauer erlebten die Regatten aus nächster Nähe – wie hier das Matchrace-Finale im Soling – und sorgten für eine begeisternde Atmosphäre.

Nie zuvor gab es im Segeln eine solche Kulisse. Das Revier wirkte wie ein großes Bühnenbild, in dessen Zentrum die Harbour-Bridge und die Oper von Sydney standen. Am Ufer standen tausende Zuschauer und jubelten, eine ganz neue Erfahrung für die 402 Segler aus 69 Nationen. Auf sechs Bahnen wurden die Rennen ausgetragen. Vier Kurse lagen im Sydney Harbour, zwei draußen auf dem Pazifik. Schon vor den Spielen stand fest: Nur Alleskönner würden sich durchsetzen. Die nämlich, die Hochseesegeln und das taktische Geplänkel auf einem Binnenrevier gleich gut beherrschen. Gerade das Segeln unmittelbar vor der Oper erwies sich dann als »Pokerspiel«, bei dem viele Favoriten gar nicht gut aussahen.

In zehn von elf olympischen Klassen waren deutsche Segler vertreten und sie zeigten, daß es auch eine Zukunft geben wird ohne Jochen Schümann. Denn der Ausnahmesegler trat zum letzten Mal bei Olympischen Spielen an. Die Wettfahrten vor Sydney wurden für die deutschen Segler die erfolgreichsten seit 24 Jahren. Damals, während der Spiele von Montreal im kanadischen

André Keil

Bis 1989 als Segler (470er) leistungssportlich aktiv. Journalistikstudium in Leipzig. Seit 1992 Sportchef des NDR-Landesfunkhauses in Schwerin, die Abteilung arbeitet für Rundfunk und Fernsehen. ARD-Kommentator Segeln in Sydney.

Surferparade in der Harbour Bay unmittelbar vor dem Start.

Kingston, gewannen die Segler aus der Bundesrepublik und der DDR drei Gold- und zwei Bronzemedaillen. Aus dem Sydney Harbour fischten die Deutschen drei Medaillen, zwei silberne und eine bronzene.

Soling: Mit seinen Vorschotleuten Ingo Borkowski (Potsdam) und Gunnar Bahr (Berlin) erreichte Jochen Schümann geradeso die Match-Races. Die Kursrennen auf dem Pazifik beendeten sie auf Platz zehn, zwölf qualifizierten sich. Aber in den Match-Races Boot gegen Boot fand die Schümann-Crew zu alter Form. In den ersten Runden sammelte das Trio Erfahrungen. Souverän segelte es ins Halbfinale. »Wir hatten unser Bilderbuch einfach komplett«, beschrieb Jochen Schümann. »Wer das zuerst schafft, hat die Nase vorn!« Im Halbfinale schlug die Schümann-Crew die Niederländer um Skipper Roy Heiner. Damit war Silber schon mal sicher. Das Finale segelte die deutsche Crew gegen den Olympiasieger von 1992 Jesper Bank (DEN) und seine Vorschotleute Thomas Jacobsen und Henrik Blakskjaer. In sieben an Spannung nicht zu überbietenden Rennen unterlagen die Deutschen hauchdünn mit 3 zu 4. Silber am Ende eines Segelkrimis. Jochen Schümann und Jesper Bank segelten mit Haken und Ösen, lieferten sich einen grandiosen Zweikampf direkt vor der Sydney-Oper. Werbung für den Segelsport.

Mistral Frauen: Amelie Lux (Kiel) sorgte für die große Überraschung. Die 23 Jahre alte Surferin holte sich die Silbermedaille. Eine Sensation. Die im niedersächsischen Oldenburg geborene Sportsoldatin fuhr die Serie ihres

Surferin Amelie Lux, ein Leichtgewicht mit Standvermögen, allein auf hoher See. Am Ende fehlten ihr sieben Sekunden zum Gold in der Mistral-Klasse.

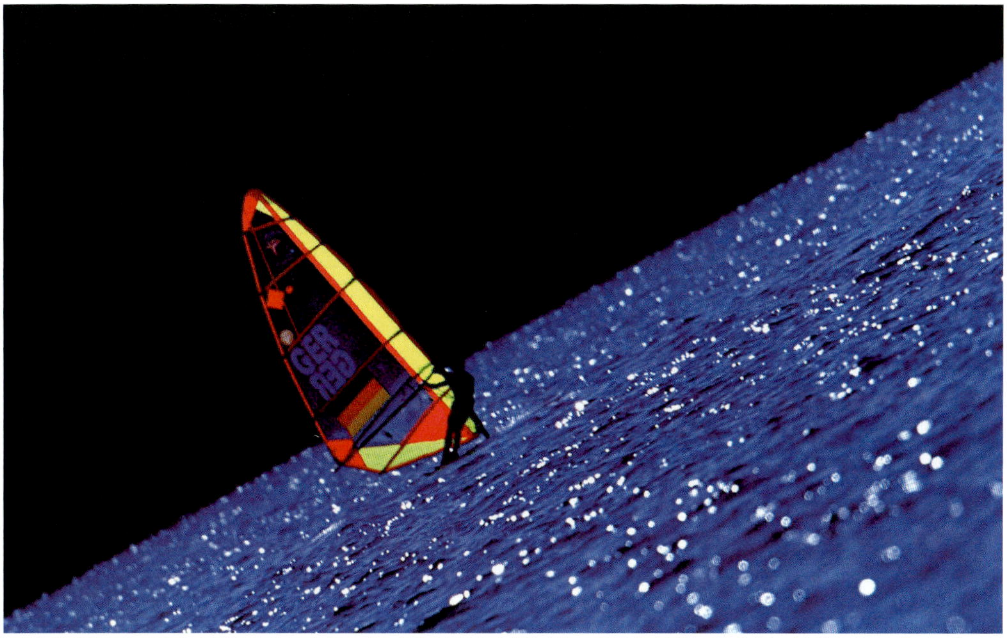

Lebens. Einen Platz unter den ersten sechs hatte man der Jugend-Weltmeisterin von 1994 und 1995 schon zugetraut.
Aber die nur 1,63 Meter große und 52 Kilogramm schwere Amelie Lux surfte wie entfesselt. Schon vor dem Finalrennen hatte sie die Silbermedaille sicher, Gold war greifbar nahe. Nur Alessandra Sensini (ITA) konnte sie noch abfangen. In einem unglaublichen Finalrennen nahm die 30 Jahre alte Italienerin ihre Chance wahr. Sie mußte vor Amelie Lux die Wettfahrt gewinnen. Das gelang ihr knapp, insgesamt waren beide punktgleich. Nur die höhere Anzahl der Tagessiege machte Alessandra Sensini zur Olympiasiegerin.
Aber Amelie Lux, die am liebsten Astrid Lindgren liest und nach eigenen Angaben ein kleines »Schleckermaul« ist, war letztlich überglücklich über die Silbermedaille.

Tornado: Der im dänischen Tinglev lebende Roland Gäbler hat in seiner Karriere alles gewonnen, nur die Olympiamedaille fehlte noch. Sydney waren seine vierten Spiele. Ihm wurde ein »Trauma« nachgesagt, weil er den Sprung auf das »Treppchen« immer wieder verpaßte. Und auch die Spiele in Sydney begannen nicht gut. Aber der 35 Jahre alte, in Bremen geborene Katamaran-Spezialist startete mit seinem Kieler Vorschoter René Schwall eine grandiose Aufholjagd. Diese endete auf dem Bronzeplatz hinter Roman Hagara und Hans Peter Steinacher (AUT) sowie dem australischen Duo Darren Bundock und John Forbes. Die Krönung einer einzigartigen Karriere. Roland Gäbler beendete nach diesem Erfolg seine Laufbahn in den Olympischen Klassen nach 20 Jahren Hochleistungssegeln. Er will sich anderen Segelsportprojekten widmen.
René Schwall hat ebenfalls seinen Rücktritt erklärt, der Mediziner möchte in Kiel praktizieren.

49er: Der 49er erlebte seine olympische Premiere. Diese dynamische Klasse wurde in Australien entwickelt. Marcus Baur und Philip Barth vom Kieler Yachtklub kamen als Vizeweltmeister nach Sydney, gehörten also zum Favoritenkreis. Die beiden haben bei stärkeren Winden ihre Vorteile, da es aber zumeist nur sehr wenig Wind im Sydney-Harbour gab, setzten sich die Leichtwetterspezialisten durch. Mit Gesamtplatz fünf waren die beiden zufrieden, mehr war nicht möglich. Olympiasieger wurden Thomas Johanson und Jyrki Jarvi (FIN). Die großen Favoriten, die australischen Weltmeister Chris Nicholson und Daniel Phillips, belegten noch hinter den Deutschen einen enttäuschenden sechsten Rang.

470er Frauen: Weinend saß Nicola Birkner am Mannschaftscontainer. Mit ihrer Vorschotfrau Wibke Bülle segelte sie an sich eine gute Serie vor Sydney. Den Berlinerinnen wurde eine Medaille zugetraut, die beiden 30 Jahre alten Frauen segeln schließlich seit Jahren in der Weltspitze. 1997 waren sie Vizeweltmeisterinnen, und sie hätten ihrer Erfolgsliste eine Olympiamedaille hinzufügen können. Auf Platz zwei gingen sie in das abschließende Rennen. Aber die Nerven versagten. Ein verpatzter Start war nicht mehr wettzumachen. Sie beendeten das Finalrennen auf Platz 15. Insgesamt reichte das nur zu Rang fünf. Überlegene Siegerinnen wurden Jenny Armstrong und Belinda Stowell (AUS).

Mistral Männer: Der 24-jährige Alexander Baronjan hatte nichts zu verlieren. Die Olympiateilnahme war schon ein Erfolg für den Berliner. Und so surfte er auch. Ganz unbeschwert. Lange Zeit lag er auf Gesamtplatz drei. Aber am Ende verließen ihn die Kräfte. Am vorletzten Wettfahrttag drohte ihm das Segel zu entgleiten. Um das 7,4 Quadratmeter große Segel auf dem 3,72 Meter langen Brett in den Griff zu bekommen, braucht man eine ausgeprägte Athletik. Alexander Baronjan hatte hart trainiert dafür, und

Immer auf Medaillenkurs waren die Tornado-Weltmeister Roland Gäbler/ René Schwall.
Skipper Jochen Schümann: sechs olympische Teilnahmen, vier Medaillen (nebenstehende Seite).

dennoch reichte die Kraft nicht. Letztlich mußte er sich mit Rang neun zufrieden geben, eine gute Leistung. Denn erstmals zeigte er, daß er in der Weltspitze mitsurfen kann. Olympiasieger wurde Christoph Sieber (AUT).
Finn-Dinghi: Der 30 Jahre alte Sulzberger Michael Fellmann versuchte, fröhlich zu bleiben. Aber seine zweiten Olympischen Spiele hatte er sich schon ein bißchen anders vorgestellt. Zwischendurch startete der Sportsoldat kurzzeitig durch, aber dann gab es wieder schlechte Rennen. Der 102-kg-Mann kam letztlich mit dem Segelrevier nicht zurecht. Gesamtplatz 21. Eine Enttäuschung für den Finn-Spezialisten. Dennoch will Michael Fellmann eine weitere Olympiakampagne starten und an den Spielen 2004 in Athen teilnehmen. Goldmedaillengewinner wurde Iain Percy (GBR).
470er Männer: Stefan Meister und Frank Thieme aus Berlin konnten mit den besten 470er-Seglern der Welt nicht mithalten. Erst im Januar hatten die beiden sich entschlossen, an der Olympiaqualifikation teilzunehmen. Selbst überrascht, buchten die beiden das Ticket. Aber vor Sydney lief es nicht. Besonders auf den Kursen auf dem Pazifik kamen der 30 Jahre alte Stefan Meister und sein 37jähriger Vorschoter Frank Thieme nicht auf Touren. Die Olympischen Spiele bleiben für die beiden eine Erfahrung. Der 17. Gesamtplatz lag eher unter ihren Erwartungen. Es gewannen Tom King und Mark Turnbull (AUS).
Europe Frauen: Der sympathischen Pharmaziestudentin Petra Niemann aus Berlin fehlten die Worte. Die 22jährige schien in der siebenten und achten Wettfahrt alles verlernt zu haben. In beiden Rennen leistete sie sich einen Frühstart. Damit war alles vorbei, eine Medaillenplazierung unmöglich. Dennoch gab die WM-Sechste nicht auf. Sie zeigte, daß sie noch segeln kann. Mit einigen guten Wettfahrtergebnissen erreichte sie noch den 13. Gesamtrang. Petra Niemann gehört aber die Zukunft. Vor Sydney sollte und konnte sie lernen. Und Erfahrungen hat die 1,64 Meter große Europe-Spezialistin reichlich sammeln können. Der Sieg ging an Shirley Robertson (GBR).
Starboot: Marc Pickel ist eines der größten Segeltalente weltweit. Der 28 Jahre alte Kieler gilt jetzt schon als gefragter Mann in der Hochseesegel-Szene. Seine erste Olympiakampagne mit Thomas Auracher (Gmund) wurde allerdings keine Erfolgsgeschichte. Im Konzert der ganz Großen hatte das Duo durchaus schon mitspielen können. Wenige Monate vor den Spielen holten sich die beiden schließlich den Europameistertitel. Aber vor Sydney zahlten Marc Pickel und Thomas Auracher Lehrgeld. Platz 11. Die Goldmedaille ersegelten sich Mark Reynolds und Magnus Liljedahl (USA). Marc Pickel will

nun erst einmal versuchen, im Profilager Fuß zu fassen.
Laser: In dieser Einhand-Klasse hatte sich kein deutscher Segler für die Olympischen Spiele qualifiziert. Der Brite Ben Ainslie gewann Olympiagold.
Die Wettfahrten vor Sydney werden unerreicht bleiben. Ein solch faszinierendes Segelrevier gibt es kein zweites Mal auf der Welt. Die Medaillen wurden dann direkt vor der Oper vergeben, nicht nur für die Gewinner ein einzigartiger Augenblick im Leben.

Jetzt lockt Schümann der America's Cup

Jochen Schümann ist eine Legende, wenngleich er davon nichts hören will. Er fühlt sich mit 46 Jahren zu jung dafür. Dennoch, der in Penzberg lebende Berliner gehört mit dem Dänen Poul Elvström, der viermal Olympiagold gewann, und dem Russen Valentin Mankin, der dreimal Gold und einmal Silber auf dem Konto hat, zu den erfolgreichsten Seglern aller Zeiten.

Als er im Werkunterricht an seiner Schule in Berlin Köpenick als Elfjähriger an einem Boot vom Typ Optimist mitbauen durfte, war ihm noch nicht klar, wohin sein Weg führen würde. Die Idee, ein Segelboot zu bauen, ging auf den glücklichen Umstand zurück, daß am Schulhof die Spree vorbeifloß. Werklehrer Karl Lehmann ließ sich davon inspirieren. Der Optimist wurde kurzerhand bei der SV Dynamo Friedrichshagen ausprobiert. Seitdem ist Jochen Schümann Segler. Schon 1972 gewann der 1,88 m große Athlet Gold bei der Kinder- und Jugendspartakiade der DDR im OK-Dinghi. Noch im gleichen Jahr durfte er ins Jugendlager anläßlich der Olympischen Spiele nach München und Kiel. »Dort erwachte so etwas wie der Olympische Geist in mir, der mich immer noch begeistert,« sagt Jochen Schümann rückblickend.

Sein weiterer Weg ist besser bekannt. Olympiasieg 1976 im kanadischen Kingston in der Einhand-Jolle Finn Dinghy. 1984 stieg er ins Dreimann-Kielboot Soling um. 1988 in Pusan/Korea gewann er mit Thomas Flach (Berlin) und Bernd Jäkel (Berlin) sein zweites Olympiagold. Diese Mannschaft bestimmte über ein Jahrzehnt die Soling-Szene und krönte den gemeinsamen Weg mit einem erneuten Olympiasieg 1996 in Savannah/USA. Thomas Flach und Bernd Jäkel beendeten dann ihre Karriere. Jochen Schümann hatte aber noch immer olympischen »Hunger«.

Mit seiner neuen Crew Ingo Borkowski (Potsdam) und Gunnar Bahr (Berlin) setzte der Vater von zwei Kindern, Ulrike und Andreas, seine Erfolgsserie fort. Der jüngste Höhepunkt: Silber vor Sydney. Die vierte Olympiamedaille ist für den Ausnahmesegler die letzte. Nach der Europameisterschaft im kommenden Jahr will er aus den olympischen Bootsklassen aussteigen, nach nunmehr sechs Olympischen Spielen. Das Segeln indes gibt er nicht auf. Seit Anfang der 90er Jahre ist Jochen Schümann auch im Hochseesegeln zu Hause.

Zudem fasziniert ihn der America's Cup. Mit dem Schweizer Team »Fast 2000« hat er bereits einmal am Kampf um die »bodenlose Kanne« mitgewirkt. Nun will er mithelfen, zum ersten Mal ein deutsches America's Cup-Projekt auf die Beine zu stellen.

Christian Bärmann

Millionäre mit Einsatz

Zufriedener Zweiter: Tommy Haas (rechts) mit der Silbermedaille. Neben ihm Olympiasieger Jewgeni Kafelnikow.

Christian Bärmann
Jahrgang 1968, Magisterstudium Sport und Englisch, 1994 Erwerb der deutschsprachigen Wochenzeitung »Amerika Woche« in Chicago. Seit Juli 1999 Sportredakteur bei der SUPER ILLU in Berlin.

Während Olympiasieger Jewgeni Kafelnikow mit der russischen Flagge freudestrahlend eine Ehrenrunde lief, schien Tommy Haas noch völlig verwirrt. Er fummelte an seiner Tennistasche herum, schloß den Reißverschluß, um ihn dann ohne sichtbaren Grund wieder zu öffnen. Haas hatte soeben das hochklassige Endspiel in fünf Sätzen verloren, Silber gewonnen und war dennoch zunächst maßlos enttäuscht. Ihm war das Happyend zu einem Drehbuch, wie es nur olympische Spielen schreiben können, versagt geblieben.

Zwei Wochen zuvor hatte Tennismillionär Haas bei seinem Einzug in das Athletendorf noch an einen Witz geglaubt: »Wir mußten uns zu sechst ein Klo und eine Dusche teilen.« Aber es war vor allem der olympische Gedanke, der Haas überhaupt zur Teilnahme an den Spielen bewogen hatte. Aufgrund starker Rückenprobleme war er ohne Spielpraxis und ohne große Hoffnungen nach Sydney gereist, »weil ich unbedingt dabei sein

Sie spielt Tennis mit Kraft und Dynamik wie keine andere Athletin. Venus Williams, die Frau, die nie an sich zweifelt, wurde dritte amerikanische Olympiasiegerin in Folge.

wollte und nicht weiß, was in vier Jahren ist. Außerdem spiele ich hier nicht für mich, sondern nur für Deutschland.« Und da Tommy Haas immer dann am besten spielt, war die Erklärung für seinen überraschenden Siegeszug bei Olympia auch schnell gefunden. Haas hatte nichts zu verlieren, spielte entsprechend locker auf und steigerte sich von Match zu Match. Dabei profitierte der Hamburger aber auch vom rasanten Favoritensterben des Turniers, dem nur die Amerikaner Sampras und Agassi aus persönlichen Gründen ferngeblieben waren. Keiner der hochgehandelten Australier erreichte das Achtelfinale. Lleyton Hewitt, Patrick Rafter und Mark Philipppoussis war anzumerken, daß sie übermotiviert und der Erwartungshaltung ihrer Landsleute nicht gewachsen waren. Auch Nicolas Kiefer fiel schon früh die Rolle des Olympiatouristen zu. Ein Muskelfaserriß im ersten Match beendete die Medaillenträume des Hannoveraners.

Nur Jewgeni Kafelnikow spazierte ohne Satzverlust ins Finale und galt dort auch als hoher Favorit gegen Tommy Haas. Doch der Deutsche spielte auf einem Niveau, das er bis dahin noch nie erreicht hatte. Bei jedem anderen Turnier hätte Haas sein Trainingsrückstand irgendwann eingeholt, doch in Sydney sorgte sein Herzblut dafür, daß die Beine nicht müde wurden. »Diese Spiel hat uns beide zu Siegern gemacht«, sagte Kafelnikow später. Und Tommy Haas war trotz der Niederlage ein Stück aus einem sehr großen Schatten herausgetreten: Selbst Boris Becker konnte nie eine Einzelmedaille bei Olympischen Spielen gewinnen.
Wäre es nach Billy Jean King, der Trainerin des amerikanischen Damenteams gegangen, hätte man die Medaillen schon vor Beginn des Turniers verteilen können: »Es stellt sich doch nur die Frage, wer von meinen Mädchen welches Metall bekommt.« Tatsächlich verhinderte wohl nur die Aufgabe von Lindsay Davenport den

3:35 Stunden fightete im Finale Tommy Haas gegen den Russen Jewgeni Kafelnikow. Trotz der Niederlage war er nicht sauer: »Das ist das beste Ergebnis meiner Karriere.«
Serena Williams' Stunde kam im Doppel, denn in nur 49 finalen Minuten war das Doppel mit Schwester Venus gewonnen (nebenstehende Seite).

kompletten US-Triumph. Venus Williams kam als Wimbledon- und US-Open-Siegerin nach Sydney, um mit olympischem Gold das Jahr 2000 zu krönen. Wer hätte es ihr nehmen sollen? Ihrem kraftvollen und konzentrierten Spiel war bei Olympia niemand gewachsen. Auch nicht Jana Kandarr, die in der dritten Runde gegen Williams allerdings gut mitspielte. »Mit meiner heutigen Leistung hätte ich gegen jede andere Gegnerin eine Chance gehabt«, sagte die hübsche Hallenserin, die mit ihrem Abschneiden in Sydney dennoch zufrieden war. Nur Monica Seles, die später Bronze gewann, konnte gegen Williams im Halbfinale ernsthaft Widerstand leisten. Allerdings kitzelte auch sie nur das Beste aus ihrer Teamkollegin heraus. Im einseitigen Endspiel wandelte Venus Williams dann ihren absoluten Siegeswillen ein letztes Mal in gewaltige Grundschläge um, denen die Russin Elena Dementjewa wehrlos ausgeliefert war. »Ich habe hier für mein Land, für meine Familie und für mein Team gewonnen«, sagte die Olympiasiegerin strahlend.
Einen Tag später machte Venus Williams das »Unternehmen Gold« zur Familiensache. Mit ihrer Schwester Serena an der Seite gewann sie auch die Doppelkonkurrenz. Doppelt so kraftvoll, doppelt so schnell. So muß es der frustrierten holländischen Paarung Kristie Boogert und Miriam Oremans vorgekommen sein, als sie bereits nach 49 Minuten zur Gratulation ans Netz kommen durften. Billy Jean King hat also fast recht behalten.
In Sydney ging aber auch die Ära des erfolgreichsten Doppelteams aller Zeiten zu Ende. Die Australier Todd Woodbrigde und Mark Woodforde wollten ihre einmalige Karriere (61 Titel auf der Profitour, 11 Grand Slam Siege, Gold in Atlanta 1996) mit dem Olympiasieg vor eigenem Publikum krönen. Doch die »Woodies« verloren das Finale gegen ihre Nerven und die starken Kanadier Sebastien Lareau und Daniel Nestor. »Wir haben zwar verloren, fühlen uns aber trotzdem als Gewinner«, sagte Woodbridge nach dem emotionalen Ende. Ein Satz, dem auch Tommy Haas sicher nichts hinzuzufügen hat. Manchmal ist eben auch die Silbermedaille Gold wert.

Ossi, Ossi, Ossi, hoi, hoi, hoi

Schon am frühen Morgen, im Sonderzug zum Olympic Park, wurde geübt. Angefeuert von einem Volunteer, begann die schläfrige Meute langsam zu erwachen. »Aussie, Aussie, Aussie! Oi, Oi, Oi«, klang es aus dem Lautsprecher: »und alle ...« Das war doch viel zu müde. Also das Ganze gleich noch mal, und noch mal ... Na, bitte, es geht doch. Als der Zug in den Bahnhof einrollte, waren die Fans für die frühe Stunde gut präpariert: die Nationalflagge auf der Wange, das Banner in der Hand und ein »Aussie, Aussie, Aussie, Oi, Oi, Oi« auf den Lippen.

Die einen finden den australischen Schlachtruf großartig, die anderen albern. Aber wie man es auch dreht und wendet, der Slogan ist einfach und griffig. Jedermann und -frau versteht ihn und kann in ihn einstimmen. Außerdem würden die Australier damit »ein bißchen mehr« Intelligenz beweisen als die US-Amerikaner, deren endloses »JU-ES-EH« vollkommen einfallslos ist, wie der »Sydney Morning Herald« feststellte. Auch das gleichförmige »CAN-A-DA« reißt niemand von den Sitzen, von denen aufzuspringen die Deutschen in Sydney den wenigsten Grund hatten. Ihr traditionelles »Ra-ra-ra Germania« blieb ihnen 1945 im Halse stecken, und die »Zicke, zacke«-Schreihälse sind zum Glück zu Hause geblieben. Auf die Idee, das bei unzähligen FDJ-Manifestationen bewährte »Sieben, acht, neun, zehn, Klasse!« wiederzubeleben, obwohl es doch politisch vollkommen neutral ist und außerdem eine schöne Erinnerung an das »goldene Zeitalter« darstellt, ist einfach noch niemand gekommen.

Aber man muß anerkennen: Das »Aussie, Aussie, Aussie, Oi, Oi, Oi« ist besser. Es stärkt nicht nur das Zusammengehörigkeitsgefühl, sondern es ist vielseitig einsetzbar. Der Ruf nennt beispielsweise den Sieger beim Namen. Als Australiens Reitersmann Andrew Hoy zweimal aufs Podium stieg, ehrte ihn das Fußvolk mit einem zünftigen »Aussie, Aussie, Aussie, Hoy, Hoy, Hoy«. Auch die Ostdeutschen dürfen sich angesprochen fühlen, denn die »Aussie«-Rufe klingen tatsächlich wie »Ossi, Ossi, Ossi, hoi, hoi, hoi«. Dagegen skandierte niemand in Sydney »Wessi, Wessi, Wessi«, aber Dieter Baumann war ja auch schon abgereist. Natürlich stellt sich auch hier die Frage nach dem Woher und Warum. Die Suche im Research Centre des Hauptpressezentrum ergab folgende Antwort: »Aussie« ist Slang, und der Begriff wurde erstmals während des 1. Weltkriegs, exakt am 18. Januar 1918, gebraucht, als eine Zeitschrift für die australischen Soldaten erschien, die den Titel »Aussie/The Australian Soldiers'« trug. Salonfähig machte der Schriftsteller Steele Rudd den »Aussie« in seiner Kurzgeschichte »Green Grey Homestad«, in der er einen »richtigen Mann« als einen »good, industrious, Godfearing dinkum young Aussie'« bezeichnet, was so viel ist wie eine »ehrliche alte Haut«. Dieser Auslegung wurde allerdings schon vor fünf Jahren in einem Brief an die Zeitung »The Age« widersprochen. Darin behauptete ein Leser, daß der Ursprung tatsächlich im englischen Cornwell liege. Dort sei es im 18. Jahrhundert üblich gewesen, die Cornish-Pasteten als »Oggies« zu bezeichnen, und wenn die Frauen der Minenarbeiter ihren Männer mittags das Essen brachten, hätten sie am Einstiegsloch »Oggie, Oggie, Oggie, Oi, Oi, Oi« gerufen. Auf gut Deutsch hieße das dann wohl: »Das Essen ist da, he, he, he!« Oder anders ausgedrückt: »Hallo, Australier, es ist angerichtet!« Volker Kluge

Gerhard Claar

Chinesische Mauer

Die olympische Tischtennis-Geschichte muß nicht neu geschrieben werden. Denn nach seinem Erfolg 1992 in Barcelona ist es dem Schweden Jan-Ove Waldner am Schlußtag der Wettbewerbe vor über 5000 begeisterten Zuschauern im State Sports Centre von Sydney nicht gelungen, als erster Spieler im Herren-Einzel zum zweiten Mal Olympiasieger zu werden. Im Finale unterlag der überragende Akteur der letzten 15 Jahre dem an Nummer eins gesetzten chinesischen Exweltmeister Kong Linghui mit 2:3 (16:21, 19:21, 21:17, 21:14, 13:21). Kleiner Trost für den am 3. Oktober 35 Jahre alt gewordenen Waldner, zumindest als erster Akteur zweimal in einem olympischen Endspiel im Herren-Einzel gestanden zu haben.

Im Kampf um Bronze hatte es das nächste chinesisch-schwedische Duell gegeben. Dabei setzte sich der Einzel-Olympiasieger von 1996 und Weltmeister von 1999, Liu Guoliang, unerwartet deutlich mit 3:1 (18, -19, 14, 13) gegen Jörgen Persson durch. Der 34-jährige Skandinavier, der nach seinen langjährigen Engagements in der Bundesliga auch in Deutschland große Popularität genießt, hatte in seiner Laufbahn bis zum Turnierbeginn in Sydney fünf Weltmeister- und acht Europa-

Die Tischtenniswettbewerbe im State Sports Centre boten Spannung und Dramatik an allen Platten (nebenstehende Seite). Doch die chinesische Dominanz – hier der Olympiasieger im Einzel, Kong Linghui – war bei Männern und Frauen nicht zu erschüttern.

meistertitel, den Weltcup und das Europa-Top-12-Turnier gewonnen, eine olympische Medaille wird ihm wohl nun für immer verwehrt bleiben. Das ist die Tragik des Sports.

Insgesamt zeigten die zehntägigen Wettbewerbe, daß die chinesische Dominanz mit viermal Gold, dreimal Silber und einmal Bronze nach wie vor ungebrochen ist. Diese Medaillenausbeute entspricht exakt der von Atlanta. Gab es nach dem schwedischen Erfolg im Februar 2000 bei den Mannschafts-Weltmeisterschaften in Kuala Lumpur noch Hoffnungen auf einen nicht-asiatischen Olympiasieger, erfüllt sind diese trotz einiger sehr guter Partien von Waldner und Persson nicht worden. Immerhin hat Europa nach dem dritten Platz von Jörg Roßkopf in Atlanta durch Waldner und das bronzene französische Doppel Chila/Gatien zweimal Edelmetall auf dem Konto, aber das entspricht nicht den Erwartungen.

Zwar können die besten Spieler unseres Kontinents in Höchstform bei wichtigen Turnieren nach wie vor in die Entscheidungen eingreifen, doch bei den Damen steht dagegen die chinesische Mauer auch nach dem Rücktritt der legendären viermaligen Olympiasiegerin Deng Yaping fest wie eh und je. Nachfolgerin Wang Nan, die schon 1999 Weltmeisterin im Einzel und mit Li Ju im Doppel war, hat diese Erfolge nun beim bedeutendsten Tischtennisturnier problemlos wiederholt. Daß die Spielerinnen aus dem Reich der Mitte im Einzel- und Doppel-Endspiel wie fast immer unter sich waren, braucht nicht betont zu werden. Stellvertretend für sein gesamtes Team gab denn auch der Gewinner der Königsdisziplin, des Herren-Einzels, Kong Linghui, eine einfache Erklärung: »Wir haben natürlich erst einmal durch die lange Tradition und die Beliebtheit dieser Sportart sehr, sehr viele ausgezeichnete Aktive. Logischerweise agieren sie mit den unterschiedlichsten Kriterien: Rechtshänder und Linkshänder, europäischer Griff oder Penholder, Angreifer und Verteidiger, um nur einiges zu nennen. Bei unserem ja bekannt harten Training können wir uns so außerdem noch auf diverse Stilarten vorbereiten, unsere künftigen Kontrahenten sozusagen schon als Kopie studieren.« So offen und einfach ist das chinesische Tischtennisgeheimnis, das natürlich auch anderswo bekannt, aber eben nicht anwendbar ist.

Selbst wenn eine erhoffte Medaille ausblieb, haben sich Jörg Roßkopf, Timo Boll, Peter Franz sowie Quianhong Gotsch, Jin Tian-Zörner, Jie Schöpp, Nicole Struse und Elke Schall ordentlich geschlagen. Roßkopf stand zum dritten Mal hintereinander im Viertelfinale und scheiterte dort erst an seinem Angstgegner Liu Guoliang. Sein Teamgefährte vom TTV Gönnern, der Youngster Timo Boll, spielte sich – an Nummer 29 gesetzt – bis unter die besten 16. Bei den Damen erreichte Europameisterin Qianhong Gotsch (TSV Betzingen) wie Roßkopf das Viertelfinale, wo mit der Weltranglisten-Dritten Chen Jing (Taiwan) ebenfalls die unbequemste Kontrahentin wartete. Ausgesprochenes Lospech hatten die beiden Damen-Doppel. Das Duo Gotsch/Schöpp verlor im Achtelfinale glatt gegen die Europameisterinnen und späteren Vierten, Csilla Batorfi/Krisztina Toth aus Ungarn, und Struse/Schall unterlagen den Weltmeisterinnen und neuen Olympiasiegerinnen Li Ju/Wang Nan ebenso mit 0:3 Sätzen.

Viel Freude gab es bei den Gastgebern, denn das Damen-Doppel Miao Miao/Shirley Zhou schaffte es als an Nummer 22 eingestuftes Duo, bis ins Viertelfinale vorzudringen und sorgte so für die beste Plazierung Australiens bei einem hochkarätigen Turnier. Die beiden jungen Damen, 19 und 22 Jahre alt, wurden vom Publikum wie Olympiasieger gefeiert, wobei die Stimmung in der Halle nur mit der bei großen Titelkämpfen in China, Japan oder Südkorea vergleichbar war. Dies wird vom vierten olympischen Tischtennis-Turnier auf jeden Fall in Erinnerung bleiben.

Gerhard Claar

Pandabärige Sache

Ein überdimensionierter Panda-Bär als Maskottchen brachte am Schlußtag der olympischen Badminton-Wettbewerbe Glück. Er besaß zudem Symbolkraft. Deutlich wie nie zuvor dominierten die Federball-Asse aus China das Turnier im Pavillon 2 im Olympic Park. Der Sieg des 23jährigen Ji Xinpeng aus Hunan in der Königsdisziplin Herren-Einzel krönte die imponierende Bilanz mit vier Goldmedaillen, einmal Silber und drei Bronzeplaketten in fünf Entscheidungen. Im Damen-Doppel gelang den Chinesinnen sogar ein Medaillen-Hattrick.

Ji Xinpeng, Nummer sieben der Setzliste, bezwang den fünf Plätze höher eingestuften Hendrawan aus Indonesien mit 15:4, 15:13. »Mein Trainer war mein Vorteil. Er hat mir die richtigen Tips gegeben«, sagte der Olympiasieger. Kein Wunder, sein Coach Tang Xian Hu ist der frühere Trainer von Hendrawan. Die mehr als 1000 Fans aus dem Inselstaat jubelten im Gegensatz zu den Spielen in Barcelona 1992, als Indonesien stärkster Verband bei der Olympia-Premiere war, nur einmal über Gold. Tony Gunawan/Candra Wijaya verwandelten mit ihrem Sieg im Herren-Doppel die Halle in ein rot-weißes Tollhaus.

Die asiatische Überlegenheit war wieder einmal frappierend. »Badminton ist dort ein Bestandteil der Kultur. Die Wurzeln liegen in China. Außerdem trainieren die Asiaten viel härter«, lautete die ebenso einfache wie einleuchtende Erklärung von Bundestrainer Asger Madsen. Der Däne ist seit Anfang 1999 im Amt. Seine Handschrift machte sich noch nicht in Medaillen, aber in guten Plazierungen bemerkbar. Drei Achtelfinal-Teilnahmen setzten eine Olympia-Bestmarke für den Deutschen Badminton-Verband.

Nicole Grether im Damen-Einzel und im Doppel mit Karen Stechmann sowie Michael Keck/Nicol Pitro im Mixed kamen am weitesten. »Wenn ich das vor einem Jahr vorausgesagt hätte, wäre ich ausgelacht worden«, sagte Madsen. Trotz der positiven Tendenz war der ehrgeizige Coach nicht mit allen Leistungen zufrieden: »Das Herren-Doppel Helber/Siegemund und auch Keck/Pitro haben nicht optimal gespielt.« Pech hatten Björn Siegemund/Karen Stechmann. Sie brachten in der ersten Mixed-Runde die späteren Olympiasieger Zhang Jun/Gao Ling in einer Klassepartie mit 1:2 an den Rand einer Niederlage. »Wir hatten die Sensation auf der Pfanne« ärgerte sich Siegemund. Richtig happy war Nicole Grether. Die 25jährige Olympia-Debütantin bezwang die starke Polin Katarzyna Krasowska und die Australierin Rhonda Cator. »Neunter Platz, das ist Wahnsinn. So eine gute Auslosung wie bei Olympia hatte ich noch nie«, jubelte die sympathische Reiseverkehrskauffrau aus Kleinmachnow bei Berlin. Zu ihren Bundesliga-Spielen von Bayer Uerdingen jettet sie nach Krefeld, in Sydney chattete sie eifrig im Olympia-Internet.

Ihre Doppel-Partnerin Karen Stechmann aus Langenfeld, die in Köln trainiert, trifft sie nur selten. Das ist in den Nachbarländern Niederlande oder Dänemark anders. Dort trainieren die Mitglieder des Nationalkaders häufiger miteinander. Auch andere strukturelle Nachteile wurden in Australien sichtbar. Als Bundestrainer Madsen ein Damen-Spiel coachte, mußte Michael Helber als Betreuer im Mixed einspringen.

Gerhard Claar

Jahrgang 1950, sportjournalistisch tätig seit 1972, Mitarbeiter der Radio DDR-Olympiawelle 1976, 1980 und 1988. Zur Zeit freischaffend, u. a. für dpa, ORF, ORB und ARD-online. 1996 Berichterstatter in Atlanta.

Ein Trainer für sechs Sportler, mehr war für die Mini-Delegation des DBV nicht drin.
Bundestrainer Madsen, der einen Vertrag bis 2004 besitzt, hält an seinen Zielen fest. Er will den Abstand zur Weltspitze weiter verkürzen, die ordentlichen Ergebnisse von Sydney sollen neuen Auftrieb geben. »In Athen 2004 wollen wir mit zwei oder drei Einzelstartern vertreten sein. Es gibt in Deutschland mehrere talentierte Spielerinnen. Speziell das Abschneiden von Nicole Grether macht ihnen Mut«, sagte Madsen. Serienmeister Oliver Pongratz durfte die Reise auf den Fünften Kontinent nicht mitmachen. Das NOK lehnte seine Nominierung ab. »Dabei hatte er mindestens Chancen auf das Achtelfinale«, meinte der Däne. Seine Landsleute wiederholten den Sensationssieg von Atlanta nicht. Europameister Peter Gade, der die Nachfolge von Olympiasieger Poul-Erik Hoyer-Larsen antreten wollte, scheiterte im Halbfinale und im Spiel um Platz drei jeweils knapp und wurde Vierter. Weltmeisterin Camilla Martin kehrte mit Silber im Gepäck nach Kopenhagen zurück. Sie unterlag nur der Chinesin Gong Zhichao. Das britische Mixed Simon Archer/Joanne Goode holte Bronze und »verkürzte« die olympische Erdteilwertung Europa – Asien auf 4:42-Medaillen seit 1992. ←

Vier von fünf Goldmedaillen gingen im Badminton an Aktive aus dem »Reich der Mitte«. Nach seinem Sieg im Männer-Einzel demonstrierte der Chinese Ji Xinpeng alles andere als asiatische Gelassenheit.
Bild links: Für das deutsche Damen-Doppel Nicole Grether/Karen Stechmann war Platz 9 ein Achtungserfolg.

Angst am Wassergraben

Oskar Beck

Beim olympischen Reiten in Sydney haben sich zwei Wahrheiten wieder einmal bestätigt: Pferde sind auch nur Menschen - und Menschen wissen oft nicht, ob sie lachen sollen oder weinen. Ludger Beerbaum, der beste deutsche Springreiter, könnte dazu beispielsweise allerhand erzählen.

Aber fangen wir mit dem Dressurreiten an. Mit Gold und Silber. Mit Freude und Tränen. Mit Isabell Werth. Sie hat sich unter Tränen der Trauer gefreut, die seit 1992 erfolgreichste Dressurreiterin der Welt, als man ihr im Horsley Park nach dem Einzel die Medaille um den Hals hängte. Tapfer sagte sie: »Ich habe nicht Gold verloren, sondern Silber gewonnen.« Aber sie mußte dabei schlucken. So einfach ist es halt doch nicht, wenn du jahrelang die unangefochten Beste bist - und dann kommt die Dauerzweite daher und hat doch mal das bessere Ende für sich. Dann ist da noch etwas gewesen: Es war der letzte Ritt von Gigolo, dem siegreichsten Dressurpferd aller Zeiten, und Isabell Werth hätte ihren Guten vor dem Gnadenbrot gerne noch einmal mit einem Batzen Gold verwöhnt. Doch ein perfektes Happyend ist Glücksache.

Anky van Grunsven, die ewige Rivalin der Deutschen, hat diesmal das Quentchen mehr Fortune

Ludger Beerbaums bewährtes Pferd Goldfever erschrak am Wassergraben und war fortan ein Nervenbündel. Das deutsche Mannschaftsgold war sehr knapp.

gehabt. Auch für Bonfire, den Oldenburger Wallach der Holländerin, war es das letzte Hurra vor der Rente, und er wirkte unterwegs leichtfüßiger als Gigolo - eine schöne Entschädigung für die vielen zweiten Plätze in der Vergangenheit hinter ihm. Holland erkämpfte in Sydney das erste Dressurgold seit 1912, während die Deutschen im Einzel erstmals seit 1980 nicht siegten, und Anky van Grunsven sah auch für die Zukunft grundsätzlich sehr Erfreuliches: »Die Schere zwischen den Deutschen und uns wird enger - das Niveau der holländischen Dressur steigt ständig.«

So ganz ohne Widerspruch lassen sich die Deutschen allerdings nicht aus dem Sattel heben. Das hat sich im Einzelwettbewerb gezeigt, mit Werths Silber, der Bronzemedaille von Ulla Salzgeber auf Rusty und Platz vier von Nadine Capellmann auf Farbenfroh - und die Mannschaft, komplettiert von Alexandra Simons-de Ridder auf Chacomo, war sowieso wieder eine Klasse für sich. Sie verwies Holland wie zuletzt immer auf den Silberrang und die USA auf den dritten Platz - so war die Sache schon in Atlanta und Barcelona ausgegangen, und mit dem fünften Teamgold in Folge konnte die Dressur-Equipe wieder hoch zufrieden sein.

Die von der anderen Fakultät, der Vielseitigkeit, schon weniger - im Bermudadreieck aus Dressur, Gelände und Springen sind die Deutschen wie so oft ein bißchen untergegangen. Am spektakulärsten war fast noch der Sturz im Gelände, der Nils Haagensen auf den Weg zum Röntgen ins Krankenhaus zwang. Wenn man so will, war Bettina Overesch, die sich für die deutsche Mannschaft nicht qualifiziert hatte, die Beste - sie überzeugte immerhin in ihrer Rolle als Verlobte des Australiers Andrew Hoy. Im Februar soll Hochzeit sein, und daß das Paar harmoniert, war öffentlich zu besichtigen: Hoy gewann, wie zuvor schon in Seoul, Barcelona und Atlanta, Gold mit seinem Team und hinter dem Amerikaner David O'Connor im Einzel Silber - und während die 20 000 Fans fröhlich ihr »Hoi-Hoi-Hoi« riefen, wurde der Held im Ziel von seinem deutschen Schatz jedesmal mit einem dicken Kuß und feuchten Augen begrüßt.

Doch nun zu Ludger Beerbaum - vermutlich hat kein anderer Olympiasieger in der Stunde des Sieges gemischtere Gefühle empfunden als der deutsche Vorreiter nach seinem einzigen, völlig verunglückten und doch so glücklichen Auftritt in Sydney.

Hans Günter Winkler, der Olympiaheld von einst, hat nach dem Nationenpreis das goldene Wort zum Sieg gesprochen: »Wenn der Schlagmann ausfällt, müssen die Hintermänner das Ding ins Ziel rudern.« Der Deutschland-Vierer, den der große Winkler meinte, war ausnahmsweise der im Reiten - das heißt, einer hat an diesem verrückten Nachmittag im Horsley

Einritt zur Siegerehrung für einen Erfolg, den Otto Becker, Marcus Ehning und Lars Nieberg nach den Streichresultaten von Ludger Beerbaum (2. von links) sicherten.

Für die Niederländer wurde das Einzelspringen zum Riesenerfolg: Jeroen Dubbeldam gewann Gold im Stechen vor seinem Landsmann Albert Voorn.

Park auch gerudert, mit den Armen, aus schierer Verzweiflung: Als Beerbaum seinen Alptraum irgendwann und irgendwie überstanden hatte, war er Olympiasieger. Und doch ein Verlierer. Oder umgekehrt? »Wenn man nach zwei solchen Ritten mit Gold belohnt wird«, hat er nach der Achterbahnfahrt seiner Gefühle gesagt, »darf man von Glück sprechen.« Oh ja, es war ein verrückter Nachmittag. Alle hatten erwartet, daß Beerbaum, der Boß der Kompanie, die Dinge wie gewohnt lenkend in die Hand nehmen würde - und am Ende standen die Dinge kopf: Die Deutschen hätten selbst dann Gold gewonnen, wenn sie statt Beerbaum einen Sack Hafer auf den Sattel von Goldfever gebunden hätten - denn die 37,5 Fehler, die Beerbaum mit ihm ablieferte (und damit in beiden Durchgängen das Streichresultat), spielten gar keine Rolle, weil der Rest der Truppe sich in der Stunde der Not selbstständig machte: Otto Becker ging mit Cento zweimal null Fehler, Marcus Ehning und For Pleasure beließen es bei sieben, Lars Nieberg und Esprit bei acht. »Die Drei haben mich durchgezogen«, war Beerbaum geständig. Mit seiner fast unfaßbaren Fehlerpackung verpaßte er freilich das Solospringen am Schlußtag, und überhaupt hing ihm die Goldmedaille, seine vierte nach dem

Reiter erfüllten das Soll

Vor dem Abschlußspringen in Sydney bin ich gefragt worden, wer gewinnt. Ich habe geantwortet: Rodrigo Pessoa ist der zu schlagende Mann. Er ist zur Zeit der erfolgreichste Reiter mit dem besten Pferd der Welt, das Paar hat eine perfekte Übereinstimmung, und die Geschichte dieses Sports wird von Paaren geschrieben, wie früher von Meteor und Thiedemann oder Halla und Winkler. Auch Ratina und Beerbaum waren so ein Paar. Ich habe also geantwortet, daß Rodrigo Pessoa eine Klasse für sich ist, schon ein paar Jahre dabei ist und alles kennt - aber gleichzeitig hinzugefügt, daß letztlich nur eines entscheidend sein würde: Behält er auch seine Nerven unter Kontrolle?

Denn darauf läuft doch immer wieder alles hinaus. Ich habe diese Situation oft genug mitgemacht, bei Weltmeisterschaften und Olympischen Spielen. Diese Tage der Wahrheit, diese aufregenden Ritte ums Gold. Es geht dir wie einem Schauspieler, bevor der Vorhang hochgeht und die Lampen angehen - das ist auf der großen Bühne wie im Parcours. Wie gesagt: Der Kampf um Gold wird im Kopf entschieden.

Hans Günter Winkler

Jahrgang 1926, mit fünf Goldmedaillen erfolgreichster Springreiter bei Olympischen Spielen, an denen er sechsmal als Aktiver teilnahm. Der Geschäftsmann und Buchautor ist Herausgeber der Zeitschrift „PferdeSport international".

Mit Ludger Beerbaum habe ich beim Mannschaftsspringen gelitten. Daß ein so guter Reiter, der mit Rodrigo Pessoa für mich der Beste der Welt ist, derart einbricht, sieht man selten. Der Außenstehende kann sich kaum vorstellen, was er durchgemacht hat. Sein Hengst Goldfever macht seinen Fehler am Wassergraben - und dieses Pferd, das nie Angst gehabt hat, springt plötzlich mit Angst. Für den Mann im Sattel ist das eine Grenzsituation. Soviel zum Streß eines Reiters.

Oder reden wir vom Streß der drei anderen. Von Otto Becker, Marcus Ehning, Lars Nieberg. Auch für sie war diese Situation völlig neu. Ihr Kopf, ihre Leitfigur war ausgefallen, und nun mußten sie die Sache in die Hand nehmen. Damit muß man im Kopf erst einmal fertig werden. Mit dieser schwierigen Situation, die vorher so einfach schien. Schließlich gilt für deutsche Reiter salopp gesagt seit langem die Regel: kommen und abstauben - das Gold. Ich bin hinterher sofort nach unten gegangen, um unseren Leuten zu ihrer bravourösen Leistung zu gratulieren.

Überhaupt kann man zufrieden sein. Mit Ausnahme der Abteilung Vielseitigkeit, in der meines Erachtens die Schularbeiten in der Grundausbildung, von Ausnahmen abgesehen, nicht immer gemacht worden sind, wird von den Reitern das olympische Soll stets erfüllt. In der Dressur sind wir die zu Schlagenden, von uns kommt die Dressur, bei uns wird sie geritten, die Organisation stimmt. Und auch beim Springen haben wir das beste System, die nötige Ausbildung - es gibt kein Zufallsreiten, das haben Lars Nieberg, Otto Becker und Marcus Ehning auch am Schlußtag noch einmal bewiesen. Um es kurz zu sagen: Wir Reiter haben in Sydney unseren Ruf als erfolgreichste Sportart der Deutschen bei Olympischen Spielen seit 1912 bestätigt. *Hans Günter Winkler*

Einzelsieg in Barcelona 92 und den Teamerfolgen in Seoul 88 und Atlanta 96, nicht leicht am Hals. »Bei Ludger«, bilanzierte Sportskamerad Nieberg, »ist nicht viel rund gelaufen«.
Besser gesagt: bei Goldfever. Mit dem neunjährigen Hengst ging der Gaul durch. Und die Wurzel des Wahnsinns war der Wassergraben, gleich in Runde eins. Dort ist Goldfever reingetappt, und der Rest war dann furchtbar. Beerbaum: »Er ist erschrocken und hat Angst bekommen.« Und nichts ging mehr. Das Konzept der Deutschen war zerstört - nach den Nullfehlerritten von Becker und Ehning sollte der von Beerbaum den Gegnern vollends den Zahn ziehen. Statt dessen stand der plötzlich vor einem zappelnden Pferd und »einer völlig neuen Sitation.« Wie es in ihm aussah, ahnte keiner besser als das lebende Denkmal auf der Tribüne. »Beten wird er jetzt«, sagte Hans Günter Winkler, »und fluchen«.
So war es. Als Beerbaum vom ersten Parcours zurückkam und ein Sportfreund von Funk und Fernsehen um ein sofortiges Kriseninterview nachfragte (»Können wir kurz?«), fauchte Beerbaum: »Ne, können wir nicht« - und führte Goldfever direkt auf den Abreitplatz, um ihm mit ein paar leichten Sprüngen zu beruhigen. Aber es war sinnlos. Das Chaos

Zwei 17-jährige Pferde, Bonfire und Gigolo, hatten in Sydney mit ihren Reiterinnen Anky van Grunsven und Isabell Werth den letzten großen Auftritt.

Die goldene deutsche Dressur-Equipe bestand erstmals ausnahmslos aus Reiterinnen: Isabell Werth, Ulla Salzgeber, Alexandra Simons de Ridder und Nadine Capellman (unten links).

fand in Durchgang zwei seine Fortsetzung.
Und plötzlich hatten die Franzosen das Gold in Reichweite. Philippe Rozier, genau gesagt. Der hätte, als nächster und zweitletzter Reiter, mit seinem Hengst Barbarian einfach nur null Fehler hinlegen müssen. Beerbaum schaute in seinem Frust gar nicht mehr hin, die übrigen Deutschen zitterten. Nieberg: »Es ist nicht sportlich - aber du denkst in diesem Moment unweigerlich: hoffentlich macht er seinen Fehler.« Rozier, übernervös, machte gleich drei, was die Franzosen mit leeren Satteltaschen heimgehen ließ, denn das Silber schenkten sie damit den Schweizern, und im Stechen um Bronze unterlag die Equipe Tricolore den Brasilianern. Deren Tennisheros Gustavo Kuerten feierte auf der Tribüne mit einem Eis am Stiel, während drunten der deutsche Equipechef Herbert Meyer, 61, mit seinen Leuten noch einmal richtig jubelte - nach Sydney ist Schluß für ihn, er sattelt ab. Nieberg: »Das war unser Abschiedsgeschenk.« Lars Nieberg, der mit seinem Nullfehlerritt im zweiten Durchgang den Einpunktvorsprung rettete, hat am Ende gestrahlt, während Beerbaum sich tröstete: »Ich habe drei gute Olympische Spiele geritten, jetzt ist es eben mal anders gelaufen - es gibt solche Tage.« Solche verrückten, verdammten Tage, an denen du als Reiter plötzlich zu rudern beginnst - und am Ende kommt einer und hängt dir trotzdem eine Goldmedaille um den Hals.
Dieses Happyend war Rodrigo Pessoa, dem brasilianischen Weltmeister, im Einzelspringen nicht vergönnt. Er startete als Favorit, und nach null Fehlern im ersten Durchgang stand er immer noch so da. Doch dann wiederholte sich diese bittere Wahrheit auch für ihn: Ein Pferd ist auch nur ein Mensch - vor allem, wenn die äußeren Bedingungen nicht die besten sind. Nachdem in den Tagen zuvor das schwierige Geläuf für Stürze und Klagen gesorgt hatte (Pessoa: »Es gibt keine Verbindung zwischen dem harten Untergrund und der weichen Oberfläche«), wehte am Schlußtag der Spiele der stürmische Wind störend durch die Prärie. Pessoas Fünf-Millionen-Dollar-Hengst Baloubet du Rouet verweigerte jedenfalls dreimal. Aus. Ende des Traums.
Das ist dann die Stunde der Außenseiter - und in Sydney streckten die Holländer die Finger nach Gold: Jeroen Dubbeldam auf Sjem siegte im Stechen vor seinem Landsmann Albert Voorn auf Lando - Khaled Al Eid (Saudi-Arabien) auf Kashn Al Aaan freute sich über Bronze. Für das deutsche Trio lief es auch diesmal passabel. Becker, Ehning und Nieberg teilten sich mit je acht Fehlerpunkten Platz vier - nur ist Platz vier eben auch wieder so eine Sache, bei der keiner weiß, ob er lachen oder weinen soll.
So oder so, es hat sich noch eine dritte alte Wahrheit in Sydney bestätigt: Die Deutschen haben ihren Ruf als Reiternation auch diesmal erhalten.

Karl-Heinz Heimann

Randsportart

Kameruns Pierre Wome erzielt das entscheidende Elfmetertor zum 5:3 gegen Spanien. Aus Freude über die erste Goldmedaille des westafrikanischen Staates wurde übrigens per Dekret ein nationaler Feiertag ausgerufen.

Fußball bleibt bei Olympischen Spielen weiterhin nur eine Randsportart. Im doppelten Sinne: Die Spiele des Turniers wurden zum größten Teil außerhalb des Olympiaortes durchgeführt. Und im Gegenteil zu allen anderen Sportarten kämpften nicht die Besten der Welt im Medaillen. Als einziger Verband setzte die FIFA bei den Männern wieder ein Alterslimit »nach oben« durch: Nur Spieler, die nicht älter sind als 23 Jahre, durften teilnehmen. Pro Mannschaft konnten drei ältere Spieler eingesetzt werden, wovon die Europäer jedoch keinen Gebrauch machten. Auch 2004 will die FIFA am Alterslimit festhalten.

Die Goldmedaille bei den Männern ging wieder nach Afrika. Auf Nigeria, Sieger 1996, folgte Kamerun. Mit überwiegend in Europa tätigen Profis zeigten sich die Kameruner als Spezialisten im Kampf gegen drohende Niederlagen. Mit nur neun Spielern bezwangen sie in der Verlängerung des Viertelfinalspiels Brasilien mit 2:1 durch ein »Golden Goal«, brachten im Halbfinale Gegner Chile durch ein Selbsttor in Führung, gewannen dennoch 2:1 Und im Endspiel lagen sie gegen Spanien in der 2. Minute 0:1 zurück. Drei Minuten später hielt ihr 16-jähriger Torhüter Kameni einen Elfmeter. Kurz vor der Pause mußten sie das 0:2 hinnehmen.

Die selbstsicheren Spanier gerieten nach dem Anschlußtor aus der Fassung. Amaya lenkte den Ball nach einer Flanke von Mboma ins eigene Tor. Schon fünf Minuten nach dem Anschlußtor erzielte Etoo nach einem genauen Paß von Mboma das 2:2. In der 70. Minute wurde der Spanier Gabri nach rüdem Foul vom Platz gestellt, in der 90. folgte ihm Jose Mari nach einer »Schwalbe«. Die Verlängerung überstanden die neun Spanier gegen die ungestüm anrennenden Gegner ganz gut, im Elfmeterschießen aber sind die Kameruner glücklicher: Alle treffen das Tor, Amaya als dritter Spanier nur die Latte.

Überraschungen gab es auch im Frauenturnier. Die USA, vor vier Jahren Sieger im eigenen Land, scheiterten im Endspiel an Norwegen, das sie in der Vorrunde noch 2:0 besiegt hatten. Dagny Mellgren schoß in der 102. Minute das »Golden Goal« für Norwegen. Die deutschen Mädchen, nach erschreckend schwachen Spielen im Sommer ohne große Hoffnungen nach Australien gereist, holten sich die Bronzemedaille. Die Vorrunde hatten sie als einzige ohne Punktverlust überstanden. Im Halbfinale waren sie deutlich besser als Norwegen, aber Tina Wunderlich unterlief in der 80. Minute ein Eigentor. Im Spiel um den dritten Platz schossen Renate Lingor und Birgit Prinz die Tore zum verdienten 2:0. Erfreulich auch: Die deutschen Frauen wurden mit dem Fairneßpreis ausgezeichnet.

Karl-Heinz Heimann

Jahrgang 1924, Sportjournalist seit 1950, Chefredakteur kicker-Sportmagazin von 1968 bis 1988, seither dessen Herausgeber. Berichterstattung von den Olympischen Spielen 1972, 1976 und 1980.

Keine Bauchlandung für die deutschen Fußballdamen, sondern so ausgelassen feierte das Team den 2:0-Erfolg im kleinen Finale gegen Brasilien.

Kein Abseits mehr

Das Olympiaturnier konnte ich kaum verfolgen. Hier im westaustralischen Perth, weitab vom Geschehen, wurde Fußball im öffentlichen Fernsehen nicht übertragen. Und als ich zum Semifinale nach Sydney reisen wollte, mußte ich mit meiner Mannschaft, Perth Glory, im Auftrag der Regierung im Norden, wo die Aborigines leben, zwei Showspiele bestreiten.

Diese Situation ist typisch für den Fußball in »down under«, der in den letzten Jahren eine einzige Erfolgsgeschichte darstellt, auch wenn Fernsehen und Behörden nicht mitspielen. Soccer, wie Fußball hier heißt, ist kein australischer Sport. Er kam durch kroatische, italienische, schottische und englische Einwanderer auf den Fünften Kontinent. Doch der Mehrheit der Australier blieb der Fußballsport fremd. Sie hatten ihr Krikket, ihr Rugby und den Australian Rules Football, ein hartes, schonungsloses Spiel, dessen oft brutaler Kampf Mann gegen Mann den Idealen der Bewohner dieses abenteuerlichen Landes entspricht.

Doch auf Dauer war auch die Weltsportart Fußball nicht zu unterdrücken, deren rasante Ausbreitung vor allem von Kindern und Jugendlichen interessiert verfolgt wird. Es klingt wie ein Witz: Der Sportkanal 7 kaufte die Fußballrechte für die nächsten zehn Jahre, um die Konkurrenzsportart unter Kontrolle zu halten.

Dennoch hat Fußball in Australien den größten Zulauf und ist unter jungen Leuten die Nummer eins. Ausgerechnet Perth, die am meisten isolierte Metropole dieser Erde in der südwestlichen Ecke von Australien, wurde dabei zum Spitzenreiter. So wie die Stadt 1962 beim ersten bemannten US-Raumflug als »City of Lights« berühmt wurde, weil die Einwohner als Signal all ihre Lichter eingeschaltet hatten, als John Glenn das Gebiet in großer Höhe überflog, so ist Perth Glory die Mannschaft, die heute am meisten leuchtet. Vier Jahre nach Gründung hat sich der Verein an der Spitze etabliert und alle Zuschauerrekorde gebrochen. Dieser Aufschwung wird sich fortsetzen, wenn hier 2002 das neue Stadion steht.

Internationale Erfolge werden aber auch künftig ausbleiben, da die Talente in kurzer Zeit von westeuropäischen Klubs weggekauft werden und selten den Weg zurück in den amateurhaft geführten australischen Verband finden. So ist auch das frühzeitige Ausscheiden der Australier im Olympiaturnier für den Fachmann keine Überraschung. Nur die ahnungslosen Funktionäre hofften auf eine Medaille, tatsächlich aber schied die Mannschaft nach drei Niederlagen sang- und klanglos aus.

Und das, obwohl das olympische Fußballturnier trotz allen Schönredens des FIFA-Präsidenten zweitklassig war. Altersbegrenzungen und parallel laufende europäische Klubwettbewerbe haben das Niveau gedrückt. Starspieler waren Mangelware. Italien erschien mit einer reinen Nachwuchsmannschaft; Brasilien schied vorzeitig aus und wirkte uninteressiert.

Doch die australischen Fußballfans hat das alles wenig gestört, wie die Rekordkulissen in Melbourne und Sydney bestätigten. Sie stießen sich auch nicht daran, daß die vom Rugby und Australian Football ramponierten Spielfelder nur notdürftig präpariert worden waren, was natürlich das Mißfallen der Spieler hervorrief. Dieses Olympiaturnier wird dennoch auf dem Fünften Kontinent Spuren hinterlassen und die Position des Fußballs festigen.

Bernd Stange

Bernd Stange

Jahrgang 1948. Diplom-Sportlehrer und Trainer.
1983 – 1988 betreute er die DDR-Nationalmannschaft.
Nach 1990 Trainer u. a. bei Hertha BSC und in Dnepropetrowsk (Ukraine), heute bei Glory Perth (Australien).

Lob, aber keine Medaille

Winfried Wächter

Lob gab es von allen Seiten für die deutsche Handball-Nationalmannschaft - nur leider keine Medaille. Die Männer von Bundestrainer Heiner Brand boten teilweise phantastische Partien, wurden für ihre guten Leistungen am Ende aber nicht belohnt. Sie besiegten im Spiel um Platz fünf Frankreich mit 27:25 und mußten wenige Stunden später das Finale zwischen Schweden und den siegreichen Russen verfolgen, in dem sie auch hätten spielen können. Sie erlebten als Zuschauer ein Endspiel, das hielt, was es versprach. Denn der Cleverneß der Skandinavier setzte die Truppe von Trainer Juri Maximow ihre ganze Angriffswucht entgegen. Dennoch entschied die Partie vor allem der überragende Torhüter Andrej Lawrow, der bereits sein drittes Gold holte. Der Fahnenträger der russischen Mannschaft stand schon in den siegreichen Teams der UdSSR (1988) und der GUS (1992). Aber auch die Durchschlagskraft von Alexander Tutschkin und Vasili Kudinow zerstörte den Traum der Schweden, ihr drittes olympisches Finale in Folge endlich einmal siegreich zu beenden. Lediglich der nur 1,66 m große Ljubomir Vranies erreichte bei den Skandinaviern die dafür nötige Form.

Winfried Wächter
Jahrgang 1953. Ist seit 1986 sportjournalistisch tätig im entsprechenden Ressort bei der „Leipziger Volkszeitung". Als Berichterstatter erlebte er in Sydney seine dritten Olympischen Spiele, war in Barcelona und in Atlanta dabei.

Es wäre jedenfalls durchaus möglich gewesen, daß die deutsche Mannschaft um Gold gespielt hätte. In diesem Urteil waren sich die Experten einig. Streng genommen fehlten vielleicht drei Minuten, um zunächst in die Vorschlußrunde einzuziehen. In Minute 57 führte das deutsche

Schweden gegen Rußland hieß das Endspiel bei den Männern, das die Russen mit 28:26 zu ihren Gunsten entschieden.

Der Ball ist drin bei Torwart Jan Holpert zum 27:26 für Spanien. Deutschland verlor im Viertelfinale und wurde Fünfter.

Team im Viertelfinale gegen Spanien 26:25. Doch dann unterliefen Patzer im Angriff und in der Abwehr, und damit lag die Mannschaft beim Schlußpfiff 26:27 zurück und war aus dem Rennen. 30 Sekunden vor Ultimo hatte Stefan Kretzschmar auf Linksaussen eine verheißungsvolle Chance, doch der aufgesetzte Ball des Magdeburgers sprang vom Boden an die Latte. Die Enttäuschung war riesengroß. Auch Heiner Brand rang um Fassung. »Ich muß meiner Mannschaft ein Kompliment machen. Was sie hier geboten hat, verdient große Anerkennung. Sie hat den deutsche Handball würdig vertreten.« Das hat sie in der Tat, allerdings kam sie der Patzer beim 26:27 im letzten Gruppenspiel gegen Ägypten teuer zu stehen. Diese Niederlage kostete nämlich den ersten Tabellenplatz, so daß im Viertelfinale nicht wie erhofft Slowenien, sondern Spanien der Gegner war. Den Iberern wollte Brand auf keinen Fall so zeitig begegnen, waren sie doch für ihn neben den Schweden und Russen einer der Turnierfavoriten.

In der Vorrunde erarbeiteten sich die Deutschen Anerkennung, als sie sowohl respektlos Jugoslawien (28:22) als auch Rußland (25:23) besiegten. Sie entwickelten sich bei diesen Spielen mit ihrem enormen Kampfeswillen sogar zum Hoffnungsträger für die gesamte Olympiamannschaft. »Wir müssen uns nicht verstecken, können mit jeder Mannschaft der Welt mithalten«, bilanzierte Kreisläufer Christian Schwarzer. »In den entscheidenden Spielen haben uns individuelle Fehler ein besseres Abschneiden gekostet«, sagte Brand nach dem letzten Spiel.

Ulrich Strombach, Präsident des Deutschen Handball-Bundes, wäre natürlich auch gerne mit eine Medaille nach Hause gekommen. »Aber wir sind mit der Nationalmannschaft auf einem guten Weg, haben seit Jahren die beste Turnierleistung gezeigt und uns damit Respekt für kommende Aufgaben verschafft.« Bis auf die beiden Linkshänder Volker Zerbe und Bernd Roos bleibt die Mannschaft vermutlich zusammen. »Allerdings haben sich auch einige Spieler noch nicht endgültig entschieden, und ich muß sehen, wen ich noch dazuholen werde«, so Brand.

Vorerst bleibt es also dabei, daß die Deutschen - die dem neuen Olympiasieger während des Turniers die einzige Niederlage beibrachten - weiter auf eine olympische Medaille warten müssen. Die letzte gewann die BRD 1984 in Los Angeles, als sie Bronze holte. Die DDR hatte vier Jahre zuvor in Moskau das Endspiel gewonnen. Bei den Frauen liegt die letzte deutsche Medaille mittlerweile auch schon 20 Jahre zurück (Bronze für die DDR 1980 in Moskau). Für Sydney hatte sich das deutsche Team als WM-Siebenter gar nicht erst qualifizieren können. Im Frauenfinale jubelten die Däninnen nach ihrem 31:27-Erfolg über Ungarn. »Jammerschade, daß wir nicht dabei waren«, befand der neue Bundestrainer Darko Leukefeld. »In diesem Achterfeld mit Entwicklungsmannschaften wie Brasilien, Australien oder Angola war es ja fast leichter eine Medaille zu gewinnen als bei der EM oder WM«.

Thorsten vom Wege

Vom Winde verweht

Es war ein heftiger Wind, der Tag für Tag im Hockey-Centre wehte. Aber wohl niemand hatte damit gerechnet, daß die Brise den Deutschen so scharf ins Gesicht blasen würde. Keine Medaille, das schlechteste Abschneiden seit 1984. Ratlosigkeit machte sich breit nach vorzeitigem Ausscheiden beider Mannschaften schon in der Vorrunde. Dabei hatte es so gut begonnen. Björn Emmerlings Sonntagsschuß am Eröffnungstag im Anschluß an die dritte Strafecke brachte zum Auftakt ein 1:0 gegen Malaysia. Es folgte ein 2:1-Sieg gegen die Kanadier, bei dem sich besonders die Torschützen Björn Michel und Uli Moissl hervortaten. Beim anschließenden 1:1 gegen Pakistan hatten die Asiaten zwar kaum eine echte Torchance, aber die von Bundestrainer Paul Lissek verordnete kontrollierte Offensive machte es auch den deutschen Stürmern schwer, Druck auf das pakistanische Tor auszuüben. Oliver Dohmke hatte die Deutschen in Führung geschossen, nach dem Ausgleich roch es nach Waffenstillstand.

Ganz anders das Spiel gegen die Niederländer. Nach verschlafener Startphase und einem 0:2-Rückstand wurde es für Deutschlands Hockey-Herren ein Tanz auf der Rasierklinge. Aber erneut schlugen »M&M« zu, Michel und Moissl machten aus dem Rückstand noch ein Unentschieden, und es durfte heftig vom Weiterkommen geträumt werden. Ein Punkt gegen die Briten würde reichen. Aber es gibt so Tage, da bleibt man besser im Bett. Der letzte Vorrundenspieltag beim olympischen Hokkey-Turnier der Männer gehörte dazu. Zunächst verloren die Holländer gegen Pakistan, obwohl die Oranjes das Spiel über weite Strecken bestimmten. Dann gingen die Deutschen gegen die Briten zwar durch Kapitän Christian Mayerhöfer mit 1:0 in Führung, aber postwendend fiel der Ausgleich durch eine abgefälschte Strafecke, die sich in den Kasten der Deutschen senkte. Und als die zuvor sieglosen Briten fünf Minuten vor dem Ende das 2:1 markierten, nachdem die deutsche Mannschaft zweimal den Pfosten getroffen und mehrere Strafecken ausgelassen hatte, war das Desaster perfekt.

In der Trostrunde um Platz 5 wurden zunächst die Argentinier mit 6:2 bezwungen, und zum Abschluß gab es noch ein versöhnliches 4:0 gegen die Briten. Stoßseufzer von Kapitän Mayerhöfer: »Hätten wir doch nur in der Vorrunde so gegen die gespielt.«

Neben Holland und Pakistan aus dieser Gruppe hatten Korea und Australien die Vorschlußrunde erreicht. Dann besiegten die Olympiagastgeber von 1988

Thorsten vom Wege
Jahrgang 1965, Diplomjournalist, 1988-1990 Zusatzstudium Sportjournalistik an der DHfK Leipzig. Seit 1990 Tätigkeit als Reporter bei Radio DDR und Sachsenradio. Ab 1992 beim MDR Hörfunk.

Das Spiel Deutschland gegen Argentinien endete 2:2 und die deutschen Männer kamen schließlich nur auf Platz fünf.

Australien war zu Hause nicht zu schlagen und bejubelte bei den Frauen die Goldmedaille nach dem 3:1 gegen Argentinien.

überraschend die favorisierten Pakistani. Die Gastgeber unterlagen im Siebenmeterschießen den Niederländern. Das Finale sah dann die Niederlande als neuen Olympiasieger, erneut wurde nach einem 3:3 gegen Südkorea die Nervenschlacht vom 7-m-Punkt mit 5:4 gewonnen. Bronze holten sich die Australier mit einem klaren 6:3 gegen Pakistan.

Noch schlimmer erwischte es die deutschen Damen. Der Auftakt war zäh; dank eines Treffers von Heike Lätzsch reichte es zu einem 1:1 gegen Neuseeland. Britta Becker scheiterte zu allem Überfluß mit einem Siebenmeter. Das 2:1 gegen Südafrika tags darauf ließ Hoffnungen keimen, schließlich hatte Britta Becker die Nervenschwäche vom Auftaktspiel überwunden. Nach frühem Rückstand konnte Fanny Rinne zunächst ausgleichen, »Miß Hockey« Britta Becker sorgte vom Siebenmeterpunkt für den Endstand. Doch das folgende 1:2 gegen China war schon der Anfang vom Ende. Nichts lief an diesem Tag gegen die unter Profibedingungen trainierenden Chinesinnen. Inga Möllers Anschlußtreffer reichte nicht. Folglich mußte nun gegen Holland ein Sieg her. Daraus wurde nichts. Fanny Rinne und Nadine Ernsting-Krienke konnten die Führung der Niederländerinnen zwar jeweils egalisieren, doch das 2:2-Unentschieden war zu wenig. Sang- und klanglos schied die mit großen Erwartungen gestartete deutsche Mannschaft aus dem Olympiaturnier aus. Die Folge: Keine maximale Sportförderung mehr und keine Qualifikation für die lukrative Champions-Trophy 2001. Zumindest Kampfgeist bewiesen die Schützlinge von Berti Rauth in den Plazierungsspielen gegen Korea (3:2) und Großbritannien (2:0). Damit wurde es Rang sieben.

Erfolgreicher präsentierten sich die Gastgeberinnen. Die marschierten durch das Turnier wie ein heißes Messer durch die Butter. Lediglich beim 1:1 in der Vorrunde gegen Spanien kam der Favorit ins Straucheln. Aber in der Medaillenrunde kassierten die Aussies nur ein Gegentor, und im Finale waren die Argentinierinnen beim 3:1-Erfolg nur phasenweise ein ebenbürtiger Gegner. Bronze ging an die Niederländerinnen.

Gunnar Meinhardt

Kein roter Teppich

Die verwöhnten Multimillionäre mußten sich gewaltig umstellen. Mit offenen Armen, wie in ihren imposanten Arenen daheim, wurden die Profis aus der stärksten Liga der Welt im »Dome« und »Superdome« nicht empfangen. Schuld daran trugen die mit ihren Frauen und Kindern angereisten Amerikaner selbst. Begonnen hatten die Aversionen gegen das sogenannte »Dream Team III« im Vorbereitungsspiel gegen die Gastgeber sechs Tage vor Beginn des olympischen Turniers. Statt in der »Rod Laver Arena« von Melbourne modernen Basketball zu zelebrieren, ließen sie sich zu rüden Attacken hinreißen. Es bahnte sich gar eine Massenschlägerei an, als sich Vince Carter von den Toronto Raptors und Australiens Fahnenträger bei der Eröffnungsfeier, Andrew Gaze, nach einer unglücklichen Aktion auf dem Parkett wie bei einer Schulhofkeilerei rangelten. Die ungeliebten Gäste wurden von den 15 000 minutenlang ausgepfiffen und ausgebuht, so daß Headcoach Rudy Tomjanovich klar wurde: »Jetzt wissen wir, daß uns kein roter Teppich ausgerollt wird, um die Goldmedaille abzuholen.«

Viele hätten gern erlebt, daß dem Abonnenten auf den Olympiasieg bei dem Turnier ein Bein gestellt wird. Doch die von der einheimi-

Obwohl in Australien nicht gerade freundlich aufgenommen und selten erstklassig spielend: Das US-Dreamteam gewann vor Frankreich und Littauen.

Aus dem Endspiel: Makan Dioumassi (Frankreich) und Tim Hardaway (USA)

schen Presse als »Team aus Nobodys« verpönte US-Auswahl ließ sich nicht überraschen. Arg ins Schwitzen kamen die selbstherrlichen Boys jedoch öfter. So im Viertelfinale gegen Rußland, das durch einen Blitzstart mit 12:2 davongezogen war. Oder in der Vorrunde gegen Frankreich, als sie 8:18 zurücklagen, vor allem aber gegen Litauen. Die respektlosen Balten, ohne ihren NBA-Star Arvydas Sabonis (Portland Trail Blazers), waren zu Beginn der zweiten Hälfte mit 50:49 in Führung gegangen. Zwei Minuten vor der Schlußsirene lagen sie nur mit 76:81 zurück, als ihr 2,18 m-Hüne Eurelius Zukauskas zwei Freiwürfe und damit den möglichen Erfolg vergab, der beim zweiten Duell im Halbfinale noch näher war.

Weniger mit Können als mit unglaublichem Glück wehrten die arroganten Schlakse die drohende Katastrophe ab, indem sie sich gegen den nunmehr dreimaligen Olympia-Dritten in Folge mit 85:83 durchsetzten. 15:04 Minuten vor der Spielende zog der frech auftrumpfende Außenseiter, der im Viertelfinale Weltmeister Jugoslawien mit 76:63 ausgeschaltet hatte, mit 56:54 in Front. Der weitere Verlauf glich einem Hitchcock-Krimi. Die Führung wechselte ständig, mehr als vier Punkte konnte der Favorit nicht davonziehen. Der beim FC Barcelona unter Vertrag stehende Sarunas Jasikevicius hatte es in der Schlußsekunde in der Hand, mit einem Drei-Punkte-Wurf die größte Sensation der Sommerspiele perfekt zu machen. Sein Ball verfehlte jedoch den Korb.

Der leichenblaße Tomjanovich, der die Houston Rockets 1994 und 1995 zum NBA-Championat geführt hatte, vergrub sein Gesicht in den Händen. Bei einer Niederlage hätte er in die Heimat zurückschwimmen können. »Was die Welt denkt, ist mir scheißegal. Wir haben nicht verloren, schaut euch den Endstand an«, kreischte Carter, der hinter den Australiern Andrew Gaze (159) und Shane Heal (119) nur drittbester Korbwerfer wurde. Mit gestrecktem linken Arm und Zeigefinder stolzierte der »Bad Boy« triumphierend übers Parkett, als hätte sein Team gezaubert wie einst Johnson und Co. Den Nachweis ihrer Ausnahmestellung blieben sie auch gegen Frankreich in der Neuauflage des olympischen Finals von 1948 schuldig. Vor 52 Jahren in London deklassierten die Amerikaner die »Equipe Tricolore«, die letzmals 1984 bei Olympia mitgespielt hatte, noch mit 65:21. Diesmal mußten sie sich vor 14 833 Zuschauern mit einem 85:75 begnügen.

Der Millenniums-Jahrgang war von einem »Dream-Team« so weit entfernt wie Angola als Zwölftplazierter vom Olympiasieg. Vor acht Jahren in Barcelona beim Debüt der Originals ließen sich die gefeierten Megastars der nordamerikanischen Profiliga NBA wie Earvin »Magic« Johnson, Michael »Air« Jordan und Larry »Legend« Bird nicht lange ums Mitspielen bitten. Mit durchschnittlich 43,8 Punkten Differenz fegten sie den »Rest der Welt« vom Parkett. Vor vier Jahren lag der Wert bei 31,8 Punkten, als Scottie Pippen und Reggie Miller das unschlagbare Ensemble anführten. Diesmal betrug der Durchschnitt nur noch 21,8 Zähler. Allerdings fehlten auch die prominentesten Vertreter. Mit Gary Payton war nur noch einer vom 96er Team dabei. Insgesamt elf diesjährige All-Stars sagten den Australien-Trip ab. Sie waren einer Meinung mit Trainer-Guru Phil Jackson von den Lakers: »Eins steht fest: es gibt im Leben wichtigere Dinge als Olympia«. Kein Spieler aus dem »Not-Team« konnte einen NBA-Titel vorweisen. Dennoch beanspruchte jeder, wie ein Star behandelt zu werden. »Training ist zweitrangig, ich

muss dafür Sorgen, daß die zwölf Boys sich wohl fühlen. Das ist mein Job«, gestand Tomjanovich. Center Alonzo Mourning von den Miami Heats fehlte gar zwei Spiele, um mit einem Privatjet nach Florida zur Entbindung seiner Tochter Myka Sydney zu fliegen. Ein Wohnen im Olympischen Dorf kam für die reichsten Olympioniken nicht in Frage. Die Gesamtsumme ihrer Gehälter belief sich auf über 1,8 Milliarden Mark.

Das Geld waren aber weder Kevin Garnett noch Dunking-King »Air Canada« Carter wert. Einen Tag vor dem Auftaktmatch gegen China, das mit dem 2,27 m großen Ming Yao den Riesen des Turniers in seinen Reihen hatte, unterschrieb der jährlich »nur« mit 4,4 Millionen Dollar entlohnte Guard noch einen mehrjährigen Schuhvertrag bei Nike für 30 Millionen Dollar. »Jetzt habe ich den Kopf frei und kann zaubern«, hatte Carter getönt, der wie seine Teamkameraden die vom US-Olympia-Komitee ausgelobte Prämie für den Olympiasieg von 15 000 Dollar für einen karitativen Zweck spendete.

Das weibliche US-Dream-Team tat Selbiges nicht. Die aus WNBA-Profis gebildete Mannschaft indes dominierte das Turnier nach Belieben. Auch im Finale beim 76:54 gegen die Gastgeberinnen hatten die farbigen Amerikanerinnen keine Probleme. Für die 36 Jahre alte Centerin Teresa Edwards war es nach 1984, 1988 und 1996 der vierte Olympia-Triumph.

Marco Käber

Neue Regeln, alte Sieger

Volleyball zeigte erstmalig bei Olympia sein neues Gesicht. Das alte, sture Aufgaberecht wurde abgeschafft, jeder Treffer zählt als Punkt. Die ersten vier Sätze werden bis 25 Zähler ausgespielt, der Entscheidungssatz nur bis 15. Die Zuschauer im »Pavilion 2« und im »Entertainment-Centre« am Darling Harbour waren dankbar, die Spiele wurden noch spannender. Die Favoriten blieben aber auch unter den neuen Bedingungen die alten.

Die Klassiker-Begegnungen boten viel Zündstoff: Bei den Frauen duellierten sich im Halbfinale der Dauerfavorit und Titelverteidiger Kuba, die Glamour-Girls aus Brasilien, die zu Hause wie Popstars verehrt werden, die russische Mannschaft und die USA, die als Erfinder des Volleyballs gelten.

Kubas Frauen, nach vorn gepeitscht von Altmeisterin Mireya Luis, holten zum dritten Mal hintereinander Gold, mußten aber gegen Brasilien im Halbfinale und gegen Rußland im Endspiel harte 5-Satz-Matches durchstehen. Bei den Männern kämpften sich Rußland, Jugoslawien, Argentinien und Italien ins Halbfinale durch.

Bei den Deutschen hatten sich nur die Frauen für das Elite-Turnier qualifiziert. Die konnten sich aber duchaus gut in Szene setzen. Die gut harmonierende Truppe um die 32-jährige Berlinerin Susanne Lahme kam am Ende auf den 6. Platz. Natürlich gab es Niederlagen: Kuba (0:3), Südkorea (0:3), Brasilien (0:3) und China waren noch nicht in Reichweite. Doch die glänzend herausgespielten Siege über Peru (3:0!), Italien und Kroatien ließen aufhorchen. Schade, daß man gegen den späteren Finalisten Rußland in der Vorrunde drei Matchbälle vergab und dann, völlig entnervt, doch noch mit 2:3 verlor. Man darf träumen: Was wäre da wohl drin gewesen?

Das deutsche Team, manchmal noch nicht ausgebufft genug, bewies Mannschaftsgeist. Susanne Lahme und Christina Schultz, beide sogar noch 1989 mit der DDR EM-Zweite, verleihen dem Ensemble Routine. Der Angriff lebt von den pfiffigen Spielideen der kleinen Zuspielerin Tanja Hart vom DJK Karbach und von den wuchtigen Schmetterschlägen der erst 20-jährigen Angelina Grün. Die kluge Studentin, die im tadschikischen Duschanbe geboren wurde, hat einen unerfüllten Traum aus Sydney mitgebracht: Einmal auf dem Siegertreppchen stehen. Manchmal geht das schneller, als man denkt.

Volleyball brachte 16 Tage beste Unterhaltung. Und dennoch sitzt dem traditionellen Mannschaftsspiel die Konkurrenz aus dem eigenen Hause im Nacken. Beachvolleyball heißt der neue Trend. Als der spektakuläre Schlagabtausch der Zweier-Teams im Sand 1996 in Atlanta erstmals olympisch wurde, waren die Tickets im Handumdrehen ausverkauft. Nicht anders in Sydney. Immer wieder strömten Tausende erwartungsfroh zum berühmten Bondi-Beach, brachten Sonnenbrillen, Bräunungscreme und gute Laune mit und feierten ihre eigene Olympiaparty.

Der Austragungsort, vor den Spielen heftig umstritten, trug zusätzlich zur besonderen Atmosphäre bei. Wer in den Aktionspausen durch die Ritzen der Stahlrohrtribünen spähte, konnte einen malerischen Blick auf eine der schönsten Buchten im Pazifik erhaschen. Hier waren also nicht nur knappe Bikinis der Blickfang.

Die Sportler ließen sich von der Umgebung zu Höchstleistungen animieren, wobei Australien, die USA und Brasilien, typische Badestrandländer eben, das Heft in der Hand behielten. Bei den Männern »baggerten« sich Dain Blanton und Eric Fonoimoana, zwei US-Amerikaner aus Malibu, Kaliforni-

Die Deutschen Jörg Ahmann und Axel Hager haben Bronze gewonnen und die Überraschung ist überwältigend.

Endspiel bei den Frauen: Natalie Cook und Kerri Pottharst siegen vor enthusiatischem heimischen Publikum gegen Adriana Behar/Schelda Bede (Brasilien).

en, zum Sieg. Im Endspiel, diesmal bei strömendem Regen, hatten die Brasilianer Jose Marco Melo und Ricardo Santos keine Chance. Die beiden Brasilianer konnten übrigens zuvor im Halbfinale das erfolgreichste deutsche Strand-Duo, Jörg Ahmann und Axel Hager, ausschalten.
Der sympathische Zwei-Meter-Riese Axel Hager, den der Stadionsprecher hier wegen seiner Aufschlagstärke als den »Hammer of Hamburg« vorstellte, und sein Partner ließen sich von der Niederlage nicht beirren. Im Bronzematch besiegten die beiden Nordlichter die Portugiesen Jao Brenha und Miguel Maia und sicherten damit die von Experten erhoffte Bronzemedaille.
Weniger erfolgreich behaupteten sich die hoch eingeschätzten deutschen Frauen. Für die Erfolgskombinationen Maike Friedrichsen/Danja Müsch und Ulrike Schmidt/Gudula Staub kam, allerdings gegen starke Konkurrenz, schon im Achtelfinale das Aus.
Am Ende standen, heimvorteilbeflügelt, die Australierinnen Natalie Cook und Kerri Pottharst ganz oben auf dem Treppchen.
Sie besiegten die hübschen Brasilianerinnen Adriana Behar und Shelda Bede knapp mit 12:11 und 12:10.
Beide wurden mit Gold belohnt und vom Publikum mit der Sympathie-Welle »La-Ola« gefeiert. Die Zuschauer wollen auf diese Paradiesvögel mit ihren tollkühnen Hechtflügen und Hechtsprüngen längst nicht mehr verzichten.

Klaus Blume

Das ewige Duell

Pitcher Omar Linares, der von den US-Profiklubs heiß umworben wird, konnte Kubas Finalniederlage nicht verhindern.

»Vergeßt alle diplomatischen Beziehungen und Verbindungen, darum geht es hier in Sydney nicht. Wir wollen gewinnen.« Das hatte der 72-jährige amerikanische Trainer Tommy Lasorda vor dem Finale gegen Kuba seinen Spielern eingebleut. Und so passierte dann wirklich das Unfaßbare: Die USA bezwangen Kuba im olympischen Finale mit 4:0. Mit Spielern, die in den USA nicht mal zur Spitze gehören, sondern dort nur in der sogenannten Minor League spielen.

In den USA wird nun geprüft, ob die Major Leagues bei den Spielen 2004 nicht eine Pause einlegen könnten, um die besten Profis in einem olympischen Dream Team zu vereinen. Denn keine Frage, das olympische Turnier hat im Heimatland des Grand Old Game mit dem Gewinn der Goldmedaille viele Anhänger gefunden. Und die nordamerikanische Baseball-Legende Tommy Lasorda – er führte die renommierten Los Angeles Dodgers bei zwei World-Series zur Meisterschaft – wird deshalb mit dem Erfolg von Sydney auch einen Ehrenplatz in der Baseball-Geschichte finden. Nicht nur in der nordamerikanischen.

Die olympische Premiere 1992 in Barcelona hatten die Kubaner ebenso gewonnen wie das Turnier 1996 in Atlanta. In Sydney aber klappte das nicht. Mit der Finalniederlage wird aber wohl auch der Marktwert jener kubanischen Spieler sinken, die seit Jahren – vergeblich – von den US-amerikanischen Profiklubs umworben

Endlich Gold für die USA im typischsten amerikanischen Freizeitsport. Im Endspiel wurde Kuba 4:0 bezwungen. In der Spielszene Ben Sheets (Nr. 28) bei einem seiner gefürchteten langen Würfe.

werden. Dem zweimaligen Olympiasieger Omar Linares – in Sydney am dritten Base spielend – bietet man zum Beispiel ein Jahressalär von 40 Millionen Dollar. Daheim in Havanna verdient Linares kubanischen Angaben zu Folge 320 Pesos im Monat, also umgerechnet rund 50 Mark. Linares, 1,88 m groß und über zwei Zentner schwer, spielt seit 17 Jahren in der kubanischen Liga. International wurde er bislang 258-mal eingesetzt. Er ist eine kubanische Sport-Legende, ähnlich dem Boxer Teofilo Stevenson und dem Mittelstreckler Alberto Juantorena. Als Kuba bei den Spielen 1996 in Atlanta im Finale die USA bezwang, überbrachte Linares dem höchsten kubanischen Baseballfan Fidel Castro die Meldung: »Lieber Comandante, die Mission wurde erfüllt.«

In Sydney schien das erneut zu klappen, hatte die Crew um Linares doch zuvor in den Gruppenspielen die USA klar mit 6:1 abgefertigt, wobei der „Kampf der Systeme" (Frankfurter Allgemeine) in einen »bench clearing brawl« ausartete: In Schubsen, Treten, Spucken, Schlagen. Zu tief saßen die gegenseitigen Vorurteile der Vertreter des kubanischen Staats-»Beisbol« und des kapitalistischen Grand Old Game. Man bedenke: In Kuba waren die Direktübertragungen des Turniers aus Sydney Straßenfeger ersten Ranges. Denn im »Beisbol« war doch die dritte olympische Goldmedaille für Kuba schon vorher gebucht – oder? Seit den 60er Jahren zeigten die Kubaner den »Yanquis« aus den USA schließlich, wie deren Grand Old Game wirklich zu spielen sei. Allerdings: Nicht erst mit dem Auftreten des Maximo Liders Fidel Castro wurde auf Kuba erstklassiges »Beisbol« zelebriert. Hunderte kubanischer Profis verdienten ihre Dollars schon zuvor in den US-amerikanischen Ligen.

Das hat sich geändert, seitdem die kubanischen »Beisbol«-Staatsamateure und die Professionals der Major League in den USA in getrennten Welten leben. In der einen eilten die Kubaner von Sieg zu Sieg, in der anderen überschütteten die US-Klubs ihre besten Angestellten mit Millionen. Diesen unentwegten Schalmeienklängen des verhaßten Klassenfeindes erlagen in den letzten Jahren auch einige der gefeierten Stars aus Havanna. Orlando Hernandez, daheim »El Duque« genannt, flüchtete auf abenteuerlichen Wegen in die USA. Daheim gilt er nun als Unperson, wie sein Halbbruder Livan, der sich schon zuvor abgesetzt hatte, und mit den Florida Marlins bereits Profi-Weltmeister geworden ist.

Übrigens, völlig verrückt, was sich in Sydney – im schönen Baseball-Park von Homebush Bay – bei den Erklärungen der Baseball-Regeln zutrug. Denn dabei mußten – ausgerechnet im englischsprachigen Sydney – alle amerikanischen Fachausdrücke ins Französische übersetzt werden. Da wurde der Pitcher ein Lanceur, der Catcher ein Receveur, der Infielder gar ein Joueur de champ interieur und der Hitter zum Frappeur ambidextre.

Zum besseren Verständnis des einzigen Ballspiels in langen Hosen und mit Kopfbedeckung hat das wenig beigetragen, auch wenn damit penibel die IOC-Regeln eingehalten wurden. Wie will man damit künftig vor allem den verwirrten Ignoranten aus Europa beibringen, was Baseball oder »Beisbol« ist?

Klaus Blume

Sanft mit 118 km/h

»Ich versuche immer so zu spielen, als wäre es das letzte Spiel meines Lebens.« Die Japanerin Reika Utsugi hatte im Sofball-Finale gegen die USA wieder einmal alles gegeben – doch vergebens. Die Amerikanerinnen gewannen Gold, so wie 1996 in Atlanta, als sie China mit 3:1 schlugen. Aber diesmal wollte Reiko Utsugi unbedingt den Olympiasieg nach Japan holen, »weil es eine Ermunterung für alle jungen Menschen daheim gewesen wäre, in Japan Softball zu spielen«. Zumal diese jungen Spielerinnen endlich auch ein japanisches Softball-Idol gehabt hätten: Olympiasiegerin Reiko Utsugi. Aber daraus wurde nichts, und so blieb die Amerikanerin Lisa Fernandez auch im Blacktown Olympic Centre zu Sydney der Star aller Softball-Stars. Was eigentlich zu erwarten war. Denn die 29-jährige Rechtshänderin war schon als lebende Softball-Legende nach Australien gekommen. Hatte sie doch zuvor in den Spielen daheim 21-mal in Folge gegen die jeweilige Schlägerin einer gegnerischen Mannschaft gewonnen. Niemals zuvor, so jubelten deshalb die US-Gazetten, habe es in der Softball-Geschichte eine perfektere Pitcherin (Werferin) gegeben. Doch kühl bis ans Herz, so, wie es die amerikanischen Reporter

vermuteten, ging selbst »Fireball« Fernandez nicht ins Olympia-Finale: »Ich war deshalb vorher so nervös, weil ich erneut ein perfektes Spiel werfen wollte.« Was ihr gelang. Zur Erklärung dieser Aussage: Es gibt im Softball eine sehr schnelle Wurfvariante. Wobei der sogenannte »Fast-Ball« aus dem Unterarm heraus von unten geschleudert wird – mit etwa 115 km/h. Bei Lisa Fernandez schnellen Würfen wurden sogar Geschwindigkeiten von 118 km/h gemessen. Versuchen sie mal, ein solches Geschoß mit einem Holzstab zu treffen – und so was nennen die Amerikaner »Sanft-Ball«.
In den USA haben sie Lisa Fernandez und ihr Softball-Team danach fast mehr gefeiert als alle anderen amerikanischen Olympiasieger. Kein Wunder, schließlich ist Softball in den USA noch immer der populärste Mannschaftssport. Eine Popularität, die längst überschwappt. Denn es gibt schon 110 nationale Verbände in der International Softball Federation (ISF). Und die Zahl der Aufnahme-Anträge wächst.
Aber dennoch: Softball bleibt so uramerikanisch wie Apple Pie zum Nachtisch. Deshalb ist seine Geschichte auch eine typisch amerikanische Erfolgs-Story: 1887 besiegte das Football-Team der Yale University den Gegner aus Harvard. Bei der anschließenden Siegesfeier im Farragut Boating Club – so die Legende – soll ein ausgelassener Yale-Student einen Kollegen aus Harvard mit einem Boxhandschuh beworfen haben. Der schlagfertige Junge aber habe den fliegenden Handschuh blitzschnell mit einem Stock abgewehrt – Softball war geboren.
Denn bald wurde aus dem Boxhandschuh ein Ball und aus dem Stock ein Schläger. Und schon nach kurzer Zeit verbreitete sich das neue Spiel mit einem größeren Ball und einem kleineren Spielfeld als beim Baseball vor allem deshalb wie ein Flächenbrand, weil es weit besser in die städtischen Parks paßte als Baseball. Es wurde und wird in Amerika von Männern und Frauen gleichermaßen gespielt, und nach dem 2. Weltkrieg versuchten die Amerikaner – vor allem in Europa und Asien – Softball mit geradezu missionarischem Eifer zu verbreiten. Auch in Deutschland, wo besonders im Rhein-Main-Dreieck bereits in den 60er Jahren neben Baseball auch fleißig Softball gespielt wurde. Die »Tornados« aus Mannheim, die schon unter allen möglichen Namen spielten, gehören noch immer zu den führenden deutschen Mannschaften.
Doch zurück nach Sydney. Daß diese Ballsport-Variante überhaupt ins olympische Programm aufgenommen wurde, haben die Softball-Spielerinnen vor allem dem Umstand zu verdanken, daß 1996 die Spiele nicht in Athen, sondern in Atlanta stattfanden. Gewissermaßen als Verbeugung vor dem Gastgeber USA beschloß die 97. IOC-Session 1991 in Birmingham, diese Art des Schlagball-Spiels bei Olympia zuzulassen. Was damals auch dem Nationalen Olympischen Komitee Australiens sehr gut gefiel. Denn in Australien gab's die erste Landesmeisterschaft für Frauen-Softball bereits 1947 (!). Zum Vergleich: Die Premiere der australischen Männer-Meisterschaft fand erst Jahrzehnte später statt – im Jahre 1984.

Der Dämpfer kam für das USA-Softballteam zur rechten Zeit, denn zum Auftakt wurde gegen China 0:2 verloren (die beiden Bilder zeigen Spielszenen aus diesem Match). Im Halbfinale gelang mit 3:0 eine deutliche Revanche, und nach einem 2:1 im Finale gegen Japan waren die Damen um Lisa Fernandez erneut Olympiasieger.

Auch bei der Austragung der ersten Softball-WM für Frauen setzte sich Australien an die Spitze der Bewegung und richtete 1965 in Melbourne das erste WM-Turnier aus. Das Final-Ergebnis von damals bleibt australische Sportgeschichte: Die Ladies vom Fünften Kontinent besiegten die favorisierten Amerikanerinnen mit 1:0.

Hansgeorg Stengel

»Meine ganzen Freunde«

»Werdende Eltern! Werdende Mütter und Väter zwischen Flensburg und Friedrichshafen, Ahlbeck und Aachen! Nennen Sie Ihre Tochter auf alle Fälle Stephani! Silber für Stephan Vuckovic, das triathletische Känguru aus Witten!« So eine Neuauflage des historischen olympischen Reporter-Appells, den Marathon-Triumph Waldemar Cierpinskis mit dem Baby-Vornamen Waldemar zu krönen – so was in der Art vermißte ich am zweiten Wettkampftag in Sydney. Und was war das doch für ein sportlicher Leckerbissen: Da steigt einer als 34. aus dem Wasser, strampelt per Drahtesel auf den 17. Platz und setzt ein Signal, von dem man hoffte, Schwimmer, Fechter und Schützen würden sich in den folgenden fünf Olympiatagen dank dieses Stephans im Bassin, auf der Planche und auf den Schießstand zu Höchstleistungen inspirieren lassen. Doch leider war der Triathlon-Reporter kein Jubelvirtuose, keiner, der so überschwenglich fabulieren, aus der Fassung geraten, aus den Latschen kippen und mich (Jahrgang 22) an die Wernicke, Laven, Meisel, Zimmermann und an den damaligen Cierpinski-Laudator erinnern konnte. Freilich gab es in Sydney viele Berichterstatter, Kommentatoren und Moderatoren, denen man gute Noten ins Arbeitsbuch schreiben kann. Doch waren die meisten Aussagen eher sachlich richtig als aufregend, geschweige denn poetisch. Die Sydney-Eröffnungsfeier war – was jedermann nach Gusto für großartig oder für überladen halten mag – eine Gigantomanie, eine Phantasmagorie, jedenfalls Surrealisimus. Mir gefiel beispielsweise der Magic-Voices-Ohrwurm »Australia«, in den ich mich zwei Wochen lang immer mal wieder stimmkräftig eingeklinkt habe. Vor allem aber berührte mich Aborigine Cathy Freeman, die nicht nur das Olympiafeuer entzündete, sondern später auch noch Olympiasiegerin wurde. Während des ersten olympischen Wettkampf-Drittels hatte ich das beklemmende Los-Angeles-Olympiagefühl. Damals, 1932, brachten es die deutschen Olympioniken mit Ach und Krach auf drei Goldmedaillen. Nun drohte eine Neuauflage dieses Desasters. Die Schwimmer beispielsweise (null Gold) gingen im wesentlichen nicht schwimmen, sondern baden, und Studio-Kommentator Waldemar Hartmann, das bayrische Frohgemüt, spöttelte: »Wir können noch froh sein, daß keiner ertrunken ist!« Weniger stilvoll war Waldis Hinweis »auf meine ganzen Freunde«, zumal halbe Freunde schwer vorstellbar sind. Überhaupt gab es Falschsätze und Stilblüten aus dem Mund deutscher Mikrofonisten zuhauf: Poschmann bemerkte bei einem Frauen-Staffellauf: »Sie gibt den Preis nicht Platz«, und eine Beobachterin des Springreiter-Turniers stellte fest, »daß das optisch gut aussieht«. Genaugenommen ist auch dieser Kommentar bei einem Beach-Volleyball-Duell nicht korrekt: »Hier treffen Amerika und Brasilien aufeinander«. Wo, bitte, liegt Brasilien? Ich weiß es: in Amerika. Demnach wäre das Ballgefecht besser mit Brasilien gegen die USA beschrieben. Also die Schwimmwettbewerbe:

Der Bildregisseur in der Sendezentrale von ARD und ZDF hatte angesichts der vielen parallelen Wettkämpfe die Qual der Wahl, für welche Übertragung er sich entscheiden sollte.

Das waren tatsächlich Pleiten, Pech und Pannen, Flüche, Flops und Flauten sowie Tränen und Tristesse. Vorübergehend rutschten die Deutschen auf der Medaillen-Tabelle auf den 12. Platz, und die ganze allgemeine Krise des deutschen Spitzensports beschrieb DLV-Präsident Helmut Digel so: »Wir stecken in einem Umbruch. Zum letzten Mal profitieren wir von den Leistungen der DDR.« Und der frustrierte Schnellfeuerpistolen-Fehlschütze (5. Platz) Ralf Schumann räsonierte: »Im Deutschen Schützenbund gibt es nicht mal Geld, um Turnschuhe für die Kinder zu kaufen. Die Medien sind nur alle vier Jahre am Schießen interessiert, und wenn keine Erfolge kommen, werden wir gleich zerfleischt!« Allabendlich teilte der Schelm Harald Schmidt bei SAT1 die deutsche Medaillenausbeute in die der DDR und die der BRD auf. Tatsächlich steht es nach dem imponierenden deutschen Olympia-Endspurt zwei zu eins pro DDR à la Schmidt. Aber deshalb bitte keinen neuen Ostwest-Konflikt! Freuen wir uns gesamtdeutsch, daß wir dank unserer Leichtathleten, Radler, Kavalleristen und Kanuten schließlich noch 80 Prozent der prophezeiten Medaillen (u. a. NOK-Präsident Tröger: »20 mal Gold!«) erbeutet haben. Zum Klub der größten Medaillen-Goldhamster blieb uns der Zugang allerdings noch verwehrt.

Hansgeorg Stengel
Jahrgang 1922. Satiriker, Jahrzehnte bei der Zeitschrift »Eulenspiegel«, und Buchautor. Versteht sich nicht zuletzt als Wächter, Rächer und Reformkritiker der deutschen Sprache, die er gern beim genauen Wort nimmt.

Spiele der XXVII. Olympiade

Facts & Figures

Dauer der Spiele: 15. September bis 1. Oktober 2000
Organisator: Sydney Organizing Committee for the XXVII Olympic Games (SOCOG)
Präsident: Michael Knight
Generaldirektor: Sandy Hollway
Eröffnung der Spiele: Generalgouverneur Sir William Deane
Teilnehmende Mannschaften: 199 und drei unabhängige Olympiateilnehmer aus Osttimor (IOA)
Gemeldete Athleten: 11 116 (4254 Frauen, 6862 Männer)
Offizielle: 7978
Medienvertreter: 15 000
Volunteers: 50 000
Fernsehzuschauer: ca. 3,5 Milliarden bei der Eröffnung
Marketingprogramm: 2,6 Mrd. US-Dollar
- davon 1,8 Milliarden an das SOCOG und die AOC zur Ausrichtung der Spiele
- 800 Millionen gehen an die 200 NOK, die 28 Sommer-IF und an das IOC

geplante Einnahmen (US-Dollar):

TV-Rechte	1,331 Mrd.
TOP IV (IOC-Sponsorprogramm)	550 Mio.
Lokale Sponsoren	315 Mio.
Ticketverkauf	356 Mio.
Andere Lizenzen	66 Mio.

Letzte Fackelträgerin: Cathy Freeman (Leichtathletin)
Stafette im Stadion: Betty Cuthbert, Raelene Boyle, Dawn Fraser, Shirley Strickland, Shane Gould, Debbie Flintoff-King
Eidsprecherin der Athleten: Rechelle Hawkes (Hockeyspielerin)
Eidsprecher der Offiziellen: Peter Kerr (Wasserball)
Erstmals Bestandteil des Gelöbnisses: »ohne Doping und ohne Drogen«

Olympiastadion: 110 000 Plätze
Sportarten: 28
Disziplinen: 300
Erstmals ausgetragen: Taekwondo, Triathlon
Anzahl der Wettkampfstätten: 37 einschließlich Brisbane, Canberra, Melbourne und Adelaide (für Fußball)
Erste Olympiasiegerin: Nancy Johnson (USA/Schießen)
Verliehene Medaillen: 928 (Gold 301, Silber 299, Bronze 328)
Erfolgreichste Mannschaft: USA 97 Medaillen (Gold 39, Silber 25, Bronze 33)
Deutsche Medaillen: 57 (Gold 14, Silber 17, Bronze 26)
Der liebenswerteste Verlierer: Eric Moussambani (Äquatorial-Guinea), 100 m Freistil 1:52,72 (mehr als Ian Thorpe über 200 m Freistil brauchte). Sein Spitzname: »Eric the Eel« (Eric der Aal)
Die teuersten Memorabilia:

Laufschuhe von Maurice Greene	180 000 $
Schwimmanzug von Ian Thorpe	100 000 $
Olympische Fackel	4000 $
»Eric the Eel«-Schwimmbrille	3800 $
Misty Hyman-Bademütze	3760 $
Bill Kirbys fast suit	2550 $
Jamaikanischer LA-Rennanzug	1500 $
Fatso the wombat pins (14 Karat Gold)	ab 1000 $
Teilnehmermedaille	300 $
Koffer, Eröffnungszeremonie	300 $
Cathy Freeman-Autogrammfoto	200 $

Die teuerste Eintrittskarte: Eröffnung bzw. Abschluß, Kat. A, 1382 austr. Dollar (1980 DM)
Billigste Eintrittskarte: Moderner Fünfkampf, Geländelauf 10 $

Die drei Maskottchen der Spiele in Sydney: Syd, Millie und Olly

Erfolgreichste Teilnehmer

Ian Thorpe (AUS/Schwimmen)	3	2	0
Inge de Bruijn (NED/Schwimmen)	3	1	0
Marion Jones (USA/Leichtathletik)	3	0	2
Jenny Thompson (USA/Schwimmen)	3	0	0
Swetlana Chorkina (RUS/Turnen)	2	2	0
Alexej Nemow (RUS/Turnen)	2	1	3

Erfolgreichste Deutsche

Birgit Fischer (Kanurennsport)	2	0	0
Katrin Wagner (Kanurennsport)	2	0	0
Robert Bartko (Bahnradsport)	2	0	0

Teilnehmer-»Rekorde«

Jüngste: Faithimath Fariha (MDV/Schwimmen)	10.3.1987
Khalid Al Kulaibi (OMA/Schwimmen)	2.5.1986
Älteste: Ulla Hakanson (SWE/Reiten)	9.11.1937
Bruce Meredith (ISV/Schießen)	19.4.1937
Kleinste: Daniele Hypolito (BRA/Turnen)	1,37 m
Yasuji Kikuzuma (JPN/Gewichtheben)	1,47 m
Gino Frederic Souppraven (MRI/Gewichtheben)	1,47 m
Größte: Malgorzata Dydek (POL/Basketball)	2,13 m
Yao Ming (CHN/Basketball)	2,27 m
Schwerster: Andrej Tschemerkin (RUS/Gewichtheben)	174,84 kg

BADMINTON

16. - 23. 9.

Männer, Einzel

1. Ji Xinpeng (CHN)
2. Hendrawan (INA)
3. Xuanze Xia (CHN)

4. Peter Gade Christensen (DEN), 5. Sun Jin (CHN), Haan Wong Choong (MAS), Taufik Hidayat (INA), Mario Marlev Mainaky (INA)

Männer, Doppel

1. Tony Gunawan, Candra Wijaya (INA)
2. Lee Dong Soo, Yoo Yong Sung (KOR)
3. Ha Tae Kwon, Kim Dong Moon (KOR)

4. Choong Tan Fook, Lee Wan Wah (MAS), 5. Simon Archer, Nathan Robertson (GBR), Ricky Ahmad Subagja, Rexy Ronald Mainaky (INA), Jens Erksen, Jesper Larsen (DEN), Flandy Limpele, Eng Hian (INA), ausgesch.: ***Michael Helber, Björn Siegemund*** *1. Rd.*

Frauen, Einzel

1. Gong Zhichao (CHN)
2. Camilla Martin DEN)
3. Ye Zhaoying (CHN)

4. Dai Yun (CHN), 5. Yasuko Mizui (JPN), Huang Chia Chi (TPE), Kim Ji Hyun (KOR), Mia Audina Tjiptawan (NED), ausgesch.: ***Nicole Grether*** *3. Rd.*

Frauen, Doppel

1. Fei Ge, Gu Jun (CHN)
2. Huang Nanyan, Yang Wei (CHN)
3. Gao Ling, Qin Yiyuan (CHN)

4. Chung Jae Hee, Ra Kyung Min (KOR), 5. Eti Lesmina Tantra, Chynthia Tuwankotta (INA), Joanne Goode, Donna Kellogg (GBR), Helene Kirkegaard, Rikke Olsen (DEN), Lotte Jonathans, Nicole van Hooren (NED), ausgesch.: ***Nicole Grether, Karen Stechmann*** *2. Rd.*

Mixed

1. Zhang Jun, Gao Ling (CHN)
2. Tri Kusharyanto, Minarti Timur (INA)
3. Simon Archer, Joanne Goode (GBR)

4. Michael Sögaard, Rikke Olsen (DEN), 5. Bambang Suprianto, Zelin Resiana (INA), Chris Bruil, Erica van den Heuvel (NED), Kim Dong Moon, Ra Kyung Min (KOR), Jens Eriksen, Mette Schjoldager (DEN), ausgesch.: ***Michael Keck, Nicol Pitro*** *und* ***Björn Siegemund, Karen Stechmann***

BASEBALL

17. - 27. 9.

1. USA

Brent Abernathy, Kurt Ainsworth, Pat Borders, Sean Burroughs, John Cotton, Travis Dawkins, Adam Beverett, Ryan Franklin, Chris George, Shane Heams, Marcus Jensen, Mike Kinkade, Rick Krivda, Doug Mientkiewicz, Mike Neill, Roy Oswalt, Jon Rauch, Anthony Sanders, Bobby Seay, Ben Sheets, Brad Wilkerson, Todd Williams, Ernie Young, Tim Yong

2. CUB

Omar Ajete, Yovany Aragon, Migel Valdes, Danel Castro, José Ariel Contreras, Yobal Duenas, Yasser Gomez, José Ibar, Orestes Kindelan, Pedro Luis Lazo, Omar Linares, Oscar Macias, Juan Manrique, Javier Pestano, Gabriel Pierre, Maels Rodriguez, Antonio Scull, Luis Ulacia, Lazaro Valle, Norge Luis Vera

3. KOR

Chong Tae Hyon, Chung Min Tae, Hong Sung Heon, Jang Sung Ho, Jin Pil Jung, Jung Soo Keun, Kim Dong Joo, Kim Han Soo, Kim Ki Tai, Kim Soo Kyung, Kim Tae Gyun, Koo Dae Sung, Lee Byung Kyu, Lee Seung Ho, Lee Seung Yuop, Lim Chang Yong, Lim Sun Dong, Park Jae Hong, Park Jin Man, Park Jong Ho, Park Kyung Oan, Park Seok Jin, Son Min Han, Song Jin Woo

4. JPN, 5. NED, 6. ITA, 7. AUS, 8. RSA
Finale: *USA – CUB 4:0,*
um Platz 3: *KOR – JPN 3:1,*
Halbfinale: *JPN – CUB 0:3, KOR – USA 2:3.*
Vorrunde: *CUB – ITA 13:5, KOR – AUS 3:5, USA – RSA 11:1, JPN – NED 10:2, RSA – ITA 0:13, AUS – JPN 3:7, NED – USA 2:6, KOR – CUB 5:6, ITA – JPN 1:6, NED – CUB 4:2, RSA – AUS 4:10, USA – KOR 4:0, KOR – NED 2:0, CUB – AUS 1:0, RSA – JPN 0:8, USA – ITA 4:2, NED – RSA 2:3, JPN – KOR 6:7, AUS – ITA 7:8, CUB – USA 6:1, ITA – NED 2:3, KOR – RSA 13:3, JPN – CUB 2:6, AUS – USA 1:2.*

BASKETBALL

16. 9. - 1. 10.

Männer

1. USA

Steve Smith, Jason King, Allan Houston, Alonzo Mourning, Tim Hardaway, Vince Carter, Kevin Garnett, Vin Baker, Ray Allen, Antonio McDyess, Gary Payton, Shareef Abdur-Rahim

2. FRA

Moustapha Sonko, Laurent Sciarra, Antoine Rigaudeau, Laurent Foirest, Yann Bonato, Makan Dioumassi, Stéphane Risacher, Thierry Gadou, Cyril Julian, Henry Crawford Palmer, Jim Bilba, Frédéric Weis

3. LTU

Sarunas Jasikevicius, Kestutis Marciulionis, Mindaugas Timinskas, Saulius Stombergas, Ramunas Siskauskas, Audrius Giedraitis, Dainius Adomaitis, Eurelijus Zukauskas, Tomas Masiulis, Darius Maskoliunas, Guintaras Einikis, Darius Songaila

4. AUS, 5. ITA, 6. YUG, 7. CAN, 8. RUS

Finale: *USA – FRA 85:75,*
um Platz 3: *LTU – AUS 89:71.*
Halbfinale: *USA – LTU 85:83, AUS – FRA 52:76,*
um Platz 5: ITA – YUG 69:59,
um Platz 7: CAN – RUS 86:83 n. V.,
um Platz 9: ESP – CHN 84:64.
Viertelfinale: *LTU – YUG 76:63, AUS – ITA 65:62, FRA – CAN 68:63, USA – RUS 85:70.*

Vorrunde: *Gruppe A: FRA – NZL 76:50, ITA – LTU 50:48, CHN – USA 72:119, NZL – CHN 60:75, USA – ITA 93:61, LTU – FRA 81:63, ITA – NZL 78:66, CHN – FRA 70:82, USA – LTU 85:76, LTU – CHN 82:66, ITA – FRA 67:57, USA – NZL 102:56, LTU – CHN 82:66, NZL – USA 56:102, FRA – ITA 57:67, NZL – LTU 75:85, ITA – CHN 76:85, FRA – USA 94:106. Gruppe B: YUG – RUS 66:60, CAN – AUS 101:90, ESP – ANG 64:45, ANG – CAN 54:99, RUS – ESP 71:63, AUS – YUG 66:80, CAN – ESP 91:77, YUG – ANG 73:64, AUS – RUS 75:71, YUG – ESP 78:65, RUS – CAN 77:59, AUS – ANG 86:75, ESP – YUG 65:78, RUS – CAN 77:59, ANG – AUS 75:86, ANG – RUS 65:88, YUG – CAN 75:83, AUS – ESP 91:80.*

Frauen

1. USA
Teresa Edwards, Sheryl Swoopes, Lisa Leslie, Yolanda Griffith, Nikki McCray, Dawn Staley, Ruthie Bolton-Holifield, Delisha Milton, Chamique Holdslaw, Kara Wolters, Natalie Williams, Katie Smith
2. AUS
Sandy Brondello, Kristi Harrower Lauren Jackson Carla Boyd, Jenny Whittle, Jo Hill, Annie la Fleur, Michele Timms, Shelley Sandie, Trish Fallon, Rachael Sporn, Michelle Griffiths
3. BRA
Claudia Neves, Adriana Santos, Janeth Arcian, Alessandra Oliveira, Cintia Santos, Helene Cristina Luz, Adriana Pinto, Lilia Cristina Gonzalves, Ilisaine David, Marta Sobral, Silvia Andrea Luz, Kelly Santos

4. KOR, 5 FRA, 6. RUS, 7. SVK, 8. POL

Finale: *AUS – USA 76:54,* ***um Platz 3:*** *BRA – KOR 84:73 n. V.,* ***Halbfinale:*** *AUS – BRA 64:52, KOR – USA 65:78, um Platz 5: FRA – RUS 71:59, um Platz 7: SVK – POL 64:57.* ***Viertelfinale:*** *AUS – POL 76:48, BRA – RUS 68:67, KOR – FRA 68:59, USA – SVK 58:43.* ***Vorrunde:*** *Gruppe A: BRA – SVK 76:60, FRA – SEN 75:39, CAN – AUS 46:78, SEN – CAN 41:62, SVK – FRA 51:58, AUS – BRA 81:70, CAN – FRA 58:70, BRA – SEN 82:48, AUS – SLO 70:47. SVK – CAN 68:56, FRA – BRA 73:70, SEN – AUS 39:96, SEN – SVK 32:68, FRA – AUS 62:69, BRA – CAN 60:61. Gruppe B: POL – NZL 75:52, CUB – RUS 62:72, KOR – USA 75:89, RUS – POL 84:46, NZL – KOR 62:101, USA – CUB 90:61, CUB – NZL 74:55, USA – RUS 88:77, KOR – POL 62:77, RUS – KOR 73:75, NZL – USA 42:93, POL – CUB 72:65, NZL – RUS 54:92, CUB – KOR 56:69, USA – POL 76:57.*

BOGENSCHIESSEN

17. - 22. 9.

Männer, Einzel

1. Simon Fairweather (AUS)
2. Victor Wunderle (USA)
3. Wietse van Alten (NED)

4. Magnus Petersson (SWE), 5. Kim Chung Tae (KOR), 6. Oh Kyo Moon (KOR), 7. Balshinima Zyrempilow (RUS), 8. Sebastien Flute (FRA), ausgesch.: ***Christian Stubbe*** *2. Rd.*

Männer, Mannschaft

1. KOR 495
Jang Yong Ho, Oh Kyo Moon, Kim Chung Tae
2. ITA 491
Matteo Bisiani, Ilario Di Buo', Michele Frangilli
3. USA 480
Butch Johnson, Rodney White, Victor Wunderle

4. RUS 468, 5. TUR 245, 6. SWE 244, 7. KAZ 244, 8. UKR 236

Frauen, Einzel

1. Yun Mi Jin (KOR)
2. Kim Nam Soon (KOR)
3. Kim Soo Nyung (KOR)

4. Choe Ok Sil (PRK), 5. Sayoko Kawauchi (JPN), 6. Natalja Bolotowa (RUS), 7. Natalia Valeeva (ITA), 8. Joanna Nowicka (POL), ausgesch.: ***Cornelia Pfohl, Barbara Mensing*** *2. Rd.,* ***Sandra Sachse*** *1. Rd.*

Frauen, Mannschaft

1. KOR WR 502
Kim Nam Soon, Kim Soo Nyung, Yun Mi Jin
2. UKR 479
Natalja Burdejna, Olena Sadownytscha, Katerina Serdjuk
3. **GER** **478**
Barbara Mensing, Cornelia Pfohl, Sandra Sachse

4. TUR 467, 5. USA 240, 6. CHN 234, 7. ITA 230, 8. TPE 227

BOXEN

16. 9. - 1. 10.

Klasse bis 48 kg

1. Brahim Asloum (FRA)
2. Rafael Lozano Munoz (ESP)
3. Maikro Romero Esquirol (CUB)
Kim Un Chol (PRK)

5. Ki Ki Suk (KOR), 6. Suleiman Wanjau Bilali (KEN), 7. Waleri Sidorenko (UKR), 8. Ivan Stapovic (LTU)

Klasse bis 51 kg

1. Wijan Ponlid (THA)
2. Bulat Jumadilow (KAZ)
3. Jerome Thomas (FRA)
Wladimir Sidorenko (UKR)

5. Manuel Mantilla Rodriguez (CUB), 6. Vachtang Dartschinjan (ARM), 7. Andrzej Rzany (POL), 8. José Navarro (USA), ausgesch.: ***Vardan Zakarjan*** *1. Rd.*

Klasse bis 54 kg

1. Guillermo Rigondeaux Ortiz (CUB)
2. Raimkul Malachbekow (RUS)
3. Sergej Daniltschenko (UKR)
Clarence Vinson (USA)

5. Agasi Agaguloglu (TUR), 6. Alischer Rachimow (UZB), 7. Olteanu George-Crinu (ROM), 8. Justin Kane (AUS)

Klasse bis 57 kg

1. Bekzat Sattarchanow (KAZ)
2. Ricardo Juarez (USA)
3. Tahar Tamsamani (MAR)
Kamil Dsamalutdinow (RUS)

5. Ramazan Palyani (TUR), 6. Somluck Kamsing (THA), 7. Israel Hector Pérez (ARG), 8. Yosvany Aguilera Zamora (CUB), ausgesch.: ***Falk Huste*** *2. Rd.*

Klasse bis 60 kg

1. Mario Kindela (CUB)
2. Andrej Kotelnyk (UKR)
3. Cristian Bejarano Benitez (MEX)
Alexander Maletin (RUS)

5. Tigkran Ouzlian (GRE), 6. Nurshan Karimshanow (KAZ), 7. Selim Palyani (TUR), 8. Almazbek Raimkulow (KGZ)

Klasse bis 63,5 kg

1. Machamadkadyz Abdullajew (UZB)
2. Ricardo Williams (USA)
3. Mohamed Allalou (ALG)
Diogenes Luna Martinez (CUB)

5. Sergej Bukowski (BLR), 6. Alexander Leonow (RUS), 7. Sven Paris (ITA), 8. Saleh Abdelbary Abdel Maksoud (EGY), ausgesch.: ***Kay Huste*** *2. Rd.*

Klasse bis 67 kg

1. Oleg Saitow (RUS)
2. Sergej Dozenko (UKR)
3. Vitalii Grusac (MDA)
Dorel Simion (ROM)

5. Ruslan Chairow (AZE), 6. Danijar Muneitbasow (KAZ), 7. ***Steven Küchler*** *(GER), 8. Bülent Ulusoy (TUR)*

Klasse bis 71 kg

1. Jermachan Ibraimow (KAZ)
2. Marin Simion (ROM)
3. Pornchai Thongburan (THA)
Jermain Taylor (USA)

Juan Hernandez Sierra (CUB), 6. Frédéric Esther (FRA), 7. Adnan Catic (GER), 8. Hekal Mohamed Abdelmawgod (EGY)

Klasse bis 75 kg

1. Jorge Gutierrez (CUB)
2. Gaidarbek Gaidarbekow (RUS)
3. Wugar Alekperow (AZE)
Zsolt Erdei (HUN)

5. Adrian Diaconu (ROM), 6. Jeff Lacy (USA), 7. Akin Kakauridse (TUR), 8. Alexander Zubrichin (UKR)

Klasse bis 81 kg

1. Alexander Lebsjak (RUS)
2. Rudolf Kraj (CZE)
3. Andrej Fedtschuk (UKR)
Sergej Michailow (UZB)

5. John Dovi (FRA), 6. Jegbefumere Albert (NGR), 7. Olshas Orazalijew (KAZ), 8. Gurcharan Singh (IND)

Klasse bis 91 kg

1. Felix Sávon (CUB)
2. Sultanahmed Ibsagimow (RUS)
3. Wladimir Tschanturia (GEO)
Sebastian Köber (GER)

5. Michael Bennett (USA), 6. Jackson Chanet (FRA), 7. Mark Simmns (CAN), 8. Ruslan Schagajew (UZB)

Klasse über 91 kg

1. Audley Harrison (GBR)
2. Muchtarchan Dildabekow (KAZ)
3. Paolo Vidoz (ITA)
Rusta Saidow (UZB)

5. Art Binkowski (CAN), 6. Oleksii Mazikin (UKR), 7. Alexis Rubalcaba Polleda (CUB), 8. Samuel Peter (NGR), ausgesch.: ***Cengiz Koc*** *1. Rd.*

FECHTEN

16. - 24. 9.

Männer

Florett, Einzel

1. Kim Young Ho (KOR)
2. **Ralf Bissdorf** (GER)
3. Dmitri Schewtschenko (URS)

4. Jean-Noël Ferrari (FRA), 5. Salvatore Sanzo (ITA), 6. Sergej Golubitzki (UKR), 7. ***Richard Breutner*** *(GER), 8. Márk Marsi (HUN), ... 18.* ***Wolfgang Wienand***

Florett, Mannschaft

1. FRA
Jean-Noël Ferrari, Lionel Plumenail, Brice Guyart, Patrice Lhotellier
2. CHN
Dong Zhaozhi, Wang Haibin, Ye Chong
3. ITA
Daniele Crosta, Salvatore Sanzo, Gabriele Magni, Matteo Zennaro

4. POL, 5. UKR, 6. ***GER*** *(Wolfgang Wienand, Ralf Bissdorf, Richard Breutner, David Hausmann), 7. CUB, 8. RUS*

Degen, Einzel

1. Pawel Kolobkow (RUS)
2. Hugues Obry (FRA)
3. Lee Sang Ki (KOR)

4. Marcel Fischer (SUI), 5. Ivan Trevejo (CUB), Eric Srecki (FRA), Peter Vanky (SWE), Zhao Gang (CHN), ausgesch.: ***Arnd Schmitt*** *2. Rd.,* ***Jörg Fiedler*** *1. Rd.,* ***Marc Steifensand*** *1. Rd.*

Degen, Mannschaft

1. ITA
Angelo Mazzoni, Paolo Milanoli, Alfredo Rota, Maurizio Randazzo
2. FRA
Jean Francois di Martino, Hugues Obry, Eric Srecki
3. CUB
Carlos Pedroso, Ivan Trevejo, Nelson Loyola

4. KOR, 5. ***GER*** *(Jörg Fiedler, Arnd Schmitt, Marc Steifensand, Daniel Strigel), 6. BLR, 7. HUN, 8. AUS*

Säbel, Einzel

1. Mihai Covailu (ROM)
2. Mathieu Gourdain (FRA)
3. **Wiradech Kothny** (GER)

4. Domonkos Ferjancsik (HUN), 5. Damien Touya (FRA), 6. Alexej Frossin (RUS), 7. Tonhi Terenzi (ITA), 8. Victor Gaureanu (RUM), ... 14. ***Dennis Bauer****, 23.* ***Eero Lehmann***

Säbel, Mannschaft

1. RUS
Sergej Scharikow, Stanislaw Posdnjakow, Alexej Frossin
2. FRA
Mathieu Gourdian, Damien Touya, Julien Pillet
3. **GER**
Dennis Bauer, Alexander Weber, Wiradech Kothny

4. ROM, 5. HUN, 6. UKR, 7. POL, 8. ITA

STATISTIK

Frauen

Florett, Einzel

1. Valentina Vezzali (ITA)
2. **Rita König** (GER)
3. Giovanna Trillini (ITA)

*4. Laura Gabriela Carlescu Badea (ROM), 5. Xiao Aihua (CHN), 6. Diana Bianchedi (ITA), 7. Aida Mohamed (HUN), 8. Reka Zsofia Szabo (ROM), 9. **Sabina Bau**, 10. **Monika Weber***

Florett, Mannschaft

1. ITA
Valentina Vezzali, Giovanna Trillini, Diana Bianchedi
2. POL
Sylwia Gruchala, Barbara Wolnicka, Magdalena Mroczkiewicz, Anna Rybicka
3. **GER**
Sabine Bau, Rita König, Monika Weber

4. USA, 5. RUS, 6. HUN, 7. CHN, 8. UKR

Degen, Einzel

1. Timea Nagy (HUN)
2. Gianna Hablützel-Bürki (SUI)
3. Laura Flessel-Colovic (FRA)

*4. Tatjana Logunowa (RUS), 5. Zuleydis Ortiz (CUB), Valerie Barlois-Leroux (FRA), **Claudia Bokel** (GER), Margherita Zalaffi (ITA), ausgesch.: **Imke Duplitzer** 2. Rd., **Katja Nass** 1. Rd.*

Degen, Mannschaft

1. RUS
(Tatjana Logunowa, Oksana Jermakowa, Maria Masina, Karina Asnawurjan)
2. SUI
(Sophie Lamon, Gianna Hablützel-Bürki, Diana Romagnoli)
3. CHN
(Yang Shaoqi, Li Na, Liang Qin)

*4. HUN, 5. FRA, 6. **GER** (Imke Duplitzer, Claudia Bokel, Katja Nass), 7. CUB, 8. NOR*

FUSSBALL

13. - 30. 9.

Männer

1. CMR
Daniel Bekono, Albert Meyong Ze, Pierre Wome, Serge Mimpo, Patrice Abanda, Clement Beaud, Nicolas Alnoudi, Geremi Njitap, Fotso Samuel Eto'o Fils, Patrick Mboma, Daniel Ngom Kome, Lauren Etame Mayer, Aaron Nguimbat, Patrick Suffo K, Joel Epalle, Modeste Mbani, Serge Branco, Idress Carlos Kameni
2. ESP
Aranzubia, Lacruz, Capdevila, Marchena, Unai, Albelda, Angulo, Xavi, José Mari, Gabri, Ferron, Puyol, Luque, Amaya, Ismael, Toni Velamazan, Tamudo, Felip
3. CHI
Nelson Tapia, Cristian Alvarez, Claudio Maldonado, David Henriquez, Pablo Contreras, Pedro Reyes, Sebastian Gonzalez, David Pizarro, Ivan Zamorano, Francisco Arrue, Reinaldo Navia, Rodrigo Nunez, Rodrigo Tello, Manuel Ibarra, Rafael Olarra, Patricio Ormazabal, Javier de Gregorio, Mauricio Rojas

4. USA, 5. ITA 6. JPN, 7. BRA, 8. NGR

***Finale:** CMR – ESP 7:5 n. 11-m-Schießen (2:2 n. V.),*
***um Platz 3:** CHI – USA 2:0.*
***Halbfinale:** ESP – USA 3:1, CHI – CMR 1:2.*
***Viertelfinale:** ESP – ITA 1:0, CHI – NGR 4:1, CMR – BRA 2:1 n. V., USA – JPN 7:6 n. E. (2:2 n. V.).*
***Vorrunde:** Gruppe A: NGR – HON 3:3, AUS – ITA 0:1, ITA – HON 3:1, AUS – NGR 2:3, ITA – NGR 1:1, AUS – HON 1:2.*
Gruppe B: KOR – ESP 0:3, MAR – CHI 1:4, KOR – MAR 1:0, ESP – CHI 1:3, KOR – CHI 1:0, ESP – MAR 2:0.
Gruppe C: CMR – KUW 3:2, USA – CZE 2:2, CZE – KUW 2:3, USA – CMR 1:1, CZE – CMR 1:1, USA – KUW 3:1.
Gruppe D: BRA – SVK 3:1, RSA – JPN 1:2, BRA – RSA 1:3, SVK – JPN 1:2, BRA – JPN 1:0, SVK – RSA 2:1.

Frauen

1. NOR
Bente Nordby, Brit Sandaune, Göril Kringen, Gro Espeseth, Hege Riise, Solveig Gulbrandsen, Monica Knudsen, Anita Rapp, Unni Lehn, Marianne Pettersen, Silje Jörgensen, Kristin Bekkevold, Dagny Mellgren, Margunn Haugenes, Ragnhild Gulbrandsen, Christine Boe Jensen, Ingeborg Hovland, Bente Kvitland
2. USA
Briana Scurry, Lorrie Fair, Christie Pearce, Carla Overbeck, Nikki Serlenga, Brandi Chastain, Sara Whalen, Shannon McMillan, Mia Hamm, Michelle French, Julie Foudy, Cindy Parlow, Kristine Lilly, Joy Fawcett, Kate Sobrero, Tiffany Milbrett, Danielle Slaton, Siri Mullinix
3. **GER**
Silke Rottenberg, Kerstin Stegemann, Jeanette Götte, Steffi Jones, Doris Fitschen, Maren meinert, Claudia Müller, Nicole Brandebusemeyer, Birgit Prinz, Bettina Wiegmann, Inka Grings, Stefanie Gottschlich, Sandra Minnert, Tina Wunderlich, Ariane Hingst, Renate Lingor, Melanie Hoffmann, Nadine Angerer

4. BRA, 5. CHN, 7. AUS, 8. NGR

***Finale:** NOR – USA 3:2 (2:2) n. V.,*
***um Platz 3:** GER – BRA 2:0.*
***Halbfinale:** GER – NOR 0:1, USA – BRA 1:0.*
***Vorrunde:** Gruppe E: AUS – GER 0:3, SWE – BRA 0:2, GER – BRA 2:0, AUS – SWE 1:0, AUS – BRA 1:2, GER – SWE 1:0.*
Gruppe F: USA – NOR 2:0, CHN – NGR 3:1, USA – CHN 1:1, NOR – NGR 3:1, USA – NGR 3:1, NOR – CHN 2:1.

GEWICHTHEBEN

16. - 26. 9.

Männer

Klasse bis 56 kg

1. Halil Mutlu (TUR)	305,0
2. Wu Wenxiong (CHN)	287,5
3. Zhang Xiangxiang (CHN)	287,5

4. Wang Shin Yuan (TPE) 285,0, 5. Sergio Alvarez (CUB) 275,0, 6. Adrian Ioan Jigau (ROM) 275,0, 7. Witali Derbenew (BLR) 275,0, 8. Yang Chin Yi (TPE) 270,0

Klasse bis 62 kg

1. Nikolai Pechalow (CRO)	325,0
2. Leonidas Sabanis (GRE)	317,5
3. Gennadi Oleschtschuk (BLR)	317,5

4. Le Maosheng (CHN) 315,0, 5. Seyed Mahdi Panzvan Langroudi (IRI) 302,5, 6. Hiroshi Ikehata (JPN) 300,0, 7. Wladimir Popow (MDA) 295,0, 8. Elchan Süleymanow (AZE) 292,5

Klasse bis 69 kg

1. Galabin Bojewski (BUL)	357,5
2. Georgi Markow (BUL)	352,5
3. Sergej Lawrenow (BLR)	340,0

4. Zhang Guozheng (CHN) 337,5, 5. Rudik Petrosjan (ARM) 335,0, 6. Valerios Leonidis (GRE) 330,0, 7. Lee Bae Young (KOR)330,0, 8. Kim Hak Bong (KOR) 330,0

Klasse bis 77 kg

1. Zhan Xugang (CHN)	367,5
2. Viktor Mitrou (GRE)	367,5
3. Arsen Melikjan (ARM)	365,0

*4. Sergej Filimonow (KAZ) 362,5, 5. Ilirian Suli (ALB) 355,0, 6. Jon Chol Ho (PRK) 352,5, 7. **Ingo Steinhöfel** (GER) 350,0, 8. Dmitri Chnidenko (UKR) 350,0*

Klasse bis 85 kg

1. Pyrros Dimas (GRE)	390,0
2. **Marc Huster** (GER)	390,0
3. George Asanidze (GEO)	390,0

4. Krzysztof Siemion (POL) 380,0, 5. Gagii Chatschatrjan (ARM) 380,0, 6. Sergo Chakhoyan (AUS) 377,5, 7. Christos Spyrou (GRE) 375,0, 8. Ernesto Quiroga (CUB) 375,0

Klasse bis 94 kg

1. Akokis Kakiaswilis (GRE)	405,0
2. Szymon Kolecki (POL)	405,0
3. Alexej Petrow (RUS)	402,5

4. Kourush Bagheri (IRI) 402,5, 5. Vadim Vacarciuc (MDA) 397,5, 6. Zaltán Kovács (HUN) 307,5, 7. Bunyami Sudas (TUR) 392,5, 8. Julio Luna Fermin (VEN) 392,5

Klasse bis 105 kg

1. Hossein Tavakoli (IRI)	425,0
2. Alan Zagajew (BUL)	422,5
3. Said S. Asaad (QAT)	420,0

4. Igor Rasorjonow (UKR) 420,0, 5. Jewgeni Tschigischew (RUS) 415,0, 6. Alexandru Bratan (MDA) 410,0, 7. Florin Vlad (ROM) 405,0, 8. Grzegorz Kleszcz (POL) 405,0

Klasse über 105 kg

1. Hossein Rezazadeh (IRI)	472,5
2. **Ronny Weller** (GER)	467,5
3. Andrej Tschemerkin (RUS)	462,5

4. Jaber S. Salem (QAT) 460,0, 5. Kim Tae Hyun (KOR) 460,0, 6. Viktors Scerbatihs (LAT) 452,5, 7. Pawel Najdek (POL) 425,0, 8. Gennadi Krasilnikow (UKR) 420,0

Frauen

Klasse bis 48 kg

1. Tara Nott (USA)	185,0
2. Raema Lisa Rumbewas (INA)	185,0
3. Sri Indriyani (INA)	182,5

4. Win Kay Thi (MYA) 177,5, 5. Robin Goad (USA) 177,5, 6. Kaori Niyanagi (JAP) 175,0, 7. Eva Giganti (ITA) 170,0, 8. Sabryna Richard (FRA) 157,5

Klasse bis 53 kg

1. Yang Xia (CHN)	225,0
2. Li Feng Ying (TPE)	212,5
3. Winarni Binti Slamet (INA)	202,5

4. Franca Gbodo (NGR) 195,0, 5. Win Swe Swe (MYA) 195,0, 6. Thing Baijan Sanamacha Chanu (IND) 195,0, 7. Mari Nagaka (JPN) 182,5, 8. Marioara Munteanu (ROM) 180,0

Klasse bis 58 kg

1. Soraya Jimenez Mendivil (MEX)	222,5
2. Ri Song Hui (PRK)	220,0
3. Khassaraporn Suta (THA)	210,0

4. Maryse Turcotte (CAN) 205,0, 5. Aleksandra Klejnowska (POL) 202,5, 6. Khin Moe Nwe (MYA) 200,0, 7. Natalja Skakun (UKR) 197,5, 8. Anna Batsjuschko (BLR) 197,5

Klasse bis 63 kg

1. Chen Xiaomin (CHN)	242,5
2. Walentina Popowa (RUS)	235,0
3. Ioanna Chatziioannou (GRE)	222,5

4. Saipin Detsaeng (THA) 222,5, 5. Kim Yong Ok (PRK) 205,0, 6. Amanda Phillips (AUS) 190,0, 7. Josefa Perez (ESP) 187,5, 8. Nora Koppel (ARG) 182,5

Klasse bis 69 kg

1. Lin Weining (CHN)	242,5
2. Erzsébet Márkus (HUN)	242,5
3. Karnam Malleswari (IND)	240,0

4. Milena Trendafilowa (BUL) 232,5, 5. Daniela Kerkelowa (BUL) 232,5, 6. Irina Kassimowa (RUS) 230,0, 7. Pawina Thongsuk (THA) 225,0, 8. Beata Prei (POL) 225,0

Klasse bis 75 kg

1. Maria Isabel Urrutia (COL)	245,0
2. Ruth Ogbeifo (NGR)	245,0
3. Kuo Yi Hang (TPE)	245,0

4. Kim Soon Hee (KOR) 240,0, 5. Gyöngyi Likerecz (HUN)227,5, 6. Swetlana Chabirowa (RUS) 227,5, 7. Cara Heads-Lane (USA) 222,5, 8. Wanda Rijo (DOM) 215,0

Klasse über 75 kg

1. Ding Meiyuan (CHN)	300,0
2. Agata Wrobel (POL)	295,0
3. Cheryl Haworth (USA)	270,0

*4. Carmenza Delgado (COL) 260,0, 5. Helen Idahosa (NGR) 250,0, 6. **Monique Riesterer** (GER) 245,0, 7. Mun Kyung Ae (KOR) 245,0, 8. Olivia Baker (NZL) 235,0*

HANDBALL

16. 9. - 1. 10.

Männer

1. RUS

Andrej Lawrow, Igor Lawrow, Stanislaw Kulintschenko, Eduard Koktscharow, Denis Kriwotschlykow, Lew Woronin, Alexander Tutschkin, Wassili Kudinow, Dmitri Torgowanow, Pawel Sukossjan, Dmitri Kuselew, Oleg Chodkow, Wjatscheslaw Gorpitschin, Sergej Pogorelow, Dmitri Filipow

2. SWE

Tomas Svensson, Martin Boquist, Magnus Wislander, Tomas Sivertsson, Ola Lindgren, Martin Frändesjö, Mathias Frandzen, Johan Pettersson, Stefan Lövgren, Pierre Thorsson, Peter Gentzel, Staffan Olsson, Magnus Andersson, Andreas Larsson, Ljubomir Vranjes

3. ESP

Antoni Ugalde, Andriy Xepkin, Rafael Guijosa, Enric Masip, Xavier O'Callaghan, Inaki Urdangarin, Iosu Olalla, Mateo Garralda, Talant Dujshebaev, Demetrio Lozano, Jordi Nunez, Alberto Urdiales, Juan Perez, David Barrufet, Antoni Ortega

*4. YUG, 5. **GER** (Fritz Henning, Frank von Behren, Bogdan Wenta, Stefan Kretzschmar, Christian Schwarzer, Klaus-Dieter Petersen, Volker Zerbe, Markus Baur, Jan Holpert, Jörg Kunze, Daniel Stephan, Florian Kehrmann, Mike Bezdicek, Sven Lakenmacher, Bernd Roos), 6. FRA, 7. EGY, 8. SLO*

***Finale:** RUS – SWE 28:26,*
***um Platz 3:** YUG – ESP 22:26.*
***Halbfinale:** RUS – YUG 29:26, ESP – SWE 25:32, um Platz 5: GER – FRA 25:22.*
***Viertelfinale:** RUS – SLO 33:22, ESP – GER 27:26, YUG – FRA 26:21, SWE – EGY 27:23.*
Plazierungsspiele: SLO – FRA 22:29, GER – EGY 24:18.
***Vorrunde:** Gruppe A: GER – CUB 30:22, YUG – KOR 25:24, RUS – EGY 22:21, KOR – GER 24:24, EGY – JUG 22:25, CUB – RUS 26:31, RUS – KOR 26:24, EGY – CUB 29:26, YUG – GER 22:28, KOR – EGY 21:28, YUG – CUB 33:26, GER – RUS 25:23, CUB – KOR 28:35, GER – EGY 21:22, RUS – YUG 27:25.*
Gruppe B: FRA – SLO 24:24, ESP – TUN 24:22, SWE – AUS 44:23, TUN – FRA 17:20, AUS – ESP 23:39, SLO – SWE 30:32, SWE – TUN 27:18, ESP – FRA 23:25, AUS – SLO 20:33, TUN – AUS 34:24, ESP – SLO 31:28, FRA – SWE 23:24, SLO – TUN 22:20, FRA – AUS 28:16, SWE – ESP 28:27.

Frauen

1. DEN

Lene Rantala, Katrine Fruelund, Camilla Andersen, Mette Vestergaard, Anette Hoffmann Moberg, Christina Roslyng, Tina Bottzau, Janne Kolling, Anja Nielsen, Karin Mortensen, Lotte Kiaerskou, Maja Gronbek, Tonje Kjaergaard, Rikke Petersen, Karen Brodsgaaard

2. HUN

Andrea Farkás, Tamasné Zsembery, Ilidikó Padar, Aniko Nagy, Rita Deli, Bojana Radulovic, Krisztina Pigniczki, Agnes Farkás, Aniko Kantor, Beata Siti, Beatrix Kokeny, Katalin Palinger, Dora Lowy, Anita Kulcsár, Beatrix Balogh

3. NOR

Heidi Tjugum, Tonje Larsen, Kjersti Grini, Kristine Duvholt, Susann Goksoer Bjerkrheim, Else-Marthe Soerli, Monica Sandve, Mia Hundvin, Marianne Rokne, Trine Haltvik, Ann Cathrin Eriksen, Cecilie Leganger, Birgitte Saettem, Elisabeth Hilmo, Jenaette Nilsen

4. KOR, 5. AUT, 6. FRA, 7. ROM, 8. BRA

***Finale:** DEN – HUN 31:17,*
um Platz 3: KOR – NOR 22:12.
***Halbfinale:** KOR – DEN 29:31, HUN – NOR 28:23,*
***Viertelfinale:** KOR – BRA 35:24, HUN – AUT 28:27 n. V., DEN – FRA 28:26 n. V., NOR – RUM 28:16. Plazierungsspiele: FRA – BRA 32:23, AUT – RUM 29:23, FRA – AUT 32:33 n. V., BRA – RUM 38:33 n. V.*
***Vorrunde**, Gruppe A: HUN – ANG 42:22, RSA – FRA 25:18, FRA – HUN 22:23, RUM – KOR 25:34, ANG – RUM 25:35, HUN – KOR 33:41, FRA – ANG 29:27, RUM – HUN 21:21, KOR – ANG 31:24, FRA – RUM 21:18.*
Gruppe B: DEN – NOR 17:19, AUS – BRA 19:32, NOR – AUS 28:18, AUT – DEN 26:30, BRA – AUT 26:45, AUS – DEN 12:38, NOR – BRA 30:16, AUT – AUS 39:10, DEN – BRA 39:26, NOR – AUT 24:21.

HOCKEY

16. - 30. 9.

Männer

1. NED

Ronald Jansen, Erik Jazet, Wouter van Pelt, Bram Lomans, Diederik van Weel, Stephan Veen, Jeroen Delmee, Jaques Brinkmann, Remco van Wijk, Teun de Nooijer, Jaap Buma, Peter Wind, Sander van der Weide, Piet-Hein Geeris, Marten Eikelboom

2. KOR

Kim Yoon, Ji Seong-Hwan, Seo Jong-Ho, Kim Chel-Hwan, Kim Yong-Bae, Han Hyung-Bae, Kim Kyung-Seok, Kim Jung-Chul, Song Seung-Tae, Kang Keon-Wook, Kong Keon-Wook, Hwang Jong-Hyun, Lim Jung-Woo, Jeon Jong-Ha, Jeon Hong-Kwon, Yeo Woon-Kon, Lim Jong-Chun

3. AUS

Michal Brennan, Adam Commens, Jason Duff, Troy Elder, James Elmer, Damon Diletti, Lachlan Dreher, Paul Gaudoin, Jay Stacy, Daniel Dbroule, Stephen Davies, Michael York, Graig Cictory, Stephen Holt, Matthew Wells, Brent Livermore

*4. PAK, 5. **GER** (Christopher Reitz, Florian Kunz, Björn Emmerling, Michael Green, Philipp Crone, Ulrich Moisel, Christian Wein, Christoph Eimer, Christian Mayerhöfer, Björn Michel, Oliver Domke, Sascha Reinelt, Tibor Weißenborn, Christoph Bechmann), 6. GBR, 7. IND, 8. ARG*

***Finale:** NED – KOR 5:4 n. 5-m-Schießen (3:3 n. V.),*
***um Platz 3:** AUS – PAK 6:3.*
***Halbfinale:** KOR – PAK 1:0, NED – AUS 5:4 n. 7-m-Sch., um Platz 5: GER – GBR 4:0.*
Plazierungsspiele: IND – ARG 3:1, ESP – CAN 3:0, MAS – POL 3:2 n. V., ESP – MAS 1:0, GER – ARG 6:2, GBR – IND 2:1, CAN – POL 3:2.
***Vorrunde:** Gruppe A: NED – GBR 4:2, CAN – PAK 2:2, MAS – GER 0:1, NED – MAS 0:0, GBR – PAK 1:8, GER – CAN 2:1, NED – CAN 5:2, MAS – GBR 2:2, NED – CAN 5:2, MAS – GBR 2:2, GER – PAK 1:1, GER – NED 2:2, MAS – PAK 2:2, GBR – CAN 1:1, MAS – CAN 1:1, NED – PAK 0:2, GER – GBR 1:2.*
Gruppe B: ESP – KOR 1:1, AUS – POL 4:0, ARG – IND 0:3, ESP – POL 1:4, ARG – KOR 2:2, AUS – IND 2:2, ARG – POL 5:5, KOR – IND 2:0, ESP – AUS 2:2, IND – ESP 3:2, AUS – ARG 2:1, POL – KOR 2:3, ESP – ARG 1:5, AUS – KOR 2:1, POL – IND 1:1.

Frauen

1. AUS

Alyson Annan, Juliet Haslam, Alison Peek, Claire Mitchell-Tabverner, Kate Starre, Kate Allen, Lisa Carruthers, Rechelle Hawkes, Clover Maitland, Rachel Imison, Angie Skirving, Julie Towers, Renita Garard, Jenny Morris, Katrina Powell, Nikki Hudson

2. ARG

Mariela Antoniska, Agustina García, Magadalena Aicega, Paz Ferrari, Anabel Gambero, Ayelen Stepnik, Indes Arrondo, Luciana Aymar, Vanina Oneto, Jorgelina Rimoldi, Karina Masotta, Paola Vukojicic, Laura Maiztegui, Mercedes Margalot, Maria de la Paz Hernandez, Cecilia Rognoni

3. NED

Clarnda Sinnige, Macha van der Vaart, Julie Deiters, Fatima Moreira de Melo, Hanneke Smabers, Dillianne van de Boogaard, Margje Teeuwen, Mijntje Donners, Ageeth Boomgaardt, Myma Veenstra, Minke Smabers, Carole Thate, Fleur van de Kieft, Minke Booij, Daphne Touw

*4. ESP, 5. CHN, 6. NZL, 7. **GER***

***Finale:** AUS – ARG 3:1,*
***um Platz 3:** NED – ESP 2:0,*
um Platz 7: GER – GBR 2:0.
***Zwischenrunde:** ARG – CHN 2:1, AUS – NED 5:0, ESP – NZL 2:2, ESP – CHN 0:0, ARG – NED 3:1, AUS – NZL 3:0, NED – ESP 2:1, ARG – NZL 7:1, AUS – CHN 5:1. Plazierungsspiele: GBR – RSA 3:2, RSA – GER 2:3.*
***Vorrunde:** Gruppe A: KOR – ARG 2:3, AUS – GBR 2:1, KOR – ESP 0:0, GBR – ARG 0:1, AUS – ESP 1:1, KOR – GBR 2:2, AUS – ARG 3:1, ARG – ESP 0:1, AUS – KOR 3:0, GBR – ESP 2:0.*
Gruppe B: GER – NZL 1:1, NED – CHN 1:2, GER – RSA 2:1, CHN – NZL 0:2, NED – RSA 2:2, GER – CHN 1:2, NED – NZL 4:3, NZL – RSA 1:0, NED – GER 2:2, CHN – RSA 0:1.

JUDO

16. - 22. 9.

Männer

Klasse bis 60 kg

1. Tadahiro Nomura (JPN)
2. Jung Bu Kyung (KOR)
3. Manolo Poulot (CUB)
   Aidyn Smagulow (KGZ)

*5. Bazarbek Donbay (KAZ), Alisher Muchtarow (UZB), 7. Jelschin Ismailow (AZE), Brandan Greczkowski (USA), ausgesch.: **Oliver Gussenberg** Vorrd.*

Klasse bis 66 kg

1. Huseyin Ozkan (TUR)
2. Larbi Benboudaoud (FRA)
3. Girolamo Giovinazzo (ITA)
   Georgi Wazaschwili (GEO)

5. Arash Miresmaeili (IRI), Patrick van Kalken (NED), 7. Yukimasa Nakamura (JPN), Han Ji Hwan (KOR)

Klasse bis 73 kg

1. Guiseppe Maddaloni (ITA)
2. Tiago Camilo (BRA)
3. Anatoli Larjukow (BLR)
   Vsevolods Zelonijs (LAT)

*5. Jimmi Pedro (USA), Choi Yong Sin (KOR), 7. Michel Almeida (POR),8. Ferrid Kheder (FRA), ausgesch.: **Martin Schmidt** Vorrd.*

Klasse bis 81 kg

1. Makoto Takimoto (JPN)
2. Cho In Chul (KOR)
3. Nuno Delgado (POR)
   Aleksei Budolin (EST)

*5. Alvaro Paseyro (URU), Djamel Bouras (FRA), 7. Kwak Ok Chol (PRK), Kazem Sarikhani (IRI), ausgesch.: **Florian Wanner** Vorrd.*

Klasse bis 90 kg

1. Mark Huizinga (NED)
2. Carlos Honorato (BRA)
3. Frédéric Demontfaucon (FRA)
   Ruslan Maschurenko (UKR)

*5. Rasul Salimow (AZE), Keith Morgan (CAN), 7. Brian Olson (USA), Fernando Gonzalez (ESP), ausgesch.: **Marko Spittka** Vorrd.*

Klasse bis 100 kg

1. Kosei Inoue (JPN)
2. Nicolas Gill (CAN)
3. Juri Stepkin (RUS)
   Stéphane Traineau (FRA)

*5. Luigi Guido (ITA), Ariel Zeevi (ISR), 7. Iweri Shikurali (GEO), Mario Sabino, jr. (BRA), ausgesch.: **Daniel Gürschner**, 1. Rd.*

Klasse über 100 kg

1. David Douillet (FRA)
2. Shinichi Shinohara (JPN)
3. Indrek Pertelson (EST)
   Tamerlan Tmenow (RUS)

*5. Ruslan Schaparow (BLR), Selim Tataroglu (TUR), 7. Pan Song (CHN), Ernesto Pérez (ESP), ausgesch.: **Frank Möller** Hoffnungsrd.*

Frauen

Klasse bis 48 kg

1. Ryoko Tamura (JPN)
2. Ljubow Bruletowa (RUS)
3. **Anna-Maria Gradante** (GER)
   Ann Simons (BEL)

5. Zhao Shunxin (CHN), Cha Hyon Hyang (PRK), 7. Sarah Nichilo-Rosso (FRA), Amarilys Savon (CUB).

Klasse bis 52 kg

1. Legna Verdecia (CUB)
2. Noriko Narazaki (JPN)
3. Kye Sun Hui (PRK)
   Liu Yuxiang (CHN)

5. Ioana Maria Denea (ROM), Deborah Gravenstijn (NED), 7. Salima Souakri (ALG), Miren Leon (ESP)

Klasse bis 57 kg

1. Isabel Fernandez (ESP)
2. Driulys Gonzalez (CUB)
3. Kie Kusakabe (JPN)
   Maria Pekli (AUS)

5. Shen Jun (CHN), Cinzia Cavazzuti (ITA), 7. Sulfija Huseinowa (AZE), Barbara Harel (FRA)

Klasse bis 63 kg

1. Severine Vandenhende (FRA)
2. Li Shufang (CHN)
3. Gella Vandecaveye (BEL)
   Jung Sung Sook (KOR)

*5. **Anja von Rekowski** (GER), Jennifer Gál (ITA), 7. Vania Ishii (BRA), Saida Dhahri (TUN)*

Klasse bis 70 kg

1. Sibelis Veranes (CUB)
2. Kate Howey (GBR)
3. Cho Min Sun (KOR)
   Ylenia Scapin (ITA)

*5. Ulla Werbrouck (BEL), Ursula Martin (ESP), 7. Edith Bosch (NED), **Yvonne Wansart** (GER)*

Klasse bis 78 kg

1. Tang Lin (CHN)
2. Celine Lebrun (FRA)
3. Emanuela Pieratozzi (ITA)
   Simona Marcela Richter (ROM)

*5. Heidi Rakels (BEL), Diadenys Luna (CUB), 7. Edinanci Silva (BRA), Lee So Yeon (KOR), ausgesch.: **Uta Kühnen**, 2. Rd.*

Klasse über 78 kg

1. Yuan Hua (CHN)
2. Daima Mayelis Beltran (CUB)
3. Kim Seon Young (KOR)
   Mayumi Yamashita (JPN)

*5. **Sandra Köppen** (GER), Christine Cicot (FRA), 7. Irina Rodina (RUS), Priscila Marques (BRA)*

KANURENNSPORT

26. 9. - 1. 10.

Männer

K 1, 500 m

1.	Knut Holmann (NOR)	1:57,847
2.	Petar Merkow (BUL)	1:58,393
3.	Michael Kolganov (ISR)	1:59,563

4. Akos Vereckei (HUN) 2:00,145, 5. ***Lutz Liwowski*** *(GER) 2:00,259, 6. Jovino Gonzalez (ESP) 2:03,889, 7. Alvydas Duonela (LTU) 2:04,591, 8. Alan van Coller (RSA) 2:04,981*

K 2, 500 m

1.	HUN	1:47,055
	Zoltán Kammerer, Botond Storcz	
2.	AUS	1:47,895
	Daniel Collins, Andrew Trim	
3.	**GER**	1:48,771
	Ronald Rauhe, Tim Wieskötter	

4. Babak Amir-Tahmasseb, Philippe Aubertin (FRA) 1:48,921, 5. Marek Twardowski, Adam Wysocki (POL) 1:48,963, 6. Peter Newton, Angel Pérez (USA) 1:52,617, 7. Beniamino Bonomi, Antonio Rossi (ITA) 1:52,635, 8. Milko Kasanow, Petar Sibinkitsch (BUL) 1:52,725

K 1, 1000 m

1.	Knut Holmann (NOR)	3:33,269
2.	Petar Merkow (BUL)	3:34,649
3.	Tim Brabants (GBR)	3:35,057

4. Michael Kolganov (ISR) 3:35,099, 5. Javier Andres Correa (ARG) 3:35,687, 6. Torsten Tranum (DEN) 3:37,811, 7. Pierre Lubac (FRA) 3:37,931, 8. Jacopo Majocchi (ITA) 3:38,105, disqu.: ***Lutz Liwowski*** *SF*

K 2, 1000 m

1.	ITA	3:14,461
	Beniamino Bonomi, Antonio Rossi	
2.	SWE	3:16,075
	Henrik Nilsson, Markus Oscarsson	
3.	HUN	3:16,357
	Krisztian Bartfai, Krisztian Vereb	

4. ***Andreas Ihle, Olaf Winter*** *(GER) 3:16,627, 5. Babak Amir-Tahmasseb, Philippe Aubertin (FRA)3:17,635, 6. Juraj Baca, Michal Riszdorfer (SVK) 3:18,325, 7. Oleg Gorobii, Jewgeni Salachow (RUS) 3:18,937, 8. Marek Twardowski, Adam Wysocki (POL) 3:19,939*

K 4, 1000 m

1.	HUN	2:55,188
	Gabor Horvath, Zoltán Kammerer, Botond Storcz, Akos Vereckei	
2.	**GER**	2:55,704
	Björn Bach, Jan Schäfer, Stefan Ulm, Mark Zabel	
3.	POL	2:57,192
	Dariusz Bialkowski, Grzegorz Kotowicz, Adam Seroczynski, Marek Witkowski	

4. SVK 2:57,696, 5. BUL 2:59,112, 6. USA 2:59,472, 7. RUS 2:59,778, 8. SWE 3:01,326

C 1, 500 m

1.	György Kolonics (HUN)	2:24,813
2.	Maxim Opalew (RUS)	2:25,809
3.	**Andreas Dittmer** (GER)	2:27,591

4. Maxime Boilard (CAN) 2:29,259, 5. Slavomir Knazovicky (SVK) 2:29,613, 6. Ledys Frank Balceiro (CUB) 2:32,229, 7. Michailo Sliwinski (UKR) 2:33,129, 8. Martin Doktor (CZE) 2:37,467

C 2, 500 m

1.	HUN	1:51,284
	Férenc Novák, Imre Pulai	
2.	POL	1:51,536
	Pawel Baraszkiewicz, Daniel Jedraszko	
3.	ROM	1:54,260
	Florin Popescu, Mitica Pricop	

4. José Alfredo Bea, David Mascato (ESP) 1:56,600, 5. ***Christian Gille, Thomas Zereske*** *(GER) 1:59,294, 6. Alexander Kostoglod, Alexander Kowalew (RUS) 2:00,134, 7. Konstantin Negodjajew, Shomart Satubaldin (KAZ) 2:01,436, 8. Sergej Klymnjuk, Dmitro Sablin (UKR) 2:02,612*

C 1, 1000 m

1.	**Andreas Dittmer** (GER)	3:54,379
2.	Ledys Frank Balceiro (CUB)	3:56,071
3.	Steve Giles (CAN)	3:56,437

4. Eric le Leuch (FRA) 3:57,217, 5. Christian Frederiksen (NOR) 3:58,159, 6. Maxim Opalew (RUS) 3:58,813, 7. Jefimijs Klementjevs (LAT) 4:00,931, 8. Martin Doktor (CZE) 4:02,335

C 2, 1000 m

1.	ROM	3:37,355
	Florin Popescu, Mitica Pricop	
2.	CUB	3:38,753
	Leobaldo Pereira, Ibrahin Rojas	
3.	**GER**	3:41,129
	Lars Kober, Stefan Uteß	

4. Alexander Kostoglod, Alexander Kowalew (RUS) 3:41,267, 5. Ferenc Novák, Imre Pulai (HUN) 3:43,103, 6. Ramon Ferrer, Antonio Romero (MEX) 3:46,457, 7. Attila Buday, Tamas Buday (CAN) 3:48,017, 8. Pawel Baraszkiewicz, Michal Gajownik (POL) 3:52,229

Frauen

K 1, 500 m

1.	Josefa Idem Guerrini (ITA)	2:13,848
2.	Caroline Brunet (CAN)	2:14,646
3.	Katrin Borchert (AUS)	2:15,138

4. Natasa Janic (YUG) 2:16,506, 5. Elzbieta Urbanczyk (POL) 2:18,018, 6. Rita Koban (HUN) 2:19,668, 7. Ruth Nortje (RSA) 2:20,274, 8. Uschi Profanter (AUS) 2:20,598, ausgesch.: ***Manuela Mucke*** *SF*

K 2, 500 m

1.	**GER**	1:56,996
	Birgit Fischer, Katrin Wagner	
2.	HUN	1:58,580
	Katalin Kovács, Szilvia Szabo	
3.	POL	1:58,784
	Aneta Pastuszka, Beata Sokolowska	

4. Raluca Andreea Ionita, Mariana Limbau (ROM) 1:59,264, 5. Caroline Brunet, Karen Furneaux (CAN) 2:01,046, 6. Katrin Borchert, Anna Wood (AUS) 2:01,472, 7. Maria Isabel García Suarez, Belen Sanchez (ESP) 2:04,208, 8. Ingela Ericsson, Anna Olsson (SWE) 2:04,574

K 4, 500 m

1.	**GER**	1:34,532
	Birgit Fischer, Manuela Mucke, Anett Schuck, Katrin Wagner	
2.	HUN	1:34,946
	Rita Koban, Katalin Kovács, Szilvia Szabo, Erzsebet Viski	
3.	ROM	1:37,010
	Raluca Andreea Ionita, Mariana Limbau, Elena Radu, Sanda Toma	

4. POL 1:37,076, 5. UKR 1:37,544, 6. BLR 1:37,748, 7. RUS 1:38,624, 8. ESP 1:38,654

KANUSLALOM

17. - 20. 9.

Männer

K 1

1.	**Thomas Schmidt** (GER)	217,25
2.	Paul Ratcliffe (GBR)	223,71
3.	Pierpaolo Ferrazzi (ITA)	225,03

Helmut Oblinger (AUT) 226,45, 5. Scott Shipley (USA) 226,67, 6. Manuel Köhler (AUT) 226,80, 7. Tomas Kobes (CZE) 226,99, 8. Laurent Burtz (FRA) 227,63

C 1

1.	Tony Estanguet (FRA)	231,87
2.	Michal Martikán (SVK)	233,76
3.	Juraj Mincik (SVK)	234,22

4. Emmanuel Brugvin (FRA) 238,42, 5. ***Stefan Pfannmöller*** *(GER) 239,72, 6.* ***Sören Kaufmann*** *(GER) 240,18, 7. Simeon Hocevar (SLO) 240,64, 8. Stuart McIntosh (GBR) 243,61*

C 2

1.	SVK	237,74
	Pavol Hochschorner, Peter Hochschorner	
2.	POL	243,81
	Krzysztof Kolomanski, Michal Staniszewski	
3.	CZE	249,45
	Marek Jiras, Tomas Mader	

4. Stuart Bowman, Nick Smith (GBR) 249,93, 5. Jaroslav Volf, Ondrej Stepanek (CZE) 253,36, 6. Andrzej Wójs, Slawomir Mordarski (POL) 255,51, 7. Frank Adisson, Wilfrid Forgues (FRA) 290,91, 8. ***André Ehrenberg, Michael Senft*** *(GER) 301,78*

Frauen

K 1

1.	Stepanka Hilgertová (CZE)	274,04
2.	Brigitte Guibal (FRA)	251,88
3.	Anne-Lise Bardet (FRA)	254,77

4. Elena Kaliská (SVK) 255,95, 5. Irena Pavelková (CZE) 256,11, 6. ***Mandy Planert*** *(GER) 257,85, 7. Rebecca Giddens (USA) 258,69, 8. Danielle Woodward (AUS) 261,89, ... 10.* ***Susanne Hirt*** *266,01*

LEICHTATHLETIK

22. 9. - 1. 10.

Männer

100 m

1.	Maurice Greene (USA)	9,87
2.	Ato Boldon (TRI)	9,99
3.	Obadele Thompson (BAR)	10,04

4. Dwain Chambers (GBR) 10,08, 5. Jonathan Drummond (USA) 10,09, 6. Darren Campbell (GBR) 10,13, 7. Kim Collins (SKN) 10,17, aufg.: Aziz Zakari (GHA), ausgesch.: ***Marc Blume*** *VL 10,42*

200 m

1.	Konstantinos Kenteris (GRE)	20,09
2.	Darren Campbell (GBR)	20,14
3.	Ato Boldon (TRI)	20,20

4. Obadele Thompson (BAR) 20,20, 5. Christian Malcolm (GBR) 20,23, 6. Claudinei da Silva (BRA) 20,28, 7. Coby Miller (USA) 20,35, 8. John Capel, jr. (USA) 20,49

400 m

1.	Michael Johnson (USA)	43,84
2.	Alvin Harrison (USA)	44,40
3.	Gregory Haughton (JAM)	44,70

4. Sanderlei Claro Parrela (BRA) 45,01, 5. Robert Mackowiak (POL) 45,14, 6. Hendrick Mokganyetsi (RSA) 45,26, 7. Antonio Pettigrew (USA) 45,42, 8. Danny McFarlane (JAM) 45,55

800 m

1.	**Nils Schumann** (GER)	1:45,08
2.	Wilson Kipketer (DEN)	1:45,14
3.	Aissa Djabir Said-Guerni (ALG)	1:45,16

4. Hezekiel Sepeng (RSA) 1:45,29, 5. André Bucher (SUI) 1:45,40, 6. Juri Borsakowski (RUS) 1:45,83, 7. Glody Dube (BOT) 1:46,24, disqu.: Andrea Longo (ITA)

1500 m

1.	Noah Ngeny (KEN)	3:32,07
2.	Hicham El Guerrouj (MAR)	3:32,32
3.	Bernard Lagat (KEN)	3:32,44

4. Medhi Baala (FRA) 3:34,14, 5. Kevin Sullivan (CAN) 3:35,50, 6. Daniel Zegeye (ETH) 3:36,78, 7. Andres Diaz (ESP) 3:37,27, 8. Juan Carlos Higuero (ESP) 3:38,91

5000 m

1.	Wolde Million (ETH)	13:35,49
2.	Ali Saidi-Sief (ALG)	13:36,20
3.	Brahim Lahlafi (MAR)	13:36,47

4. Fita Bayissa (ETH) 13:37,03, 5. David Chelule (KEN) 13:37,13, 6. Dagne Alemu (ETH) 13:37,17, 7. Sergej Lebid (UKR) 13:37,80, 8. ***Jirka Arndt*** *(GER) 13:38,57*

10 000 m

1.	Heile Gebrselassie (ETH)	27:18,20
2.	Paul Tergat (KEN)	27:18,29
3.	Assefa Mezgebu (ETH)	27:19,75

4. Patrick Ivuti (KEN) 27:20,44, 5. John Korir (KEN) 27:24,75, 6. Said Berioui (MAR) 27:37,83, 7. Toshinari Takaoka (JPN) 27:40,44, 8. Karl Keska (GBR) 27:44,09

Marathon

1.	Abera Gezahgne (ETH)	2:10:11
2.	Eric Wainaina (KEN)	2:10:31
3.	Tola Tesfaye (ETH)	2:11:10

4. Jon Brow (GBR) 2:11:17, 5. Giacomo Leone (ITA) 2:12:14, 6. Martin Fiz (ESP) 2:13:06, 7. Abdelkader El Mouaziz (MAR) 2:13:49, 8. Mohamed Ouaddi (FRA) 2:14:04, ... 37. ***Michael Fietz*** *2:20:09, 54.* ***Carsten Eich*** *2:24:11*

4 x 100 m

1. USA 37,61
Jonathan Drummond, Bernard Williams III, Brian Lewis, Maurice Greene
2. BRA 37,90
Vicente Lima, Edson Ribeiro, André Silva, Claudinei da Silva
3. CUB 38,04
José Angel Cesar, Luis Alberto Pérez, Ivan García, Freddy Mayola

4. JAM 38,20, 5. FRA 38,49, 6. JPN 38,66, 7. ITA 38,67, 8. POL 38,96

4 x 400 m

1. USA 2:56,35
Alvin Harrison, Antonio Pettigrew, Calvi Harrison, Michael Johnson – Jerome Young, Angelo Taylor
2. NGR 2:58,68
Clement Chukwu, Jude Monye, Sunday Bada, Enefiok Udo-Obong – Nduka Awazie, Fidelis Gadzama
3. JAM 2:58,78
Michael Blackwood, Gregory Haughton, Christopher Williams, Danny McFarlene – Michael McDonald, Sanjay Ayre

4. BAH 2:59,23, 5. FRA 3:01,02, 6. GBR 3:01,22, 7. POL 3:03,22, 8. AUS 3:03,91

110 m Hürden

1. Anier García (CUB)	13,00
2. Terrence Trammell (USA)	13,16
3. Mark Crear (USA)	13,22

4. Allen Johnson (USA) 13,23, 5. Colin Jackson (GBR) 13,28, 6. ***Florian Schwarthoff*** *(GER)13,42, 7. Dudley Dorival (HAI) 13,49, 8. Robert Kronberg (SWE) 13,61, ausgesch.:* ***Falk Balzer*** *13,59 SF,* ***Ralf Leberer*** *gest. VL*

400 m Hürden

1. Angelo Taylor (USA)	47,50
2. Hadi Souan Somayli (KSA)	47,53
3. Herbert Llewellyn (RSA)	47,81

4. James Carter (USA) 48,04, 5. Eronildes Araujo (BRA) 48,34, 6. Pawel Januszewski (POL) 48,44, 7. Fabrizio Mori (ITA) 48,78, 8. Gennadi Gorbenko (UKR) 49,01, ausgesch.: ***Thomas Goller*** *49,28 SF*

3000-m-Hindernis

1. Reuben Kosgei (KEN)	8:21,43
2. Wilson Boit Kipketer (KEN)	8:21,77
3. Ali Ezzine (MAR)	8:22,15

4. Bernard Barmasai (KEN) 8:22,23, 5. Luis Miguel Martin (ESP) 8:22,75, 6. Eliseo Martin (ESP) 8:23,00, 7. Brahim Boulami (MAR) 8:24,32, 8. Günther Weidlinger (AUT) 8:26,70, ... 15. ***Damian Kalabis*** *9:09,78*

20 km Gehen

1. Robert Korzeniowski (POL)	1:18:59
2. Noe Hernandez (MEX)	1:19:03
3. Wladimir Andrejew (RUS)	1:19:27

4. Jefferson Pérez (ECU) 1:20:18, 5. ***Andreas Erm*** *(GER) 1:20:25, 6. Roman Rasskasow (RUS) 1.20:57, 7. Francisco Javier Fernandez (ESP) 1:21:01, 8. Nathan Deakes (AUS) 1:21:03*

50 km Gehen

1. Robert Korzeniowski (POL)	3:42:22
2. Aigars Fadejevs (LAT)	3:43:40
3. Joel Sanchez (MEX)	3:44:36

4. Valenti Massana (ESP) 3:46:01, 5. Nikolai Matjuchin (RUS) 3:46:37, 6. Nathan Deakes (AUS) 3:47:29, 7. Miguel Angel Rodríguez (MEX) 3:48:12, 8. Roman Magdziarczyk (POL) 3:48:17, ... 19. ***Mike Trautmann*** *3:56:19, 21.* ***Denis Trautmann*** *3:58:14, ausgesch.:* ***Robert Ihly***

Hochsprung

1. Sergej Kljugin (RUS)	2,35
2. Javier Sotomayor (CUB)	2,32
3. Abderrahmane Hammad (ALG)	2,32

4. Stefan Holm (SWE) 2,32, 5. Konstantin Matoussevic (ISR) 2,32, 6. Mark Boswell (CAN) 2,32, 7. Staffan Strand (SWE) 2,32, 8. ***Wolfgang Kreißig*** *(GER) 2,29*

Weitsprung

1. Ivan Pedroso (CUB)	8,55
2. Jai Taurima (AUS)	8,49
3. Roman Schurenko (UKR)	8,31

4. Oleksi Lukaschewitsch (UKR) 8,26, 5. ***Kofi Amoah Prah*** *(GER) 8,19, 6. Peter Burge (AUS) 8,15, 7. Luis Meliz (CUB) 8,08, 8. Dwight Phillips (USA) 8,06*

Dreisprung

1. Jonathan Edwards (GBR)	17,71
2. Yoel García (CUB)	17,47
3. Denis Kapustin (RUS)	17,46

4. Yoelbi Quesada (CUB) 17,37, 5. Onochie Achike (GBR) 17,29, 6. Phillips Idowu (GBR) 17,08, 7. Robert Howard (USA) 17,05, 8. Paolo Camossi (ITA) 16,96, ***Charles Friedek*** *3 ung. Versuche*

Stabhochsprung

1. Nick Hysong (USA)	5,90
2. Lawrence Johnson (USA)	5,90
3. Maxim Tarassow (RUS)	5,90

4. ***Michael Stolle*** *(GER) 5,90, 5. Wiktor Tschistjakow (AUS) 5,80, 6. Dmitri Markow (AUS) 5,80, 7. Okkert Brits (RSA) 5,80, 8.* ***Daniel Ecker*** *(GER) 5,80, ... 13.* ***Tim Lobinger*** *5,50*

Kugelstoßen

1. Arsi Harju (FIN)	21,29
2. Adam Nelson (USA)	21,21
3. John Godina (USA)	21,20

4. Andrew Bloom (USA) 20,87, 5. Juri Bilonog (UKR) 20,84, 6. Manuel Martínez (ESP) 20,55, 7. Janus Robberts (RSA) 20,32, 8. ***Oliver-Sven Buder*** *(GER) 20,18, ausgesch.:* ***Michael Mertens*** *18,72*

Diskuswerfen

1. Virgilius Alekna (LTU)	69,30
2. **Lars Riedel** (GER)	68,50
3. Frantz Krüger (RSA)	68,19

4. Wassili Kaptjuch (BLR) 67,59, 5. Adam Setliff (USA) 66,02, 6. Jason Tunks (CAN) 65,80, 7. Wladimir Dubrowschtschik (BLR) 65,13, 8. ***Jürgen Schult*** *(GER) 64,41, ... 10.* ***Michael Möllenbeck*** *63,14*

Hammerwerfen

1. Szymon Ziolkowski (POL)	80,02
2. Nicola Vizzoni (ITA)	79,64
3. Igor Astapkowitsch (BLR)	79,17

4. Iwan Tichon (BLR) 79,17. 5. Ilja Konowalow (RUS) 78,56, 6. Loris Paoluzzi (ITA) 78,18, 7. Tibor Gecsek (HUN) 77,70, 8. Vladimír Maška (CZE) 77,32, ausgesch.: ***Heinz Weis*** *73,51,* ***Karsten Kobs*** *72,29,* ***Markus Esser*** *69,51*

Speerwerfen

1. Jan Zelezny (CZE)	90,17
2. Steve Backley (GRB)	89,85
3. Sergej Makarow (RUS)	88,67

4. ***Raymond Hecht*** *(GER) 87,76, 5. Aki Parviäinen (FIN) 86,62, 6. Konstantinos Gatsioudis (GRE) 86,53, 7.* ***Boris Henry*** *(GER) 85,78, 8. Emeterio Gonzalez (CUB) 83,33*

Zehnkampf

1. Erki Nool (EST) 8641
10,68 – 7,76 – 15,11 – 2,00 – 46,71 – 14,48 – 43,66 – 5,00 – 65,82 – 4:29,48
2. Roman Sebrle (CZE) 8606
10,92 – 7,62 – 15,22 – 2,12 – 48,20 – 13,87 – 44,39 – 4,80 – 64,04 – 4:29,79
3. Chris Huffins (USA) 8595
10,48 – 7,71 – 15,27 – 2,09 – 48,31 – 13,91 – 49,55 – 4,70 – 56,62 – 4:38,71

4. Dean Macey (GBR) 8567, 5. Tom Pappas (USA) 8425, 6. Tomas Dvorak (CZE) 8385, 7. ***Frank Busemann*** *(GER) 8351, 8. Attila Zsivoczky (HUN) 8277, 9.* ***Stefan Schmid*** *8206, ... 25.* ***Mike Maczey*** *7228*

Frauen

100 m

1. Marion Jones (USA)	10,75
2. Jekaterina Thanou (GRE)	11,12
3. Tanya Lawrence (JAM)	11,18

4. Merlene Ottey (JAM) 11,19, 5. Shanna Pintusewitsch (UKR) 11,20, 6. Chandra Sturrup (BAH) 11,21, 7. Sevatheda Eynes (BAH) 11,22, 8. Debbie Ferguson (BAH) 11,29

200 m

1. Marion Jones (USA)	21,84
2. Pauline Davis-Thompson (BAH)	22,27
3. Susanthika Jayasinghe (SRI)	22,28

4. Beverly McDonald (JAM) 22,35, 5. Debbie Ferguson (BAH) 22,37, 6. Melinda Gainsford-Taylor (AUS) 22,42, 7. Cathy Freeman (AUS) 22,53, 8. Shanna Pintusewitsch (UKR) 22,66

400 m

1. Cathy Freeman (AUS)	49,11
2. Lorraine Graham (JAM)	49,58
3. Katharine Merry (GBR)	49,72

4. Donna Fraser (GBR) 49,79, 5. Ana Guevara (MEX) 49,96, 6. Heide Seyerling (RSA) 50,05, 7. Falilat Ogunkoya (NGR) 50,12, 8. Olga Kotljarowa (RUS) 51,04

800 m

1. Maria Mutola (MOZ)	1:56,15
2. Stephanie Graf (AUT)	1:56,64
3. Kelly Holmes (GBR)	1:56,80

4. Brigita Langerholc (SLO) 1:58,51, 5. Fuchsová, Helena (CZE) 1:58,56, 6. Zulia Calatayud (CUB) 1:58,66, 7. Hazel Clark (USA) 1:58,75, 8. Hasna Benhassi (MAR) 1:59,27

1500 m

1. Nouria Merah-Benida (ALG)	4:05,10
2. Violeta Szekely (ROM)	4:05,15
3. Gabriela Szabo (ROM)	4:05,27

4. Kutre Dulecha (ETH) 4:05,33, 5. Lidia Chojecka (POL) 4:06,42, 6. Anna Jakubczak (POL) 4:06,49, 7. Kelly Holmes (GBR) 4:08,02, 8. Marla Runyan (USA) 4:08,30

5000 m

1. Gabriela Szabo (ROM)	14:40,79
2. Sonia O'Sullivan (IRL)	14:41,02
3. Wami Gete (ETH)	14:42,23

4. Worku Ayelech (ETH) 14:42,67, 5. ***Irina Mikitenko*** *(GER) 14:43,59, 6. Lydia Cheromei (KEN) 14:47,35, 7. Kidane Worknesh (ETH) 14:47,40, 8. Olga Jegorowa (RUS) 14:50,31*

10 000 m

1. Tulu Derartu (ETH)	30:17,49
2. Wami Gete (ETH)	30:22,48
3. Fernanda Ribeiro (POR)	30:22,88

4. Paula Radcliffe (GBR) 30:26,97, 5. Tegla Loroupe (KEN) 30:37,26, 6. Sonia O'Sullivan (IRL) 30:53,37, 7. Li Ji (CHN) 31:06,94, 8. Elana Meyer (RSA) 31:14,70, ausgesch.: ***Petra Wassiluk*** *33:23,03 VL*

Marathon

1. Naoko Tkahashi (JPN)	2:23:14
2. Lidia Simon (ROM)	2:23,22
3. Joyce Chepchumba (KEN)	2:24:45

4. Esther Wanjiru (KEN) 2:26:17, 5. Madina Biktagirowa (RUS) 2:26:33, 6. Alemu Elfenesh (ETH) 2:26:54, 7. Eri Yamaguchi (JPN) 2:27:03, 8. Ham Bong Sil (PRK) 2:27:07, ... 24. ***Sonja Oberem*** *2:23:45*

4 x 100 m

1. BAH 41,95
Sevatheda Fynes, Chandra Sturrup, Pauline Davis-Thompson, Debbie Ferguson
2. JAM 42,13
Tayna Lawrence, Veronica Campbell, Beverly McDonald, Merlene Ottey
3. USA 42,20
Chryste Gaines, Torri Edwards, Nanceen Perry, Marion Jones

4. FRA 42,42, 5. RUS 43,02, 6. ***GER*** *(Gabi Rockmeier, Sabrina Mulrain, Andrea Philipp, Marion Wagner) 43,11, 7. NGR 44,05, 8. CHN 44,87*

4 x 400 m

1. USA 3:22,62
Jearl Miles-Clark, Monique Hennagan, Marion Jones, La Tasha Colander-Richardson – Andrea Anderson
2. JAM 3:23,25
Sandie Richards, Catherine Scott-Pomales, Deon Hemmings, Lorraine Graham – Charmaine Howell, Michelle Burgher
3. RUS 3:23,46
Julia Sotnikowa, Swetlana Gontscharenko, Olga Kotljarowa, Irina Priwalowa – Olesja Sykina, Natalja Nasarowa

4. NGR 3:23,80, 5. AUS 3:23,81, 6. GBR 3:25,67, 7. CZE 3:29,17, 8. CUB 3:29,47, ausgesch.: ***GER*** *(Santa Ghosh, Ulrike Urbansky, Birgit Rockmeier, Florence Ekpo-Umoh) 3:27,02 VL*

100 m Hürden

1. Olga Schischigina (KAZ)	12,65
2. Glory Alozie (NGR)	12,68
3. Melissa Morrison (USA)	12,76

4. Delloreen Ennis-London (JAM) 12,80, 5. Aliuska Lopez (CUB) 12,83, 6. Nicole Ramalalanirina (FRA) 12,91, 7. Linda Ferga (FRA) 13,11, 8. Brigitte Foster (JAM) 13,49

400 m Hürden

1. Irina Priwalowa (RUS)	53,02
2. Deon Hemmings (JAM)	53,45
3. Nouzha Bidouane (MAR)	53,57

4. Daimi Pernia (CUB) 53,68, 5. Tetjana Tereschtschuk-Antipowa (UKR) 53,98, 6. Ionela Tirlea (ROM) 54,35, 7. Gudrun Arnardottir (ISL) 54,63, 8. Natasha Danvers (GBR) 55,00, ausgesch.: ***Ulrike Urbansky*** *55,23 SF,* ***Heike Meißner*** *55,73 SF*

20 km Gehen

1. Wang Liping (CHN)	1:29:05
2. Kjersti Plaetzer (NOR)	1:29:33
3. Maria Vasco (ESP)	1:30:23

4. Erica Alfridi (ITA) 1:31:25, 5. Guadalupe Sanchez (MEX) 1:31:33, 6. Norica Cimpean (ROM) 1:31:50, 7. Kerry Saxby-Junna (AUS) 1:32:02, 8. Tatjana Gudkowa (RUS) 1:32:35, ... 19. ***Beate Gummelt*** *1:34:59, ausgesch.* ***Kathrin Boyde***

Hochsprung

1. Jelena Jelesina (RUS)	2,01
2. Hestrie Cloete (RSA)	2,01
3. Kajsa Bergqvist (SWE)	1,99

*4. Oana Manuela Pantelimon (ROM) 1,99, 5. Inka Babakowa (UKR) 1,96, 6. Swetlana Salewskaja (KAZ) 1,96, 7. Wita Palamar (UKR) 1,96, 8. **Amewu Mensah** (GER) 1,93*

Weitsprung

1. **Heike Drechsler** (GER)	6,99
2. Fiona May (ITA)	6,92
3. Marion Jones (USA)	6,92

*4. Tatjana Kotowa (RUS) 6,83, 5. Olga Rublewa (RUS) 6,79, 6. **Susen Tiedtke** (GER) 6,74, 7. Jackie Edwards (BAH) 6,59, 8. Tunde Vaszi (HUN) 6,59, ausgesch.: **Sofia Schulte** 6,23 Qual.*

Dreisprung

1. Teresa Marinowa (BUL)	15,20
2. Tatjana Lebedewa (RUS)	15,00
3. Olena Choworowa (UKR)	14,96

4. Yamile Aldama (CUB) 14,30, 5. Baya Rahouli (ALG) 14,17, 6. Cristina Elena Nicolau (ROM) 14,17, 7. Olga-Anastasia Vasdeki (GRE) 14,15, 8. Oksana Rogowa (RUS) 13,97

Stabhochsprung

1. Stacy Dragila (USA)	4,60
2. Tatiana Grigorieva (AUS)	4,55
3. Vala Flosadottir (ISL)	4,50

*4. Daniela Bartová (CZE) 4,50, 5. **Nicole Humbert** (GER) 4,45, 6. **Yvonne Buschbaum** (GER) 4,40, 7. Monika Pyrek (POL) 4,40, 8. Maria Bagger Rasmussen (DEN) 4,35*

Kugelstoßen

1. Janina Koroltschik (BLR)	20,56
2. Larissa Peleschenko (RUS)	19,92
3. **Astrid Kumbernuss** (GER)	19,62

*4. Swetlana Kriwelewa (RUS) 19,37, 5. Krystyna Danilczyk-Zabawska (POL) 19,18, 6. Yumileidi Cumba (CUB) 18,70, 7. Kalliopi Ouzouni (GRE) 18,63, 8. **Nadine Kleinert-Schmitt** (GER) 18,49*

Diskuswerfen

1. Jellina Zwerewa (BLR)	68,40
2. Anastasia Kelesidou (GRE)	65,71
3. Irina Jatschtschenko (BLR)	65,20

*4. Natalja Sadowa (RUS) 65,00, 5. Styliani Tsikouna (GRE) 64,08, 6. **Franka Dietzsch** (GER) 63,18, 7. **Ilke Wyludda** (GER) 63,16, 8. Lisa-Marie Vizaniari (AUS) 62,57*

Hammerwerfen

1. Kamila Skolimowska (POL)	71,16
2. Olga Kuzenkowa (RUS)	69,77
3. **Kirsten Münchow** (GER)	69,28

4. Yipsi Moreno (CUB) 68,33, 5. Debbie Sosimenko (AUS) 67,95, 6. Ljudmila Gubkina (BLR) 67,08, 7. Dawn Ellerbe (USA) 66,80, 8. Amy Palmer (USA) 66,15

Speerwerfen

1. Trine Hattestad (NOR)	68,91
2. Mirella Maniani-Tzelili (GRE)	67,51
3. Osleidys Menendez (CUB)	66,18

*4. **Steffi Nerius** (GER) 64,84, 5. Sonia Bisset (CUB) 63,26, 6. Xiomara Rivero (CUB) 62,92, 7. Tatjana Schikolenko (RUS) 62,91, 8. Nikola Tomecková (CZE) 62,10*

Siebenkampf

1. Denise Lewis (GBR)	6584
13,23 - 1,75 - 15,55 - 24,34 - 6,48 - 50,19 - 2:16,83	
2. Jelena Prochorowa (RUS)	6531
13,63 - 1,81 - 13,21 - 23,72 - 6,59 - 45,05 - 2:10,32	
3. Natalja Sasanowitsch (BLR)	6527
13,45 - 1,84 - 14,79 - 24,12 - 6,50 - 43,97 - 2:16,41	

*4. Urszula Wlodarczyk (POL) 6470, 5. **Sabine Braun** (GER) 6355 (13,49 - 1,81- 14,33 - 24,74 - 6,22 - 48,56 - 2:19,14), 6. Natalja Roschtschupkina (RUS) 6237, 7. **Karin Ertl** (GER) 6209 (13,43 - 1,78 - 13,55 - 24,64 - 6,22 - 42,70 - 2:16,25), 8. Tiia Hautala (FIN) 6173, aufg.: **Astrid Retzke***

MOD. FÜNFKAMPF

30. 9. - 1. 10.

Männer

1. Dmitri Swatkowski (RUS)	5376
2. Gabor Balogh (HUN)	5353
3. Pawel Dowgal (BLR)	5338

*4. Sébastien Deleigne (FRA) 5326, 5. Wadim Tkatschuk (UKR) 5274, 6. Chad Senior (USA) 5256, 7. Andrejus Zadneprovskis (LTU) 5236, 8. Olivier Clergeau (FRA) 5217, ... 16. **Eric Walther** 4979*

Frauen

1. Stephanie Cook (GBR)	5318
2. Emily de Riel (USA)	5310
3. Kate Allenby (GBR)	5273

*4. Mary Beth Iagorashvili (USA) 5129, 5. Paulina Boenisz (POL) 5099, 6. Janna Schubenok (BLR) 5086, 7. Jelisaweta Suworowa (RUS) 5076, 8. Jelena Rublewska (LAT) 5051, ... 21. **Elena Reiche** 4304*

RADSPORT

BAHN

16. - 21. 9.

Männer

Sprint

1. Marty Nothstein (USA)
2. Florian Rousseau (FRA)
3. **Jens Fiedler** (GER)

*4. Laurent Gane (FRA), 5. **Jan van Eijden** (GER), 6. José Villanueva (ESP), 7. Sean Eadie (AUS), 8. Craig MacLean (GBR).*

Olympischer Sprint

1. FRA
Laurent Gane, Florian Rousseau, Arnaud Tournant
2. GBR
Chris Hoy, Craig MacLean, Jason Queally
3. AUS
Darryn Hill, Gary Neiwand, Sean Eadie

*4. GRE, 5. JAP, 6. SVK, 7. **GER** (Jens Fiedler, Sören Lausberg, Stephan Nimke)*

1000-m-Zeitfahren

1. Jason Queally (GBR)	1:01,609
2. **Stefan Nimke** (GER)	1:02,487
3. Shane Kelly (AUS)	1:02,818

*4. **Sören Lausberg** (GER) 1:02,937, 5. Arnaud Tournant (FRA) 1:03,023, 6. Dimitrios Georgalis (GRE) 1:04,018, 7. Grzegorz Krejner (POL) 1:04,156, 8. Garen Bloch (RSA) 1:04,478*

4000 m Einzel

1. **Robert Bartko** (GER)
2. **Jens Lehmann** (GER)
3. Brad McGee (AUS)

*4. Rob Hayles (GBR), 5. Philippe Gaumont (FRA), 6. Oleksandr Symonenko (UKR), 7. Sergej Matwejew (UKR), 8. Walter Fernando Perez (ARG). Finale: **Bartko** 4:18,515, **Lehmann** 4:23,824*

4000 m Mannschaft

1. **GER**
Robert Bartko, Jens Lehmann, Daniel Becke, Guido Fulst - Thorsten Rund, Olaf Pollack
2. UKR
Oleksandr Symonenko, Sergej Tschernjawski, Oleksandr Fedenko, Serge Matwejew
3. GBR
Paul Manning, Bryan Steel, Chris Newton, Bradley Wiggins - Rob Hayles

4. FRA, 5. AUS, 6. NZL, 7. NED, 8. RUS

*Finale: **GER** (WR) 3:59,710, UKR 4:04,520*

Zweier-Mannschaft

1. Scott McGrory, Brett Aitken (AUS)	26
2. Étienne de Wilde, Matthew Gilmore (BEL)	22
3. Marco Villa, Silvio Martinello (ITA)	15

*4. Rob Hayles, Bradley Wiggins (GBR) 13, 5. Roland Garber, Werner Riebenbauer (AUS) 10, 6. **Guido Fulst**, **Olaf Pollack** (GER) 9, 7. Gabriel Ovidio Curuchet, Juan Esteban Curuchet (ARG) 9, 8. Robert Slippen, Danny Stam (NED) 8*

Punktefahren

1. Juan Llaneras (ESP)	14
2. Milton Wynants (URU)	18/-1
3. Alexej Markow (RUS)	16/-1

*4. Cho Ho Sung (KOR) 15/-1, 5. Jame Carney (USA) 10/-1, 6. Franz Stocher (AUT) 8/-1, 7. Glen Thomson (NZL) 6/-1, 8. Silvio Martinello (ITA) 5/-1, ... 23. **Thorsten Rund** 0/-2*

Keirin

1. Florian Rousseau (FRA)
2. Gary Neiwand (AUS)
3. **Jens Fiedler** (GER)

*4. **Jan van Eijden** (GER), 5. Marty Nothstein (USA), 6. Frédéric Magne (FRA)*

Frauen

Sprint

1. Felicia Ballanger (FRA)
2. Oksana Grischina (RUS)
3. Irina Janowitsch (UKR)

*4. Michelle Ferris (AUS), 5. Szilvia Szabolcsi (HUN), 6. Tanya Lindenmuth (USA), 7. Tanya Dubnicoff (CAN), 8. Daniela Larreal (VEN), 9. **Kathrin Freitag***

500-m-Zeitfahren

1. Felicia Ballanger (FRA)	52,724
2. Michelle Ferris (AUS)	51,879
3. Jiang Cuihua (CHN)	51,772

*4. Wang Yan (CHN) 51,409, 5. Chris Witty (USA) 51,093, 6. **Ulrike Weichelt** (GER) 50,970, 7. **Kathrin Freitag** (GER) 50,743, 8. Tanya Dubnicoff (CAN) 50,724*

3000 m Einzel

1. Leontine Zijlaard (NED)
2. Marion Clignet (FRA)
3. Yvonne McGregor (GBR)

*4. Sarah Ulmer (NZL), 5. Antonella Bellutti (ITA), 6. **Judith Arndt** (GER), 7. Alayna Burns (AUS), 8. Erin Mirabella (USA)*

Punktefahren

1. Antonella Bellutti (ITA)	19
2. Leontien Zijlaard (NED)	16
3. Olga Sljussarjewa (RUS)	15

*4. **Judith Arndt** (GER) 12, 5. Belem Guerrero Mendez (MEX) 12, 6. Marion Clignet (FRA) 11, 7. Teodora Ruano (ESP) 10, 8. Sarah Ulmer (NZL) 9*

STRASSE

26./27. und 30. 9.

Männer

Einzelzeitfahren

1. Wjatscheslaw Jekimow (RUS)	57:40
2. **Jan Ullrich** (GER)	57:48
3. Lance Armstrong (USA)	58:14

*4. Abraham Olano (ESP) 58:31, 5. Larent Jalabert (FRA) 58:44, 6. Andrej Teterjuk (KAZ) 58:52, 7. Thor Hushovd (NOR) 59:00, 8. Santos Gonzalez Caplla (ESP) 59:03, ... 12. **Andreas Klöden** 59:33*

Straßenrennen

1. **Jan Ullrich** (GER)	5:29:08
2. Alexander Winokurow (KAZ)	5:29:17
3. **Andreas Klöden** (GER)	5:29:20

*4. Michele Bartoli (ITA) 5:30:34, 5. Laurent Jalabert (FRA) 5:30:34, 6. Frank Hoj (DEN) 5:30:34, 7. Piotr Wadecki (POL) 5:30:34, 8. George Hincapie (USA) 5:30:34, ... 14. **Erik Zabel**, 24. **Rolf Aldag**, 56. **Jens Voigt** alle 5:30:46*

Frauen

Einzelzeitfahren

1. Leontien Zijlaard (NED)	42:00
2. Mari Holden (USA)	42:37
3. Jeannie Longo-Ciprelli (FRA)	42:52

*4. Anna Wilson (AUS) 42:58, 5. Joana Somarriba Arrola (ESP) 43:06, 6. Clara Hughes (CAN) 43:12, 7. **Judith Arndt** (GER) 43:31, 8. **Hanka Kupfernagel** (GER) 43:37*

Straßenrennen

1. Leontien Zijlaard (NED)	3:06:31
2. **Hanka Kupfernagel** (GER)	3:06:31
3. Diana Ziliute (LTU)	3:06:31

*4. Anna Wilson (AUS) 3:06:31, 5. Swetlana Bubenkowa (RUS) 3:06:31, 6. Magali Le Floc'h (FRA) 3:06:31, 7. Sulfia Sabirowa (RUS)3:06:31, 8. Heidi van de Vijver (BEL) 3:06:31, ... 30. **Petra Roßner** 3:09:17, aufg.: **Ina-Yoko Teutenberg***

MOUNTAINBIKE

23./24. 9.

Männer

1. Miguel Martinez (FRA)	2:09:02,50
2. Filip Meirhaeghe (BEL)	2:10:05,51
3. Christoph Sauser (SUI)	2:11:21,00

*4. José Antonio Hermida (ESP) 2:11:42,91, 5. **Lado Fumic** (GER) 2:11:57,88, 6. Thomas Frischknecht (SUI) 2:12:42,49, 7. Cadel Evans (AUS) 2:13:31,65, 8. **Carsten Bresser** (GER) 2:13:37,23*

Frauen

1. Paola Pezzo (ITA)	1:49:24,38
2. Barbara Blatter (SUI)	1:49:51,42
3. Margarita Fullana (ESP)	1:49:57,39

*4. Alla Jepifanowa (RUS) 1:50:45,43, 5. Alison Sydor (CAN) 1:52:19,32, 6. Mary Grigson (AUS) 1:53:22,57, 7. Alison Dunlap (USA) 1:53:53,05, 8. Chrissy Redden (CAN) 1:54:07,38, 9. **Sabine Spitz** 1:54:46,49, 13. **Hedda zu Putlitz** 1:58:19,65*

REITEN

16. 9. - 1. 10.

Dressur, Einzel

1. A. v. Grunsven auf »Bonfire« (NED) 239,18
2. **Isabell Werth** auf »Gigolo« (GER) 234,19
3. **Ulla Salzgeber** auf »Rusty« (GER) 230,57

*4. **Nadine Capellmann** auf »Farbenfroh« (GER) 225,88, 5. Coby van Baalen auf »Ferro« (NED) 221,36, 6. Ellen Bontje auf »Silvano« (NED) 217,59, 7. Lone Jorgensen auf »Kennedy« (DEN) 216,90, 8. Susan Blinks auf »Flim Flam« (USA) 214,65*

Dressur, Mannsch.

1. **GER**	5632

Isabell Werth auf »Gigolo«, Alexandra Simons de Ridder auf »Chacomo«, Ulla Salzgeber auf »Rusty«, Nadine Capellmann auf »Farbenfroh«

2. NED	5579

Anky van Grunsven auf »Bonfire«, Ellen Bontje auf »Silvano«, Arjen Teeuwissen auf »Goliath«, Coby van Baalen auf »Ferro«

3. USA	5166

Robert Dover auf »Ranier«, Susan Blinks auf »Flim Flam«, Guenter Seidel auf »Foltaire«, Christine Traurig auf »Etienne«

4. DEN 5149, 5. ESP 5011, 6. AUS 4925, 7. SUI 4924, 8. GBR 4898

Military, Einzel

1. David O'Connor (USA)	-34,00

auf »Custom Made«

2. Andrew Hoy (AUS)	-39,80

auf »Swizzle I«

3. Mark Todd (NZL)	-42,00

auf »Eyespy II«

*4. Rodolphe Scherer (FRA) auf »Bambi de Briere« -46,40, 5. Fabio Magni (ITA) auf »Cooln'n Breezi« -49,00, 6. Heidi Antikatzidis (GRE) auf »Michaelmas« -50,40, 7. Mary King (GBR) auf »Star Appeal« -52,00, 8. Robert Costello (USA) auf »Chevalier« -52,40, ... 19. **Annette Wyrwoll** -117,80, ausgesch.: **Kai Rüder, Marina Köhncke***

Military, Mannsch.

1. AUS	-146,80

Matt Ryan auf »Kibah Sandstone«, Phillip Dutton auf »House Doctor«, Stuart Tinney auf »Jeepster«, Andrew Hoy auf »Darien Powers«

2. GBR	-161,00

Jeanette Brakewell auf »Over To You«, Ian Stark auf »Jaybee«, Leslie Law auf »Shear H2O«, Philippa Funnell auf »Supreme Rock«

3. USA	-175,80

Nina Fout auf »3 Magic Beans«, David O'Connor auf »Gil Tedge«, Karen O'Connor auf »Prince Panache«

*4. **GER** -241,80 (Nele Hagener auf »Little McMuffin«, Andreas Dibowski auf »Leonas Dancer«, Marina Köhncke auf »Sir Toby 4«, Ingrid Klimke auf »Sleep Late«), 5. IRL -270,00, 6. BRA -333,00, ausgesch.: ESP, NZL, BEL, JPN, FRA*

Springreiten

1. J. Dubbeldam (NED)	-4,00 (0,00)

auf »Sjiem«

2. Albert Voorn (NED)	-4,00 (4,00)

auf »Lando«

3. Khaled Al Eid (KSA)	-4,00 (4,00)

auf »Khashm Al Aan«

*4. **Lars Nieberg** auf »Esprit FRH« (GER) -8,00, Ludo Philippaerts auf »Otterongo« (BEL) -8,00, André Johannpeter auf »Calei« (BRA) -8,00, **Marcus Ehning** auf »For Pleasure« (GER) -8,00, **Otto Becker** auf »Cento« (GER) -8,00, ausgesch: 50. Ludger Beerbaum*

Springreiten, M.

1. **GER**	-15,00

Marcus Ehning auf »For Pleasure«, Otto Becker auf »Cento«, Lars Nieberg auf »Esprit FRH«, Ludger Beerbaum auf »Goldfever 3«

2. SUI	-16,00

Lesley McNaught auf »Dulf«, Markus Fuchs auf »Tinka's Boy«, Beat Mändli auf »Pozitano«, Willi Melliger auf »Calvaro V«

3. BRA	-24,00/0

Luis Felipe de Azevedo auf »Ralph«, André Johannpeter auf »Calei«, Alvaro Miranda Neto auf »Aspen«, Rodrigo Pessoa auf »Baloubet du Rouet«

4. FRA -24,00/8, 5. NED -32,00, 6. USA -36,00, 7. SWE -36,75, 8. GBR -40,50

RINGEN

24. 9. - 1. 10.

KLASSISCHER STIL

Klasse bis 54 kg

1. Sim Kwon Ho (KOR)
2. Lazaro Rivas (CUB)
3. Kang Yong Gyun (PRK)

*4. Andrej Kalaschnikow (UKR), 5. **Alfred Ter-Mkrtchya** (GER), 6. Wang Hui (CHN), 7. Natig Eyvazov (AZE), 8. Uran Kalilov (KGZ)*

Klasse bis 58 kg

1. Armen Nasarjan (BUL)
2. Kim In Sub (KOR)
3. Sheng Zetian (CHN)

*4. **Rifat Yildiz** (GER), 5. Ali Ashkani (IRI), 6. James Gruenwald (USA), 7. Waleri Nikonorow (RUS), 8. Makoto Sasamoto (JPN)*

Klasse bis 63 kg

1. Warteres Samurgatscew (RUS)
2. Juan Luis Maren (CUB)
3. Akaki Tschatschua (SUI)

4. Beat Motzer (SUI), 5. Bachodir Kurbanow (UZB), 6. Kevin Bracken (USA), 7. Mchitar Manukyan (KAZ)

Klasse bis 69 kg

1. Filiberto Azcuy (CUB)
2. Katsuhiko Nagata (JPN)
3. Alexej Glutschkow (RUS)

*4. Valeri Nikitin (EST), 5. Son Sang Pil (KOR), 6. Islam Dugutschijew (AZE), 7. Ryszard Wolny (POL), 8. Adschi Rustam (UKR), ... 13. **Adam Juretzko***

Klasse bis 76 kg

1. Murat Kardanow (RUS)
2. Matt James Lindland (USA)
3. Marko Yli-Hannuksela (FIN)

4. Dawid Manukjan (UKR), 5. Kim Jin Soo (KOR), 6. Ara Abrahamian (SWE), 7. Wjatscheslaw Makarenko (BLR), 8. Tarieli Melelaschwili (GEO)

Klasse bis 85 kg

1. Hamza Yerlikaya (TUR)
2. Sandor István Bardosi (HUN)
3. Muchran Wachtangadse (GEO)

*4. Fritz Aanes (NOR), 5. Waleri Zilent (BLR), 6. Luis Enrique Mendez (CUB), 7. Gotcha Tsitsiashvili (ISR), 8. Martin Lidberg (SWE), ... 13. **Thomas Zander***

Klasse bis 97 kg

1. Mikael Ljungberg (SWE)
2. Dawid Saldadse (SWE)
3. Garrett Lowney (USA)

4. Konstantinos Thanos (GRE), 5. Gennadi Schtschaidse (GEO), 6. Sergej Matwijenko (KAZ), 7. Urs Bürgler (SUI), 8. Mindaugas Ezerskis (LTU)

Klasse bis 130 kg

1. Rulon Gardner (USA)
2. Alexander Karelin (RUS)
3. Dmitri Debelka (BLR)

4. Juri Yevseychyc (ISR), 5. Hector Milian (CUB), 6. Georgi Saldadse (UKR), 7. Giuseppe Giunta (ITA), 8. Fatih Bakir (TUR)

FREISTIL

Klasse bis 54 kg

1. Namig Abdullajew (AZE)
2. Samuel Henson (USA)
3. Amiran Karntanow (GRE)

*4. German Kontojew (BLR), 5. Oleksandr Sacharuk (UKR), 6. Maulen Mamyrow (KAZ), 7. Vitalie Railean (MDA), 8. Adchamschon Atschilow (UZB), ... 15. **Vasilij Zeiher***

Klasse bis 58 kg

1. Alireza Dabir (IRI)
2. Jewgeni Buslowych (UKR)
3. Terry Brands (USA)

4. Damir Sachartdinow (UZB), 5. Oyunbileg Purevbaatar (MGL), 6. Dawid Pogosjan (GEO), 7. Martin Berberjan (ARM), 8. Murad Ramazanow (RUS)

Klasse bis 63 kg

1. Murad Umachanow (RUS)
2. Serafim Barsakow (BUL)
3. Jang Jae Sung (KOR)

*4. Mohammad Talaei (IRI), 5. Arschak Hayrapetjan (ARM), 6. Carlos Ortiz (CUB), 7. Schamil Afandijew (AZE), 8. Stefan Fernyak (SVK), ... 19. **Jürgen Scheibe***

Klasse bis 69 kg

1. Daniel Igali (CAN)
2. Arsen Gitinow (RUS)
3. Lincoln McIlravy (USA)

4. Sergej Demtschenko (BLR), 5. Yosmany Sanchez (CUB), 6. Ivan Diaconu (MDA), 7. Arajik Geworgjan (ARM), 8. Almaz Askarow (KGZ)

Klasse bis 76 kg

1. **Alexander Leipold** (GER)
2. Brandon Slay (USA)
3. Moon Eui Jae (KOR)

4. Adem Bereket (TUR), 5. Gennadi Lalijew (KAZ), 6. Rusla Chinschagow (UZB), 7. Alik Musajew (UKR), 8. Nasir Gadzihanov (MKD)

Klasse bis 85 kg

1. Adam Saitjew (RUS)
2. Yoel Romero (CUB)
3. Mogamed Ibragimov (MKD)

4. Amirreza Khadem Azghadi (IRI), 5. Charles Burton (USA), 6. Yang Hyun Mo (KOR), 7.Gabor Kapuvari (HUN), 8. Nicolae Ghita (ROM)

Klasse bis 97 kg

1. Sagchid Murtasalijew (RUS)
2. Islam Bairamukow (KAZ)
3. Eldar Kurtanidse (GEO)

*4. Marek Garmulewicz (POL), 5. Aftandil Xanthopoulos (GRE), 6. Alireza Heidari (IRI), 7. Alexander Schemarow (BLR), 8. George Torchinava (NED), 9. **Arawat Sabejew***

Klasse bis 130 kg

1. Dawid Moussoulbes (RUS)
2. Artur Taymasow (UZB)
3. Alexis Rodríguez (CUB)

*4. Abbas Jadidi (IRI), 5. Kerry McCoy (USA), 6. Alexej Medwedzew (BLR), 7. **Sven Thiele** (GER), 8. Alexander Kowalewski (KGZ)*

RUDERN

17. - 24. 9.

Männer

Einer

1. Rob Waddell (NZL)	6:48,90
2. Xeno Müller (SUI)	6:50,55
3. **Marcel Hacker** (GER)	6:50,83

4. Derek Porter (CAN) 6:51,10, 5. Iwo Janakijew (BUL) 6:57,32, 6. Juri Jaanson (EST) 6:59,15, 7. Gerard Engelmeers (NED) 6:55,29, 8. Don Smith (USA) 6:59,82

Doppelzweier

1. SLO	6:16,63

Luka Spik, Iztok Cop

2. NOR	6:17,98

Olaf Tufte, Fredrik Raaen Bekken

3. ITA	6:20,49

Giovanni Calabrese, Nicola Sartori

*4. **Sebastian Mayer, Stefan Roehnert** (GER) 6:23,58, 5. HUN 6:27,04, 6. POL 6:32,11, 7. FRA 6:20,72, 8. USA 6:21,71*

Doppelzw., Leicht

1. POL	6:21,75

Tomasz Kucharski, Robert Sycz

2. ITA	6:23,47

Elia Luini, Leonardo Pettinari

3. FRA	6:24,85

Pascal Touron, Thibaud Chapelle

*4. **Ingo Euler, Bernhard Rühling** (GER) 6:26,54, 5. SUI 6:28,52, 6. JPN 6:29,74, 7. AUS 6:26,21, 8. GRE 6:27,79*

Zweier ohne

1\. FRA 6:32,97
Michel Andrieux, Jean-Christophe Rolland
2\. USA 6:33,80
Ted Murphy, Sebastian Bea
3\. AUS 6:34,26
Matthew Long, James Tomkins

4. GBR 6:34,38, 5. YUG 6:38,70, 6. RSA 6:43,00, 7. CAN 6:33,60, 8. CRO 6:35,18, 9. ***Robert Sens, Detlef Kirchhoff*** *6:37,94*

Doppelvierer

1\. ITA 5:45,56
Agostino Abbagnale, Alessio Sartori, Rossano Galtarossa, Simone Rainieri
2\. NED 5:47,91
Jochem Verberne, Dirk Lippits, Diederik Simon, Michiel Bartman
3\. **GER** 5:48,64
Marco Geisler, Andreas Hajek, Stephan Volkert, André Willms

4. AUS 5:50,32, 5. SUI 5:54,88, 6. UKR 5:55,12, 7. USA 5:49,76, 8. POL 5:51,79

Vierer ohne

1\. GBR 5:56,24
James Cracknell, Steven Redgrave, Tim Foster, Matthew Pinsent
2\. ITA 5:56,62
Valter Molea, Riccardo Deirossi, Lorenzo Carboncini, Carlo Mornati
3\. AUS 5:57,61
James Stewart, Ben Dodwell, Geoff Stewart, Bo Hanson

4. SLO 5:58,34, 5. USA 6:02,34, 6. NZL 6:09,13, 7. FRA 6:01,29, 8. YUG 6:01,54, 11. ***GER*** *(Dirk Meusel, Jörg Dießner, Jan Herzog, Ike Landvoigt) 6:08,11*

Vierer ohne, Leicht

1\. FRA 6:01,68
Laurent Porchier, Jean-Christophe Bette, Yves Hocde, Xavier Dorfman
2\. AUS 6:02,09
Simon Burgess, Anthony Edwards, Darren Balmforth, Robert Richards
3\. DEN 6:03,51
Sören Madsen, Thomas Ebert, Eskild Ebbesen, Victor Federsen

4. ITA 6:03,77, 5. RSA 6:07,67, 6. USA 6:10,09, 7. CAN 6:04,31, 8. NED 6:05,96

Achter

1\. GBR 5:33,08
Andrew Lindsay, Ben Hunt-Davis, Simon Dennis, Louis Attrill, Luka Grubor, Kieran West, Fred Scarlett, Steve Trapmore, Rowley Douglas
2\. AUS 5:33,88
Christian Ryan, Alastair Gordon, Nick Porzig, Robert Jährling, Mike McKay, Stuart Welch, Daniel Burke, Jaime Fernandez, Brett Hayman
3\. CRO 5:34,85
Igor Francetic, Tihomir Frankovic, Tomislav Smoljanovic, Niksa Skelin, Sinisa Skelin, Kresimir Culjak, Igor Boraska, Branimir Vujevic, Silvijo Petrisko

4. ITA 5:35,37, 5. USA 5:39,16, 6. ROM 5:43,89, 7. CAN 5:36,30, 8. NED 5:36,63

Frauen

Einer

1\. Jekaterina Karsten (BLR) 7:28,14
2\. Rumjana Nejkowa (BUL) 7:28,15
3\. **Katrin Rutschow-Stomporowski** 7:28,99

4. Julia Alexandrowa (RUS) 7:36,57, 5. Georgina Douglas (AUS) 7:37,88, 6. Sonia Waddell (NZL) 7:43,71, 7. Mayra Gonzalez (CUB) 7:32,29, 8. Agnieszka Tomczak (POL) 7:33,20

Doppelzweier

1\. **GER** 6:55,44
Jana Thieme, Kathrin Boron
2\. NED 7:00,36
Pieta van Dishoeck, Eeke van Nes
3\. LTU 7:01,71
Birute Sakickienė, Kristina Poplavskaja

4. USA 7:02,61, 5. ROM 7:05,05, 6. AUS 7:05,35, 7. SUI 7:02,82, 8. FRA 7:04,73

Doppelzw., Leicht

1\. ROM 7:02,64
Constanta Burcica, Angela Alupei
2\. **GER** 7:02,95
Valerie Viehoff, Claudia Blasberg
3\. USA 7:06,37
Christine Collins, Sarah Garner

4. AUS 7:12,04, 5. SUI 7:15,57, 6. NED 7:17,89, 7. FRA 7:10,70, 8. POL 7:12,76

Zweier ohne

1\. ROM 7:11,00
Georgeta Damian, Doina Ignat
2\. AUS 7:12,56
Rachael Taylor, Kate Slatter
3\. USA 7:13,00
Melissa Ryan, Karen Kraft

4. CAN 7:15,48, 5. RSA 7:16,84, 6. ***Lenka Wech, Claudia Barth*** *(GER) 7:20,08, 7. RUS 7:17,87, 8. UKR 7:20,82*

Doppelvierer

1\. **GER** 6:19,58
Manja Kowalski, Meike Evers, Manuela Lutze, Kerstin Kowalski
2\. GBR 6:21,64
Guin Batten, Gillian Lindsay, Katherine Grainger, Miriam Batten
3\. RUS 6:21,65
Oksana Dorodnowa, Irina Fedotowa, Julia Lewina, Larissa Merk

4. UKR 6:25,71, 5. USA 6:30,26, 6. DEN 6:31,30, 7. AUS 6:37,22, 8. CHN 6:39,51

Achter

1\. ROM 6:06,44
Georgeta Damian, Viorica Susanu, Ioana Olteanu, Veronica Cochela, Maria Magdalena Dumitrache, Elisabeta Lipa, Liliana Gafencu, Doina Ignat, Elena Georgescu
2\. NED 6:09,39
Anneke Venema, Carin ter Beek, Nelleke Penninx, Pieta van Dishoeck, Eeke van Nes, Tessa Appeldoorn, Marieke Westerhof, Elien Meijer, Martijntje Quik
3\. CAN 6:11,58
Heather McDermid, Heather Davis, Dorota Urbaniak, Theresa Luke, Emma Robinson, Alison Korn, Laryssa Biesenthal, Buffy Alexander, Lesley Thompson

4. BLR 6:13,57, 5. AUS 6:15,16, 6. USA 6:16,87

SCHIESSEN

16. - 23. 9.

Männer

KK-Gewehr, liegend

1\. Jonas Edman (SWE) 701,3
2\. Torben Grimmel DEN) 700,4
3\. Sergej Martynow (BLR) 700,3

4. ***Maik Eckhardt*** *(GER) 699,8, 5. Vaclav Becvar (CZE) 699,7, 6. Artjom Chadshibekow (RUS) 699,2, 7. Igor Pirekejew (TKM) 699,2, 8. Philippe Joualin (FRA) 699,0, ... 25.* ***Swen Schuller*** *592,0*

Dreistellungskampf

1\. Rajmond Debevec (SLO) 1275,1
2\. Juha Hirvi (FIN) 1270,5
3\. Harald Stenvaag (NOR) 1268,6

4. Artjom Chadshibekow (RUS) 1268,2, 5. Artur Ajwazjan (UKR) 1266,6, 6. ***Christian Bauer*** *(GER) 1266,0, 7. Jewgeni Aleinikow (RUS) 1265,5, 8. Jozef Gonci (SVK) 1261,3, ... 25.* ***Maik Eckhardt*** *1157,0*

Schnellfeuerpistole

1\. Sergej Alifirenko (RUS) 687,6
2\. Michel Ansermet (SUI) 686,1
3\. Julian Raicea (ROM) 684,6

4. Emil Milew (BUL) 684,5, 5. ***Ralf Schumann*** *(GER) 683,3, 6. Oleg Chwatsowas (BLR) 682,4, 7. Krzysztof Kucharczyk (POL) 682,2, 8. Afanasijs Kuzmins (LAT) 681,3, 9.* ***Daniel Leonhard*** *(GER) 584,0*

Freie Pistole

1\. Tanju Kirjakow (BUL) 666,0
2\. Igor Bassinski (BLR) 663,3
3\. Martin Tenk (CZE) 662,5

4. Wladimir Gontscharow (RUS) 662,2, 5. Dilschod Muchtarow (UZB) 662,0, 6. Wang Yifu (CHN) 659,0, 7. Roberto Di Donna (ITA) 657,3, 8. Wladimir Guschtscha (KAZ) 655,8, ... 20. ***Hans-Jürgen Bauer-Neumaier*** *553, 32.* ***Artur Gevorgian*** *543*

Luftgewehr

1\. Cai Yalin (CHN) 696,4
2\. Artjom Chadshibekow (RUS) 695,1
3\. Jewgeni Alejnikow (RUS) 693,8

4. Anatoli Klimenko (BLR) 693,4, 5. Jason Parker (USA) 693,1, 6. Nedzad Fazlija (BIH) 692,7, 7. Leif Steinar Rolland (NOR) 692,2, 8. Artur Aiwazian (UKR) 692,0, ... 15. ***Norbert Ettner*** *589, 37.* ***Ferdinand Stipberger*** *584*

Luftpistole

1\. Feanck Dumoulin (FRA) 688,9
2\. Wang Yifu (CHN) 686,9
3\. Igor Bassinski (BLR) 682,7

4. Michail Nestrujew (RUS) 682,3, 5. Stéphane Gagne (FRA) 682,0, 6. Roberto Di Donna (ITA) 680,5, 7. Joao Costa (POR) 679,4, 8. Tanju Kiriakow (BUL) 676,8, ... 20. ***Hans-Jürgen Bauer-Neumaier*** *575,* ***Artur Gevorgjan*** *575*

Laufende Scheibe

1\. Yang Ling (CHN) 681,1
2\. Oleg Moldovan (MDA) 681,0
3\. Niu Zhiyuan (CHN) 677,4

4. Pasi Wedman (FIN) 672,1, 5. Dmitri Lykin (RUS) 671,7, 6. ***Manfred Kurzer*** *(GER) 671,3, 7. Igor Kolessow (RUS) 667,5, 8. Miroslav Janus (CZE) 666,8, ... 12.* ***Michael Jakosits*** *570,0*

Trap

1\. Michael Diamond (AUS) 147
2\. Ian Peel (GBR) 142
3\. Giovanni Pellielo (ITA) 140

4. Khaled Al Mudfah (KUW) 139, 5. Marco Venturini (ITA) 138, 6. David Kostelecki (CZE) 138, 7. Danilo Caro (COL) 115, 8. Christophe Vicard (FRA) 115, ... 10. ***Thomas Fichtner*** *114, 13.* ***Waldemar Schanz*** *113*

Doppel-Trap

1\. Richard Faulds (GBR) 187,0
2\. Russell Mark (AUS) 187,0
3\. Fehaid Al Deehani (KUW) 186,0

4. Conny Persson (SWE) 184,0, 5. Roland Gerebics (HUN) 180,0, 6. Lance Bade (USA) 179,0, 7. ***Waldemar Schanz*** *(GER) 136,0, 8. Marco Innocenti (ITA) 135,0*

Skeet

1\. Mykola Miltschew (UKR) WR 150,0
2\. Petr Malek (CZE) 148,0
3\. James Graves (USA) 147,0

4. Hennie Dompeling (NED) 146,0, 5. Andrea Benelli (ITA) 146,0, 6. Nasser S. Alattiya (QAT) 145,0, 7. Sergej Jakschin (KAZ) 122,0, 8. Antonis Andreou (CYP) 122,0, ... 14. ***Jan-Henrik Heinrich*** *121,0*

Frauen

KK-Gewehr, Dreist.

1\. Renata Mauer-Rózanska (POL) 684,6
2\. Tatjana Goldobina (RUS) 680,9
3\. Marina Feklistowa (RUS) 679,9

4. ***Sonja Pfeilschifter*** *(GER) 678,5, 5. Shan Hong (CHN) 676,9, 6. Anni Bissö (DEN) 675,6, 7. Olga Dowgun (KAZ) 674,2, 8. Melissa Mulloy (USA) 673,7, ... 11.* ***Alexandra Schneider*** *578,0, 17.* ***Petra Horneber*** *575,0*

Sportpistole

1\. Maria Grosdewa (BUL) 690,3
2\. Tao Luna (CHN) 689,8
3\. Lolita Jewglewskaja (BLR) 686,0

4. Julia Sinjak (BLR) 685,9, 5. Michiko Fukushima (JPN) 684,8, 6. Otryad Gundegmaa (MGL) 680,9, 7. Yoko Inada (JPN) 679,6, 8. Cai Yeqing (CHN) 678,8, ... 18. ***Carmen Meininger*** *576,0, 39.* ***Anke Schumann*** *562,0*

Luftgewehr

1\. Nancy Johnson (USA) 497,7
2\. Kang Cho Hyun (KOR) 497,5
3\. Gao Jing (CHN) 497,2

4. Ljubow Galkina (RUS) 496,7, 5. ***Sonja Pfeilschifter*** *(GER) 495,9, 6. Jayme Dickman (USA) 495,4, 7. Choi Dae Young (KOR) 493,1, 8. Anjali Eamakanta Vedpathak (IND) 493,1, 9.* ***Petra Horneber*** *393*

Luftpistole

1\. Tao Luna (CHN) 488,2
2\. Jasna Sekaric (YUG) 486,5
3\. Annemarie Forder (AUS) 484,0

4. Swetlana Smirnowa (RUS) 483,7, 5. Michiko Fukushima (JAP) 483,7, 6. Dina Aspandijarowa (KAZ) 483,7, 7. Olga Kusnezowa (RUS) 482,4, 8. Yoko Inada (JPN) 481,2, ... 21. ***Anke Schumann*** *378*

Trap

1.	Daina Gudzineviciuté (LTU)	93
2.	Delphine Racinet (FRA)	92
3.	Gao E (CHN)	90

4. Anne Focan (BEL) 88, 5. ***Susanne Kiermayer*** *(GER) 86, 6. Jelena Tkatsch (RUS) 81, 7. Emanuela Felici (SMR) 64, 8. Pia Hansen (SWE) 64*

Doppel-Trap

1.	Pia Hansen (SWE)	148,0
2.	Deborah Gelisio (ITA)	144,0
3.	Kimberly Rhode (USA)	139,0

4. Lin Yi Chun (TPE) 134,0, 5. Cynthia Meyer (CAN) 134,0, 6. Cindy Gentry (USA) 130,0, 7. Anne Focan (BEL) 99,0, 8. Zhang Yafei (CHN) 98,0, 9. ***Susanne Kiermayer*** *98,0*

Skeet

1.	Semfira Meftachetdinowa (AZE)	98,0
2.	Swetlana Demina (RUS)	95,0
3.	Diána Igaly (HUN)	93,0

4. Tash Lonsdale (AUS) 93,0, 5. Cindy Shenberger (USA) 92,0, 6. Erdshanik Awetisjan (RUS) 92,0, 7. Kimberly Rhode (USA) 69,0, 8. Zhang Shan (CHN) 69,0

SCHWIMMEN

16. - 23. 9.

Männer

50 m Freistil

1.	Anthony Ervin (USA)	21,98
	Gary Hall, jr. (USA)	21,98
3.	Pieter van den Hoogenband (NED)	22,03

4. Lorenzo Vismara (ITA) 22,11, 5. Bartosz Kizierowski (POL) 22,22, 6. Alexander Popow (URS) 22,24, 7. Mark Foster (GBR) 22,41, 8. Oleksandr Wolynez (UKR)22,51, ... 28. ***Stephan Kunzelmann*** *23,08*

100 m Freistil

1.	Pieter van den Hoogenband (NED)	48,30
2.	Alexander Popow (RUS)	48,69
3.	Gary Hall, jr. (USA)	48,73

4. Michael Klim (AUS) 48,74, 5. Neil Walker (USA) 49,09, 6. Lars Frölander (SWE) 49,22, 7. Denis Pimankow (RUS) 49,36, 8. Chris Fydler (AUS) 49,44, ... 14. ***Christian Tröger*** *49,80, 25.* ***Torsten Spanneberg*** *50,56*

200 m Freistil

1.	P. van den Hoogenband(NED)	WR 1:45,35
2.	Ian Thorpe (AUS)	1:45,83
3.	Massimiliano Rosolino (ITA)	1:46,65

4. Josh Davis (USA) 1:46,73, 5. Paul Palmer (GBR) 1:47,95, 6. James Salter (GBR) 1:48,74, 7. Rick Say (CAN) 1:48,76, 8. Grant Hackett (AUS) 1:49,46, ... 13. ***Stefan Herbst*** *1:49,72, 16.* ***Stefan Pohl*** *1:50,56*

400 m Freistil

1.	Ian Thorpe (AUS)	WR 3:40,59
2.	Massimiliano Rosolino (ITA)	3:43,40
3.	Klete Keller (USA)	3:47,00

4. Emiliano Brembilla (ITA) 3:47,01, 5. Dragos Coman (ROM) 3:47,38, 6. Chad Carvin (USA) 3:48,22, 7. Grant Hackett (AUS) 3:48,22, 8. Ryk Neethling (RSA) 3:48,52, 9. ***Heiko Hell*** *3:50,80*

1500 m Freistil

1.	Grant Hackett (AUS)	14:48,33
2.	Kieren Perkins (AUS)	14:53,59
3.	Chris Thompson (USA)	14:56,81

4. Alexej Filipez (RUS) 14:56,88, 5. Ryk Neethling (RSA) 15:00,48, 6. Erik Vendt (USA) 15:08,61, 7. Igor Tscherwinski (UKR) 15:08,80, 8. ***Heiko Hell*** *(GER) 15:19,87*

100 m Brust

1.	Domenico Fioravanti (ITA)	1:00,46
2.	Ed Moses (USA)	1:00,73
3.	Roman Sludnow (RUS)	1:00,91

4. Kosuke Kitajima (JAP) 1:01,34, 5. Daniel Malek (CZE) 1:01,50, 6. Morgan Knabe (CAN) 1:01,58, 7. Brett Petersen (RSA) 1:01,63, 8. Remo Lütolf (SUI) 1:01,88, ... 11. ***Jens Kruppa*** *1:01,92, 20.* ***Mark Warnecke*** *1:02,85*

200 m Brust

1.	Domenico Fioravanti (ITA)	2:10,87
2.	Terence Parkin (RSA)	2:12,50
3.	Davide Rummolo (ITA)	2:12,73

4. Regan Harrison (AUS) 2:12,88, 5. Daniel Malek (CZE) 2:13,20, 6. Kyle Salyards (USA) 2:13,27, 7. Johann Bernard (FRA) 2:13,31, 8. Ryan Mitchell (AUS) 2:14,00

100 m Rücken

1.	Lenny Krayzelburg (USA)	53,72
2.	Matthew Welsh (AUS)	54,07
3.	**Stev Theloke** (GER)	54,82

4. Josh Watson (AUS) 55,01, 5. Bartosz Kizierowski (POL) 55,04, 6. Neil Walker (USA) 55,14, 7. ***Steffen Driesen*** *(GER) 55,27, 8. Eithan Urbach (ISR) 55,74*

200 m Rücken

1.	Lenny Krayzelburg (USA)	1:56,76
2.	Aaron Peirsol (USA)	1:57,35
3.	Matthew Welsh (AUS)	1:57,59

4. Om Arnarson (ISL) 1:59,00, 5. Emanuele Merisi (ITA) 1:59,01, 6. Razvan Florea (ROM) 1:59,05, 7. Rogerio Romero (BRA) 1:59,27, 8. Gordan Kozulj (CRO) 1:59,38, ... 21. ***Ralf Braun*** *2:01,35*

100 m Schmetterl.

1.	Lars Frölander (SWE)	52,00
2.	Michael Klim (AUS)	52,18
3.	Geoff Huegill (AUS)	52,22

4. Ian Crocker (USA) 52,44, 5. Michael Mintenko (CAN) und Takashi Yamamoto (JPN) je 52,58, 7. ***Thomas Rupprath*** *(GER) und Anatoli Poljakow (RUS) je 53,13*

200 m Schmetterl.

1.	Tom Malchow (USA)	1:55,35
2.	Denis Sylantjew (UKR)	1:55,76
3.	Justin Norris (AUS)	1:56,17

4. Anatoli Poljakow (RUS) 1:56,34, 5. Michael Phelps (USA) 1:56,50, 6. Stephen Parry (GBR) 1:57,01, 7. Denis Pankratow (RUS) 1:57,97, 8. Franck Esposito (FRA) 1:58,39, ... 15. ***Thomas Rupprath*** *1:58,96*

200 m Lagen

1.	Massimiliano Rosolino (ITA)	1:58,98
2.	Tom Dolan (USA)	1:59,77
3.	Tom Wilkens (USA)	2:00,87

4. Attila Czene (HUN) 2:01,16, 5. Marcel Wouda (NED) 2:01,48, 6. ***Christian Keller*** *(GER) 2:02,02, 7. Xavier Marchand (FRA) 2:02,23, 8. Jani Sievinen (FIN) 2:02,49, ... 12.* ***Jens Kruppa*** *2:02,55*

400 m Lagen

1.	Tom Dolan (USA)	WR 4:11,76
2.	Erik Vendt (USA)	4:14,23
3.	Curtis Myden (CAN)	4:15,33

4. Alessio Boggiatto (ITA) 4:15,93, 5. Terence Parkin (RSA) 4:16,92, 6. Justin Norris (AUS) 4:17,87, 7. Cezar Badita (ROM) 4:20,91, 8. Shinya Taniguchi (JPN) 4:20,93, 9. ***Jirka Letzin*** *4:18,63*

4 x 100 m Freistil

1.	AUS	WR 3:13,67

Michael Klim, Chris Fydler, Asley Callus, Ian Thorpe – Todd Pearson, Adam Pine

2.	USA	3:13,86

Anthony Ervin , Neil Walker, Jason Lezak, Gary Hall jr. – Scott Tucker, Josh Davis

3.	BRA	3:17,40

Fernado Scherer, Gustavo Borges, Carlos Jayme, Edvaldo Silva Filho

4. ***GER*** *(Torsten Spanneberg, Christian Tröger, Stephan Kunzelmann, Stefan Herbst – Lars Conrad) 3:17,77, 5. ITA 3:17,85, 6. SWE 3:19,60, 7. FRA 3:21,00, RUS disqualifiziert*

4 x 200 m Freistil

1.	AUS	WR 7:07,05

Ian Thorpe, Michael Klim, Todd Pearson, William Kirby – Grant Hackett, Daniel Kowalski

2.	USA	7:12,64

Scott Goldblatt, Josh Davis, Jamie Rauch, Klete Keller – Chad Carvin, Nate Dusing

3.	NED	7:12,70

Martijn Zuijdweg, Johan Kenkhuis, Marcel Wouda, Pieter van den Hoogenband – Mark van der Zijden

4. ITA 7:12,91, 5. GBR 7:12,98, 6. ***GER*** *(Stefan Pohl, Christian Keller, Stefan Herbst, Christian Tröger – Heiko Hell, Michael Kiedel) 7:20,19, 7. CAN 7:21,92, 8. RUS 7:24,37*

4 x 100 m Lagen

1.	USA	WR 3:33,73

Lenny Krayzelburg, Ed Moses, Ian Crocker, Gary Hall jr. – Neil Walker, Tommy Hannan, Jason Lezak

2.	AUS	3:35,27

Matthew Welsh, Regan Harrison, Geoff Huegill, Michael Klim – Josh Watson, Ryan Mitchell, Adam Pine, Ian Thorpe

3.	**GER**	ER 3:35,88

Stev Theloke, Jens Kruppa, Thomas Rupprath, Torsten Spanneberg

4. NED 3:37,53, 5. HUN 3:39,09, 6. CAN 3:39,88, 7. FRA 3:39,88, 8. GBR 3:40,19

Frauen

50 m Freistil

1.	Inge de Bruijn (NED)	24,32
2.	Therese Alshammar (SWE)	24,51
3.	Dara Torres (USA)	24,63

4. Amy van Dyken (USA) 25,04, 5. Martina Moravcová (SVK) 25,24, 6. ***Sandra Völker*** *(GER) 25,27, 7. Alison Sheppard (GBR) 25,45, 8. Sumika Minamoto (JAP) 25,65, ... 11.* ***Katrin Meißner*** *25,62*

100 m Freistil

1.	Inge de Bruijn (NED)	53,83
2.	Therese Alshammar (SWE)	54,33
3.	Dara Torres (USA)	54,43
	Jenny Thompson (USA)	54,43

5. Martina Morovcová (SVK) 54,72, 6. Helene Muller (RSA) 55,19, 7. Sumika Minamoto (JAP) 55,53, 8. Wilma van Rijn (NED) 55,58, ... 15. ***Sandra Völker*** *55,97*

200 m Freistil

1.	Susie O'Neill (AUS)	1:58,24
2.	Martina Moravcová (SVK)	1:58,32
3.	Claudia Poll (CRC)	1:58,81

4. Nadeshda Tschemesowa (RUS) 1:58,86 und ***Kerstin Kielgaß*** *(GER) 1:58,86, 6. Natalja Baranowskaja (BLR) 1:59,28, 7. Camelia Alina Potec (ROM) 1:59,46, 8. Wang Luna (CHN) 1:59,55, ... 11.* ***Franziska van Almsick*** *2:00,26*

400 m Freistil

1.	Brooke Bennet (USA)	4:05,80
2.	Diana Munz (USA)	4:07,07
3.	Claudia Poll (CRC)	4:07,83

4. Janelle Atkinson (JAM) 4:08,79, 5. Nadeshda Tschemesowa (RUS) 4:10,37, 6. ***Hannah Stockbauer*** *(GER) 4:10,38, 7. Carla Geurts (NED) 4:12,36, 8. Chen Hua (CHN) 4:13,11, ... 15.* ***Kerstin Kielgaß*** *4:13,10.*

800 m Freistil

1.	Brooke Bennett (USA)	8:19,67
2.	Jana Kloshkowa (UKR)	8:22,66
3.	Kaitlin Sandeno (USA)	8:24,29

4. Flavia Rigamonti (SUI) 8:25,91, 5. ***Hannah Stockbauer*** *(GER) 8:30,11, 6. Chen Hua (CHN) 8:30,58, 7.* ***Jana Henke*** *(GER) 8:31,97, 8. Sachiko Yamada (JPN) 8:37,39*

100 m Brust

1.	Megan Quann (USA)	1:07,05
2.	Leisel Jones (AUS)	1:07,49
3.	Penny Heyns (RSA)	1:07,55

4. Sarah Poewe (RSA) 1:07,85, 5. Agnes Kovács (HUN) 1:8,09, 6. Masami Tanaka (JAP) 1:09,37, 7. Tarnee White (AUS) 1:09,09, 8. ***Sylvia Gerasch*** *(GER) 1:09,86, ... 14.* ***Simone Karn*** *1:09,85*

200 m Brust

1.	Ágnes Kovács (HUN)	2:24,35
2.	Kristy Kowal (USA)	2:24,56
3.	Amanda Beard (USA)	2:25,35

4. Qi Hui (CHN) 2:25,36, 5. Olga Bakaldina (RUS) 2:25,47, 6. Sarah Poewe (RSA) 2:25,72, 7. Masami Tanaka (JAP) 2:26,98, 8. Luo Xuejuan (CHN) 2:27,33, ... 12. ***Anne Poleska*** *2:28,99, 18.* ***Ina Hüging*** *2:30,00*

100 m Rücken

1.	Diana Mocanu (ROM)	1:00,21
2.	Mai Nakamura (JPN)	1:00,55
3.	Nina Zhivanevskaya (ESP)	1:00,89

4. Roxana Maracineanu (FRA) 1:01,10, 5. Noriko Inada (JPN) 1:01,14, 6. Barbara J. Bedford (USA) 1:01,47, 7. Dayana Calub (AUS) 1:01,61, 8. Louise Örnstedt (DEN) 1:02,02. 9. ***Antje Buschschulte*** *1:01,91, 15.* ***Sandra Völker*** *1:03,01*

200 m Rücken

1.	Diana Mocanu (ROM)	2:08,16
2.	Roxana Maracineanu (ROM)	2:10,25
3.	Miki Nakao (JPN)	2:11,05

4. Tomoko Hagiwara (JPN) 2:11,21, 5. Amanda Adkins (USA) 2:12,35, 6. Nina Zhivanevskaya (ESP) 2:12,75, 7. ***Antje Buschschulte*** *(GER) 2:13,31, 8. Kelly Stefanyshyn (CAN) 2:14,57, ... 11.* ***Cathleen Rund*** *2:13,85*

100 m Schmetterl.

1.	Inge de Bruijn (NED)	WR 56,61
2.	Martina Moravcová (SVK)	57,97
3.	Dara Torres (USA)	58,20

4. Petria Thomas (AUS) 58,49, 5. Jenny Thompson(USA) 58,73, 6. Junko Onishi (JPN) 59,13, 7. Susie O'Neill (AUS) 59,27, 8. Diana Mocanu (ROM) 59,43, ... 12. ***Franziska van Almsick*** *59,72 (zum HF nicht angetr.), 27.* ***Daniela Samulski*** *1:01,31.*

200 m Schmetterl.

1. Misty Hyman (USA)	2:05,88
2. Susie O'Neill (AUS)	2:06,58
3. Petria Thomas (AUS)	2.07,12

4. Mette Jacobsen (DEN) 2:08,24, 5. Otylia Jedrzejczak (POL) 2:08,48, 6. Kaitlin Sandeno (USA) 2:08,81, 7. Yuko Nakanishi (JPN) 2:09,66, 8. Maki Mita (JPN) 2:10,72, ... 28. ***Franziska van Almsick*** *2:15,68*

200 m Lagen

1. Jana Kloshkowa (UKR)	2:10,68
2. Beatrice Nicoleta Caslaru (ROM)	2:12,57
3. Cristina Teuscher (USA)	2:13,32

4. Marianne Limpert (CAN) 2:13,44, 5. Joanne Malar (CAN) 2:13,70, 6. Oksana Werewka (RUS) 2:13,88, 7. Gabrielle Rose (USA) 2:14,82, 8. Tomoko Hagiwara (JPN) 2:15,64, ... 15. ***Sabine Klenz*** *2:17,51, 16.* ***Nicole Hetzer*** *2:18,08*

400 m Lagen

1. Jana Kloshkowa (UKR)	WR 4:33,59
2. Yasuko Tajima (JPN)	4:35,96
3. Beatrice Caslaru (ROM)	4:37,18

4. Kaitlin Sandeno (USA) 4:41,03, 5. ***Nicole Hetzer*** *(GER) 4:43,56, 6. Maddy Crippen (USA) 4:44,63, 7. Joanne Malar (CAN) 4:45,17, 8. Jennifer Reilly (AUS) 4:45,99, ... 16.* ***Sabine Klenz*** *4:47,79.*

4 x 100 m Freistil

1. USA	WR 3:36,61
Amy van Dyken, Dara Torres, Courtney Shealy, Jenny Thompson – Ashley Tappin, Erin Phenix	
2. NED	3:39,83
Manon van Rooijen, Wilma van Rijn, Thamar Henneken, Inge de Bruijn – Chantal Groot	
3. SWE	3:40,30
Louise Jöhncke, Therese Alshammar, Johanna Sjöberg, Anna-Karin Kammerling – Josefin Lillhage, Malin Svahnström	

4. ***GER*** *(Antje Buschschulte, Katrin Meißner, Franziska van Almsick, Sandra Völker, – Britta Steffen, Daniela Samulski, Kerstin Kielgaß) 3:40,31, 5. GBR 3:40,54, 6. AUS 3:40,91, 7. CAN 3:42,92, 8. ITA 3:44,49.*

4 x 200 m Freistil

1. USA	7:57,80
Samantha Arsenault, Diana Munz, Lindsay Benko, Jenny Thompson – Julia Stowers, Kim Black	
2. AUS	7:58,52
Susie O'Neill, Giaan Rooney, Kirsten Thomson, Petria Thomas – Elka Graham, Jacinta van Lint	
3. **GER**	7:58,64
Franziska van Almsick, Antje Buschschulte, Sara Harstick, Kerstin Kielgaß – Britta Steffen, Meike Freitag	

4. ROM 8:01,63, 5. CAN 8:02,65, 6. GBR 8:03,69, 7. ITA 8:04,68, 8. FRA 8:05,99

4 x 100 m Lagen

1. USA	WR 3:58,30
Barbara J. Bedford, Megan Quann, Jenny Thompson, Dara Torres – Courtney Shealy, Staciana Stitts, Ashley Tappin, Amy van Dyken	
2. AUS	4:01,59
Dyana Calub, Leisel Jones, Petria Thomas, Susie O'Neill – Giaan Rooney, Tamee White, Sarah Ryan	
3. JPN	4:04,16
Mai Nakanmura, Masami Tanaka, Junko Onishi, Sumika Minamoto	

4. ***GER*** *(Antje Buschschulte, Sylvia Gerasch, Franziska van Almsick, Katrin Meißner) 4:04,33, 5. RSA 4:05,15, 6. CAN 4:07,35, 7. GBR 4:07,61, 8. CHN 4:07,83*

WASSERSPRINGEN

22. - 30. 9.

Männer

Kunstspringen, 3 m

1. Xiong Ni (CHN)	708,72
2. Fernando Platas (MEX)	708,42
3. Dmitri Sautin (RUS)	703,20

4. Xiao Hailiang (CHN) 671,04, 5. Dean Pullar (AUS) 647,40, 6. Troy Dumais (USA) 642,72, 7. Mark Ruiz (USA) 638,22, 8. Ken Terauchi (JPN) 634,47, 9. ***Stefan Ahrens*** *619,17, 10.* ***Andreas Wels*** *616,53*

Turmspringen, 10 m

1. Tian Liang (CHN)	724,53
2. Hu Jia (CHN)	713,55
3. Dmitri Sautin (RUS)	679,26

4. Alexandre Despatie (CAN) 652,35, 5. Ken Terauchi (JPN) 636,90, 6. Mark Ruiz (USA) 625,92, 7. Igor Lukatschin (RUS) 624,51, 8. Mathew Helm (AUS) 618,24, ... 11. ***Heiko Meyer*** *600,00, ausgesch.:* ***Jan Hempel*** *SF*

Synchron, 3 m

1. CHN	365,58
Xiao Hailiang, Xiong Ni	
2. RUS	329,97
Alexander Dobroskok, Dmitri Sautin	
3. AUS	322,86
Robert Newberry, Dean Pullar	

4. Troy Dumais, David Pichler (USA) 320,91, 5. Fernando Platas, Eduardo Rueda (MEX) 317,70, 6. Gilles Emptoz-Lacote, Frédéric Pierre (FRA) 310,08, 7. Tony Ally, Mark Shipman (GBR) 296,64, 8. Nicola Marconi, Donald Miranda (ITA) 286,38

Synchron, 10 m

1. RUS	365,04
Igor Lukaschin, Dmitri Sautin	
2. CHN	358,74
Hu Jia, Tian Liang	
3. **GER**	338,88
Jan Hempel, Heiko Meyer	

4. Leon Taylor, Peter Waterfield (GBR) 335,34, 5. Mathew Helm, Robert Newbery (AUS) 333,24, 6. Oleksandr Skripnik, Roman Wolodkow (UKR) 332,22, 7. David Pichler, Mark Ruiz (USA) 321,69, 8. Gilles Emptoz-Lacote, Frederic Pierre (FRA) 314,94

Frauen

Kunstspringen, 3 m

1. Fu Mingxia (CHN)	609,42
2. Guo Jingjing (CHN)	597,81
3. **Dörte Lindner** (GER)	574,35

4. Julia Pachalina (RUS) 570,42, 5. Anna Lindberg (SWE) 559,17, 6. Vera Iljina (RUS) 555,15, 7. Chantelle Michell (AUS) 550,68, 8. Jenny Keim (USA) 534,18, ausgesch.: ***Conny Schmalfuß*** *VK*

Turmspringen, 10 m

1. Laura Wilkinson (USA)	543,75
2. Li Na (CHN)	542,01
3. Anne Montminy (CAN)	540,15

4. Sang Xue (CHN) 513,03, 5. Emilie Heymans (CAN) 511,92, 6. Olena Shupina (UKR) 489,09, 7. Anja Richter-Libiseller (AUT) 482,16, 8. Swetlana Timoschinina (RUS) 478,89, ... 12. ***Ute Wetzig*** *438,24*

Synchron, 3 m

1. RUS	332,64
Vera Iljina, Julia Pachalina	
2. CHN	321,60
Fu Mingxia, Guo Jingjing	
3. UKR	290,34
Ganna Sorokina, Olena Schupina	

4. Chantelle Michell, Loudy Tourky (AUS) 283,05, 5. Eryn Bulmer, Blythe Hartley (CAN) 279,00, 6. Maria Jose Alcala, Jashia Luna (MEX) 273,84, 7. ***Dörte Lindner, Conny Schmalfuß*** *(GER) 263,76, 8. Catherine Maliev-Aviolat, Jacqueline Schneider (SUI) 256,20*

Synchron, 10 m

1. CHN	345,12
Li Na, Sang Xue	
2. CAN	312,03
Anne Montminy, Emilie Heymans	
3. AUS	301,50
Loudy Tourky, Rebecca Gilmore	

4. Anja Richter-Libiseller, Marion Reiff (AUT) 294,0, 5. Jenny Keim, Laura Wilkinson (USA) 291,42, 6. Jewgenija Olschewskaja, Swetlana Timoschinina (RUS) 288,30, 7. Odile Arboles-Souchon, Julie Danaux (FRA) 277,14, 8. Maria José Alcala, Azul Almazan (MEX) 264,30

SYNCHRONSCHWIMM.

24. - 29. 9.

Duett

1. RUS	99,000
Olga Brusnikina, Maria Kisseljowa	
2. JPN	98,650
Miya Tachibana, Miho Takeda	
3. FRA	97,437
Virginie Dedieu, Myriam Lignot	

4. Anna Koslowa, Tuesday Middaugh (USA) 96,990, 5. Claire Carver-Dias, Fanny Letourneau (CAN) 95,984, 6. Maurizia Cecconi, Alessia Lucchini (ITA) 95,387, 7. Li Min, Li Yuanyuan (CHN) 94,784, 8 Gemma Mengual, Paola Tirados (ESP) 94,520

Gruppe

1. RUS	99,146
Jelena Antonowa, Jelena Asarowa, Olga Brusnikowa, Maria Kisseljowa, Olga Nowokschtchenowa, Irina Perschina, Jelena Soja, Julia Wassiljewa, Olga Wassjukowa	
2. JPN	98,860
Ayano Egami, Raika Fujii, Yoko Isoda, Rei Jimbo, Miya Tachibana, Miho Takeda, Juri Tatsumi, Yoko Yoneda, Yuko Yoneda	
3. CAN	97,357
Lyne Beaumont, Claire Carvers-Dias, Erin Chan, Jessica Chase, Cathérine Garceau, Fanny Letourneau, Kirstin Normand, Jacinthe Taillon, Reidun Tatham	

4. FRA 96,467, 5. USA 96,104, 6. ITA 95,177, 7. CHN 94,593, 8. AUS 89,493

WASSERBALL

16. 9. - 1. 10.

Männer

1. HUN

Zoltán Kosz, Bulcsu Szekely, Tamas Marcz, Zsolt Varga, Tamas Kasas, Attila Vari, Gergely Kiss, Tibor Benedek, Rajmund Fodor, Zoltán Szecsi, Barnabas Steinmetz, Tamas Molnar, Peter Biros

2. RUS

Nikolai Maximow, Juri Jazew, Dmitri Dugin, Nikolai Koslow, Roman Balatschow, Alexander Jerytschow, Rewaz Tschomachidse, Dmitri Stratan, Dmitri Gortschkow, Marat Sakirow, Sergej Garbusow, Irek Sinnurow, Andrej Reketschinski

3. YUG

Aleksandar Sostar, Petar Trbojevic, Nikola Kuljaca, Predag Zimonjic, Dejan Savic, Danilo Ikodinovic, Viktor Jelenic, Veljko Uskokovic, Aleksandar Ciric, Aleksandar Sapic, Vladimir Vujasinovic, Nenad Vukanic, Jugoslav Vasovic

4. ESP, 5. ITA, 6. USA, 7. CRO, 8. AUS

Finale: *HUN - RUS 13:6,*
um Platz 3: *YUG - ESP 8:3.*
Halbfinale: *RUS – ESP 8:7 n. V., HUN – YUG 8:7.*
Viertelfinale: RUS – USA 11:10, ITA – HUN 5:8, ESP – CRO 9:8, AUS – YUG 3:7.
Vorrunde: *Gruppe A: ITA – SVK 11:8, ESP – KAZ 8:7, RUS – AUS 6:4, RUS – ITA 7:7, ESP – SVK 7:6, AUS – KAZ 11:11, RUS – ESP 8:5, KAZ – SVK 9:5, AUS – ITA 5:6, ITA – SPA 6:5, KAZ – RUS 7:9, SVK – AUS 6:11.*
Gruppe B: HUN – GRE 7:4, YUG – NED 9:1, CRO – USA 10:7, HUN – NED 16:8, USA – YUG 5:8, GRE – CRO 5:9, HUN – USA 10:9, GRE – NED 7:10, CRO – YUG 4:4, NED – USA 8:12, CRO – HUN 8:7, YUG – GRE 10:3.

Frauen

1. AUS

Liz Weekes, Yvette Higgins, Gail Miller, Naomi Castle, Bronwyn Mayer, Simone Hankin, Danielle Woodhouse, Kate Hooper, Debbie Warson, Taryn Woods, Bridgette Gusterson, Joanne Fox, Melissa Mills

2. USA

Bernice Orwig, Heather Petri, Erika Lorenz, Brenda Villa, Ellen Estes, Coralie Simmons, Maureen O´Toole, Julie Swail, Heather Moody, Robin Beauregard, Nicole Payne, Kathy Sheehy, Courtney Johnson

3. RUS

Marina Akobja, Galina Rytowa, Irina Tolkunowa, Jekaterina Anikejewa, Swetlana Kusina, Jelena Tokun, Maria Koroljowa, Jelena Smurowa, Tatjana Petrowa, Julia Petrowa, Sofia Konuch, Jekaterina Wassiljewa, Natalja Kutusowa

4. NED, 5. CAN, 6. KAZ

Finale: *AUS – USA 4:3,*
um Platz 3: *RUS – NED 4:3,*
um Platz 5: CAN – KAZ 9:8.
Halbfinale: *AUS – RUS 7:6, USA – NED 6:5.*
Vorrunde: *AUS – KAZ 9:2, CAN – RUS 7:7, USA – NED 6:4, AUS – RUS 6:3, USA – CAN 8:8, NED – KAZ 8:6, NED – AUS 5:4, RUS – USA 5:7, CAN – KAZ 10:3, CAN – AUS 4:9, RUS – NED 6:3, KAZ – USA 6:9*

SEGELN

17. - 30. 9.

Männer

470er

1. AUS 38
Tom King, Mark Turnbull
2. USA 42
Paul Foerster, Bob Merrick
3. ARG 57
Javier Conte, Juan de la Fuente

4. Nicholas Rogers, Joe Glanfield (GBR) 58, 5. Alvaro Marinho, Miguel Nunes (POR) 67, 6. Evchen Braslawez, Igor Matwijenko (UKR) 72, 7. Simon Cooke, Peter Nicholas (NZL) 76, 8. Andreas Kosmatopoulos, Konstantinos Trigkonis (GRE) 78, ... 17. ***Stefan Meister, Frank Thieme*** *130*

Mistral

1. Christoph Sieber (AUT) 38
2. Carlos Espinola (ARG) 43
3. Aaron McIntosh (NZL) 48

4. Lars Kleppich (AUS) 61, 5. Zhou Yuanguo (CHN) 64, 6. Nikolaos Kaklamanakis (GRE) 64, 7. Amit Inbar (ISR) 79, 8. Przemyslaw Miarczynski (POL) 84, 9. ***Alexander Baronjan*** *84*

Finn Dinghy

1. Iain Percy (GBR) 35
2. Luca Devoti (ITA) 46
3. Fredrik Lööf (SWE) 47

4. Mateusz Kusznierewicz (POL) 48, 5. Xavier Rohart (FRA) 55, 6. Russ Silvestri (USA) 64, 7. Sébastien Godefroid (BEL) 65, 8. Ali Enver Adakan (TUR) 66, ... 21. ***Michael Fellmann*** *145*

Frauen

470er

1. AUS 33
Jenny Armstrong, Belinda Stowell
2. USA 47
J. J. Isler, Pease Glaser
3. UKR 48
Ruslana Taran, Olena Pacholtschik

4. Shani Kedmi, Anat Fabrikant (ISR) 50, 5. ***Nicola Birkner, Wibke Bülle*** *(GER) 54, 6. Natalia Via Dufresne, Sandra Azon (ESP) 55, 7. Federica Salva, Emanuela Sossi (ITA) 60, 8. Yumiko Shige, Yurie Alicia Kinoshita (JPN) 66*

Mistral

1. Alessandra Sensini (ITA) 15
2. **Amelie Lux** (GER) 15
3. Barbara Kendall (NZL) 19

4. Lanee Butler (USA) 57, 5. Jessica Crisp (AUS) 59, 6. Lee Lai Shan (HKG) 59, 7. Zhang Chujun (CHN) 60, 8. Maria del Carmen Vaz (ESP) 72

Europe

1. Shirley Robertson (GBR) 37
2. Margriet Matthyse (NED) 39
3. Serena Amato (ARG) 51

4. Neus Garriga (ESP) 61, 5. Sari Multala (FIN) 61, 6. Min Dezillie (BEL) 68, 7. Lenka Smidová (CZE) 75, 8. Larissa Nevierov (ITA) 75, ... 13. ***Petra Niemann*** *87*

Offene Klasse

Tornado

1. AUT 16
Roman Hagara, Hans Peter Steinacher
2. AUS 25
Darren Bundock, John Forbes
3. **GER** 38
Roland Gäbler, René Schwall

4. Pierre Pennec, Yann Guichard (FRA) 43, 5. Chris Dickson, Glen Sowry (NZL) 46, 6. Hugh Styles, Adam May (GBR) 53, 7. John Lovell, Charlie Ogletree (USA) 57, 8. Enrique Figueroa Suarez, Pedro E. Colon Hernandez (PUR) 58

Laser

1. Ben Ainslie (GBR) 42
2. Robert Scheidt (BRA) 44
3. Michael Blackburn (AUS) 60

4. Serge Kats (NED) 72, 5. Andreas Geritzer (AUT) 78, 6. Gustavo Lima (POR) 83, 7. Maciej Grabowski (POL) 86, 8. Diego Negri (ITA) 91

Soling

1. DEN
Henrik Blakskjaer, Jesper Bank, Thomas Jacobsen
2. **GER**
Jochen Schümann, Gunnar Bahr, Ingo Borkowski
3. NOR
Herman Horn Johannessen, Paul Davis, Espen Stokkeland

4. Roy Heiner, Peter van Niekerk, Dirk de Ridder (NED)

Star

1. USA 34
Mark Reynolds, Magnus Liljedahl
2. GBR 35
Ian Walker, Mark Covell
3. BRA 39
Torben Grael, Marcelo Ferreira

4. Peter Bromby, Lee White (BER) 45,3, 5. Ross MacDonald, Kai Bjorn (CAN) 48, 6. Mark Neeleman, Jos Schrier (NED) 50, 7. Coln Beashel, David Giles (AUS) 51, 8. José Maria van der Ploeg, Rafael Trujillo (ESP) 55, ... 12. ***Marc Aurel Pickel, Thomas Auracher*** *82*

49er

1. FIN 55
Thomas Johanson, Jyrki Järvi
2. GBR 60
Ian Barker, Simon Hiscocks
3. USA 64
Jonathan McKee, Charlie McKee

4. Santiago Lopez-Vázquez, Javier de la Plaza (ESP) 79, 5. ***Marcus Baur, Philip Barth*** *(GER) 81, 6. Chris Nicholson, Daniel Phillips (AUS) 86, 7. Afonso Domingos, Diogo Cayolla (POR) 93, 8. Daniel Slater, Nathan Handley (NZL) 99*

SOFTBALL

17. - 26. 9.

1. USA
Dot Richardson, Laura Berg, Lisa Fernandez, Crystl Bustos, Jennifer Brundage, Michele Smith, Sheila Douty, Stacey Nuveman, Lea O'Brien-Amico, Christie Ambrosi, Jennifer McFalls, Danielle Henderson, Christa Williams, Lori Harrigan, Michelle Venturella
2. JPN
Haruka Saito, Misako Ando, Reika Utsugi, Noriko Yamaijy, Miyo Yamada, Shiori Koseki, Kazue Ito, Emi Naito, Hiroko Tamoto, Mariko Masubuchi, Yoshimi Kobayasi, Naomi Matsumoto, Yumiko Fujii, Taeko Ishakawa, Juri Takayama
3. AUS
Sandra Allen, Joanne Brown, Kerry Dienelt, Peta Edebone, Sue Fairhurst, Silina Follas, Fiona Hanes, Kelly Hardie, Tanya Harding, Sally McCreedy, Simone Morrow, Melanie Roche, Natalie Titcume, Natalie Ward, Brooke Wilkins

4. CHN, 5. ITA, 6. NZL, 7. CUB, 8. CAN

Finale: *USA – JPN 2:1,*
um Platz 3: *AUS – CHN 1:0.*
Halbfinale: *JPN – AUS 1:0, USA – CHN 3:0.*
Vorrunde: *CHN – JAP 1:3, CUB – USA 0:3, CAN – NZL 2:3, AUS – ITA 7:0, CUB – NZL 2:6, AUS – JAP 0:1, CAN – ITA 7:1, CHN – USA 2:0.*

TAEKWONDO

27. - 30. 9.

Männer

Klasse bis 58 kg

1. Michail Mouroutsos (GRE)
2. Gabriel Esparza (ESP)
3. Huang Chih Hsiung (TPE)

4. Gabriel Alberto Taraburelli (ARG), 5. Younes Sekkat (MAR), Talaat Abada (EGY), Joseph Salim (HUN)

Klasse bis 68 kg

1. Steven Lopez (USA)
2. Sin Joon Sik (KOR)
3. Hadi Saeibonehkohal (ISR)

4. Tuncay Caliskan (AUT), 5. Carlo Massimino (AUS), ***Aziz Acharki*** *(GER), 7. Claudio Nolano (ITA), Aslander Dschitjew (RUS)*

Klasse bis 80 kg

1. Angel Valodia Fuentes Matos (CUB)
2. **Faissal Ebnoutalib** (GER)
3. Victor Manuel Esterada Garibay (MEX)

4. Roman Livaja (SWE), 5. Warren Hansen (AUS), Sébastien Konan N'Guessan (CIV)

Klasse über 80 kg

1. Kim Kyong Hun (KOR)
2. Daniel Trenton (AUS)
3. Pascal Gentil (FRA)

4. Khalid Al-Dosari (KSA), 5. Milton Castro (COL), Colin Daley (GBR)

Frauen

Klasse bis 49 kg

1. Lauren Burns (AUS)
2. Urbia Melendez Rodriguez (CUB)
3. Chi Shu Ju (TPE)

4. Hane Hoegh Poulsen (DEN), 5. Dondu Guvenc (TUR), Agueda Pérez Lopez (MEX), ausgesch.: ***Fadime Helvacioglu*** *1. Rd.*

Klasse bis 57 kg

1. Jung Jae Eun (KOR)
2. Tran Hieu Ngan (VIE)
3. Hamide Bikcin (TUR)

4. Virgina Lorenz (NED), 5. Jasmin Strachan (PHI), Cristiniana Corsi (ITA)

Klasse bis 67 kg

1. Lee Sun Hee (KOR)
2. Trude Gundersen (NOR)
3. Yoriko Okamoto (JPN)

4. Sarah Stevenson (GBR), 5. Mirjam Mueskens (NED), Kirsimarja Koskinen (FIN)

Klasse über 67 kg

1. Chen Zhong (CHN)
2. Natalja Iwanowa (RUS)
3. Dominique Bosshart (CAN)

4. Natasa Vezmar (CRO), 5. Adriana Carmona (VEN), Mounia Bourguigue (MAR)

TENNIS

19. - 28. 9.

Männer

Einzel

1. Jewgeni Kafelnikow (RUS)
2. **Tommy Haas** (GER)
3. Arnaud Di Pasquale (FRA)

4. Roger Federer (SUI), 5. Karim Alami (MAR), Max Mirni (BLR), Juan Carlos Ferrero (ESP), Gustavo Kuerten (BRA)

Doppel

1. Sébastien Lareau, Daniel Nestor (CAN)
2. Todd Woodbridge, Mark Woodforde (AUS)
3. Alex Corretja, Albert Costa (AUS)

4. David Adams, John-Laffnie de Jager (RSA), 5. Dominik Hrbaty, Karol Kucera (SVK), Max Mirni, Wladimir Woltschkow (BLR), ***Tommy Haas, David Prinosil*** *(GER), Mark Knowles, Mark Merklein (BAH)*

Frauen

Einzel

1. Venus Williams (USA)
2. Jelena Dementjewa (RUS)
3. Monica Seles (USA)

4. Jelena Dokic (AUS), 5. Amanda Coetzer (RSA), Barbara Schett (AUT), Dominique van Roost (BEL), Arantxa Sanchez-Vicario (ESP), ausgesch.: ***Jana Kandarr*** *3. Rd.*

Doppel

1. Serena Williams, Venus Williams (USA)
2. Kristie Boogert, Miriam Oremans (NED)
3. Els Callens, Dominique van Roost (BEL)

4. Olga Barabanschikowa, Natascha Zwerewa (BLR), 5. Julie Halard-Decugis, Amelie Mauresmo (FRA), Milagros Sequera, Maria Alejandra Vento (VEN), Benjamas Sangaram, Tamarine Tanasugarn (THA), Petra Mandula, Katalin Marosi (HUN)

TISCHTENNIS

16. - 24. 9.

Männer

Einzel

1. Kong Linghui (CHN)
2. Jan-Ove Waldner (SWE)
3. Liu Guoliang (CHN)

4. Jörgen Persson (SWE), 5. ***Jörg Roßkopf*** *(GER), Werner Schlager (AUT), Liu Guozheng (CHN), Wladimir Samsonow (BLR), 9.* ***Timo Boll****, 17.* ***Peter Franz***

Doppel

1. Wang Liqn, Yan Sen (CHN)
2. Kong Linghui, Liu Guoliang (CHN)
3. Jean-Philippe Gatien, Patrick Chila (FRA)

4. Lee Chul-Seung, Yoo Seung-Min (KOR), 5. Kim Teak Soo, Oh Sang Eun (KOR), Karl Jindrak, Werner Schlager (AUT), Chang Yen Shu, Chiang Peng Lung (TPE), Damien Eloi, Christophe Legout (FRA), ausgesch.: ***Timo Boll, Jörg Roßkopf*** *2. Rd.*

Frauen

Einzel

1. Wang Nan (CHN)
2. Li Ju (CHN)
3. Chen Jing (TPE)

4. Jing Jun Hong (SIN), 5. Chire Koyama (JPN), ***Quianhong Gotsch*** *(GER), Mihaela Joana Steff (ROM), Ryu Ji Hye (KOR), ausgesch.:* ***Jie Schöpp, Jin Tian-Zörner*** *1. Rd.*

Doppel

1. Li Ju, Wang Nan CHN
2. Sun Jin, Yang Ying CHN
3. Kim Moo Kyo, Ryu Ji Hye KOR

4. Csilla Batorfi, Krisztina Tóth (HUN), 5. Eldijana Aganovic, Tamara Boros (CRO), Otilia Badescu, Mihaela Joana Steff (ROM), Lee Eun Sil, Suk Eun Mi (KOR), Miao Miao, Zhou Shirley (AUS)

TURNEN

16. - 26. 9.

Männer

Mehrkampf, Einzel

1.	Alexej Nemow (RUS)	58,474
2.	Yang Wei (CHN)	58,361
3.	Oleksandr Beresch (UKR)	58,212

4. Iwan Iwanow (BLR) 58,024, 5. Oleksandr Switlychni (UKR) 57,950, 6. Blaine Wilson (USA) 57,936, 7. Alexej Bondarenko (RUS) 57,924, 8. Jordan Jowtschew (BUL) 57,887, ... 21. ***Dmitri Nonin*** *56,310*

Mehrkampf, M.

1.	CHN	231,919

Yang Wei, Zheng Lihui, Li Xiaopeng, Xing Aowei, Huang Xu, Xiao Junfeng

2.	UKR	230,306

Oleksandr Beresch, Oleksandr Switlychni, Roman Sosulja, Waleri Gontscharow, Waleri Pereschkura, Ruslan Mesenzew

3.	RUS	230,019

Alexej Nemow, Maxim Aljoschin, Alexej Bondarenko, Nikolai Krjukow, Jewgeni Podgorni, Dmitri Drewin

4. JPN 229,857, 5. USA 228,983, 6. ROM 227,543, in der Qualifikation ausgesch.: 7. KOR 227,346, 8. BLR 227,255, ... 10. ***GER*** *(René Tschernitschek, Jan-Peter Nikiferow, Dimitrij Nonin, Andreas Wecker, Sergej Pfeifer, Marius Toba) 225,282*

Boden

1.	Igor Vichrow (LAT)	9,812
2.	Alexej Nemow (RUS)	9,800
3.	Jordan Jowtschew (BUL)	9,787

4. Yang Wie (CHN) 9,750, 5. Li Xiaopeng (CHN) 9,737, 6. Marian Dragulescu (ROM) 9,712, 7. Morgan Hamm (USA) 9,262, 8. Jewgeni Podgorni (RUS) 8,550

Seitpferd

1.	Marius Urcica (ROM)	9,862
2.	Eric Poujade (FRA)	9,825
3.	Alexej Nemow (RUS)	9,800

4. Lee Jang Hyung (KOR) 9,775, 5. Pae Kil Su (PRK) 9,762, 6. Zoltán Supola (HUN) 9,762, 7. Oleksandr Beresch (UKR) 9,712, 8. Nikolai Krjukow (RUS) 9,700

Ringe

1.	Szilveszter Csollány (HUN)	9,850
2.	Dimosthenis Tampakos (GRE)	9,762
3.	Jordan Jontschew (BUL)	9,737

4. Yang Wie (CHN) 9,712, 5. Iwan Iwankow (BLR) 9,700, 6. Marius Toba (GER) 9,675, 7. Norimasa Iwai (JPN) 9,662, 8. Roman Sosulja (UKR) 9,637

Sprung

1.	Gervasio Deferr (ESP)	9,712
2.	Alexej Bondarenko (RUS)	9,587
3.	Leszek Blanik (POL)	9,475

4. Alexej Nemow (RUS) 9,456, 5. Sergej Fedortschenko (KAZ) 9,399, 6. Blaine Wilson (USA) 9,362, 7. Ioannis Melissanidis (GRE) 9,262, 8. Dieter Rehm (SUI) 9,006

Barren

1.	Li Xiaopeng (CHN)	9,825
2.	Lee Joo Hyung (KOR)	9,812
3.	Alexej Nemow (RUS)	9,800

4. Jung Jin Soo (KOR) 9,787, 5. Iwan Iwankow (BLR) 9,775, 6. Yann Cucherat (FRA) 9,725, 7. Huang Xu (CHN) 9,650, 8. Marius Urzica (ROM) 8,887

Reck

1.	Alexej Nemow (URS)	9,787
2.	Benjamin Varonian (FRA)	9,787
3.	Lee Joo Hyung (KOR)	9,775

4. Alexej Bondarenko (RUS) 9,762, 5. Oleksandr Beresch (UKR) 9,750, 6. Ilja Georgadse (GEO) 9,625, 7. Dieter Rehm (SUI) 8,925, 8. Naoya Tsukahara (JPN) 8,825

Frauen

Mehrkampf, Einzel

1.	Simona Amanar (ROM)	38,642
2.	Maria Olaru (ROM)	38,581
3.	Liu Xuan (CHN)	38,418

4. Jekaterina Lobasnjuk (RUS) 38,393, 5. Yang Yun (CHN) 38,305, 6. Jelena Samolodtschikowa (RUS) 38,268, 7. Olga Roschtschupkina (UKR) 38,205, 8. Lisa Skinner (AUS) 38,193

Mehrkampf, M.

1.	ROM	154,608

Loredana Boboc, Florenta Andreea Isarescu, Maria Olaru, Andreea Madalina Raducan, Simona Amanar, Maria Claudia Presacan

2.	RUS	154,403

Anastassia Kolesnikowa, Jekaterina Lobasnjuk, Jelena Samolodtschikowa, Jelena Produnowa, Swetlana Chorkina, Anna Tschepelewa

3.	CHN	154,008

Yang Yun, Liu Xuan, Ling Jie, Dong Fangxiao, Huang Mandan, Kui Yuanyuan

4. USA152,933, 5. ESP 152,113, 6. UKR 151,846, in der Qualifikation ausgesch.: 7. AUS, 151,057, 8. FRA 150,084

Sprung

1.	Jelena Samolodtschikowa (RUS)	9,731
2.	Andreea Raducan (ROM)	9,693
3.	Jekaterina Lobsnjuk (RUS)	9,674

4. Esther Moya (ESP) 9,618, 5. Laura Martinez (ESP) 9,612, 6. Simona Amanar (ROM) 9,537, 7. Dong Fangxiao (CHN) 9,487, 8. Denisse Lopez (MEX) 8,843

Stufenbarren

1.	Swerlana Chorkina (RUS)	9,862
2.	Ling Jie (CHN)	9,837
3.	Yang Yun (CHN)	9,787

4. Wiktoria Karpenko (UKR) 9,775, 5. Tatjana Sharganowa (BLR) 9,737, 6. Olga Roschtschupkina (UKR) 9,725, 7. Jelena Produnowa (RUS) 9,650, 8. Elivre Teza (FRA) 9,512

Schwebebalken

1.	Liu Xuan (CHN)	9,825
2.	Jekaterina Lobasnjuk (RUS)	9,787
3.	Jelena Produnowa (RUS)	9,775

4. Claudia Presacan (ROM) 9,750, 5. Tetjana Jarosch (UKR) 9,712, 6. Maria Olaru (ROM) 9,700, 7. Ling Jie (CHN) 9,675, 8. Elise Ray (USA) 9,387

Boden

1.	Jelena Samolodtschikowa (RUS)	9,850
2.	Swetlana Chorkina (RUS)	9,812
3.	Simona Amanar (ROM)	9,712

4. Esther Moya (ESP) 9,700, 5. Yang Yun (CHN) 9,637, 6. Dong Fangxiao (CHN) 9,537, 7. Andreea Madalina Raducan (ROM) 9,275, 8. Lisa Skinner (AUS) 9,012

GYMNASTIK

28. 9. - 1. 10.

Einzel

1.	Julia Barsukowa (RUS)	39,632
2.	Julia Raskina (BLR)	39,548
3.	Alina Kabajewa (RUS)	39,466

4. Olena Witrytschenko (UKR) 39,408, 5. Eva Serrano (FRA) 39,390, 6. Tamara Jerofejewa (UKR) 39,000, 7. Evmorfia Ntona (GRE) 38,982, 8. Waleria Watkina (BLR) 38,957

Gruppe

1.	RUS	39,500

Irina Belowa, Jelena Tschalamowa, Natalja Lawrowa, Maria Netessowa, Wera Schimanskaja, Irina Silber

2.	BLR	39,500

Tatjana Ananko, Tatjana Belan, Anna Glaskowa, Irina Iljenkowa, Maria Lasuk, Olga Pushewitsch

3.	GRE	39,283

Eirini Aindili, Evangelia Christodoulou, Maria Georgatou, Zacharoula Karyami, Charikleia Pantazi, Anna Pollatou

4. ***GER*** *(Friederike Arlt, Susan Benicke, Jeanine Fissler, Selma Neuhaus, Jessica Schumacher, Annika Seibel) 38.899, 5. JPN 38,550, 6. ITA 38,483, 7. BUL 38,432, 8. BRA 38,266*

TRAMPOLIN

22. - 23. 9.

Männer

1.	Alexander Moskalenko (RUS)	41,7
2.	Ji Wallace (AUS)	39,3
3.	Mathieu Turgeon (CAN)	39,1

4. David Martin (FRA) 38,8, 5. Dmitri Poljarusch (BLR) 38,1, 6. Lee Brearley (GBR) 37,9, 7. Alan Villafuerte (NED) 27,6, 8. Olexandr Tschernonos (UKR) 7,5, 9. ***Michael Serth*** *Qual. ausgesch.*

Frauen

1.	Irina Karawajewa (RUS)	38,90
2.	Oksana Zychulewa (UKR)	37,70
3.	Karen Cockburn (CAN)	37,40

4. Jekaterina Chilko (UZB) 36,60, 5. Natalja Karpenkowa (BLR) 35,80, 6. Akiko Furu (JPN) 35,30, 7. Rusudan Choperia (GEO) 34,10, 8. ***Anna Dogonadze-Lilkendey*** *(GER) 5,00*

TRIATHLON

16. - 17. 9.

Männer

1.	Simon Whitfield (CAN)	1:48:24,02
2.	**Stephan Vuckovic** (GER)	1:48:37,58
3.	Jan Rehula (CZE)	1:48:46,64

4. Dmitri Gaag (KAZ) 1:49:03,57, 5. Ivan Rana (ESP) 1:49:10,88, 6. Miles Stewart (AUS) 1:49:14,52, 7. Olivier Marceau (FRA) 1:49:18,03, 8. Reto Hug (SUI) 1:49:21,30, ... 12. ***Andreas Raelert*** *1:49:31,28*

Frauen

1.	Brigitte McMahon (SUI)	2:00:40,52
2.	Michellie Jones (AUS)	2:00:42,55
3.	Magali Messmer (SUI)	2:01,08,83

4. Joanna Zeiger (USA) 2:01:25,74, 5. Loretta Harrop (AUS) 2:01:42,82, 6. Sheila Taormina (USA) 2:02,45,91, 7. Isabelle Mouthon-Michellys (FRA) 2:02:53,41, 8. Christine Hocq (FRA) 2:03:01,90, ... 18. ***Anja Dittmer*** *2:04:36,88*

VOLLEYBALL

17. 9. - 1. 10.

Männer

1. YUG

Ivan Miljkovic, Vladimir Grbic, Goran Vujevic, Andrija Geric, Djula Mester, Nikola Grbic, Vladimir Batez, Slobodan Boskan, Slobodan Kovac, Vasa Mijic, Veljko Petkovic, Igor Vusurovic

2. RUS

Sergej Tetjuchin, Igor Tschulepow, Roman Jakowljew, Ilja Saweljew, Ruslan Olichwer, Alexej Kuletschow, Alexander Gerassimow, Alexej Kasakow, Wadim Chamutskich, Konstantin Uschakow, Waleri Gorjutschew, Jewgen Mitkow

3. ITA

Andrea Gardini, Marco Meoni, Pasquale Gravini, Luigi Mastrangelo, Paolo Tofoli, Samuele Papi, Andrea Sartoretti, Marco Bracci, Simone Rosalba, Mirko Corsano, Andrea Giani, Alessandro Fei

4. ARG, 5. NED, 6. BRA, 7. CUB, 8. AUS

Finale: *YUG - RUS 3:0,*
um Platz 3: *ITA - ARG 3:0,*
Halbfinale: *ARG – RUS 1:3, YUG – ITA 3:0.*
Plazierungsspiele: BRA – CUB 3:2, NED – AUS 3:0, BRA – NED 0:3, CUB – AUS 3:0.
Viertelfinale: *RUS – CUB 3:2, ITA – AUS 3:1, ARG – BRA 3:1, YUG – NED 3:2.*
Vorrunde: *Gruppe A: ESP – EGY 3:0, NED – CUB 3:0, BRA – AUS 3:0, ESP – CUB 1:3, EGY – BRA 0:3, NED – AUS 3:0, CUB – EGY 3:0, BRA – NED 3:0, AUS – ESP 3:1, NED – EGY 3:1, CUB – AUS 3:0, BRA – ESP 3:1, NED – SPA 3:1, BRA – CUB 3:0, AUS – EGY 3:0.*
Gruppe B: ITA – KOR 3:0, RUS – YUG 3:1, ARG – USA 3:1, ARG – KOR 3:1, RUS – USA 3:1, YUG – ITA 2:3, USA – YUG 0:3, ITA – ARG 3:0, KOR – RUS 2:3, YUG – ARG 3:1, ITA – RUS 3:1, KOR – USA 3:2, ARG – RUS 0:3, KOR – YUG 2:3, ITA – USA 3:1.

Frauen

1. CUB

Yumilka Ruiz, Marlenis Costa, Mireya Luis, Lilia Izquierdo, Idalmis Gato, Regla Bell, Regla Torres, Taimaris Aguero, Ana Ivis Fernandez, Mirka Francia, Marta Sanchez, Zoila Barros

2. RUS

Olga Potatschowa, Natalja Morosowa, Anastasia Belikowa, Jelena Tjurina, Ljubow Tschatschikowa, Jelena Godina, Jewgenija Artamanowa, Jelisaweta Tischtschenko, Jelena Wassiljewskaja, Jekaterina Gamowa, Tatjana Gratschewa, Inessa Sargsian

3. BRA
Elisangela Oliveira, Janina Conceicao, Raquel Silva, Ricarda Lima, Fofao Souza, Leila Barros, Walewska Oliveira, Virna Dias, Karin Rodrigues, Kely Fraga, Erika Coimbra, Katia Lopes

4. USA, 5. CHN, 6. GER (Susanne Lahme, Beatrice Dömeland, Tanja Hart, Kerstin Tzscherlich, Sylvia Roll, Christina Benecke, Anja-Nadin Pietrek, Christina Schultz, Judith Flemig, Hanka Pachale, Angelina Grün, Judith Sylvester), 7. CRO, 8. KOR

***Finale:** CUB – RUS 3:2 (25:27, 32:34, 25:19, 25:18, 25:7),*
***um Platz 3:** BRA – USA 3:0.*
***Halbfinale:** CUB – BRA 3:2, RUS – USA 3:2, um Platz 5: CHN – GER 3:1, um Platz 7: CRO – KOR 3:1.*
***Viertelfinale:** CRO – CUB 0:3, CHN – RUS 0:3, BRA – GER 3:0, USA – KOR 3:2.*

***Vorrunde:** Gruppe A: BRA – KEN 3:0, CRO – AUS 3:1, CHN – USA 1:3, CHN – CRO 1:3, USA – KEN 3:0, AUS – BRA 0:3, KEN – AUS 1:3, BRA – CHN 3:0, CRO – USA 0:3, CHN – KEN 3:0, CRO – BRA 0:3, USA – AUS 3:0, KEN – CRO 1:3, BRA – USA 3:1, AUS – CHN 0:3.*
Gruppe B: GER – CUB 0:3, PER – RUS 0:3, KOR – ITA 3:2, ITA – PER 3:0, GER – KOR 0:3, CUB – RUS 2:3, PER – GER 0:3, RUS – ITA 3:1, KOR – CUB 0:3, CUB – ITA 3:0, KOR – PER 3:1, GER – RUS 2:3, ITA – GER 1:3, PER – CUB 1:3, RUS – KOR 3:0.

BEACH-VOLLEYBALL

16. - 26. 9.

Männer

1. Dain Blanton, Eric Fonoimoana (USA)
2. Jose Marco Melo, Ricardo Santos (BRA)
3. **Jörg Ahmann, Axel Hager** (GER)

4. Miguel Maia, Joao Brenha (POR), 5. Kevin Wong, Robert Heidger, jr. (USA), Paul Laciga, Martin Laciga (SUI), John Child, Mark Heese (CAN), Fabio Diez, Javier Bosma (ESP), ...
*19. **Oliver Oetke, Andreas Scheuerpflug***

***Finale:** Dain Blanton, Eric Fonoimoana – Jose Marco Melo, Ricardo Santos 12:11, 12:9,*
***um Platz 3:** Ahmann, Hager – Maia, Brenha 12:9, 12:6.*
***Halbfinale:** Ze Marco, Ricardo (BRA) – Ahmann, Hager 15:5. Viertelfinale: Ahmann, Hager – Bosma, Diez (ESP) 16:14.*
***Vorrunde:** Ahmann, Hager – Bosma, Diez 15:13, Blanton, Fonoimoana (USA) – Oetke, Scheuerpflug (GER) 15:7, Holden, Leinemann (CAN) – Ahmann, Hager 6:15. Verliererrunde: Oetke, Scheuerpflug – Palinek, Lebl (CZE) 8:15*

Frauen

1. Natalie Cook, Kerri Pottharst (AUS)
2. Adriana Behar, Shelda Bede (BRA)
3. Adriana Samuel, Sandra Pires (BRA)

4. Jukiko Takahashi, Mika Saiki (JAP), 5. Laura Bruschini, Annamaria Solazzi (ITA), Holly McPeak, Misty May (USA), Jennifer Johnson-Jordan, Annett Davis (USA), Tania Gooley, Pauline Manser (AUS)

***Finale:** Cook, Pottharst (AUS) – Behar, Bede (BRA) 12:11, 12:10,*
***um Platz 3:** Samuel, Pires (BRA) – Takahashi, Saiki (JAP) 12:4, 12:6.*
***Halbfinale:** Behar, Bede – Takahashi, Saiki 15:10, Cook, Pottharst – Samuel, Pires 15:6.*
*Im Achtelfinale ausgesch.: **Ulrike Schmidt, Gudula Staub** und **Maike Friedrichsen, Danja Müsch***

Medaillenspiegel

	G	S	B	Total
USA	39	25	33	97
Rußland	32	28	28	88
China	28	16	15	59
Australien	16	25	17	58
Deutschland	14	17	26	57
Frankreich	13	14	11	38
Italien	13	8	13	34
Niederlande	12	9	4	25
Kuba	11	11	7	29
Großbritannien	11	10	7	28
Rumänien	11	6	9	26
Republik Korea	8	9	11	28
Ungarn	8	6	3	17
Polen	6	5	3	14
Japan	5	8	5	18
Bulgarien	5	6	2	13
Griechenland	4	6	3	13
Schweden	4	5	3	12
Norwegen	4	3	3	10
Äthiopien	4	1	3	8
Ukraine	3	10	10	23
Kasachstan	3	4	0	7
Belorußland	3	3	11	17
Kanada	3	3	8	14
Spanien	3	3	5	11
Iran	3	0	1	4
Türkei	3	0	1	4
Tschechische Republik	2	3	3	8
Kenia	2	3	2	7
Dänemark	2	3	1	6
Finnland	2	1	1	4
Österreich	2	1	0	3
Litauen	2	0	3	5
Aserbaidschan	2	0	1	3
Slowenien	2	0	0	2
Schweiz	1	6	2	9
Indonesien	1	3	2	6
Slowakei	1	3	1	5
Mexiko	1	2	3	6
Algerien	1	1	3	5
Usbekistan	1	1	2	4
Jugoslawien	1	1	1	3
Lettland	1	1	1	3
Bahamas	1	1	0	2
Neuseeland	1	0	3	4
Estland	1	0	2	3
Thailand	1	0	2	3
Kroatien	1	0	1	2
Kolumbien	1	0	0	1
Kamerun	1	0	0	1
Mocambique	1	0	0	1
Brasilien	0	6	6	12
Jamaika	0	4	3	7
Nigeria	0	3	0	3
Südafrika	0	2	3	5
Belgien	0	2	3	5
Argentinien	0	2	2	4
Chinesisches Taipeh	0	1	4	5
Marokko	0	1	4	5
Dem. Volksrep. Korea	0	1	3	4
Saudi Arabien	0	1	1	2
Trinidad & Tobago	0	1	1	2
Moldawien	0	1	1	2
Vietnam	0	1	0	1
Irland	0	1	0	1
Uruguay	0	1	0	1
Georgien	0	0	6	6
Portugal	0	0	2	2
Kostarika	0	0	2	2
Armenien	0	0	1	1
Barbados	0	0	1	1
Chile	0	0	1	1
Indien	0	0	1	1
Island	0	0	1	1
Israel	0	0	1	1
Katar	0	0	1	1
Kirgistan	0	0	1	1
Kuwait	0	0	1	1
Mazedonien	0	0	1	1
Sri Lanka	0	0	1	1

Die erfolgreichsten deutschen Olympiateilnehmer aller Zeiten

Birgit Fischer	Kanu	1980 – 2000	7	3	0
Reiner Klimke	Reiten	1964 – 1988	6	0	2
Kristin Otto	Schwimmen	1988	6	0	0
Hans Günter Winkler	Reiten	1956 – 1976	5	1	1
Kornelia Ender	Schwimmen	1972 – 1976	4	4	0
Roland Matthes	Schwimmen	1968 – 1976	4	2	2
Isabell Werth	Reiten	1992 – 2000	4	1	0
Carl Schuhmann	Ringen/Turnen	1896	4	0	1
Bärbel Wöckel-Eckert	Leichtathletik	1976 – 1980	4	0	0
Nicole Uphoff	Reiten	1988 – 1992	4	0	0
Ludger Beerbaum	Reiten	1988 – 2000	4	0	0

Sportarten und Wettkampfstätten

Badminton
Olympic Park, Pavillon 3

Baseball
Baseball Stadium, Olympic Park, Baseball Centre, Blacktown

Basketball
SuperDome und The Dome, Olympic Park

Bogenschießen
International Archery Park, Olympic Park

Boxen
Exhibition Centre, Hallen 3 und 4

Fechten
Exhibition Halls 4 und 5, Darling Harbour

Fußball
Sydney, Football Stadium und Olympic Stadium, Melbourne, Adelaide, Canberra, Brisbane

Gewichtheben
Convention Centre

Handball
Olympic Park, The Dome und Pavillon 2

Hockey
State Hockey Centre, Olympic Park

Judo
Exhibition Centre, Halle 1 und 2

Kanurennsport
International Regatta Centre

Kanuslalom
Pernrith, Whitewater Stadium

Leichtathletik
Olympic Stadium, Race Walks und Marathon Course

Moderner Fünfkampf
Olympic Park, Pavillon 2, Aquatic Centre, Baseball Stadium

Radsport
Bahn: Dunc Gray Velodrome
Straße: Moore Park

Mountainbike
Fairfield City Farm

Reiten
International Equestrian Centre, Horsley Park

Ringen
Exhibition Halls 1 und 2, Darling Harbour

Rudern
International Regatta Centre

Turnen
SuperDome, Olympic Park

Rhythmische Gymnastik
Olympic Park, Pavillon 3

Trampolin
SuperDome, Olympic Park

Schießen
Shooting Centre, Cecil Park

Schwimmen
International Aquatic Centre, Olympic Park

Synchronschwimmen
International Aquatic Centre, Olympic Park

Wasserball
Aquatic Centre und Ryde Pool

Wasserspringen
International Aquatic Centre, Olympic Park

Segeln
Sailing Marina, Rushcutters Bay

Softball
Softball Centre, Aquilina Reserve

Teakwondo
State Sports Centre, Olympic Park

Tennis
Tennis Centre, Olympic Park

Triathlon
Triathlon Course, Sydney Opera House

Volleyball
Entertainment Centre und Pavillon 4, Olympic Park

Beach-Volleyball
Beach-Volleyball Centre, Bondi Beach

Länder und ihre Abkürzungen

AHO	Niederländische Antillen
ALB	Albanien
ALG	Algerien
ASA	Amerikanisch-Samoa
AND	Andorra
ANG	Angola
ANT	Antigua und Barbuda
ARG	Argentinien
ARM	Armenien
ARU	Aruba
AUS	Australien
AUT	Österreich
AZE	Aserbaidschan
BAH	Bahamas
BAN	Bangladesch
BAR	Barbados
BDI	Burundi
BEL	Belgien
BEN	Benin
BER	Bermudas
BHU	Bhutan
BIH	Bosnien-Herzegowina
BIZ	Belize
BLR	Belorußland
BOL	Bolivien
BOT	Botswana
BRA	Brasilien
BRN	Bahrein
BRU	Brunei Darussalam
BUL	Bulgarien
BUR	Burkina Faso
CAF	Zentralafrikanische Republik
CAM	Kambodscha
CAN	Kanada
CAY	Cayman-Inseln
CGO	Kongo
CHA	Tschad
CHI	Chile
CHN	China
CIV	Cote d'Ivoire
CMR	Kamerun
COD	Demokratische Republik Kongo
COK	Cook-Inseln
COL	Kolumbien
COM	Komoren
CPV	Kapverden
CRC	Kostarika
CRO	Kroatien
CUB	Kuba
CYP	Zypern
CZE	Tschechien
DEN	Dänemark
DJI	Dschibuti
DMA	Dominica
DOM	Dominikanische Republik
ECU	Ekuador
EGY	Ägypten
ERI	Eritrea
ESA	El Salvador
ESP	Spanien
EST	Estland
ETH	Äthiopien
FIJ	Fidschi-Inseln
FIN	Finnland
FRA	Frankreich
FSM	Vereinigte Staaten von Mikronesien
GAB	Gabun
GAM	Gambia
GBR	Großbritannien
GBS	Guinea-Bissau
GEO	Georgien
GEQ	Äquatorial-Guinea
GER	Deutschland
GHA	Ghana
GRE	Griechenland
GRN	Grenada
GUA	Guatemala
GUI	Guinea
GUM	Guam
GUY	Guyana
HAI	Haiti
HON	Honduras
HKG	Hongkong, China
HUN	Ungarn
INA	Indonesien
IND	Indien
IOA	Individ. Olymp. Athleten (Ost-Timor)
IRI	Islamische Republik Iran
IRL	Irland
IRQ	Irak
ISL	Island
ISR	Israel
ISV	Jungferninsel
ITA	Italien
IVB	Britische Jungferninseln
JAM	Jamaika
JPN	Japan
JOR	Jordanien
KAZ	Kasachstan
KEN	Kenia
KGZ	Kirgistan
KOR	Republik Korea
KSA	Saudi-Arabien
KUW	Kuwait
LAO	Laotische Volksrepublik
LAT	Lettland
LBA	Libysche Arabische Jamahiriya
LBR	Liberia
LCA	Saint Lucia
LES	Lesotho
LIB	Libanon
LIE	Liechtenstein
LTU	Litauen
LUX	Luxemburg
MAD	Madagaskar
MAR	Marokko
MAS	Malaysia
MAW	Malawi
MDA	Moldawien
MDV	Malediven
MEX	Mexiko
MGL	Mongolei
MKD	frühere jugosl. Republik Mazedonien
MLI	Mali
MLT	Malta
MON	Monaco
MOZ	Mocambique
MRI	Mauritius
MTN	Mauretanien
MYA	Myanmar
NAM	Namibia
NCA	Nikaragua
NED	Niederlande
NEP	Nepal
NGR	Nigeria
NIG	Niger
NOR	Norwegen
NRU	Nauru
NZL	Neuseeland
OMA	Oman
PAK	Pakistan
PAN	Panama
PAR	Paraguay
PER	Peru
PHI	Philippinen
PLE	Palästina
PLW	Palau
PNG	Papua Neu-Guinea
POL	Polen
POR	Portugal
PRK	Demokratische Volksrepublik Korea
PUR	Puerto Rico
QAT	Katar
ROM	Rumänien
RSA	Südafrika
RUS	Russische Föderation
RWA	Ruanda
SAM	Samoa
SEN	Senegal
SEY	Seychellen
SKN	Saint Kitts und Nevis
SLE	Sierra Leone
SIN	Singapur
SLO	Slowenien
SMR	San Marino
SOL	Solomon-Inseln
SOM	Somalia
SRI	Sri Lanka
STP	Sao Tomé und Principe
SUD	Sudan
SUI	Schweiz
SUR	Surinam
SVK	Slowakei
SWE	Schweden
SWZ	Swaziland
SYR	Syrien
TAN	Tansania
TGA	Tonga
THA	Thailand
TJK	Tadschikistan
TKM	Turkmenien
TOG	Togo
TPE	Chinesisches Taipeh
TRI	Trinidad und Tobago
TUN	Tunesien
TUR	Türkei
UAR	Vereinigte Arabische Emirate
UGA	Uganda
UKR	Ukraine
URU	Uruguay
USA	Vereinigte Staaten von Amerika
UZB	Usbekistan
VAN	Vanuatu
VEN	Venezuela
VIE	Vietnam
VIN	Saint Vincent und die Grenadines
YEM	Jemen
YUG	Jugoslawien
ZAM	Sambia
ZIM	Simbabwe

IMPRESSUM

Rosa-Luxemburg-Straße 39, 10178 Berlin

Die Deutsche Bibliothek - CIP-Einheitsaufnahme
Sydney 2000. Unser Olympiabuch.
Hg von Heinz Florian Oertel und Kristin Otto. Red: Volker Kluge - 1. Auflage. -
Berlin: Das Neue Berlin, 2000.
ISBN 3-360-00930-4
NE: Oertel, Heinz Florian/Otto Kristin (Hg); Kluge, Volker (Red)

Graphisches Projekt: creAtiv Werbeagentur GmbH Berlin
Layout/Umschlag/DTP: Irene Fischer, Berlin
Satz/DTP: Erwin Landl, Berlin
Repro: City Repro Berlin
Druck und Bindung: Druckhaus Berlin Mitte
Redaktionsschluß: 1. Oktober 2000
Fotos (Zusatzmotive): Rolf Zöllner (1) und ZDF/R. Schäfer (Umschlag),
Australien Tourist Commission (ATC) 9,
Archiv Bud Greenspan (4), Archiv Volker Kluge (13),
Archiv Heinz Florian Oertel (1), Wolfgang Behrendt (6),
Rolf Becker privat (4), Deutsche Presse Agentur (1), Peter Frenkel (1),
Sascha Fromm (2), Andreas Müller (3), Manfred Gößinger (2),
Sportmuseum Leipzig (8).